読んで使える！
Excelによる経営データ解析

CD-ROM付

TOBUCHI Noriyuki
東渕則之［著］

共立出版

はじめに

　ビジネスにおけるデータ解析の重要性はますます高まりつつあります。それを支えているのが近年のパソコンやインターネットの発達です。道具は調い，データは再入力することなく，手軽に利用できるようになってきました。このように，企業におけるデータ解析の環境はますますよくなっています。

　しかし，豊富なデータから，意思決定に役立つ情報をいかにすれば抽出できるのか，といった点の知識の普及においては，まだまだこれからの感があります。

　この本は，統計の専門知識がない一般のビジネスパーソンや大学生向けに，経営データ解析の基本をExcelの操作とともに学ぶための手引書として執筆させて頂きました。大学の講義のみならず，独学によっても，様々なビジネス・データから意味ある情報を正しく抽出するための知識を学んで頂くことができます。

　世の中にはExcelを用いて統計解析を学ぶ本はたくさん出ています。しかし，自然科学分野で生まれ発達してきた統計学では，ビジネス実践との間に埋めがたいギャップがあるのが現実です。すなわち，データの側面，手法の側面，利用者（マネジメント）の側面の3つの面で，統計解析の理論と現実のビジネス実践の間にギャップがあります。そのため，通常の統計手法では，ビジネス実践の場では十分に役に立たないケースが少なからずあります。本書は，そのギャップをいかに超えるかという点で筆者なり工夫をしています。

　本書の構成を大きく分けると，

　　第1部　経営データ解析入門編　　　（第1章）
　　第2部　ビジネス・データ編　　　　（第2章）
　　第3部　初期的データ解析手法編　　（第3章～第8章）
　　第4部　応用的データ解析手法編　　（第9章～第11章）
　　第5部　マネジメント編　　　　　　（第12章）

　このような内容を構想するに当たっては，私がこれまで行ってきた一連の経営統計学の研究から得た知識がベースになっています。3つの側面でのギャップを超えるための結論は，「適用がやさしくて，大体でよいのでなるべく早く結果が出て，データの質の悪さにあまり影響されない解析手法」が望ましいということです。そして，このことを基軸にして本書を構成しました。

　経済学者のジョン・メイナード・ケインズは次のようにいっています。

"I'd rather be vaguely right than precisely wrong."
（私は，正確に誤るよりは漠然と正しくありたい）

　まさに，これが本書のスタンスです。

　具体的には，質のよくないデータを前提として，やさしい手法を用いて，そこからざっくりとした形で情報を抽出するのが，ビジネス実践におけるポイントであると認識し，統計学以前のテクニックとして，データ自体やその加工に注力し，推測統計手法よりも記述統計手法のウェイトを高め

ています。

　それにあわせて，Excel を大いに駆使しています。アンケート集計では，実践に不可欠ながら，他の書籍ではあまり扱われていない複数回答の処理やそのクロス集計の方法まで説明しています。散布図では層別散布図，散布図の戦術的な利用方法も扱っています。

　折れ線グラフでは，点のプロットのテクニック，これによって従来見えなかった情報が読み取れるようになります。その他，ノンパラメトリック手法や多変量解析，数量化理論の Excel による実施方法についても可能な限り扱いました。さらに，経営データ論や経営データ解析のマネジメントなどにもそれぞれ章を立てて扱っています。経営データ解析の手法を実践的に使うためには，踏まえておきたい必須の知識です。

　また，本書で説明や例，練習問題で使っているデータは，十分ではありませんがかなりの部分，現実のデータを利用しています。実際のデータを用いることによって，学習に臨場感が生まれてくることを狙っています。また，データ自体にも関心をもってもらえると幸いです。

　本書の執筆に際しては，わが国の研究書はもちろん，アメリカ・ヨーロッパ・インドなどの経営統計学の研究書や教科書，Excel を使って学ぶ経営統計学のテキストなど，幅広く検討させて頂きました。そして，それらから多くのものを得ることができました。これらの過程で得られた重要な事項は，本書にちりばめられています。参照させて頂いたり利用させて頂いた内容は本書の至るところに及びます。その都度，脚注に明記し，感謝の意を表すとともに，学習者への更なる学習の手引きとしてさせて頂いております。

　本書は，データ解析を学びたいと思っている人が自学自習できるように，できるだけ詳しく記述することを心がけています。読者の皆さんは，この 1 冊でかなりの知識を学ぶことができるようになっています。本書を座右に，Excel を使いながら，学ぶことによって，経営データを解析する基礎，いい換えると経営データ解析のいくつかの型やテクニックを理解することができます。それらを学習やビジネスの実践の中で利用していくことによって，それらを自らに染み込ませ，さらに，より応用的な利用方法を編み出すことができるようになります。

　本書に使用しているデータは CD-ROM の形で添付しています。入力の手間は掛かりません。本書を読みながら，Excel を使って例や練習問題を解いて下さい。そして，それらを参考に，あなたの目前のデータを 1 つだけでも解析してみましょう。何か必ず新しい発見ができるはずです。このようにすることによって，あなた自身の経営データ解析のスキルも一歩一歩高められていきます。

　なお，本書を教科書として利用される際には，時間数以上の内容を扱っているので，指導される先生の御判断で，内容を選択してお使い頂ければ幸いです。トピックをとばしとばし使って頂いても対応できるよう作製しています。

　読者の方々が，この本を通じて経営データ解析をマスターされ，さらに新たな境地を切り拓かれんことを心より願っています。

平成 18 年（2006）7 月

東渕　則之

目　次

―経営データ解析入門編―

第1章　経営データ解析の役割と Excel の基本

1.1　ビジネス意思決定に不可欠な経営データ解析の知識
［1］　ビジネス意思決定に情報は不可欠　　1
［2］　数値情報（定量・定性データ，およびデータの解析結果の情報）の役割　　4
［3］　経営データ解析の役割　　6

1.2　経営データ解析の道具としての Excel
［1］　データ解析の道具としての Excel　　8
［2］　Excel 操作の基本を確認する　　9

―ビジネス・データ編―

第2章　ビジネス・データをみつめる

2.1　データの分類と可能な演算
［1］　データとは何か？　　15
［2］　測定尺度によって分類する　　15
［3］　測定期間・時点によって分類する　　18

2.2　経営データの質とデータ解析の可能性
［1］　一般的に質がよくない経営データ　　18
［2］　それでも有用な経営データ解析による情報　　24

2.3　全数調査とサンプリング調査
［1］　サンプリング調査のメリット　　25
［2］　母集団の縮図になるような標本の抽出――サンプリングの方法　　26

2.4 アンケート調査票を作る

[1] アンケート調査票の質問の作り方　28
[2] 選択肢の作り方　29

2.5 インターネットでデータ収集する
　　　——インターネットによるデータの取り込み　30

2.6 データをチェックする

[1] データの汚れを見分ける　33
[2] 統計手法を使ってデータをチェックする　37

2.7 社会科学にもっと応用すべき実験計画法

[1] 効率的にデータを集める工夫——考え方とL4直交表　39
[2] 要因数を増やすL8直交表　40
[3] 実験計画法の手続きはこうする　41

——初期的データ解析手法編——

第3章　データを並べ替え・抽出・集計して情報を読む

3.1 データベース機能を使う解析

[1] データ解析の例　43
[2] Excelによる解析の実際　44

3.2 アンケート集計のやり方——単純集計とクロス集計

[1] アンケート集計のためのデータ入力　48
[2] データベース関数による集計とピボットテーブル　50
[3] アンケート集計結果を解釈する際の留意点　65

3.3 Excelでできる多次元分析（OLAP）

[1] OLAPの利用例　69
[2] ピボットテーブルを使ったOLAP　69

第4章　データをExcelで簡単に加工して情報を読む

4.1　データを加減乗除で加工する

　［1］　データの見方と仮説創造の大切さ　　75
　［2］　データの加工によるデータ作成　　76
　［3］　データの分解による解析　　77

4.2　加工（1）――比率と構成比・相対比

　［1］　比率　　77
　［2］　構成比・相対比　　79
　［3］　比率（構成比・相対比）の利用上の注意点　　80
　［4］　比率の工夫　　81

4.3　加工（2）――指数，変化率，寄与率，弾力性

　［1］　指数　　84
　［2］　変化率　　87
　［3］　寄与率と弾力性　　89

4.4　ABC分析――構成比の実践適用　　90

第5章　表とグラフを作成して情報を読む

5.1　わかりやすい表を作成する際のポイントは何か

　［1］　表記する数字――有効数字は2桁に丸める　　93
　［2］　あまり知られていない表作成の原則　　95

5.2　グラフの描き方の基本

　［1］　グラフ化する意味　　97
　［2］　基本的なグラフと作成上の留意点　　98

第6章　一変数の度数分布から情報を読み取る

6.1　度数分布を調べてヒストグラムを描く　　113

6.2　度数分布と平均値・標準偏差および探索的データ解析

[1]　分布の位置を示す統計量——平均値，メジアン，モード　121
　[2]　分布の散らばりを表す統計量——分散，標準偏差，レンジ　125
　[3]　四分位数と5数要約，箱ひげ図——探索的なデータ解析の紹介　128
　[4]　データの標準化　131

第7章　2種類の変数の関係を読む

7.1　変数間の関連性の有無を調べる——相関分析

　[1]　図を描いて関連性を調べる——散布図　135
　[2]　数値データの関連の強さを計算する——相関係数　137
　[3]　Excel による相関分析の実施　138
　[4]　順位データの関連の強さを調べる——順位相関係数，属性相関係数　144

7.2　一方の変数でもう一方の変数の動きを説明する——回帰分析

　[1]　一方で他方を説明する単回帰分析の仕組み　148
　[2]　Excel による単回帰分析の実施　155

第8章　時系列データから情報を読む——需要予測などへの応用

8.1　データの動きを将来に外挿して予測する

　[1]　ナイーブな方法——時系列データをグラフ化して予測する　163
　[2]　簡単な計算による方法——移動平均法と指数平滑法　165

8.2　回帰分析によって予測モデルを作り予測する

　[1]　過去の自分の値を説明変数として，将来の自分の値を説明する回帰分析を行う
　　　　——自己回帰分析と傾向線の当てはめ　170
　[2]　説明変数として時間を用いる回帰分析　172
　[3]　統計関数を用いた予測　173

8.3　データを4つのパートに分ける時系列分解法

　[1]　時系列データを性質の違う波に分解してから予測する　174
　[2]　時系列分解法の具体的な手順——実行例　175

―応用的データ解析手法編―

第9章 標本から母集団の性質を推測する

9.1 標本平均値と母集団の真の平均値との重要な関係

[1] 標本から母集団の性質を推定する　　183
[2] 偶然の変動は確率でコントロールできる　　184
[3] 2つの代表的な確率分布――二項分布と正規分布　　186
[4] 標本平均値は母集団平均値と強い絆で結ばれている――中心極限定理　　193

9.2 母集団の平均値や比率の推定は具体的にこうする

[1] 中心極限定理からの展開――平均値の区間推定　　195
[2] 不偏標準偏差と t 分布　　196
[3] 同じようにすればできる母比率の区間推定　　198

9.3 母集団に関する平均値や比率の検定は具体的にこうする

[1] 検定の仕組みの考え方　　200
[2] 棄却域の取り方――両側検定と片側検定　　202
[3] 母集団の平均値に関する仮説を検定する　　203
[4] 母集団の比率に関する検定　　204

9.4 母集団の分散に関する推定と検定はこうする

[1] 意思決定におけるバラツキの重要性　　205
[2] 母集団の分散に関する推定と検定　　206

9.5 分散分析を使って3つ以上の平均値を比較する

[1] 分散分析の発想　　208
[2] 分散分析の計算　　209

9.6 標本を用いた母集団の相関分析はこうする――母相関係数の検定と推定　　211

9.7 標本を用いた母集団の回帰分析はこうする

[1] 回帰係数の有意性　　214
[2] 回帰式全体としての有意性　　215

第10章　前提条件が緩やかな検定方法──ノンパラメトリック手法

10.1　ノンパラメトリック手法とは何か──ビジネス分野における必要性　217

10.2　個々のノンパラメトリック手法とExcelによる実践

　[1]　連による検定　218
　[2]　符号検定　219
　[3]　ウィルコクスンの符号順位検定　221
　[4]　マン・ホイットニーの U 検定　222
　[5]　クラスカル・ウォリスの順位和検定　224
　[6]　独立性に関する χ^2 検定　226
　[7]　順位相関係数に関する検定　227

第11章　3種類以上のデータを総合して情報を読む──多変量解析と数量化理論による方法

11.1　Excelの分析ツールですぐできる多変量解析

　[1]　説明変数が2個以上の回帰分析──重回帰分析　229
　[2]　被説明変数に質的データを用いる回帰分析で代用できる判別分析　238

11.2　Excelの分析ツールですぐできる数量化理論

　[1]　質的データを数量データに変換する　243
　[2]　説明変数に質的データがある場合の回帰分析──数量化Ⅰ類　243
　[3]　説明変数，被説明変数の両方に質的データがある場合の回帰分析──数量化Ⅱ類　251

─マネジメント編─

第12章　経営データ解析をマネジメントする

12.1　マネジメントの視点をもつことの大切さと環境

　[1]　経営データ解析をマネジメントするということ　255
　[2]　ビジネス実践の環境を理解する　255

12.2　経営データ解析の手法のマネジメント

［1］　ビジネス実践における経営データ解析手法のマネジメント　257
　　　［2］　経営データ解析の遂行の程度の決定　263
　　　［3］　問題解決プロセスにおける位置づけの明確化　266

12.3　経営データ解析のための組織マネジメント

　　　［1］　経営データ解析情報の受容性をマネジメントする　267
　　　［2］　経営データ解析のための組織マネジメント　270
　　　［3］　情報とデータの組織的マネジメント　272

あとがき　275

参考文献一覧　277

付属 CD-ROM の使用方法　281

事項索引　283

用例索引　291

第 1 章
経営データ解析の役割と Excel の基本

1.1 ビジネス意思決定に不可欠な経営データ解析の知識[1]

[1] ビジネス意思決定に情報は不可欠

1) 意思決定と情報

生き物は,常にものごとを選択しながら生きています。
私たちも,生きていく上で,私生活においても,仕事の上でも,いくつかの選択肢の中から1つを選択しなければならない状況に直面しています。

職場では,今週末までの売上データから,来週の発注量を決定しなければならないかもしれません。人事の担当者なら,複数の履歴書を前にして,誰を採用するか選択しなければなりません。このように複数の案からいずれかを選択し決定することを「意思決定」といいます。

なお,本書で対象としているのは,購買,生産,販売・マーケティング,人事労務,研究開発,在庫管理,企画などの意思決定で,これらを「ビジネス意思決定」(または「経営意思決定」)といいます。

では,人はどうやって意思決定しているのでしょうか。

普通は,いきなり決定するのではなく,何らかの「情報」を集めて,それを参考にして行っています。たとえば,傘をもって出かけるかどうか,これもちょっとした意思決定問題です。その際には,テレビや新聞で今日の天気予報をみるのではないでしょうか。これは情報を集める行為です。売上データや履歴書に記載された内容も情報です。

情報を集めるのは,意思決定問題の不確実性を減らすためです。そして,それを使って意思決定を行います。

2) 4つの情報——数値情報,事実情報,経験,勘

ここで,意思決定と情報の関係についてみておきます。意思決定に用いられる情報(データを含む)は,「数値情報」,「事実情報」,「経験」,「勘」に大別されます。図表1は,数値情報,事実情報,経験,勘がインプットされ,意思決定者の脳裏で処理され,決定されることを表しています。

---

[1] 拙著(2006年)

図表1. 意思決定と情報

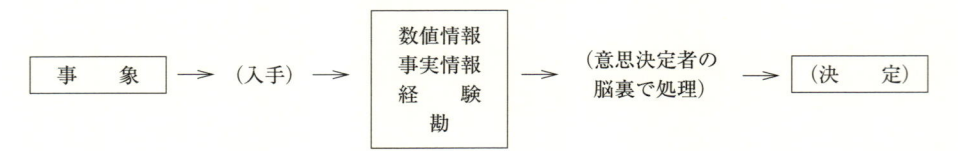

事象 → (入手) → [数値情報／事実情報／経験／勘] → (意思決定者の脳裏で処理) → (決定)

これら4つの情報は、図表2のように定義されます。

図表2. データと情報

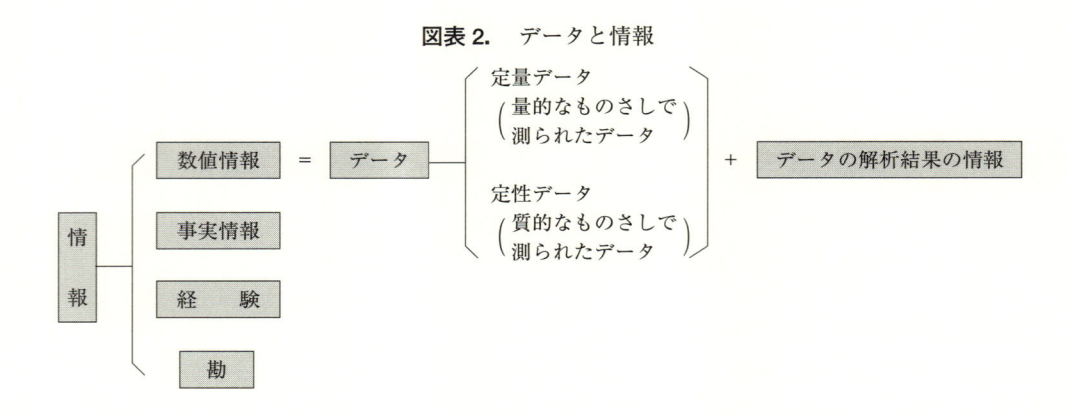

情報 ─┬─ 数値情報 = データ ─┬─ 定量データ（量的なものさしで測られたデータ）
　　　│　　　　　　　　　　　└─ 定性データ（質的なものさしで測られたデータ）
　　　├─ 事実情報　　　　　　　　　　　　　　　　　　　　　＋ データの解析結果の情報
　　　├─ 経験
　　　└─ 勘

①数値情報

数値情報とは、「定量データ」、「定性データ」、「データの解析結果の情報」からなります。

ここで、定量データとは、「数量で表現されたデータ」（量的なものさしで測られているデータ）を指します。たとえば、売上高、長さ・重さ、人数などです。

それに対して、定性データとは、「カテゴリー化されたデータ」（質的なものさしで測られているデータ）のことです。少し説明を加えます。

量的なものさしで測られていないものには色々あります。たとえば、明日の行動を考えているとします。西の空を見上げたところ、「少し薄日がさしている」とします。これは明日の天気を予想する上で非常に重要な情報になります。でも、これは「定性データ」とはいえません。もし、「晴れ」「曇り」「雨」のように分類（カテゴリー化）されている場合には、定性データといえます。

別の例を出しましょう。顧客満足調査の自由回答欄に書かれていた「今日の料理は美味しかった」という「お客様の声」も定性データではありません。「非常に満足」「やや満足」「どちらともいえない」「やや不満」「非常に不満」など、何らかのカテゴリー化がなされ、それによって得られたデータが定性データです。

ところで、定性データのカテゴリーには、しばしば数値が付与されます。たとえば、「晴れは1、曇りは2、雨は3」、「非常に満足は2、やや満足は1、どちらともいえないは0、やや不満は－1、非常に不満は－2」のようにです。カテゴリーに割り当てられた数値を使うことによって、定性データをデータ解析することができるようになります。

本書では、図表2にあるように、「データ自体」と「データの解析結果の情報」をあわせて「数値情報」とよぶことにします。

②事実情報

それでは，先ほどの「少し薄日がさしている」，「今日の料理は美味しかった」というものは何でしょうか。これらは，図表2の「事実情報」に当たります。他に，たとえば，「A社の社員は傾聴能力が高い」「B社の新店舗は雰囲気が明るい」「C商品は新しい食感だ」「D小学校では今年は例年より1週間運動会が早い」などのメッセージも事実情報です。もちろん，意思決定に関係する場合に限ります。量を定めたり，質を定めたりするのではなく，事象に関する何らかのメッセージそのものが事実情報です。新聞や雑誌の記事などの多くは，これに含まれます。文字だけでなく，音声や画像，動画といった形をとることもあります。

数値情報を用いれば，売上高の急減など実績の変化を明確に示したり，気温とある商品の売上高の関係を解明したりできます。しかし，それらの理由や背景を把握するためには，事実情報が必要になります。

③経験・勘

現実の意思決定において，良い悪いは別にして，「経験」や「勘」が大きな役割を果たしていることについては，特に異論は無いでしょう。

しかし，数値情報や事実情報を利用する際にも，経験や勘が重要な役割を果たしていることは案外忘れられています。業務知識を含めた経験やその人なりの勘は，しばしば数値情報や事実情報を使いこなす際に，重要な役割を担っています。

次の図表3の表アは，A店の1月のある週の午後1時から3時までのおむすびの販売量です[2]。

図表3. 経験と勘の役割 —おむすび販売データの例—

ア．A店

	日	月	火	水	木	金	土
おむすび売上個数	52	83	76	28	69	80	58

イ．気温（午後1時～3時）

	日	月	火	水	木	金	土
気温（℃）	8	7	10	3	8	9	10

ウ．B店（A店と同地域）

	日	月	火	水	木	金	土
おむすび売上個数	46	78	72	69	68	71	50

エ．A店

	日	月	火	水	木	金	土
サンドウィッチ売上個数	25	34	31	46	29	33	28

これを見ると，水曜日だけ売上が落ちていることがわかります。なぜ，水曜日だけ売上が落ちたのでしょうか。

表イの気温のグラフをみて「気温が下がったから」と考えるのは早計かもしれません。「気温が下がればおにぎりが売れなくなる」というのは，必ずしも論理性があるように思えません。また，事実として，同じ地域にある他店Bの売上の状況を調べると，おむすびの売上は，表ウに示すように落ちていません。

なぜA店では，このようになったのでしょうか。その日だけたまたま来客数が少なかっただけなのでしょうか。

それも違うようです。表エをみると普段よりもむしろ多く，来客数が少なかったわけではないことがわかります。

---

[2] 日経情報ストラテジー（1994年）11月号 pp.72–75

ある程度，経験がある店長ならば，原因として，温かいお茶が品切れの状態だったからではないかと，ピーンとくるかもしれません。「寒い→温かいお茶＋おにぎり」という連鎖が，温かいお茶の品切れで働かなかったという仮説です。

これなら，サンドイッチの販売量が増加した理由も，おむすびを買おうと思っていたお客様がサンドイッチに流れたためと説明できるでしょう。

もちろん，この仮説が正しいかどうかはわかりません。そのためには，まず，水曜日の温かいお茶の在庫量と販売量を調べる必要があります。そして，この仮説が正しいかどうかは，最終的には，過去のデータや翌週以降のデータで検証することになります。

この例で，大切なことは，経験や勘を働かせて仮説を立てたり，洞察力を働かせたりしながら，データ解析を進めたり，その結果を解釈したりすることです。

単に数的処理能力が優れていても，数値情報を使いこなすことはできません。実務的な経験や勘をあわせて培っておくことが，データ解析を使いこなしていく上では非常に大切です。経験や勘が十分にない領域の場合には，関係者にヒアリングをしたり，それらが豊富な人に実務上のアドバイスをもらったりするとよいでしょう。

[2] 数値情報（定量・定性データ，およびデータの解析結果の情報）の役割

1) 心理的バイアスとは何か

ビジネスパーソンの中には，意思決定に際して，もっぱら自分のこれまでの経験や勘だけに頼ってしまい，新たに数値情報や事実情報を考慮することなく，意思決定している人が少なくありません。

特に，このような意思決定者は，無意識に偏った意思決定をしている場合が少なくありません。「心理的バイアス」に引っかかるからです。

ここで，心理的バイアスについて少し説明しておきましょう。複雑な問題状況において正しく意思決定するために，人間の脳は多大な情報処理負荷をこなさなければなりません。しかし，人間は，限られた情報処理能力しかもっていません。そのため，無意識的に，脳への負担を減らすために，情報処理作業を手抜きし，そのため結果的に偏らせてしいます。その結果，必ずしも正しくない意思決定をしてしまうわけです。人間ならば，ビジネスパーソンに限らず誰しも，大なり小なり，このバイアスにとらわれていると考えられます。このような人間の情報処理の癖ことを「心理的バイアス」といいます。

心理的バイアスは，意思決定のいろいろな場面で生じています。以下，脚注の参考文献をもとに，情報の入手，処理，選択決定の段階に分けて，それぞれの例を挙げておきましょう[3]。

①情報入手段階
・アベイラビリティー

人間は，事象の発生頻度を評価するとき，記憶に残りやすく，また思い出しやすい情報をより重視してしまう傾向をもっています。このような傾向はアベイラビリティーとよばれます。たとえば，飛行機事故が起こると，その直後は，座席予約のキャンセルが増えることが知られています

---

[3] 心理的バイアスの説明の多くは上田　泰(1994年)p.221-233に依る

が，これは飛行機事故の悲惨さによって，確率が過大に評価されてしまうことによります．情報を思いだしたり，入手したりするときに，実際の発生頻度，つまり客観的な事実がインプットされるのではなく，人間の主観によって情報入手自体の客観性が制約されてしまうわけです．

・選択的知覚

情報入手においては，意思決定者の状況や動機から様々な選択的な知覚が行われます．その1つとして，人間は自分の経験に沿って問題の構造を決めつけてしまいやすいことが挙げられます．たとえば，販売不振という問題に直面したとき，マーケティング畑を歩んできた役員にはマーケティング領域の問題として，開発畑を歩んできた役員には製品開発の問題として知覚されがちです．また，意思決定者の期待や仮説が知覚に反映されることもあります．人間は自分がみたいと思うように事象を知覚し，みたくないと思う事象は無視しがちだからです．

・情報の具体性

人間は，抽象的で地味な情報よりも，具体的で生き生きとした情報の方が，記憶から取り出しやすい傾向をもっています．たとえば，自動車購入を考えているとき，一生懸命ににらめっこしたカタログの細かな数値よりも，街角でみかけた颯爽と走る1台の印象の方が記憶に留まりやすく，それによって決めてしまったという話はよく聞きます．

②情報処理段階

・一貫性の欠如

多くの人間には，すでに行われた判断に対する自信を深めるために，その判断を支持する情報を選択し処理しようとする傾向があります．そのため，いったん期待や仮説が形成されてしまうと，それ以降に入手される情報は，それが期待や仮説に反すれば，適正に処理されず，無視されることになりがちです．

このような傾向は，一般に認知的不協和理論として知られています．たとえば，自分が購入した商品について，好意的に書かれている場合，その記事はじっくり読もうとします．しかし，批判的に書かれているような記事の場合には読み飛ばすか，無視することが多いのではないでしょうか．

・決定環境の影響

意思決定者が決定を行う場面の状況によっても，心理的バイアスが発生します．たとえば，時間的に猶予が許されない場合やパニック時には，誰しも冷静な判断ができにくくなるものです．また，集団内で同調圧力を受けている場合も，その人が潜在的にもつ情報処理能力を発揮しにくくなりがちです．

③選択決定段階

・統制の錯覚

人間は，結果が偶然のみで決まる場合でも，何らかの形で自分の影響が及んでいると錯覚する傾向があります．宝くじを買う場合，宝くじ売り場や宝くじ番号を選ぶ人は少なくありません．このような行動は，偶然のみで決まることでも，個人がコントロールできる余地が少しはあると誤解している証拠といえるでしょう．また，前年に偶然に悪条件が重なり業績が落ちていた支店に新たに着任した支店長がいるとします．翌年，業績が回復した場合，自分のマネジメントがよかったからだとその支店長は信じて疑わないでしょう．

以上のような心理的バイアスが存在するため，意思決定者は，情報を適切に入手，処理できず，本来あるべき意思決定を無意識に歪めてしまっている場合が少なくありません。

2) 心理的バイアスを減らすには

それでは，心理的バイアスを減らし，より正しい意思決定をするにはどうすればよいか考えてみましょう。

これまでみてきた例からもわかるように，そもそも心理的バイアスは，情報処理の負担を減らすために，得意な思考型にあてはめたり，あるいは単純化したりすることによって，生じるところが大きいといえます。その際には，意思決定者の「主観」が大きく影響を及ぼしています。

そもそも，4つの情報のうち，「事実情報」，「経験」，「勘」は，それらの生成や入手において，主観性が強く働いていると考えられます。経験や勘の場合は自明ですが，事実情報の場合でも，それが入手される際，好みに合う部分だけが恣意的につまみ食いされやすい傾向をもちます。まさに主観が鍵となります。また，このように情報入手段階だけでなく，先に述べたように，収集した情報を解釈する段階，選択決定する段階でも，自分に都合のよいように主観による処理がなされがちです。

したがって，心理的バイアスを減らし，より正しい意思決定を行うためには，まず，「より客観的な情報を併用すること」が不可欠です。「より客観性をもつ情報」の代表格は，客観的に測定された「数値情報」です。

顧客からのクレームは，商品やサービスの改善のためのヒントになりますが，各種クレームの発生頻度を，過去の自分の経験から主観的に想定するのはよくありません。印象に残りやすいクレームや直近のクレームが，重きを置いて用いられる可能性が高いからです。よって，過去のクレームの発生件数データを調べて，可能な限り客観的に各クレームの発生頻度を認識する必要があります。

以上述べたように，事実情報，経験，勘だけではなく，客観的に測定された数値情報を併用することによって，心理的バイアスをある程度まで削減できると思われます。

[3] 経営データ解析の役割

1) 人間の情報処理能力の限界と数値タイプの心理的バイアス

しかし，実は残念なことに，仮に客観性の高い数値情報を併用したり，重視したりしても，意思決定者は心理的バイアスを完全には克服できません。

それは，なぜでしょうか。その理由は2つあります。

1つ目の理由は，「人間の情報処理能力には量的な限界がある」ということです。たとえば，仮に，目の前に1000人の身長と体重のデータを記録した紙があるとします。パッと一瞥して，そのデータ全体がもつ情報や意味するところを理解できる人はほとんどいないと思われます。

それは，人間の頭で処理できるデータ量に限界があるからです。そこで，人々は，しばしば，度数分布を調べたり，グラフを描いたり，平均値を計算したりします。これらによって，データが全体としてもっている情報をはっきりさせることができます。

2つ目の理由は，多くの人は，データを読むとき，知らず知らずのうちに「数値タイプの心理的バイアス」に陥ってしまう，ということです。

これに関して，次の問題を考えてみて下さい。

「ある町のタクシーの85%は緑で，15%は青である。ある晩，タクシーによるひき逃げ事件がおきた。そこに目撃者が現れて，『青のタクシーがひいた』と証言した。

警察では，この証人がどの程度正確であるか同じような状況でテストしたところ，80%の場合は正しく色を識別できるが，20%の場合は実際の色と逆の色をいってしまうことがわかった。さて，証言通り，青のタクシーが犯人である確率はどれくらいであろうか？」

この問題は「タクシー問題」とよばれ，心理学者のツヴェルスキーとカーネマンが，人間の数値判断能力が予想外に小さいことを例証するために紹介した有名な問題です。いかがでしょうか。

この問題の答えは約41%です。この問題を出された被験者の人たちのほとんどは，その確率を50%以上だと答え，中には80%と答えた人もかなり多くいたそうです。このように常識と正解とはかなり食い違っていたのです[4]。

念のため，結果から原因を推定する「ベイズの定理」とよばれる方法に基づいて，この問題を解いてみましょう。この解答を，図表を使って表したものが図表4です。

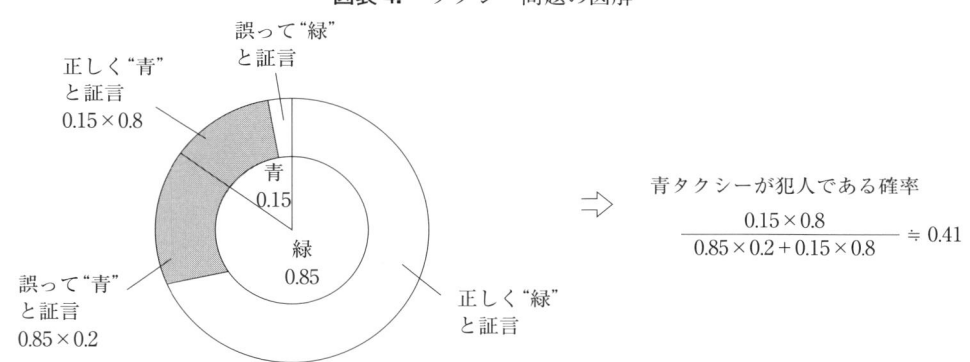

図表4. タクシー問題の図解[5]

$$\frac{0.15 \times 0.8}{0.85 \times 0.2 + 0.15 \times 0.8} \fallingdotseq 0.41$$

青タクシーが犯人である確率

以上のことから，いくら数値データや数値情報があっても，「人間の情報処理能力の量的な制約」，「数値タイプの心理的バイアスの発生」に妨害されて，人はそれらを適切には利用し尽くせていないことが窺われます。

2） 経営データ解析の役割

それでは，私たちはどうすればよいでしょうか。

生データなどの数値データを正しく利用するためには，「人間の情報処理能力の量的な制約」や「数値タイプの心理的バイアス」を乗り越えて，生データ自体がもつ情報を正しく抽出することが必要です。すなわち，正しく情報を抽出することができれば，人間は，これらの壁を超えることができます。ここに経営データ解析の役割があります。つまり，「数値データから情報を正しく抽出すること」なのです。

---

[4] 上田 泰（1997年）p.14, 15
[5] 市川（1989年）p.121-123

図表5に，客観的に測定された「生データ自体」と対比することによって，経営データ解析の役割をまとめています。

図表 5. 経営データ解析の役割

	客観性の度合い (事実情報，経験，勘に比べて)	解釈する上での情報処理負荷	解釈結果のバイアス
生データ自体	優れている	大きい	大きい場合がありうる
データ解析して得られる情報	優れている	上記より小さい	上記より小さい

経営データ解析を理解し，データを正しく読み，使う能力が身につけば，数値タイプの心理的バイアスに悩まされることなく，数値データを利用することが可能になります。

それを事実情報，経験，勘と統合して用いることによって，より正しく経営意思決定を行うことが可能となります。

【練習問題】(1-1-1)
数値的な心理的バイアスの具体例を他にも考えて下さい。

【練習問題】(1-1-2)
経営データ解析の役割を述べて下さい。

1.2 経営データ解析の道具としてのExcel

[1] データ解析の道具としてのExcel

　Microsoft社の表計算ソフトExcelはほとんどのパソコンにインストールされている最も身近なソフトの1つです。Excelは，集計ツールとしてだけでなく，データベース，データ解析ツールおよび可視化（グラフ化）ツールとして高機能なソフトです。

　相関や回帰分析，推定や検定，多変量解析といった高度なデータ解析も，Excelだけで比較的手軽に実施できます。このような優秀な機能を備えているにもかかわらず，機能が十分に活用されていないのが現状です。

　確かに，情報技術面からみれば，このようなデータマイニング・ツールとして利用する際には，PCマシンの処理性能がボトルネックになると考えられます。しかし，その制約は，扱えるデータ量の制約であって，本質的な機能面での制約はほとんどありません。

　しかも，データ量が多い場合，すべてのデータでなく，ある程度のサンプル数を抽出してから解析を実行します。これで実用には十分な結果が得られます。

　よって，処理できるデータ数に制約があっても，実質的にはあまり大きな制約とはなりません。このようなことから，企業における経営データ解析の実践に，Excelは有効かつ十分に利用できる

といえるのです。事実，2005年10月時点において，企業のデータ解析に圧倒的に多く使われているソフトウェアはExcelです。

本書ではExcel 2002を用いて解説しますが，他のバージョンでも直感を頼りにほぼ同様に使用することができるでしょう。

［2］ Excel操作の基本を確認する

1） Excelの起動と画面レイアウト

Excel操作の必要事項を確認しましょう[6]。Excelを起動するには，まず，［スタート］ボタンをクリックし，［プログラム（P）］→［Microsoft Excel］の順にクリックします。すると，図表6のようなExcel 2002の画面が表示されます。表示された一枚の表を「ワークシート」といいます。

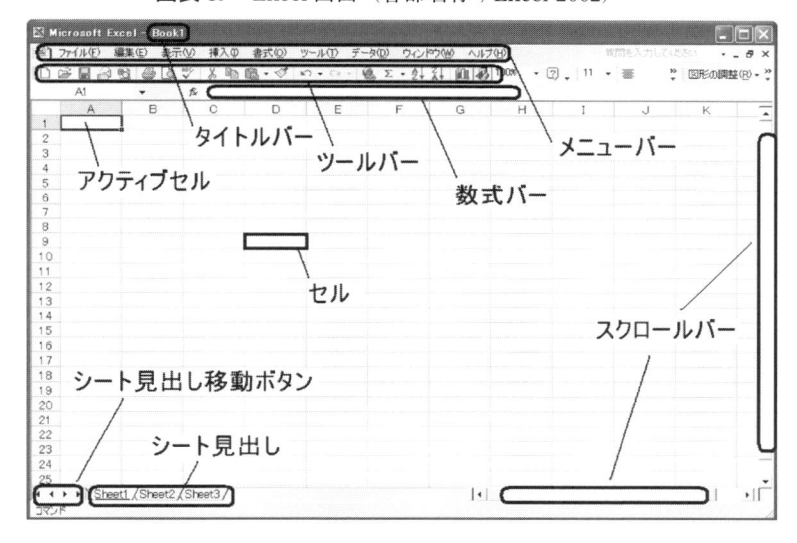

図表6. Excel画面（各部名称；Excel 2002）

通常，矢印で表示され，入力位置などを示すのがマウスポインタです。マウスポインタはExcel上で複数の形に変化します。シート上では「✣」の形になり，セルや行・列の選択に使います。

メニューバー，ツールバー，スクロールバーなどを選択・操作するときは白太の矢印になります。数式バーや名前ボックスなどで文字などを入力する場所を示すときは「I」の形（アイビーム）になります。

選択したセルの枠に重ねると，「✥」の形になって，セル内容の移動（カット＆ペースト）に使えます。また，セルの右下隅の■（「フィルハンドル」）にマウスポインタを重ねると「＋」の形になり，コピーなどをはじめとする「オートフィル機能」が利用できます。

まず，本章では，本書の学習にあたって，データの入力，式と関数，編集などの3つの点で，あらかじめ覚えておくとよいと思われる事項のみを学習します。

Excelがはじめての方や，不安のある方は，以下の解説を読みながら，Excelを使って，（操作a）

---
[6] 寺島他（1999年）p.3-20

から(操作 h)の課題を順にこなしていって下さい。なお，Excel に慣れている方は，練習問題（1-2-1）を直接行ってみて下さい。

2) データの入力
①入力方法
　Word の要領で入力します。ひらがな，漢字などの全角文字を入力するときには「MS-IME」のツールバーの表示を「_A」から「あ」に切り替えておきます。数値データを入力する際は英数半角が便利ですので，MS-IME を「_A」にしておきます。

　データの入力方法は複数ありますが，最も基本的な方法は，データをひとつひとつのセルに直接にタイプして入力していく方法（直接入力といいます）です。もし，入力を間違った場合には，当該セルで改めて上から正しく入力し直します。

　　（操作 a）　Excel がはじめての人は，練習問題（1-2-1）の 1) を行いながら，入力の方法を確認して下さい。
　　（操作 b）　続いて，練習問題（1-2-1）の 2) を行って下さい。

②入力規則
　ところで，人間は入力ミスを犯しやすいものです。100 枚伝票があれば 2，3 枚には何らかの入力ミスがあるといわれているほどです。Excel では，データを入力する際のミスを防ぐための方法が用意されています。その 1 つが「入力規則」です。必要に応じて利用するとよいでしょう。

　操作手順は，ワークシート上で，あらかじめ入力規則を適用したい行（列）でクリックし，その行（列）を反転表示させておきます。あるいは範囲をドラッグして，反転表示させておきます。

　その上で，メニューバーから［データ(D)］→［入力規則(L)］とすると，「設定」が表示されます。「すべての値」になっていますから「▼」をクリックして，入力するデータが満たすべき条件，たとえば，整数，小数点など，必要に応じて，最大値と最小値など，細かく設定します。こうしておけば，もし，設定した条件を満たさないデータが入力されようとすると警告を発してくれます。

3) 編集など
①データの移動と複写
　Excel のワークシートに入力したデータを他のシートに移動したり，コピーしたりしたい場合があります。Word と同じように，「カット＆ペースト」，「コピー＆ペースト」を用いることができます。

　カット＆ペーストでは，ワークシート上のデータを，編集機能を使っていったん切り取り，他のワークシートなどの新しい場所に改めて貼り付けることによって移動させます。

　コピー＆ペーストでは，ワークシートにあるデータと同じものを，他のワークシートなどの新しい場所にコピーします。

②行と列の挿入と削除

　ワークシートに新しい行や列を挿入したい場合があります．その場合には，メニューバーにある［挿入(I)］を使います．挿入したい位置の行または列にマウスポインタを移動し，メニューバーの［挿入(I)］を選択します．そして，行の挿入なら［行(R)］を，列の挿入なら［列(C)］を選択します．

　また，削除したい場合もあります．削除したい行または列にマウスポインタを移動し，メニューバーにある［編集(E)］を選択します．そして，［削除(D)］を選択します．削除画面が現れるので，行全体を削除したいときは［行全体(C)］を，列全体を削除したいときは［列全体(R)］を選択します．なお，これら挿入，削除は，マウスの右クリック機能を使っても行えます．

　（操作 c）練習問題（1-2-1）の 3）を行って，挿入の方法を確認して下さい．

③離れた行や列の範囲指定

　離れている複数の行や列を範囲指定したい場合があります．1つの行や列を指定した後，［Ctrl］キーを押しながら，他の指定したい行や列を指定します．この方法による離れた行や列の範囲指定は複写と移動だけに限らず，他の用途にも使えます．

④表示形式

　セルに表示される桁数は，必要精度を踏まえた上で読みやすいものである必要があります．通貨，会計，日付などのデータを入力する場合には，メニューバーにある［書式(O)］→［セル(E)］の「表示形式」のタグを選択し，「分類(C)」の中から選択します．

　「数値」を指定した場合，右側に「小数点以下の桁数」が出てくるので，そこを「▼▲」で変えます．なお，簡易に切り替えるには，メニューボタンを使うこともできます．

⑤長い文字データの表示

　セルに項目名などの文字を入力する際，文字数が多いと，1つのセルに入りきりません．このような場合，次のいずれかの方法を使えば，列幅を変えずに，セルの項目名の全体を1つのセルに表示させることができます．

　・折り返し表示する方法．書式を変更します．セルにマウスポインタを移動し，メニューバーから［書式(O)］→［セル(E)］とし，続いて「配置」タグを選択し，「文字の制御」の中にある「折り返して全体を表示する(W)」にチェックを入れます．こうすると，設定されている列幅を変えずに，はみ出した部分がそのセルの中で折り返されて表示されます．
　・縮小表示する方法．設定されている列幅に収まるように文字のフォントが縮小され，所定のセルの中に内容全体が表示されます．その方法は，［書式(O)］→［セル(E)］とし，続いて「配置」，ここまでは折り返しの場合と同じです．続いて「文字の制御」の中にある［縮小して全体を表示する(K)］にチェックを入れます．

⑥ウィンドウ枠の固定・一部のみ表示

　ワークシートに入力されたデータの量が多くなると，画面をスクロールさせたときにデータの左

端や上端にある項目名などが画面からはみ出てしまいみえなくなります。項目名などが表示されていないと入力の効率が悪くなります。入力間違いにもつながります。解析の際にも不便です。

そこで，項目名などがスクロールされずに，常に左端，上端に表示されるようにしておくと便利です。

メニューバーから［ウィンドウ(W)］→［ウィンドウ枠の固定(F)］を選択します。すると，マウスポインタが置かれている位置を基準にして，マウスポインタの左側の列と上側の行の部分がその位置で固定され，スクロールされなくなります。

ウィンドウ枠の固定を解除するときは，メニューバーから［ウィンドウ(W)］→［ウィンドウ枠固定の解除(F)］を選択します。

なお，ウィンドウ枠を固定しなくても，不要な行や列を隠して，一部を未表示させることによって，不便さを解消することもできます。列を隠す場合は，隠す列を範囲指定してから，［書式(O)］→［列(C)］→［表示しない(H)］と操作すれば，隠したい列だけが折り込まれて隠されます。隠していた行や列を再び表示するには，範囲指定してから［書式(O)］→［列(C)］→［再表示(U)］とします。

（操作 d）練習問題（1-2-1）の 4）を行ってみて下さい。

4） 式と関数の入力

ワークシートにデータが入力されたとします。計算式や条件式を入力すると瞬時に計算が実行されて結果が表示されます。

①四則演算

たとえば，事前に A1，B1 に数値が入力されていれば，セル番地 C1 のセルに，＝A1＋B1 と半角で入力された瞬間に足し算が行われて，C1 のセルに結果が表示されます。その後，元の数値 A1 または B1 の値を変更すれば，自動的に再計算が行われます。

さて，計算式を入力するには，今のようにコツコツ入力する方法と関数を使う方法があります。

たとえば，セル A1 と A2 と A3 に入っている値を合計して A4 に表示させる場合を考えます。コツコツ入力するには，セル A4 をクリックしてアクティブにしておいて，＝A1＋A2＋A3 と半角でタイプして行き，最後に［Enter］キーを押します。すると，合計がセル A4 に表示されます。

一方，関数を用いる場合は，合計を求める関数は SUM なので，セル A4 に ＝SUM と半角で入力し，さらに続けて合計を求める範囲を（A1:A3）とキーを入力します。そして，［Enter］キーを押します。なお，範囲指定するところは，ドラッグでもかまいません。そのときは，＝SUM(としてから，ポインタを A1 にもって行き，A3 までドラッグします。それから，）をキー入力します。

また，便利な機能として，一塊のデータに続くセルをアクティブにしておいて，ツールバーの中から［オート SUM］のアイコン（「Σ」のマークで表示されている）をクリックすると，自動的に合計範囲を認識して合計を計算してくれます。

なお，関数は豊富に用意されています。数式バーの左隣にある *fx* をクリックすると，表示されるので，その中から選択することができます。もちろん，キーボードからアルファベットで入力し

てもかまいません。

　（操作 e）練習問題（1–2–1）の 5) を行ってみて下さい。

　次に，割り算の場合。たとえば，B1 を C1 で割った答えを D1 に表示させるには，セル D1 で，＝B1/C1 と入力します。同様に，掛け算の場合は，＝B1＊C1 とします。B1 から C1 を引く場合には D1 で ＝B1－C1 とします。

　（操作 f）練習問題（1–2–1）の 6) を行って下さい。まず，ここでは，上記を参考にして D2 の計算をして下さい。表示は小数点以下 2 位にして下さい。

②計算式の複写
　データと同じように計算式も複写する事ができます。

　（操作 g）練習問題（1–2–1）の 6) の続きの部分を下記の要領で行って下さい。

　まず，前問（操作 f）で D2 は求められているはずです。この D2 のセルのところをクリックしておきます。［編集（E）］→［コピー（C）］を選択します。これでデータはメモリーにコピーされました。続いて，D3 からデータの一番下（沖縄）の行まで範囲指定します。そして，［貼り付け（P）］を押します。こうすれば，計算式が複写されます。
　D3 以降に複写される計算式は ＝B2/C2 がそのまま複写されるわけではありません。
　D3 には ＝B3/D3，D4 には ＝B4/C4，…と自動的に計算式も，対応するデータのセルに対応して変更されて複写されます。

5) ファイル保存
　ワークシートを保存するには，次のようにします。
　［ファイル（E）］→［名前を付けて保存（F）］として，保存するホルダーなどを指定して，ファイル名を付けてから保存します。名前を付ける際も Word の要領で入力します。

　（操作 h）練習問題（1–2–1）の 7) を行って下さい。

【練習問題】（1–2–1）
　図表 7 のデータは，2005 年 12 月時点の県別借金残高です。Excel を立ち上げ，CD–ROM からデータを読み込み，次の要領で，Excel の基本操作を行って下さい。

図表7. 県別借金残高
（出典：総務省「都道府県決算状況調査」）

	A	B	C
1	県	各県の借金(億円)	各県の人口(千人)
2	青森	16,985	1,476
3	岩手	17,451	1,416
4	宮城	13,127	2,365
5	秋田	13,807	1,189
6	山形	11,609	1,244
7	福島	15,877	2,127
8	茨城	17,708	2,986
9	栃木	11,533	2,005
10	群馬	12,139	2,025
11	埼玉	30,936	6,938
12	千葉	30,538	5,926
13	神奈川	51,054	8,490
14	新潟	24,854	2,476
15	富山	13,121	1,121
16	石川	13,849	1,181
17	福井	10,773	829
18	山梨	9,382	888
19	長野	16,689	2,215
20	岐阜	20,459	2,108
21	静岡	21,280	3,767
22	愛知	49,188	7,049
23	三重	9,082	1,857
24	滋賀	9,581	1,343
25	兵庫	60,813	5,551
26	奈良	11,308	1,443
27	和歌山	9,919	1,070
28	鳥取	6,226	613
29	島根	10,955	762
30	岡山	12,966	1,951
31	広島	22,062	2,879
32	山口	23,800	1,528
33	徳島	12,090	824
34	香川	11,211	1,023
35	愛媛	11,239	1,493
36	高知	11,032	814
37	福岡	25,828	5,016
38	佐賀	6,425	877
39	長崎	11,997	1,517
40	熊本	17,203	1,859
41	大分	9,850	1,221
42	宮崎	12,958	1,170
43	鹿児島	16,107	1,786
44	沖縄	7,203	1,318

1) Excelを立ち上げて入力して下さい。
2) 「県」を「都道府県」に，「各県の借金」を「各都道府県の借金」に，「各県の人口」を「各都道府県の人口」に，それぞれ変更して下さい。
3) 図表7に，下記の都・道・府のデータを挿入して下さい。

  北海道 54,832 5,683（青森の前）
  東京 126,450 12,064（千葉の後）
  京都 14,272 2,644（滋賀の後）
  大阪 68,828 8,805（京都の後）

4) 1行目（項目名）を固定して，スクロールしないようにして下さい。
5) 各列の合計を求めて下さい。
6) D列に，人口千人当たりの借金額（億円）を計算して表示させて下さい。
7) 「都道府県別借金残高」と名前をつけて保存して下さい。

第 2 章
ビジネス・データをみつめる

2.1 データの分類と可能な演算

[1] データとは何か？

　事象（実体）を数値などの記号によって写し取ることが「測定」であり，表現された記号が「データ」です。データの質の良否は，事象をどれほど正確に写し取れているかによって判断されます。事象が正確に写し取れているデータほど品質がよいといえます。

　経営データ解析から得られる情報がどの程度信頼できるかは，その元である写し取られたデータの質によって大きく左右されます。

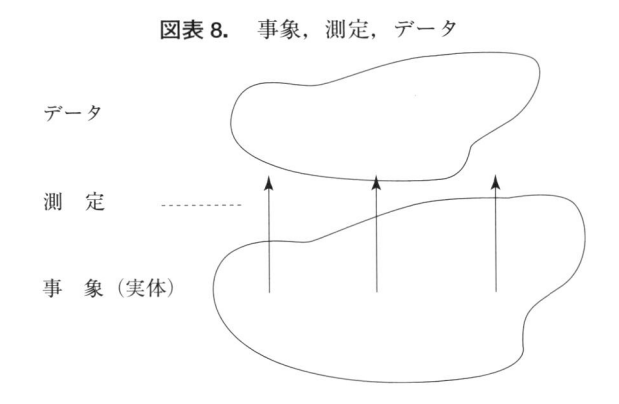

図表8． 事象，測定，データ

[2] 測定尺度によって分類する

1) 測定尺度
① 4つの測定尺度

　第1章で学んだ情報に関する知識を復習しながら，さらに具体的に学んでおきましょう。
　図表9のような中古車の諸属性のデータがあるとします。

図表9． M・ベンツの中古車価格のデータ（中古車情報誌掲載データから筆者作成）

	A	B	C	D	E	F	G	H	I
1	M・ベンツの中古車価格（平成17年1月）								
2	価格（万円）	年（西暦）	色	走行距離（万キロ）	クラス				
3	735	2003	3	1	3		色：	1	白
4	318	1998	3	3.7	3			2	黒
5	158	1996	5	6.6	3			3	銀
6	176	1995	4	5.3	3			4	緑
7	378	2003	2	1.4	2			5	青
8	309	2001	3	3.9	2				
9	125	1998	5	3.9	2		クラス：	1	Aクラス
10	108	1995	1	8.5	2			2	Cクラス
11	198	2003	2	1.7	1			3	Eクラス
12	169	2001	3	2.4	1				
13	115	2000	3	4.4	1				
14	88	1999	2	5.3	1				

　各車ごとの価格，年（西暦），色，走行距離，クラスの各属性データです。なお，クラスはほぼ車格を表すカテゴリーです。このように，すべての属性データは数値になっていますが，その性質は属性の間でかなり異なります。

　まず，「色」です。この1，2，3，4，5にはどのような意味があるでしょうか。数値にはなっていますが，その数値にはラベル（名札）の役目しかありません。1，2，3，4，5とついていても，それらの間に大小関係はありません。このように名札の役目を担う測定尺度（ものさし）を「名義尺度」といいます。

　「クラス」はどうでしょうか。一種のグレードであり，相対的な高低のみを表します。3は2よりも上のクラスであり，2は1より上のクラスであることを表します。ただし，3と2の差と，2と1の差が等しいとは限りません。すなわち順序のみを表しています。このような測定のものさしを「順序尺度」といいます。

　「年（西暦）」はどうでしょうか。数値が大きければ，後の年ですから，順序尺度の性質をもっています。加えて，1年間という間隔は一定です。2003年と2004年の間も，2002年と2003年の間も基本的に等しくなっています。よって，この尺度は，順序を表している上に，尺度の目盛間隔も等しくなっています。このような測定尺度を「間隔尺度」といいます。ただし，原点である西暦0年は，絶対的なものではありません。間隔尺度は絶対的な0点をもちません。

　「走行距離」はどうでしょうか。この数値は，間隔尺度の特性に加えて，原点（目盛0の点）が絶対的に決まっています。「価格」も同様の性質をもっています。このような測定のものさしを「比率尺度」といいます。また，しばしば「比例尺度」ともいわれます。

　測定，すなわち，現実の事象を数値で表現するとき，名義尺度，順序尺度，間隔尺度，比率尺度の4つのものさしのいずれかが用いられているはずです。図表10の「例」に各尺度の測定値の例を示しています。

図表10. 測定尺度と主な演算

尺度の種類	例	典型的な演算
名義尺度	性別，背番号，郵便番号	分類，カウント
順序尺度	好みの順位，成績評価（優・良・可・不可）	ランキング，レーティング（一定の条件を満たせば，間隔尺度データに準じた利用が可能）
間隔尺度	温度（摂氏・華氏），テスト得点 カレンダータイム（西暦，時刻）	加・減
比率尺度	身長，体重，絶対温度 誤答数，事故件数，人数	加・減・乗・除

なお，第1章で定量データと定性データについて述べましたが，改めて測定尺度からみると，比率尺度，間隔尺度によって測定されたデータが定量データ，順序尺度，名義尺度で測定されたデータが定性データということになります。

2） 測定尺度と演算

データは，測定に使われた「ものさし（尺度）」によって，測定後に適用できる演算が異なってきます。

名義尺度では，たとえば男女別に人数を合計するなど，分類ごとにその個数をカウントすることしかできません。

各分類に属する個体が全体の中で何％あるかという比率を計算することはできますが，たとえば，賛成を1，反対を2として，それらの数値をもとにして，全員の合計や平均値などを出すことはあまり意味がありません。

順序尺度では，名義尺度と同じくカウントが可能であることに加え，順位の情報ももちます。順位の大小についての演算までは可能です。

ただし，このような扱いはいささか杓子定規に過ぎるかもしれません。現実的には，目盛の段階が細かく（4～5段階以上），目盛の間隔もほぼ同じならば，そのようなものさしで測定されたデータについては，近似的に間隔尺度の値とみなして，そこで行われるのと同じようなデータ同士の演算を行っても，実用上ほとんど差し支えありません。

間隔尺度では，データ同士の加算・減算の演算が可能です。しかし，原点が便宜的に決められているため，間隔尺度データ同士の除算（割り算）は意味がありません。たとえば，摂氏10度は摂氏5度の2倍であるという除算は無意味です。

比率尺度では，加減乗除すべての演算が可能です。

【練習問題】（2-1-1）

身近なデータをいくつか取り上げて，4つの尺度のいずれであるか，それぞれ判別して下さい（ヒント：例として，「非常に満足―満足―普通―不満―非常に不満」の5段階で測定した顧客満足データはどの尺度でしょう。また，知能指数（IQ）はどの尺度でしょう）。

[3] 測定期間・時点によって分類する

測定値が「フロー」か「ストック」かによって，演算の意味は大きく変わってきます。その前に，「フロー」と「ストック」の意味を，商品在庫量を例にして説明しておきましょう。

たとえば，1月1日に100個の在庫があり，1ヶ月後の2月1日に調べると120個になっていたとします。1ヶ月間における商品の在庫が増加した量は「＋20個」です。このようにどれだけの量が変化したかを表すものがフローによる測定値です。フローによる測定は，必ず「期間」に対してなされます。

他方，ストックによる測定は，ある時点における測定です。1月1日は100個，2月1日は120個，これらはストックによる測定値です。このようにストックは「時点」に対してなされるものです。現在のストックの値は，前時点でのストックの値に，期間中のフローとしての増減値を加えた値と一致します。

フローとストックの意味が確認できたところで，演算への影響も考えておきましょう。フローとストックの変数を使って同じ演算をしても，結果の意味するところは異なるので，注意深く吟味する必要があります。

【練習問題】(2-1-2)

預金÷収入は具体的に何を意味するでしょうか。逆に，収入÷預金は具体的に何を意味するでしょうか。

2.2 経営データの質とデータ解析の可能性

[1] 一般的に質がよくない経営データ

第1章で，経営データの質は自然科学のデータほど高くないということを指摘しました。ビジネス実践において，経営データ解析に用いられるデータには次のようなものがあります。ここでは，これらの経営データの質が必ずしもよくない点についての理解を深めます。

・官公庁の各種統計や業界団体などの調査データなどの公刊されているデータ
・企業が独自にアンケートなどで調査したデータ
・日々の売上高や在庫量，顧客の取引履歴などをはじめとする社内の業務記録
・財務諸表などの会計データ
・これらをもとに加工して作成されたデータなど

①公刊データ

一般的に，官公庁などの公刊する統計データは，データ数，カバー率，調査実施の厳格性などで優れているので，信頼性も概ね高いとみられます。

しかし，データの発生は，現場の一人一人の回答者の記入行為にまで遡ることになります。データを記入する際，回答者が知識不足であったり，バイアス（偏り）をもっていたりすることもしばしばあります。よって，測定の信頼性があまり確保されていない可能性も否定できません。

たとえば，回答者がある質問に対して「イエス」と答えたからといって常に「イエス」と答えるとは限りません。同じ対象者に同じ質問を2回行うと，本来ならば100％一致すべきはずの「学歴」でさえ完全一致の割合は75％に過ぎません。

また，そもそも標本調査においては，はじめのステップである「対象者の選択」の際にバイアスが発生している可能性があります。ランダムに集められたと信じられている情報やデータが，実のところはデータを収集する時点で，無意識に何らかの条件が付加されたために，データの中立性が損なわれている場合があります。このような状態を「選択バイアス」とよぶことがあります。

たとえば，失業に関する統計調査の場合，ある一時点でサンプルを抽出するので，必然的に，短期間失業状態にある人よりも長期間失業状態にある人のほうがサンプルとして"当たり"やすくなります。年1回の調査の場合，12ヶ月間失業している人は，1ヶ月間失業の人よりも12倍サンプルとして抽出される確率が高くなるということです。そのため，たとえば，「平均失業期間」は，実体よりも長くなってしまいます。

公刊データを利用する際には，これらの落とし穴を頭に入れておく必要があります[7]。その上で，利用目的とデータが整合しているかよく考えておく必要があります。

②ビジネス実験データ

そもそも，ビジネス分野で実験といえば，たとえば，売価を変えて売れ行きを調べる，売り場のBGMを変えてお客の購買行動の変化をみる，商品の棚割を変えて売上の変化をみたりする，などです。

自然科学分野の実験データは，多くの場合，実験室など外部環境から遮蔽された中で計画的に収集されます。しかし，ビジネス分野でも，外部環境を一定に保つことが必要ですが，自然科学に比べて，その遮蔽性は小さく，かく乱要因が作用しやすい環境といわざるを得ません。

また，自然科学の場合，測定したい属性が，長さ，重さ，時間など直接に測定できる場合が普通です（「直接測定」といいます）。しかし，ビジネスになると，気持ちや感覚のように，直接には測定できないものも多くあります（「間接測定」といいます）。そのため，測定に際して恣意性が入り込む傾向があります。測定対象が人間行動にかかわることが多いため，自然を測定対象にするようなレベルでの安定性も期待できません。

③アンケート調査データ

アンケート調査データが信頼性をもつためには，被調査者の抽出，アンケート票の作成，調査の実施をはじめとする一連のプロセスが適切になされている必要があります。しかし，実際に行われているアンケート調査の中には，実施の適切さが疑わしいものも少なくありません。

たとえば，被調査者の抽出の段階では，本来ならばターゲットする消費者から無作為に抽出される必要がありますが，多くの場合，手間なので無作為抽出はなされていません。

アンケート調査票自体においても，質問や選択肢の言葉遣い（「ワーディング」といいます）が，被調査者の回答を一定の方向に誘導していることも少なくありません。

被調査者が本音を答えてくれるとは限りません。調査者の会社が作った製品についての評価を尋

---

[7] 上記は林（1993年）p.83，ヘックマン（2002年）6月号 pp.95 に依る

ねられた場合，本心ではよくないと思っていても，面と向かってはっきりとそうはなかなか答えられません。たいていの人は，本心を濁した回答をしがちです。

　また，被調査者である回答者自体の問題として，回答者のバイアスがあります。回答者がある質問に対して「イエス」と答えたからといって常に「イエス」と答えるとは限りません。先にも述べましたが，同じ対象者に同じ質問をしてその一致度を調べたところ，売春禁止法の改正に対する賛否では，それが一致したのは60％強，衣食住が洋風か和風か（5段階）では40％強に過ぎず，後述するSD法（7段階）で取った回答などもこの程度に低いことが確認されています[8]。

　このことからもわかるように，アンケート調査による測定値の精度はそれほど高いとはいえません。

　調査の実施段階で精度が出ないことに加えて，一般に民間企業が行うアンケート調査では，回収率はたかだか30％前後であり，回答してくれる人自体が多くありません。回収率50〜60％のアンケート調査の場合でも，無回答がかなりあるので，集計結果の鵜呑みは危険です。

　とはいえ，低回収率を理由にして，アンケート結果をまったく無視してしまうのも，逆に大きな問題です。小標本データの利用に当てはまることですが，可能な限り，他の関連情報を活用して，回収不良からくる調査結果の偏りを評価し，それを踏まえた上で，精一杯データを利用していくというのが，より妥当な態度というべきです。

④顧客データ

　顧客データベースをはじめ，日常の業務を通じて，あるいはアンケート調査によって，収集された顧客情報が山のようにあるからといって安心はできません。

　たとえば，顧客がアンケートに適当に記入したり，書き間違いをしたりすることは容易に想像できます。また，年齢，連絡先を記入することには誰しも抵抗を感じるでしょう。

　また，仮に正確に記入されたとしても，その後の住所変更などがメンテナンスされていないことも多くあります。これらが積み重なり，加速度的にデータ自体が信頼できなくなっていきます[9]。

　顧客データの充実度と信頼性は様々です。企業の情報資源に対する意識と行動がそこに大いに反映されます。なお，顧客データベース自体が構築されていない企業も多くあります。そのような企業は，まず，そこからはじめる必要があるでしょう。

　お店の販売記録，クライアントとの取引伝票，契約書や注文書，配達伝票，お客様からのクレーム情報，営業マンの日報や外交員の手帳メモ，その他，会社のあちこちの部署に存在する資料やデータを，お客さまごとに集める（「名寄せ」といいます）だけでも結構な顧客データベースが作れるはずです。

　データは企業にとってお金と同様，あるいはそれ以上に貴重な資産であると認識し，何が何でもデータを集めるという強い意志，それから全社的な協力体制が必要です[10]。

　ただし，個人情報保護法の観点から，集めた情報はあくまでも個人の許諾の下で使わせてもらっているという認識を常にもち続ける必要があります。

---

[8]　林（1993年）p.84
[9]　アンダーセン他（1998年）p.181
[10]　荒川（2002年）p.142-144

⑤業務記録データ

　日常業務を遂行する際，半ば自動的に登録・蓄積される業務データは大きなデータ源です。業務の遂行状況が記述されるという意味で「測定」とみなすことができます。業務の遂行に際して，自動的に記録される場合は問題ありませんが，入力作業が別途要求される場合，データ登録は，関心外になっていることが少なくありません。

　業務データが業務の測定という点で不完全であるケースの例を挙げます。残念ながら，これらは例外的ではありません。

・品切れの存在…
　品切れを起こしている売り場で，いくらPOSデータ収集しても，真の売れ筋は把握できません。

・売上の操作…
　月末になると月間ノルマ達成のため，商品を小売店に無理やり押込んだり，逆に，今月の売上を来月に繰り延べたりすることもある。これでは真の需要量は測定できません。

・販売記録状況…
　通常価格での売上と特価での売上を区別して記録できていなければ，価格と売上との関係は分析できませんが，そうなっていない場合があります。

・定義の不一致…
　「売上」の定義が，「注文を受析時点か」「伝票を切った時点か」「実際納品した時点か」が統一されていない場合があります。

・人為的ミス…
　たとえば，注文処理をコンピュータの発注システムを使って行わずに，電話やファクシミリで済ませてしまい，コンピュータ上に未登録となっていることも珍しくありません。

・販売の修正記録ミス…
　返品処理などを正しく記録していないことがあります。

・人間特有のケアレスミス…
　聞き間違い，記入間違いなど（一般に伝票の2～3%はミスがあるといわれています。筆者の実態ヒアリングでも同様）。

　業務データの信頼性については，管理の厳格さや情報資源への認識の違いによって，企業によってかなり差があります。たとえば，以前から，セブンイレブンはPOSデータの徹底的分析・活用で有名ですが，本当のすごさはデータの正確さを維持する能力にあるといわれています。

　通常，コンビニエンスストアでは，商品のバーコードの読み取りに加え，必ず顧客の性別・年齢層を入力しなければレジが開かない仕組みになっています。そのため，これらのようなデータの収集が行われることになるのですが，データの正確さという面では穴があります。なぜなら，年齢層を正確に判断し，正しくキー入力が行われる保証はどこにもないからです。

　その点，セブンイレブンでは，店のロケーションや販売の日付・時間帯といった情報を，これまでに蓄積した全国の膨大な購買データのパターンと対比させることによって，入力されたデータの総体としての異常さを識別することができるようになっています。

　この他にも，店内ビデオの活用や地区のスーパーバイザーの指導も駆使し，データの正確性を獲

得しています[11]。

⑥会計データ

　会計は，企業や組織の活動を貨幣尺度で測定・記録したものです。

　その測定・記録の作業が，一定の会計処理方法に則って行われている限り，データは一定の信頼性をもっているといえます。

　管理の行き届いた企業であれば，勘定科目の内容説明や取扱い方法について説明した勘定科目台帳が作成されており，的確に運用されています。もちろん，中には勘定科目台帳はあっても，適切に運用されていない企業も少なくありません。

　そのいずれにせよ，会計データには根源的な限界がある点は留意しておかねばなりません。まず，第1点として，1つの事柄に対して複数の会計処理方法が認められており，その選択が経営者の判断にゆだねられているという点です。企業間での比較や，同一企業でも経年変化を分析する際には注意を要します。

　第2点として，会計記録は，基本的には取得原価主義であり，貸借対照表の評価額が現実の評価額と大きく乖離する場合があること，また，第3に取引自体が計上されない取引（「オフ・バランス取引」という）の存在があること。これらも財務諸表のデータを使うときには注意を要します[12]。

⑦知恵と身体を使って収集されたデータ・加工して得られたデータ

　データ収集には困難がつきものです。たとえば，子供の運動靴を仕入れるのに際して，近隣の小学校の下駄箱にある靴のサイズを，先生に承諾を得た上ですべて調べて回ったという話も聞きます。

　また，他社の缶ジュースの，銘柄別の売れ行きを調べるため自販機横の空き缶入れを漁って，捨てられた空き缶の個数を銘柄別に数えることもあったと聞きます。

　「データを集められない，できない」という理由には事欠きません。しかし，きわめて困難な中にあって，それでもなおギリギリのところでデータを収集しようとする執念こそが，データ収集において，競合他社の一歩上をいけるかどうかの分岐点かもしれません。

　統計学者のラオは麻薬を使っている割合をアンケートで知る方法を提案しています。その方法はこうです。

　仮に1000人にアンケートに答えてもらうとしましょう。まずは，各自コインを投げてもらいます。「表が出たか，裏が出たか」，これは自分だけの秘密にして，誰にもいわないようにしてもらいます。

　そして，「表」が出た人には「麻薬を使っているかどうか」について「Yes-No」で答えてもらいます。「裏」が出た人には「自分の生まれた年（西暦）の末尾の数字が偶数であるかどうか」について「Yes-No」で答えてもらいます。

　回答をみただけでは，どちらの質問に答えたかは，当人以外の誰にもわかりませんが，麻薬を使っている人の割合は，次のようにして求められます。

---

11)　アンダーセン他（1998年）p.145
12)　鳥邊他（1996年）p.10-12

π ＝麻薬を使っている人の割合（未知）
　　λ ＝生まれ年の末尾が偶数の人の割合（既知；ランダムに1000人選べば0.5）
　　p ＝「Yes」と答えた割合
　このとき，$p = 0.5\pi + 0.5\lambda$ が成立しているはずです。
　ゆえに，麻薬使用率は $\pi = 2p - \lambda$ となります[13]。

　また，直接には必要なデータが存在しなくても，わずかな加工をするだけで，演繹的に必要なデータが得られる場合も数多くあります。たとえば，売上高と客数のデータがあれば，結果として客単価のデータを作ることができます。

　具体的に，シャンプーの市場規模を知りたいとします。赤ちゃんから老人までを含めて日本人1人当たりシャンプーを3ヶ月で1本使うと想定します。1本単価が300円と想定します。すると，市場規模は，人口1億2千万人×年間4本×単価300円≒約1.4千億円程度と推測できます。実際には約1.4千億円ですから，ある程度当たっているといえるでしょう。

　過去の新製品の売上高の推移をいくつか集めることにより，自社商品のライフサイクルに関する基礎データを作ることもできます。

　社内に直接的なデータが存在しなくても，営業マンなど現場のコネを通じて，取引先のもつ競合品に関する基礎データを入手することも可能でしょう。

　肝要なことは，必要なデータは完成した形で存在するほうが珍しいと考えることです。そして，常に執念をもってデータを求めていく姿勢が不可欠なのです。

　少し話がそれましたが，以上のようなデータの場合，その品質は，ケースバイケースで様々です。たとえば，先の運動靴調査は高い信頼性をもつと思われますが，自販機調査では得られたデータをかなり割り引いて評価せざるを得ません。

　もちろん，加工されて得られるデータに関する品質は，その元になる経営データの質によって決まるため，それらを上回ることはできません。

【練習問題】（2-2-1）
　あるアンケートによる統計資料によると，パソコンの家庭への普及率が下がった年度があります。なぜ，そうなったか，アンケート調査（第2章の2.3節を参照）の観点から考えて下さい。

【練習問題】（2-2-2）
　需要予測を行いたいと思います。過去の売上データを用いる場合，注意しなければならないことは何でしょうか。

【練習問題】（2-2-3）
　あなたが今もっている知識のみを使って，わが国のトイレットペーパーの市場規模を類推して下さい。

---

[13] ラオ（1993年）p.19

[2]　それでも有用な経営データ解析による情報[14]

　経営データの品質は必ずしもよくはないということがわかりました。ビジネスにおいて，これらの問題点が経営データに内包されていることを常に意識しておくことは，それはそれで大切です。

　しかし，これは，経営データ解析の情報（データおよび解析結果）が，経営意思決定にあまり役に立たないということを意味しているわけではありません。

　自然科学の場合に比べて，ビジネス意思決定では，事実情報，経験，勘が果たす役割が重くなっています。そもそもデータ解析情報に要求される精度はあまり高くありません。データ解析情報は，現象や事態の方向性や因果の概略を大まかに指し示したり，裏づけたりすることができれば，十分にその職責を果たすと考えられています。

　よって，経営データ解析情報の品質が必ずしも高くなくても，経営意思決定上必要とされるレベルをクリアしており，その意味で役立つといえます。

　ビジネス意思決定の研究者や実務家などの識者たちも，この点を認識しています。

　ホワイトヘッドらは，その著書の中で「しばしば，正確な数値は重要とは考えられない。むしろトレンドが重要である。経営者や政府は誤った方向のトレンドを正しい方向に向けるように行動をとる。速やかに行わなければならない。時間は大切な要素である。いたずらに精度を求めるのはよくない」とその本質を述べています。

　また，内田は「私がよく話すのは"データは有効数字1桁でよい"ということです。たとえば，"支持する人；53.2%，支持しない人；22.6%"というデータは"50%以上の人が支持，20%の人が不支持"というシンプルな数字にしても，判断材料としては十分である。データの細かい部分にエネルギーを費やしても，かえってデータを複雑でわかりにくいものにする。」と述べています[15]。

　このようにビジネス分野では「ある程度の正確さでよい」と考えられています。これは統計手法の選択の際にも指針となります。

　経営データ解析手法の多くは統計学に基礎を置いていますが，統計手法の中には，データの誤差や品質の悪さに鋭敏に反応するものがあります。

　比較的品質の悪い経営データの場合，鋭敏に反応する手法を適用すると，データの誤差が拡大され，得られた情報がとんでもないものになることがあります。正確さを求めたがゆえに，「正確に誤った結果を出してしまう（ケインズ）」危険があるということです。そこで，経営データの質がよくない場合には，あまり複雑な手法にこだわることなく，内包する情報をざっくりと，それなりに抽出できるような手法を用いることによって，それなりに有用な情報を得るという態度が望まれます。まさに，「漠然と正しくありたい（ケインズ）」です。

　以上のような理由から，経営データの質が自然科学分野のデータの質に比べて悪くても，その品質の程度を踏まえた上で，適切な手法を用いて解析を行い，無理しない範囲で情報を抽出するという態度で臨めば，得られたデータ解析情報は，大いに経営意思決定に役立つのです。

---

14)　拙著(2006年)
15)　内田(2001年)2月号 pp.118

【練習問題】（2-2-4）
経営データには誤差がある程度あるにもかかわらず，経営意思決定に役立つ理由を述べて下さい。

2.3 全数調査とサンプリング調査

［1］ サンプリング調査のメリット

アンケートによってデータを収集するとき，調査対象集団の全員（母集団といいます）からデータを採る調査を「全数調査」といいます。それに対して，調査対象集団の全員からくじ引きの原理で無作為に何人かの調査対象者（標本といいます）を選んで，そこからデータを採ることを「標本調査」あるいは「サンプリング調査」といいます。

サンプリング調査を使うと経費，労力の節約ができます。一部の調査対象者のデータしか収集しないので，全数調査のデータを使ったときと比べると，得られた結果に避けられない多少のズレは生じます。これを「サンプリング誤差」といいます。

しかし，サンプリング誤差は，あらかじめ理論的に計算することができます。結果を解釈する際に，誤差範囲を考慮に入れることができるので実際上は，これは大きなデメリットにはなりません。

それどころか，誤差の点でも，サンプリング調査の方が全数調査より，正確であるという見方もできます。それは次のような理由によります。

調査を実施する際，サンプリング誤差以外に，「非サンプリング誤差」というものが存在します。非サンプリング誤差とは，調査票の質問や選択肢を作るときの文章や言い回し（「ワーディング」という）のミス，実際にアンケート収集にあたる調査員への指導の不足，調査員のミスなどを指します。

これら非サンプリング誤差のうち，調査の実施の際に生じる誤差は，調査対象者数が増えれば増えるほど大きくなります。

それに対して，サンプリング調査では，調査対象者数をあらかじめ少人数に絞っておいて，それら少人数の対象者に正確に質問を伝え，正確に回答を収集することによって，非サンプリング誤差を抑え，しっかりとした調査を行うことができます。

よって，サンプリング誤差の存在を考慮したとしても，非サンプリング誤差が小さいので，トータルでは誤差を小さくできるというわけです。

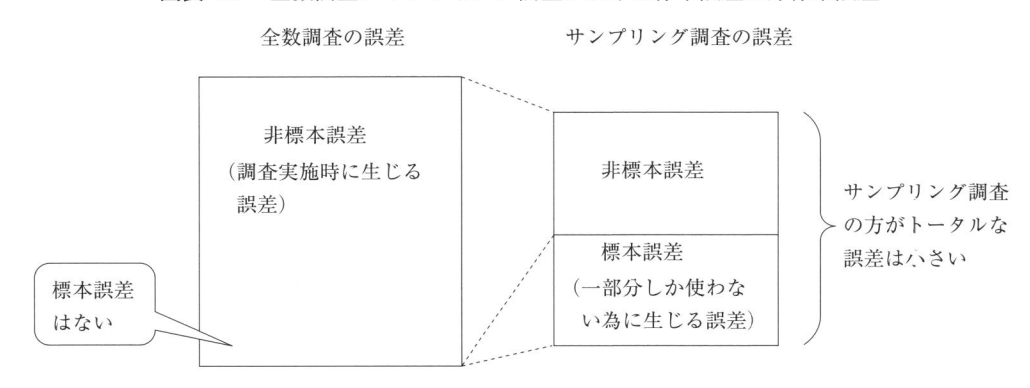

図表11． 全数調査とサンプリング調査における標本誤差と非標本誤差

全数調査の誤差　　　　　　サンプリング調査の誤差

非標本誤差
（調査実施時に生じる誤差）

非標本誤差

標本誤差
（一部分しか使わない為に生じる誤差）

標本誤差はない

サンプリング調査の方がトータルな誤差は小さい

[2] 母集団の縮図になるような標本の抽出——サンプリングの方法

　サンプリングを行うには，くじ引きの元になる台帳（全員が載っているリスト＝母集団のリスト）が必要です。たとえば，住民向けのアンケートならば，市町村役場の住民基本台帳が最も正確な母集団リストとなります。その他，20歳以上に限ってよい調査ならば，選挙人名簿も母集団リストとしてしばしば利用されています。

　住民基本台帳を閲覧し，そこから書き抜くには，抜き出される住民1人当たり200〜400円程度の費用（市町村によって単価が異なります）がかかります。その点，閲覧費用が不要なので，選挙人名簿の利用が好都合かもしれません。もちろん，抽出された調査対象者のリストは，その調査目的以外に利用することはできません。個人情報保護の観点から，今後は閲覧そのものが難しくなっていくと思われます。

　また，顧客名簿をサンプリング台帳に用いることもあります。その場合には，顧客情報を集める段階で，アンケートにも利用させて頂くための了解を得ておく必要があります。たとえば，申込書に住所・氏名を記入してもらう際，「ご記入頂いたデータは当社がお客様に商品やサービスの案内，ならびにお客様アンケートを実施する際に利用させて頂くことがあります」という一文を，申込書の一部に明示しておくとよいでしょう。

　なお，必要な調査対象者数（サンプリング数）は，調査の費用と必要な精度によって決められます。後述，第9章の9.2節のように，統計理論によって，必要な精度の観点からの必要なサンプル数を求めることができます。一般に，高い解析精度を求めるならば多くのデータを抽出しなければなりません。しかし，その半面，調査コストも高くなります。

　1つの目安として，概略がわかればよい程度の場合には100サンプル程度，ある程度詳細まで知る必要があれば500サンプル程度以上を入手するとよいでしょう。

　ただし，この場合のサンプル数は，調査対象者数ではなく，実際に回答が得られた回答者数での数字です。しかも，質問ごとの回答者数で，この必要数をクリアしている必要があります。調査を依頼しても協力してもらえるとは限りません。ですから，回収率を考慮に入れて調査対象者数を決める必要があります。

　サンプル数が決まれば，次に母集団リストから，無作為抽出（ランダム・サンプリング）を行うことになります。やり方は，まず，母集団のリストの並びに従い，個々の個体に番号を振っておきます。そして，Excelで乱数を，抽出サンプル数だけ発生させて，乱数と一致した個体の番号のデータをサンプルとして抽出すればOKです。

　Excelで乱数を発生させるには，セルに ＝RANDBETWEEN（最小値，最大値）と入力します。これで，最小値以上最大値以下の範囲で，整数の乱数が得られます。

　例）セルA1からA100にかけて，3桁の一様乱数を100個発生させるには，セルA1に
　　　＝RANDBETWEEN(1,1000) と入力し，このセル（の計算式）をA100にかけて99個分コピーします。

また，次のような方法をとれば乱数は1個で済みます。母集団の個体数を，必要サンプル数で割り，商を求めます。1からその商の番号までの間（抽出間隔）で，1個の乱数をExcelで発生させ，その番号の乱数の個体をまず抽出します。それからあとはリストの並びに従って，等間隔（間隔は先ほど求めた商）で抽出して行きます。

例）たとえば，10人から2人を抽出するとします。抽出間隔は10÷2＝5人です。

　　1人目は，＝RANDBETWEEN(1,5) として，仮に3が得られたとします。これより，リストのナンバーをみて，No.3の人を抽出します。

　　2人目は，3（乱数の初期値）＋5（抽出間隔）＝8より，No.8の人が抽出されます。

　　ただし，このように初期値を決めて，後は等間隔で抜き出すという場合，その間隔ごとに周期的におきる事象（同じ倉庫の出荷データ，同じ地域の購買データ，同じ調査員のアンケートデータなど）になっていないことを確認するのを忘れてはいけません。

ところで，実際のところ，企業がアンケート調査を行う場合，実際に何らかの母集団のリストがあって，そこから無作為にサンプリングをしているとは限りません。

たとえば，店舗に来たお客様からランダムに対象を選び，アンケート調査を行うようなことも少なくありません。現実問題として，律儀にたとえば住民基本台帳から無作為に抽出して，アンケートを行う場合には，まったく関心のない人が多く調査対象として含まれてしまいます。確かに，来店したお客に聞く方が，関心のある人から効率よく情報が得られる点で効率的ではあります。

ただ，その店の品揃えに対するコメントをもらうような場合はよいのですが，その店の認知度を尋ねる場合には，このやり方では意味がありません。

「何を知りたいのか」をよく考え，その場合，「母集団は何か」，「誰に尋ねればよいか」を考えて，母集団の縮図になるように，サンプル（調査対象者）を抽出することが大切です。

【練習問題】(2-3-1)

番号がついた5000人からなる母集団リストがあるとします。Excelを使って，この中から20人を無作為に抽出したいと思います。どのようにすればよいでしょうか。

2.4 アンケート調査票を作る

[1] アンケート調査票の質問の作り方

　アンケート調査では，質問での文章や言い回しが異なれば，同じ調査対象者であっても，異なる結果が得られることになります。質問文を作成する際には，調査したいデータに偏り（バイアス）がかからないように，質問文に用いる言葉や言い回しなどにも配慮する必要があります。
　サミュエルズはアンケート調査票を改善するために，以下のようなガイドラインを提唱しています[16]。
（質問内容）
①意見や理由ではなく，外から見てわかる態度や行動について質問すること。
②客観的に検証可能な事項を質問に含めること。
③調査の目的と明らかに関係のある行動のみを評価対象とすること。
　（何を質問するかを決めるときに2段階の手順を踏むとよい。最初に事情に明るい関係者を対象にインタビュー調査を実施し，今抱えている主な問題点や思い当たる原因を挙げてもらいます。）
④経験や行動を尋ねるときは，評価する時点や期間を明示すること。
　（例「よく外食しますか」ではなく「週に3回以上外食しますか」）
（書式）
⑤見出しや表題をつけないこと。改ページで途切れないようにすること。
　（回答者は関連があると感じた質問には同じように答える傾向があります。）
⑥カテゴリーごとにほぼ同数の質問を設定し，質問の長さもほぼ同じに揃えること。
⑦回答者の年齢や性別などは最後に質問すること。
（言葉遣い）
⑧何かを強く想起させる言葉を使わないこと（「官僚」「大企業」など）。
⑨質問の約3分の1は，望ましい回答がノーになるような言い回しにすること。
⑩2つの要素を1つの質問に盛り込まないようにすること。
　（例「社員研修の一環として筆算や作文は有効だと思いますか？」では「作文は有効だが，筆算は有効でない」と思う人は，回答に困ります。）
（回答方法）
⑪回答欄には数字を等間隔に並べたスケールを用意し，スケールの両極端以外は言葉を使用しないこと（選択肢に言葉を使うと，歪み＊が生じてしまいます）。
　＊「不満足－期待にそぐわない－期待に応えている－期待を上回る－期待を大きく上回る」の5段階の場合，多くの人は「不満足」と「期待にそぐわない」との差は，「期待に応えている」と「期待を上回る」との違い比べて小さいと感じています。また，「上回る」と「大きく上回る」のように言葉使いが部分的に同じなので人によってまた年代によって受け取り方が違いかねません（→「1－2－3－4－5」のように数値で評価された回答は一見すると言葉だけを使う

---
[16] サミュエルズ（2002年）6月号 pp.136 に加筆削除して作成

場合とそれほど差がないかも知れません。でも，回答の信頼性は格段に高く，データ解析を通じて多くの有益な情報を得ることができます）。
⑫回答欄にはできれば頻度を答えさせるスケールを用意すること。
（感じ方を数字で答えさせる質問では偏った回答を引き出しやすくなります。これを回避するには，頻度で答えてもらうとよいでしょう。「一度もしたことがない」「いつもそうしている」などです。サミュエルズによると，このようにすると集計結果は正規分布曲線を描き回答にバイアスがないことが示された。適切に設計された調査であればその結果は正規分布曲線を描きます。）
⑬回答欄のスケールは1種類に絞り選択肢は奇数にすること。また，順位づけを強要するような質問はしないようにすること。

[2] 選択肢の作り方

変数を測定するとき，適当な「ものさし」を選択しなければなりません。脚注の参考文献に従ってまとめておきましょう[17]。

[強制選択法]
　例）「以下の項目について，あなたの会社に当てはまるかどうか答えて下さい。」
　　　1．あなたの会社では部門間の協力を阻む壁がある。　　はい　　いいえ
　　　2．あなたの会社では経営理念が浸透している。　　　　はい　　いいえ

[評定法]
　例）「以下の項目で，あなたの会社に当てはまると思う程度を表す数字に○を付けて下さい。」
　　（評定尺度）
　　　1：まったく当てはまらない　2：あまり当てはまらない　3：どちらともいえない
　　　4：ある程度当てはまる　　　5：とてもよく当てはまる

　　　1．あなたの会社では部門間の協力を阻む壁がある。　　1－2－3－4－5
　　　2．あなたの会社では経営理念が浸透している。　　　　1－2－3－4－5

[一対比較法]
　1度に順位はつけにくい場合，1対ずつ比較し，トータルすることによって，順位づけする方法です。
　例）協調性，自主性，責任感，創造性に1度に順位をつけるのは難しいので，次のようにします。
　　「以下の対になった項目で，あなたの会社で重視されていると思う方に○をつけて下さい。」
　　　1．（　）協調性　－　自主性（　）
　　　2．（　）責任感　－　創造性（　）
　　　3．（　）協調性　－　責任感（　）
　　　4．（　）自主性　－　創造性（　）

---

[17] 深谷他（2001年）p.27, 28

5. (　) 責任感 － 自主性 (　)
6. (　) 創造性 － 協調性 (　)

［順位法］
　例）「以下の特徴について，自分の会社に当てはまる順位を1～5の番号で答えて下さい。」
　　（　）社員と経営者の間に契約ではなく信頼による結びつきがある。
　　（　）社員は仕事が制約されず，自らストレッチできるようになっている。
　　（　）上司は，管理ではなく，社員のサポートの役割を十分はたしている。
　　（　）自社で働くことで社員は秀でたスキルを身につけられる。
　　（　）会社のビジョンの実現は社員の自己実現に貢献する。

［チェックリスト法］
　例）「以下の特徴について，自分の会社に当てはまると思う項目に○をつけて下さい。」
　　（　）業界の常識にとらわれていない。
　　（　）改善活動が盛んである。
　　（　）社員のマインドを育てている。
　　（　）顧客満足を高めること自体が目的になっている。
　　（　）経営者は懸命に学んでいる。

［SD法］（Semantic Defferential Techniqe　意味差分析法）
　例）「以下の形容詞の対で，自分の会社に当てはまると思う程度に○をつけて下さい。」
　　1. 良い　　 1－2－3－4－5　　悪い
　　2. 残酷な　 1－2－3－4－5　　親切な
　　3. 硬い　　 1－2－3－4－5　　柔らかい
　　4. 暖かい　 1－2－3－4－5　　冷たい
　　5. 弱い　　 1－2－3－4－5　　強い
　　6. 暗い　　 1－2－3－4－5　　明るい

2.5　インターネットでデータ収集する
　　　　――インターネットによるデータの取り込み

　インターネットを利用すれば，新しく，正確で，詳細なデータを即時に入手できます。統計データは，以下に述べるようないろいろな形式で提供されています。これらを直接取り込めれば，再入力の手間がかからないだけでなく，再入力時のミスを防ぐこともできます[18]。

＊Excel形式
　インターネットで提供されている統計データのフォーマットで1番多いのがExcelの形式です。このような場合は，ファイル名をクリックするだけで，そのファイルを自分のパソコンに保存でき

---
[18]　平尾（2001年）p.197, 198

ます。

＊HTML形式

インターネットで入手可能なデータには，HTML形式で記述されているものも多くあります。これを利用するには次のようにします。

ⅰ）取り込みたいデータの部分を範囲指定して選択します。
ⅱ）メニューの［編集(E)］→［コピー(C)］を選択します。
ⅲ）Windowsの［スタートメニュー］→［すべてのプログラム］→［アクセサリー］→［ワードパッド］を起動して，コピーしておいたデータを貼りつけます。
ⅳ）そのデータにテキストファイルとして名前をつけて保存します。
ⅴ）Excelを起動して，メニューバーの［ファイル(F)］→［開く(O)］，ファイルの種類で「テキストファイル（*.prn；*.txt；*.csv）」を選択して，保存しておいたデータを読み込みます。

なお，これと同じようにすれば，テキストファイル形式の統計データをExcelに読み込むこともできます。

＊CSV形式

CSV形式とは，データとデータの間をカンマで区切ったテキストファイル形式のことです。CSV形式のデータも比較的簡単に，Excelに読み込むことができます。読み込むにはメニューバーの［ファイル(F)］→［開く(O)］，ファイルの種類で「テキストファイル（*.prn；*.txt；*.csv）」を指定します（練習問題（2-5-2）を参照して下さい）。

＊PDF形式

PDFデータはコピーできないと思っている人も多いようですが，文書の設定状況によっては，PDFの文書の上部にあるテキスト選択ツール［T］を押してから，通常通りコピー操作をすればコピーできる場合もあります。後は，上記の方法で読み込めばデータ化できます。

＊外部データの取り込み機能

メニューから［データ(D)］→［外部データの取り込み(D)］を使うと，会社のデータベースと接続して，業務データ類をExcelに取り込むことができます。

【練習問題】（2-5-1）

官公庁などのホームページにアクセスし，Excel形式のデータを収集して下さい。そして，すぐに利用できることを確認して下さい。

【練習問題】（2-5-2）

Windowsのアクセサリーにある「メモ帳」か「ワードパッド」を立ち上げ，次のデータを入力して下さい（カギカッコは入力不要，カンマは半角）。

「　期，2003年，2004年
　　売上金額，211万円，268万円

販売数，2682 枚，3706 枚　　　　　」

これを，テキストファイル形式で保存して下さい。

次に，保存したこのデータを改めて Excel に読み込んで下さい。

（ヒント：元のデータの形式として，「カンマやタブなどの区切り文字によってフィールドごとに区切られたデータ(D)」を選んで下さい。）

図表 12.　CSV データの読み込み

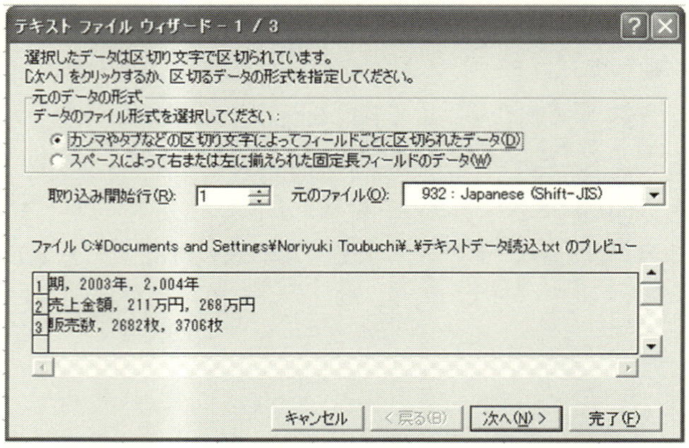

【練習問題】(2-5-3)

前問 (2-5-2) と同じように，メモ帳などに入力して保存し，Excel に読み込んで下さい（カギカッコは入力不要）。

「　　期　　　　2003 年　　　2004 年

　　売上金額　　211 万円　　268 万円

　　販売数　　　2682 枚　　　3706 枚　　　」

（ヒント：元のデータの形式として，「スペースによって右または左にそろえられた固定長フィールドのデータ(W)」を選んで下さい。[データのプレビュー(P)] の目盛りをクリックして区切り位置を指定して下さい。）

【練習問題】(2-5-4)

（株）ファーストリテイリングのホームページにアクセスして，月次の売上推移表（PDF 形式）を Excel に読み込んで下さい。

2.6　データをチェックする

通常，データには，測定誤差，測定方法の間違いや記入間違いによる不正確な値をはじめとして，様々な汚れが付着しています。特に，経営データでは，人の頭と手を介する場合が多く，誤差（思惑やミスによる）の混入も大きい傾向にあります。

データ解析を行う際には，それに先だって，データを精査し，汚れを見分けて，必要に応じてデータを削除したり，修正したりする必要があります。

[1] データの汚れを見分ける

1) 類推による見分け方

先に，シャンプーの市場規模を類推しましたが，このときと同じ要領を使えば，データの真偽について，概ね検討をつけることができます。

一般常識程度の基礎知識と類推力があれば，自分が今まで扱ったことのない分野のデータであっても，それが信用できるかどうか判断できるということです。

たとえば，「わが国のガソリンスタンドの軒数は100万である」というデータがあるとします。さて，これが正しいかどうか判断してみましょう。

その際の推論を再現すると次のようになっているはずです。

「日本の人口は約1億2千万人強だったはずだな。

1世帯人口は，独身が結構いるから，3名は切るはずだ。多くても3人だ。

とすると，世帯数は1億2千万を3で割って，4000万世帯か，もう少し多いくらいだろう。

もし，ガソリンスタンドが100万軒あるとすると，ガソリンスタンドは，4000万世帯÷100万で40，40世帯強に1軒あることになる。

これは，どうみても多すぎる。

この数字は，桁が間違っているのではないだろうか！」

というようになっているのではないでしょうか。実際は2007年3月で4.6万軒です。

このようにすれば十分，データのおおよその真偽の判断ができます。

2) 改ざんデータの見分け方

統計学者として著名なラオはその著書『統計学とは何か』の中で，データ編集上の誤りの事例を紹介しています。以下，紹介しましょう。

この本で紹介されている『疫学・人間・病気』[*]と題する本の事例です。図表13が掲載されています。このデータをみて何か奇妙に思えることはないでしょうか。

図表13. 『疫学・人間・病気』[*] p.82 の表

年齢	人口	罹患者数	罹患率（%）	死亡数	死亡率（%）
<1	198	154	77.8	44	28.6
1– 9	1440	1117	77.7	3	0.3
10–19	1525	1183	77.6	2	0.2
20–29	1470	1140	77.6	4	0.3
30–39	842	653	77.6	10	1.5
40–59	1519	1178	77.6	46	3.9
60–79	752	583	77.5	46	7.9
80+	118	92	78.0	15	16.3
計	7864	6100	77.6	170	2.8

[*] P.L. Panum, *Observations Made During the Epidemic of the Faroe Island in the Year* 1846.

8つの年齢グループにおける罹患率が全体の罹患率77.6%とほぼ同一になっています。しかし，果たしてこのようなことが起こりうるのでしょうか。

真相は，こうです。罹患者数，罹患率，死亡率は，もともとのドイツ語版では，年齢層別に求め

られていなかったにもかかわらず，ドイツ語版から英語に翻訳する際に，各年齢層に同一の死亡率 2.8%（= 170 ÷ 6100）を仮定して，後から求められたということが判明しています。よって，もちろん，年齢別の死亡率が当てにならないことはいうまでもありません。

また，ラオは同著の中で，ある統計家が，分割される前のインドのベンガル州におけるいくつかのカーストと種族についての人類統計学的測定値についての分析を依頼されたときの，体重の値についての逸話も紹介しています。

「…測定された体重の測定値が 7.6，6.5，8.1 ストーン…，であったため，編集者はこれに 14 をかけてポンド単位に変換していました。そのため，統計家が手にしたデータは，14 × 7.6 = 106.4，14 × 6.5 = 91.0，14 × 8.1 = 113.4 ポンド，…，と表されていたわけです。この統計家は編集された値のかわりに，原データをみてみることを思いつき，実際調べてみると，体重の観測値の 10 分の 1 にあたる桁に 7，8，9 の数字がないという奇妙さに気づき，さらに探索を深めました。ストーン表示の体重計の表示板は，10 分の 1 の位のところには 6 つの目盛りがつけられていました。このデータの 10 分の 1 の位の数字は 7 進法であったのです。ですから，実は 7.6 ストーンをポンドで表すと，14 × 7 + 14 × (6/7) = 110 となる必要があったのです。…」

これらの逸話からもわかるように，手にしたデータがすべて正しいと思い込んではいけません。特に他者から提供されたデータに対しては，データ解析者は「探偵」でなければなりません[19]。

3) 公刊データの利用上の注意点

①注記事項の確認

白書や統計年鑑など公刊されている統計データを利用するときには，それらが収集される際に用いられた収集方法，調査対象やデータの定義などを確認しなければなりません。自分が使用する目的に適合しているかどうかを確認しておく必要があります。そのためには，以下の 2 つをみなければなりません。

まず，「注記事項」や「但し書き」です。白書や年鑑類の統計データには，図表 14 のように注記事項や但し書きがついています。これらをしっかり読むようにします。もし，利用するデータが 2 次データ（1 次データから重要と思われるものを抜粋したもの）で，それに十分な注意事項が付されていないときには，その統計データの元になっている 1 次データに遡ってチェックします。

②統計表によく用いられる符号[20]

もう 1 つは，統計資料を読む決まりを理解しておくことです。公刊された統計データだからといって，独りよがりの解釈で使用してはいけません。データの読み方のルールを把握してはじめて公表された統計資料を正しく利用することができます。以下，統計資料の数値を読む際の決まりや留意点を脚注の書籍をもとに提示しておきます。

まず，統計表に見られる符号の意味です。

「0」…単位未満

これは皆無という意味でなく，単位未満を意味します。

---

[19] ラオ（1993 年）p.65, 155
[20] 古寺（1980 年）p.29, 30 に加除して掲載

図表 14. 注記事項の一例（出典：厚生労働省『労働経済白書　平成 17 年版』「第 13 表　夏季・年末一時金妥結状況の推移」）

(単位；円，％)

年	主要企業			中小企業	
	要求額	妥結額	対前年上昇率	妥結額	対前年上昇率
[夏季一時金]					
1965 年	80,282	63,674	6.80	—	—
70	168,349	138,892	22.20	86,769	25.20
75	434,806	325,029	7.40	202,890	0.04
80	498,580	447,985	10.30	297,369	10.10
85	630,123	565,657	6.00	357,858	4.40
90	744,461	697,946	8.00	447,340	7.20
95	791,293	750,221	0.40	472,457	0.70
98	802,987	810,685	1.11	475,242	-3.80
99	831,231	768,230	-5.65	448,554	-7.40
2000	825,417	758,804	-0.54	444,370	-1.60
01	825,417	758,804	-0.54	444,370	-1.60
02	785,472	749,803	-4.30	408,987	-8.70
03	879,669	781,930	3.00	401,690	-2.10
04	881,773	810,052	3.53	420,343	3.20
[年末一時金]	（省略）				

資料出所　厚生労働省労使関係担当参事官室調べ
(注) 1) 主要企業の調査対象は，原則として，資本金 10 億円以上かつ従業員 1,000 人以上の労働組合がある企業。
　　 2) 中小企業の調査対象は従業員 300 人未満であって，労働組合がある企業である。
　　 3) 主要企業の 1975 年までの数値および中小企業の数値は 1 社当たりの単純平均額であり，主要企業の 1980 年以降の数値は組合員数による加重平均である。
　　 4) 主要企業は 1974 年夏季おりそれまでの調査対象産業から「航空」を除いたもので過去の数値と直接比較できない。
　　 5) 1990 年から建設業，サービス業を含めた数値である。
　　 6) 前年上昇率は，前年と比較できる同一企業について算出したものであり，今回の妥結額と前回の妥結額を比較した上昇率とは必ずしも一致しない。

　　たとえば，「465」という数字を千単位で表示すると「0」となります。

「−」…皆無

　　該当がない場合は「−」と表示します。（「0」と区別します）

「…」…不詳

　　数字についての情報が得られない場合このように記載されます。ある項目について調査されていない場合にも「…」で表示されます。

「x」…秘匿

　　わずか 1〜2 先（件）の対象に関する数値であって，個人の秘密に属すると考えられる事項（たとえば，事業所の販売額）については x で示され，その分を他の数値に含ませて，この合算数値がイタリック体で示されています。

「△」…これは統計表以外でもしばしば使用され，マイナスまたは減を意味します。

③データ利用上の注意[21]

＊名称と実体の乖離

・どんな統計についても，いつの，どこのデータか，という基本属性が対応しています。まず，それを確認しなければなりません。
・2005年の報告書に掲載されているデータは2005年のものではありません。それ以前のものです。
・E県のデータは，E県という地域区分の数字だとは限りません。県に政令指定都市M市がある場合，行政事務の一部は，政令指定都市M市に移管され，データもM市のデータに反映され，E県の数値には，その分が入っていないことがあります。
・G小売店の数と，Gを売っている店の数は一致しません。

＊業務統計の癖

・業務統計は業務活動結果の数字をもとにつくられます。統計データを得るという目的ではないので，システム固有の癖があります。業務統計を適切に使いこなすには，業務システムの癖を把握しておく必要があります。たとえば，事業所を対象とする調査では，規模の小さい事業所をカットして調査していることが普通です。
・業務統計では，なんらかの制度の適用者を対象として統計を求めることが多いのですが，制度の適用が任意である場合には，各地方自治体の態度や方針しだいで，その数字が大きく変わる可能性があります。

＊全数調査と標本調査の違い

・全員に聴く「全数調査」か，ランダムに得られた一部に聴く「標本調査」か，区別しておく必要があります。
・標本調査の場合，抽出された結果であるサンプルの平均値が，全体の平均値と一致することが保証されているわけではありません。サンプルの偏りについて検討することは必要です。また，全数調査であっても，すべての対象から結果が得られることはまずありえないので，回収数が少ないときには，標本調査と同じように偏りに注意すべきです。

＊測定のタイムスパンと時点

・たとえば，Xは年末，Yは月末値の年平均だとすると，これらには6ヶ月のズレがあることになります。同じ2005年のデータであってもズレがあります。
・日数が28日の月と31日の月を同じに扱っている場合が少なくありません。厳密には日数の差を考慮しなければなりません。

＊定義や調査方法の変更

・統計資料は，長い期間のうちには，データの定義や，とり方が変わると思っておく必要があります。必ず，データの定義や調査方法などに変化がないか確認しなければなりません。

以上の点で不明確なデータがある場合には，解析の実施，およびその結果の解釈は，データの不透明さに応じたレベルで慎重に行う必要があります。

【練習問題】（2-6-1）
　各種白書や年鑑などにある統計資料の注記事項を調べて下さい。

---

[21] 上田尚一（1981年）p.130-141 より抜粋し加筆して作成

[2] 統計手法を使ってデータをチェックする

　経営データ解析を効果的に行うには，今述べた［1］の視点から，データの素性を定性的に把握する以外に，たとえば，データが1つの集団からなっているか2つ以上の集団が混在しているか，また，外れ値はないか，などを精査しておきます。

　2つ以上のグループが混在していると，情報が薄まったり，ありもしない情報を抽出してしまったりします。外れ値がある場合も同様です。ですから，事前にこれらをチェックしておく必要があります。

　その際の精査方法としては，ソート（並び替え），度数分布，ヒストグラム，散布図などの各種統計手法が利用できます。これらのExcelによる実施は後で述べます。

　まず，データの種類や個数が比較的少ない場合には，Excelを使ってソート（並び替え）を行えば，極端に大きな値や小さな値が，ワークシートの始めか終わりの辺りに集まって表示されるので，簡単に見つけることができます。ソート（並び替え）は次章で説明します。

　また，ヒストグラム（度数分布を調べて柱状に表現したもの）を作成してデータの分布を調べます。データは比較的まんべんなく存在しているか，突出したデータやあまりに小さいデータはないか，2つ以上の集団が混在していないか，などを調べます。なお，Excelによるヒストグラムの描き方についても後述（第6章）します。

　図表15にみられるような，異常なデータ，極端なデータは外れ値とよばれます。一口に外れ値がある場合といっても，単なる記録ミスの場合と意味をもつ極端なデータの場合の2つのケースがあります。記録間違いなど，データ収集上のミスの場合は，そのデータを修正するか，あるいは修正不可能な場合には削除します。

　意味のある極端なデータの場合は，基本的には，それを含めて解析を行います。そして，別途，極端な値を削除した上で解析を行って，極端な値のもつ意味について補足を加えます。

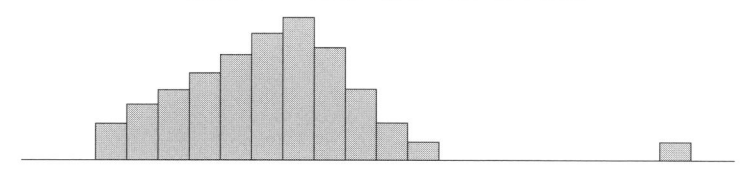

図表15．1変数の場合の外れ値の発見

　また，分布を描いてみて，図表16のように，大きく2つ以上の山がみえる場合は，2つ以上の集団が混在していると考えられます。他の変数があるときは，それを参考にして，グループごとにデータを離隔しておきます。たとえば，男・女を分けずに身長のヒストグラムを描くと，このようになります。この場合には，まず，性別でデータを分けておいて，ヒストグラムを書いたり，平均を調べたりするほうがよりよい情報が得られます。

図表 16. 2つの集団が混在している場合のヒストグラム

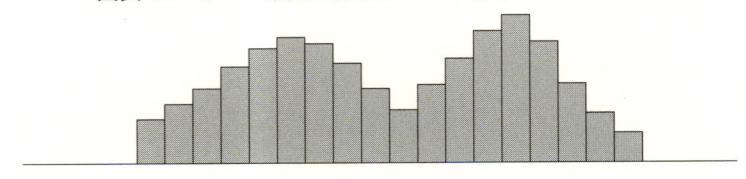

以上は，1つの変数の場合でしたが，変数が2つある場合は2次元の散布図を描いて調べます。つまり，xy 平面上に各データをプロット（「点を打つ」ことを「プロットする」といいます）しておいて，全体としてのデータの散らばり具合いをみます。飛び離れたところに少数のデータがプロットされていれば，それらを異常な値あるいは外れ値とみなして，先と同様な対応をします。また，2つの集団が混じっているようなら，分けてから解析を行います。

図表 17. 散布図による外れ値の発見

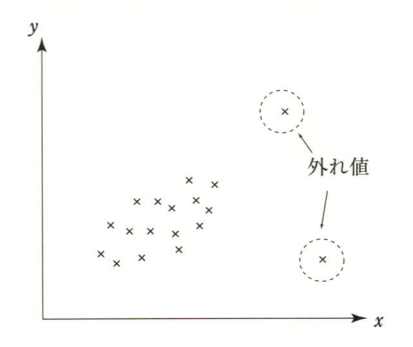

なお，1変数，2変数にかかわらず，外れ値が存在する場合には，平均値としては，算術平均だけではなく，データを順番に並べたときの真ん中の値である中央値（メジアン）を用いるなど，工夫も必要になります。これについては第6章で説明します。

さらに，1変数の解析の場合には，外れ値を削除した解析としない解析の2つの解析を行う代わりに，データを順位データ（元のデータの値ではなく，1，2，3，…，という順位に変換したデータのこと）に変換してから解析を行うのもよい方法です。順位データに変換すれば，極端な値に全体の傾向が引っ張られるという悪影響を避けることができます。これについては第10章で説明します。

図表 18. エリア別のレジ台数
（出典：商業界「食品商業」（2005年5月号））

エリア	売り場面積(m²)	レジ台数
首都圏	2,957	11
首都圏	2,210	11
首都圏	7,947	10
首都圏	978	6
首都圏	2,129	11
首都圏	15,239	20
首都圏	622	7
首都圏	2,613	13
首都圏	1,759	10
首都圏	11,391	14
首都圏	1,924	9
首都圏	15,300	17
首都圏	2,277	7
首都圏	15,000	22
東　北	2,279	8
東　北	2,702	10
九　州	1,815	10
九　州	33,090	14
九　州	2,283	8
関　西	1,012	5
関　西	1,983	9
関　西	18,959	18
関　西	1,970	10
関　西	1,690	8
関　西	1,550	8
関　西	14,800	16
北海道	4,004	15
北海道	1,159	6
北海道	2,015	9
北海道	3,373	18
北海道	2,600	21

【練習問題】(2-6-2)

図表18のデータは，スーパーマーケットの売り場面積とレジ台数の調査結果です。外れ値がないか検討して下さい。もしあれば，データ解析にあたって，どのようにすればよいか考えて下さい。

2.7 社会科学にもっと応用すべき実験計画法[22]

[1] 効率的にデータを集める工夫——考え方とL4直交表

必要とされるデータを計画的かつ効率的に集めるための手法が実験計画法です。ビジネス分野ではあまり用いられていません。しかし，費用や時間をあまりかけずに必要なデータを集めることができる有効な手法なので，もっと利用されてしかるべき手法です。以下，例を使って，その概要のみを説明します。

あるゼネコンで，建物の緑化のために，ある植物の育成環境を検討しているとします。育成環境に関して操作できる要因の候補として温度（高い・低い），水分（多い・少ない），肥料（多い・少ない）の3つがあるとします。通常，3つの要因のすべての組合せを実験で確かめるには，2×2×2＝8パターンを調べなければなりません。ところが，図表19のようなL4直交表を用いれば，たった4パターンを実験するだけで，それぞれの要因の育成に対する影響度がわかります。

行列の中の「1」「2」は，各列同士の相関係数（＝関係の強さ）が，どの組合せについても0になるように並んでいます。そのため，この表は「直交表」とよばれます。

なお，相関係数とはある量とある量との直線的な関係の度合いを表す指標で，−1以上1以下の間の値をとります。1あるいは−1に近いとき強い「相関（それぞれ，正の相関，負の相関）があり」，0に近いときは「相関がない」といいます。

図表19. L4直交表

	1列	2列	3列
ケース1	1	1	1
ケース2	1	2	2
ケース3	2	1	2
ケース4	2	2	1
成分	a	b	ab

図表20. 列同士の相関係数行列

	1列	2列	3列
1列	1	0	0
2列	0	1	0
3列	0	0	1

実験計画法では，「要因」のことを「因子」，要因の選択肢のことを「水準」といいます。L4直交表は，因子が3つ（この場合，温度，水分，肥料），それぞれの水準が2つ（各因子の選択肢の個数）ずつの場合の実験パターンを表します。

ただ，厳密にいうと，仮に，温度，水分がそれぞれ育成にプラスの効果をもっていても，両方が一緒に働くと，育成にプラスになるかどうかはわかりません。このような複合的な効果のことを「交互作用」といいます。交互作用を検出しないでよい場合には，図表19をもとに，各列に因子を対応させます。すると，図表21のようになります。

---

[22] 大村(1984)，上田太一郎(1998)，(2000)

図表21. L4直交表を用いた実験の割付け例

	温度	水分	肥料
ケース1	高い	多い	多い
ケース2	高い	少ない	少ない
ケース3	低い	多い	少ない
ケース4	低い	少ない	多い

[2] 要因数を増やすL8直交表

　直交表には，この他に，2つの水準で因子の数が多いものや水準が3つある場合に適用できるものなどいろいろあります。図表22は，L8直交表とよばれるものです。これも「1」と「2」が規則正しく並んでいる2水準系（各因子の選択肢が2つ）です。2水準系の直交表としてはL4，L8の他，L16，L32，L64などがあります。また，さらに3水準系の直交表としてはL9，L27，L81などがあります。

図表22. L8直交表

No.	1列	2列	3列	4列	5列	6列	7列
1	1	1	1	1	1	1	1
2	1	1	1	2	2	2	2
3	1	2	2	1	1	2	2
4	1	2	2	2	2	1	1
5	2	1	2	1	2	1	2
6	2	1	2	2	1	2	1
7	2	2	1	1	2	2	1
8	2	2	1	2	1	1	2
成分	a	b	ab	c	ac	bc	abc

　この表は8行あるので実験は8回行うことになります。
　先の例で，温度，水分，肥料の他に，土壌（2水準）があるとします。L8において，これら4つの因子の交互作用を考えない場合，各因子は，a，b，c，abcが現れる1，2，3，7列をそれぞれ使用することになります。使用する列だけを残すと図表23が得られます。

図表23. 交互作用を考えないL8直交表

No.	1列	2列	4列	7列
1	1	1	1	1
2	1	1	2	2
3	1	2	1	2
4	1	2	2	1
5	2	1	1	2
6	2	1	2	1
7	2	2	1	1
8	2	2	2	2

この表を用いれば4つ以内の因子（各2つの水準）をもった実験パターンをわずか8回の実験に割付けることができます。

［3］ 実験計画法の手続きはこうする[23]

実験計画法を使ったデータ収集の手順は以下のようになります。

例）お弁当の新製品を検討しています。効率的にアンケートを採りたいと思います。

ⅰ）因子と水準は次の通りです。因子（水準）
　　ご　飯　（炊込みご飯　or　おにぎり）
　　おかず　（魚の煮付け　or　鶏の揚げ物）
　　野　菜　（サラダ　or　煮付け）
　　温かさ　（熱い　or　常温）

ⅱ）人気の出る商品をみつけるため，各パターンの人気度を尋ねることにします。
　　たとえば，「買いたい」10点，「どちらでもない」5点，「買いたいとは思わない」0点として評価してもらいます。

ⅲ）使用する直交表としては，この場合，4要因，各2水準なのでL8を使います。
　　図表22を用いて，因子と水準の割付けを行います。
　　図表24のようにすれば，本来16パターンについて尋ねなければならないところを，8パターンに減らすことができます。被験者の負担を減らして，より正確な評価を得ることができます。

図表24．直交表への割付け

No.	ご飯	おかず	野菜	温かさ
1	炊込み	魚	サラダ	熱い
2	炊込み	魚	煮付け	常温
3	炊込み	鶏	サラダ	常温
4	炊込み	鶏	煮付け	熱い
5	おにぎり	魚	サラダ	常温
6	おにぎり	魚	煮付け	熱い
7	おにぎり	鶏	サラダ	熱い
8	おにぎり	鶏	煮付け	常温

ⅳ）No.1からNo.8までのような各パターンを設定の上，8つのパターンそれぞれについて10点・5点・0点で評価してもらいます。そして，各パターンの平均値を求めます。No.1からNo.8のそれぞれの評価点になります。右端にその数値を記入しておきます。

ⅴ）このようにして得られたデータから，各水準の最適な組合せのパターンを類推することが

23）　上田太一郎（1998年）p.151-229

できます。なお，このようにして得られたデータの解析に際しては第9章で述べる分散分析が使用できます。また，第11章で述べる多変量解析や数量化理論を使って解析すると，各因子の影響度など詳しい情報を抽出することができます。

【練習問題】(2-7-1)
　ある会社では，現在所有している地域A，地域Bのいずれかに分譲マンションを建てることになり，さっそく，近隣にアンケートをとって，消費者の希望を聞くことにしました。L8直交表を使って，モデルプランを8つ作って下さい。

　　　　　　　場　所　　　（地域A　or　地域B）
　　　　　　　間取り　　　（2DK中心　or　3LDK中心）
　　　　　　　共有スペース　（広い　or　狭い）
　　　　　　　仕　様　　　（低価格＆普通仕様　or　高価格＆豪華仕様）

(なお，モデルプランができれば，アンケート用紙に，モデルプランごとに，欲しいか欲しくないか○×をつけてもらう，あるいは，順位をつけてもらう，などの評価を記入してもらうことになります。)

【練習問題】(2-7-2)
　テーマは何でも結構です。上記を参考にしてアンケートを作って下さい。

第3章
データを並べ替え・抽出・集計して情報を読む

3.1 データベース機能を使う解析

[1] データ解析の例

1) 検索・並べ替えによる分析

　ビジネスの現場では，Excelのシートやブックなどの表になったデータがたくさんあります。データ数が多い場合，そのまま見ても，データのもつ情報をうまく読み取ることができないことがしばしばです。データの並べ替えや抽出の機能を使えば，見えなかった情報がよく見えるようになります。

　たとえば，多くの品目を扱っている店では，品目の売上高に注目して，その多い順に商品を並べ替えてみれば，重点的に管理すべき商品が明確になります。

　また，ある特定の商品の購入顧客を抽出し，その商品の購入者の性別，年齢，地域など諸属性を推論できれば，同様な属性をもつ顧客をピックアップして，その商品を推奨するDMを送付することも可能になります。このように，Excelの表をデータベースとして操作しながら，仮説をもって眺めたり，知恵を付加したりすることによって，データから有益な情報が得られます。

2) クロス分析による解析

　併売分析（マーケットバスケット分析）とよばれる手法があります。レジのPOSデータなどをもとにして，「買い物かごにどのような商品が一緒に入っているか」を解析する手法です。この分析の目的は，同時に購買される商品の組合せを調べることによって，別々に販売するよりも隣接して置くと両品目の販売量を増やすことができるような商品の組合せを見つけるところにあります。また，その結果から効果的な推奨や販売促進，店舗陳列を決定することにもつながります。

　POSデータを分析するまでもなく，すぐに思いつくのが「おもちゃと乾電池を一緒に買う客が多い」という傾向です。おもちゃと乾電池の売り場を近づけただけで，乾電池の売上が大幅に伸びたという事例も知られています。

　コンピュータなくしては気がつかなかった事例が，アメリカのウォルマートの事例です。そこでは，膨大なレシートの分析から，「紙おむつ」と「6本セットの缶ビール」が同時に売れていることを発見し，それらを隣接しておくことで両方の売上を上げることができたということです。

なお，その原因を追跡調査したところ，「仕事帰りの夫が紙おむつを買いに行った（行かされた）ついでに缶ビールを買って帰る」という行動が，若夫婦にかなり一般的にみられるために生じた現象であることが確認されたということです。

データベース機能を使って，このように複数の変数（質的変数）の関係をクロスして解析する手法としては，クロス集計があります。また，Excelにはピボットテーブルとよばれる便利なクロス集計のツールがあります。

[2] Excelによる解析の実際

1） ソート[24]

並べ替え（ソート）は，データベース形式のデータを解析する際の基本的な操作です。1つの行（横の並び）が1件のデータ（「レコード」という）に対応します。各列は，それぞれのデータの項目（「フィールド」という）です。先頭の1行に列見出し（フィールド名）を入力した表をExcelでは「リスト」とよびます。

次のすべての条件を満たすようにリストができていれば，データベース操作の際に，Excelがリスト領域を自動的に認識してくれます。いちいち範囲を指定しなくても大丈夫です。もちろん，その都度，範囲を指定することもできます。

・フィールド名には，データと異なった書式（太字・文字色・背景色など）を使う。
・リストのまわりは，1行以上あるいは1列以上の空白の領域によって他と区別する。
・リストの内部に完全な空白行，空白列がない。
・先頭のフィールド名に使用できるのは1行だけで，複数行にまたがる列見出しは使わない（長くなるようだと，［書式(O)］→［セル(E)］→「配置」→「文字の制御」（3つから任意に選択）で1行に収めます）。

図表25のデータは，中古分譲マンションの価格データです。添付のCD-ROMから読み込んで下さい。これ以降も同様にCD-ROMから読み込んで利用して下さい。

それでは，図表25のデータを使って，データベース操作の練習をしてみましょう。

本書の場合はCD-ROMでデータが添付されているので，神経質になる必要はありませんが，通常は，データベース操作にあたっては，元データの安全のために，必ずコピーを作って，コピーを用いるようにしましょう。

まず，並び替え（ソート）の練習です。ソートの手順は以下の通りです。

ⅰ）リストの中にマウスポインタをもってきて（1回クリックしておく），そして，［データ(D)］メニューから［並べ替え(S)］を選択します。
ⅱ）［最優先されるキー］というボックスの▼ボタンをクリックして，キーにするフィールド（この場合は並び替えに使う項目となる）を選択します。
ⅲ）右側のボックスで並べ順を指定します。

---

[24] 鈴木 勉(2001年) p.37, p.118-120

補足；昇順の場合は「小さいデータから大きいデータへ」，降順の場合は「大きいデータから小さいデータへ」並べ替えられます。

iv) 必要に応じて，3個までのフィールドをキー（並べ替えを判定する項目）とすることができます。必要に応じて，［2番目に優先されるキー］と並べ順，［3番目に優先されるキー］と並べ順を指定します。

v) ［OK］ボタンをクリックします。

補足；1個のフィールドだけをキーとする場合は，対象となるフィールドをクリックし，ツールバーの ［A↓Z］（昇順）や ［Z↓A］（降順）をクリックするだけでソートできます。

元のデータとの対応がわからなくなる可能性があるので，図表25のように，データにはあらかじめサンプルごとに No. を入れておきます。

；なお，元に戻す場合には，［戻るボタン］ ⤺ をクリックするか，No. をキーにして「昇順」でソートしなおします。

図表25. 中古分譲マンション価格データ

	A	B	C	D	E	F	G	H	I
1	中古分譲マンション価格（平成17年1月）								
2	No.	町名・丁目	間取り	タイプ	価格（万円）	専有面積（㎡）	築年	建	階
3	1	永木町2	和6洋5.6LDK13.3	2LDK	1,291	71.12	S60	14	14
4	2	永木町2	和6洋6LDK16	2LDK	1,350	74.93	S60	14	12
5	3	永木町2	和6洋6LDK14	2LDK	1,980	63.24	H10	14	7
6	4	萱町5	和6×2洋6.8洋5.4LDK9.3	4LDK	1,950	79.45	H3	14	10
7	5	萱町6	和6洋6×2LDK16	3LDK	2,090	75.55	H14	14	13
8	6	萱町6	和6洋6洋5.5LDK14.5	3LDK	2,389	70.15	H4	13	10
9	7	宮西1	和6洋7.5LDK17	2LDK	1,700	75.65	H2	8	6
10	8	三番町1	和3LDK17	1LDK	1,000	41.88	S61	11	3
11	9	三番町1	洋8LDK9	1LDK	1,250	43.96	S61	11	7
12	10	三番町3	洋6洋5.5LDK19.5	2LDK	2,380	66.3	H15	14	9
13	11	三番町4	和6洋6.5納5.1LDK20.6	3LDK	2,600	80.75	H13	14	8
14	12	三番町6	和6×2DK6	2DK	1,200	55.65	H3	11	4
15	13	三番町6	和8和4.5DK7	2DK	1,280	35.35	H3	11	2
16	14	三番町6	和8和6洋6LDK10	3LDK	1,390	64.7	H3	11	11
17	15	若草町	和6洋6.6洋4.9LDK	3LDK	1,480	67.1	H8	14	2
18	16	若草町	和6洋6.3LDK14.7納4.9	3LDK	1,980	67.1	H8	14	3
19	17	新立町	和6洋8洋5LDK15	3LDK	2,200	70.52	H10	14	9
20	18	千舟町6	和6洋5DK9	3DK	950	52.25	S56	11	3
21	19	千舟町6	和6LDK12納4.5	2LDK	998	52.25	S56	11	2
22	20	千舟町6	和6洋6洋4.5LD8K3	3LDK	1,250	56.54	S56	11	9
23	21	千舟町6	和6洋6洋4.5LDK10	3LDK	1,280	58.85	S56	11	2
24	22	千舟町6	和6和4.5洋6×3LDK22	5LDK	1,780	99.51	S56	11	5
25	23	千舟町6	和6和4.5洋12洋4.5×3K3	5LDK	2,080	99.51	S56	11	6
26	24	千舟町6	和6洋6×3LDK13	4LDK	2,800	92.46	H12	13	4
27	25	千舟町7	和6洋6洋6洋3LDK8	4LDK	3,000	79.43	H13	13	4
28	26	千舟町8	和6洋6洋4DK6.5	3DK	830	49.77	S57	11	2
29	27	千舟町8	和8洋7洋6×2洋4.5LDK15	5LDK	2,100	96.99	S57	11	7
30	28	大手町2	ワンルーム	1R	420	19.6	H3	13	6
31	29	大手町2	ワンルーム	1R	650	18.08	H3	13	4
32	30	築山町	和6洋7洋5.2LDK15.3	3LDK	2,000	75.11	H7	14	2
33	31	東雲町	和6洋6.4洋6洋4.9LDK14	4LDK	1,895	75.3	H9	15	9
34	32	歩行町2	洋16K4	1K	1,880	44.6	H14	13	2
35	33	味酒町1	和6洋8.1LDK8.7	2LDK	1,255	55.37	H3	12	5
36	34	味酒町3	和6洋5洋4.5LDK16	3LDK	2,480	69.54	H10	13	3
37	35	木屋町1	和6洋6DK7	2DK	1,080	42.22	H1	12	3
38	36	木屋町1	6洋4.5LDK	2LDK	1,290	51.69	H1	12	8
39	37	木屋町1	和6洋5.7洋4.5LDK12	3LDK	1,450	59.85	H1	12	4
40	38	緑町1	和6K4	1K	540	22.12	S61	8	5
41	39	緑町1	洋6K4	1K	630	22.12	S61	8	1
42	40	緑町1	和6K4	1K	650	22.12	S61	8	8
43	41	緑町1	和6洋6洋5.4LDK14.9	3LDK	1,800	73.97	H10	15	10
44	42	緑町1	和6洋6洋5.4LDK15	3LDK	1,950	75.05	H10	15	13

さて，企業の内部に蓄積されているデータや身近にあるデータを，ソートして「ランキング」に加工することで，どのような価値が生まれるか，考えてみて下さい。脳裏に「データは大きいものから小さいものに並んでいる」という1つの軸があると，データから情報を読むときの拠り所が得られます。また，「さらに何か傾向はないか？」などを考える際の基点となるとともに，データを見るときに余裕が生まれてきます。

「たかが並び替え（ソート）というなかれ！」です。実際にやってみると，予想以上に大きな気づきがあることでしょう。

2） オートフィルタによる条件抽出

データのうち条件を満たすものだけを残す機能を「フィルタ機能」といいます。フィルタ機能としては，ワークシート上に条件を記述する方法と，選択式で条件を指定する「オートフィルタ機能」による方法があります。

オートフィルタ機能を使用すれば，条件抽出，たとえば，「2LDKで1500万円以内の物件だけ」を表示するようなことが簡単にできます。オートフィルタ機能は次のように使用します。

データ全体を範囲選択して（ただし，完全なリストになっている場合（前出）は，マウスポインタをリスト内においておくだけで範囲が自動的に指定されます），［データ(D)］メニューの［フィルタ(F)］をクリックし，［オートフィルタ(F)］を選択します。

すると，各フィールド（データ項目）の見出しの横に▼がつきます。たとえば，2LDKの物件だけを表示するのであれば，「タイプ」のフィールド横の▼をクリックして，「2LDK」のカテゴリーを選択します。

同様に，価格のフィールド横の▼をクリックして，1500万円以内のカテゴリーを選択したいのですが，この場合，1500万円以下のカテゴリーはありません。そこで，カテゴリーの中から「オプション」をクリックして，「1500万円以下」のカテゴリーを新たに設定して，これを使います。その方法は，「価格」に「1500」，その横を「以下」に設定します。

以上の操作によって，1500万円以内の2LDKの物件データのみが表示されるようになります。

図表26. オートフィルタオプションの指定の仕方

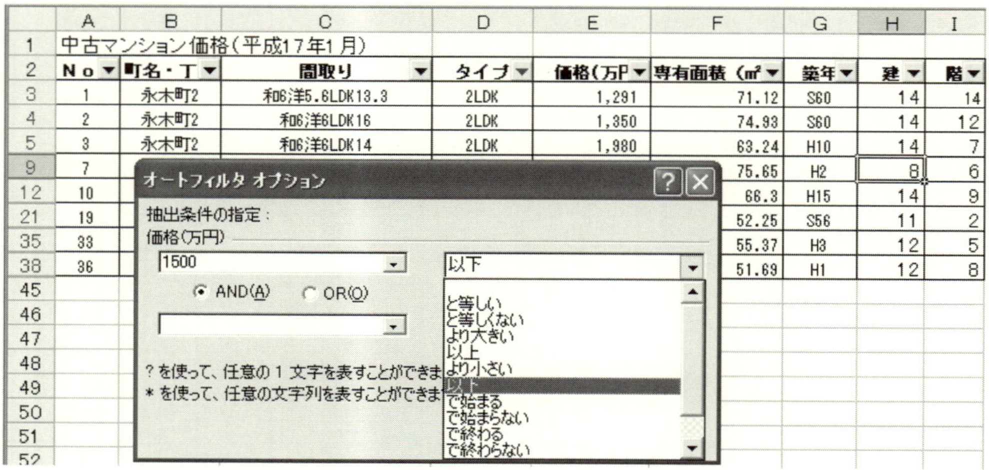

ただし，この抽出はあくまでも表示上だけであり，他のデータが消えたわけではありません。タイプ，価格の両フィールド横の▼をクリックして，それぞれ「すべて」を選択すれば，元通りすべてのデータが表示されます。あるいは，もう一度，［データ(D)］→［フィルタ(F)］→「すべてを表示」を選択しても構いません。

また，抽出結果を範囲指定してコピーし，貼り付けすれば，結果が保存できます。

商品の販売量を分析するにはソート（並べ替え）が有効ですが，このフィルタ機能と組み合わせると，もう一段詳しい分析が可能になります[25]。

たとえば，2LDKで1500万円以下の物件から，なるべく専有面積の大きいものを選びたいという場合です。オートフィルタを使って，2LDKで1500万円以下の物件を表示させます。そこで，「並べ替え」を行い，「専有面積」をキーにして，大きい順（降順）に並べ替えます。

図表27. ソートとオートフィルタ

	A	B	C	D	E	F	G	H	I
1	中古マンション価格（平成17年1月）								
2	No▼	町名・丁▼	間取り▼	タイプ▼	価格(万円▼	専有面積(㎡▼	築年▼	建▼	階▼
3	2	永木町2	和6洋6LDK16	2LDK	1,350	74.93	S60	14	12
4	1	永木町2	和6洋5.6LDK13.3	2LDK	1,291	71.12	S60	14	14
21	33	味酒町1	和6洋8.1LDK8.7	2LDK	1,255	55.37	H3	12	5
35	19	千舟町8	和6LDK12納4.5	2LDK	998	52.25	S56	11	2
38	36	木屋町1	6洋4.5LDK	2LDK	1,290	51.69	H1	12	8

その他，たとえば，シャツ売り場で，毎日の色別の売上高を記録しているとします。販売上の経験や知恵によって，たとえば，雨の日には，暖色系がよく売れるという仮説があるときは，▼のところで，雨のみにチェックを入れて，シャツの売上高の並べ替えを行って，本当に暖色系が上位に来るか確認してみることも有益でしょう。

この場合，色や天気のデータも集めておく必要があることはいうまでもありません。販売データを収集するとき，後で切り口となるかもしれない情報は，あわせて集めるようにしておきたいものです。

なお，オートフィルタを終了させるには，［データ(D)］→［フィルタ(F)］として「オートフィルタ」のチェックを再度クリックして消します。

【練習問題】（3-1-1）
中古分譲マンションのデータについて，築年が「平成」の物件についてのみ，専有面積が広いものから狭いものへと並び替えて下さい。また，「平成」の物件について，㎡当たりの単価を計算し，3LDKについて，高いものから安いものへと並び替えて下さい。
（ヒント：「平成」の物件を抽出するには，オートフィルタ・オプションで，「築年」で「Hで始まる」か「Hを含む」を選択します。㎡当たりの単価は「階」の右に「㎡当たり単価」のフィールド名を入力し，計算式を書きこみます。）

---

[25] 日経IT21(2002年)9月号 pp.42

3.2 アンケート集計のやり方——単純集計とクロス集計

[1] アンケート集計のためのデータ入力

1) アンケート解析の手順

アンケートデータの解析の基本は，設問の選択肢ごとに回答数を集計する「単純集計」です。たとえば，性別の設問では「男」「女」のそれぞれの人数，好みの色の設問では「青が好き」「赤が好き」のそれぞれの人数を集計するような場合です。

また，たとえば，性別ごとに，色の好みに違いがあるかどうかを知るには，クロス集計を行います。質問に対する回答をもとに，たとえば，「男で赤が好き」「男で青が好き」「女で赤が好き」「女で青が好き」，の各カテゴリーの人数を数えることになります。

単純集計やクロス集計を行った後，それでよしとするのか，さらに解析を行うかは，解析コストとベネフィットを比較考量した上で決定されます。

2) データ入力に際して

以下，図表28に示す3つの質問からなるアンケートを例にして，Excelを使った集計手続きを説明しましょう。なお，このアンケートは，ゼミの学生が，企業向けに「社員教育に関するアンケート調査」を行ったときのものです。

なお，選択肢から1つだけ選んで回答するものを「単数回答」の質問，2つ以上選ぶことができるものを「複数回答」の質問といいます。単数回答と複数回答とは，集計方法が異なります。

図表28. アンケート票の一部

```
Q1. 御社は他社に比べてどのような社員教育に重点を置いていますか？ （1つのみ）
 ①  仕事に関する資格取得
 ②  自社の商品や製品に関する知識の向上
 ③  顧客満足度の向上
 ④  人格形成
 ⑤  その他
Q2. 現在，お客様が御社に求めているものは何だとお考えですか？ （3つまで）
 ①  価格
 ②  接客
 ③  アフターサービス
 ④  立地条件
 ⑤  流行（新製品）
 ⑥  雰囲気
 ⑦  品質
 ⑧  品揃え
 ⑨  提案
 ⑩  その他
Q3. 御社はどの業種に属しますか？ （1つのみ）
 ①  製造業
 ②  卸売業・小売業
 ③  建設業
 ④  サービス業（金融，情報，運輸）
 ⑤  その他
```

＊入力準備

Q2は，複数回答で，かつ選択肢が10個以上あるので，選択肢を1，2，3，…とせずに，Excelへの入力時にa，b，c，…としておきます（①→a，②→b，…，⑩→jとして入力します）。

このようにする理由は，回答の数値に2桁のものが混じると，たとえば「12（いち・に）」と「12（じゅうに）」がExcel側で区別できなくなり，カウントする際に混乱するからです。

アンケート票（個票）には，通し番号を記入しておき，Excelに入力する際，その番号をフィールドの1つとして設定して入力しておきます。こうしておけば，入力データに疑義が生じたとき，元のアンケート票を確認することができます。また，並び替えをした後の復元も，これをキーにして番号順に並び替えればよいだけで，非常に簡単になります。

＊データ入力[26]

普通，行にサンプルを1件（1レコード）ずつ，列に質問項目を1つ（1フィールド）ずつ入れます。サンプルごとに入力する際，項目ごとにデータを入力後，矢印キーまたはTabキーを使って，セルを横方向に移動させます。

そして，最後の項目のデータを入力後，［Enter］キーを押します。次のサンプルの第1項目目のセルにアクティブセルが移ります（なお，［ツール(T)］→［オプション(O)］→［編集(E)］で，「入力後にセルを移動させる方向」として「右」を選択しておいてもよいでしょう）。

なお，入力ミスを防ぐために，フォーム入力も有益です。

フォーム入力はこうします。まず，入力に必要なフィールド名（項目名）をワークシート上にすべて入力します。入力した項目の行にマウスポインタを移動させます。メニューバーから［データ(D)］→［フォーム(F)］を選択します。これで，入力した項目の順に入力を要求する画面が現れます。入力項目の移動は［Tab］キー，入力の完了は［Enter］キーです。

以上のようにして，30社分だけ入力した結果，図表29のようなリストが作成されました。

＊自由回答の解析──テキストマイニング

なお，アンケートには，しばしば自由記述欄を設け，回答者に自由に意見を記入してもらうことがあります。

自由回答については，そのすべてを抜き出して集計結果に添付する方法がしばしば用いられます。この方法は，後で説明します。

その他，自由回答を解析する方法として，最近，テキストマイニングとよばれる手法が研究され，徐々に実用化されつつあります。

ここでは，自由回答を，Excelを使って解析する方法としては，次のような2つの方法を紹介しておきましょう。

自由回答をすべて打ち込んでも，数値データではないため集計することができないので，あらかじめ選択肢となるキーワードを決めておきます。そして，質問項目としてフィールドを1つ立てておき，各自由回答を読んで，そこにキーワードの記号を入力します。

そして，集計段階でその出現回数をカウントします。1回答に，キーワードが複数付されても，後述する複数回答の集計の要領でカウントすることができるので大丈夫です。

---

[26] 落合(2001年)8月号 pp.81

もう1つの方法は，下記のような，たとえば，「（いつ　　　），（だれが　　　　），（何を　　　）（どうした　　　　）。これについて（どう　　　　）思ったか？」という形で回答を記入してもらう方式，つまり，定型自由回答方式で回答を記入してもらい，キーワードの出現回数をカウントする方法です。ただし，自由回答を制約してしまうので，効果的に使いこなすのは少し難しいかもしれません。

図表 29. 社員教育アンケート結果を Excel で処理できるように入力したもの

	A	B	C	D
1	No.	Q1. 人材教育の重点	Q2. お客様が御社に求めるも	Q3. 業種
2	1	4	agh	1
3	2	2	ai	1
4	3	2	abc	2
5	4	1	a	1
6	5	3	c	2
7	6	4	acg	3
8	7	3	cgi	3
9	8	1	abc	3
10	9	3	ac	3
11	10	2	aeh	2
12	11	4	ahi	2
13	12	1	ac	3
14	13	3	bci	2
15	14	2	aeh	2
16	15	4	ac	4
17	16	2	ac	4
18	17	2	abh	2
19	18	2	abf	2
20	19	4	aci	2
21	20	1	agi	3
22	21	1	abc	3
23	22	2	aei	4
24	23	4	abc	3
25	24	3	aci	2
26	25	1	bfi	4
27	26	3	acg	3
28	27	3	ab	4
29	28	1	ac	4
30	29	3	abc	1
31	30	2	ag	1

[2] データベース関数による集計とピボットテーブル

1） 単純集計（質問ごとの集計）[27]

①単数回答の集計

アンケート集計では質問ごとに各選択肢が選ばれた回数・度数を集計します。これを「単純集計」といいます。

単数回答の場合（回答を1つだけ選ばせる方式）には，集計方法は複数ありますが，ここでは統計関数の1つである DCOUNT 関数を使うやり方を説明します。

---

[27] 落合（2001年）8月号 pp.80-84

それでは質問 Q1 を，DCOUNT 関数を使って単純集計してみましょう。

ⅰ）集計フォームを作成します。

集計に際して，前もって，集計するための表（「集計フォーム」という）を作成しておきます。作成する場所は，集計するデータのリストから1行以上あるいは1列以上の空白があれば，どこでもかまいません。

図表30は，質問1についての集計フォームです。1行目は質問項目「**Q1. 人材教育の重点**」，2行目は，この質問に対する選択肢になっています。

図表30. 集計フォーム（例）

	F	G	H	I	J	K
2		**Q1. 人材教育の重点**	**Q1. 人材教育の重点**	**Q1. 人材教育の重点**	**Q1. 人材教育の重点**	**Q1. 人材教育の重点**
3	選択肢	1	2	3	4	5
4	件数					

注意すべき点は，ここでは「**Q1. 人材教育の重点**」の書式が，データのフィールド名とまったく同じでなければならないという点です。G2からK2までの項目名が太字になっているのは，元のリストの項目名と同じです。そのためには，改めて入力するのではなくて，元のデータから，質問項目名の部分をコピーするとよいでしょう。

同じく選択肢も，その書式を同一にしておかねばなりません。もし，元のデータの選択肢は「半角」で 1，2，3，…，というように入力しているにもかかわらず，集計フォームを作成するとき，「全角」を使って 1，2，3，…，と入力してしまうと，集計できません。

ⅱ）Q1 で選択肢「1」を選択した会社（人）の件（人）数を求めます。

セル G4 に，＝DCOUNT(A1:D31,2,G2:G3)　と入力します。

DCOUNT 関数の1つ目のパラメータ「A1:D31」は，集計対象となるデータベースの領域を指定しています。忘れないように，フィールド名の「Q1. 人材教育の重点」という文字列まで含めて指定しておきます。

2つ目のパラメータ「2」は，指定されたデータベースの「左から何番目のフィールドをカウント対象にするか」を示しています。ここでは2番目を指定しています。

3つ目のパラメータ「G2:G3」は，カウントするデータの条件を指定しています。ここでは，「Q1. 人材教育の重点」の質問に対して，選んだ選択肢が「1」である，という条件を指定しています。G4には，この条件に合致する回答数が出力されます。

［Enter］キーを押します。すると，選択肢「1」の件数が出力されます。

図表31. 選択肢「1」の件数

	F	G	H	I	J	K
2		**Q1. 人材教育の重点**	**Q1. 人材教育の重点**	**Q1. 人材教育の重点**	**Q1. 人材教育の重点**	**Q1. 人材教育の重点**
3	選択肢	1	2	3	4	5
4	件数	7				

ⅲ）残りの選択肢「2」「3」「4」「5」の件数をカウントします。

まず，集計フォームの全体を範囲指定します。すなわち，G3からK4までドラッグします。

次に，［データ(D)］→［テーブル(T)］を選びます（テーブルの機能を使えば一度で複数の結果が得られて便利です）。（テーブル操作で固まった場合は Esc キーを押します。）

「行の代入セル(R)」のところに $G$3 を入れるか，G3 のセルをクリックします。

図表32.　テーブルの利用

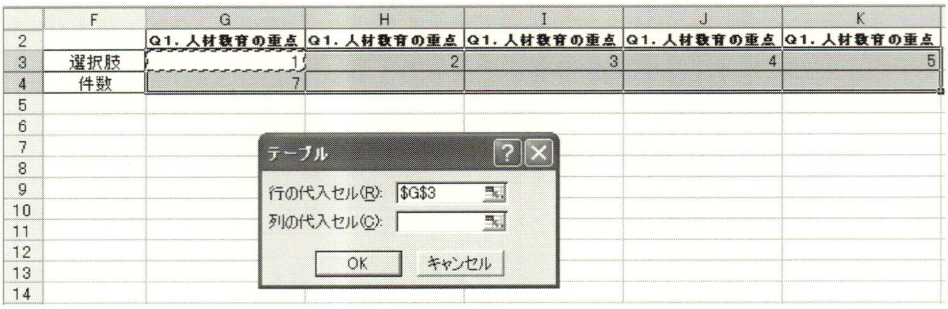

そのまま，［OK］をクリックします（［列の代入セル(C)］は空白のままで結構です）。
すると，残りの選択肢の件数も出力されます。

以上で，「Q1. 人材教育の重点」の集計は完了です。「Q3. 業種」も同様に集計できます。

図表33.　集計結果

F	G	H	I	J	K
	Q1. 人材教育の重点	Q1. 人材教育の重点	Q1. 人材教育の重点	Q1. 人材教育の重点	Q1. 人材教育の重点
選択肢	1	2	3	4	5
件数	7	9	8	6	0

選択肢が1，2，…ではわかりにくいので，アンケート票をもとに具体的な名称にします。その為にこの表をコピーします。貼り付けに際しては，「形式を選択して貼り付け」を選び，「値(V)」か「リンク貼り付け」を選択します。

なお，DCOUNT 関数以外に，COUNTIF 関数を用いてもアンケート集計ができます。ヒントのみ書いておきます。例）＝COUNTIF(B2:B31,"1") とすると，B2 から B31 の範囲で，選択肢が「1」であるセルの個数が戻ります。行ってみて下さい。

②複数回答の集計

複数回答（＝1つの質問で，2つ以上の回答を選ぶことができる設問）の場合，DCOUNTA 関数を使って集計します。DCOUNTA は文字列のデータの個数を数える関数です。

複数回答の集計の場合，先に述べたように，選択肢を，半角でa，b，c，…，とアルファベットに変換して入力しておきます。文字として認識され，DCOUNTA 関数を使って集計することができるようになります。

以下，その手順を説明します。

ⅰ）集計フォームを作成します。

複数回答の集計フォームは，選択肢の指定方法以外は，単数回答の場合と同じです。ただし，図表34 では，各列の幅は，紙幅の都合から，重なったままにしています。

図表 34. 複数回答の集計フォーム（例）

	F	G	H	I	J	K	L	M	N	O	P	Q	R
12		Q2. お客様	Q2. お客様	Q2. お客様	Q2. お客様	Q2. お客様	Q2. お客様	Q2. お客様	Q2. お客様	Q2. お客様	Q2. お客様が御社に求めるもの		
13	選択肢	*a*	*b*	*c*	*d*	*e*	*f*	*g*	*h*	*i*	*j*		
14	件数												

集計フォームの2行目には，単純にカウントする選択肢の値を入力しておくのではなく，その前後に何が来ても構わないように半角のアスタリスク「*」をつけておきます。

つまり，「*a*」の意味は，「a」の前後に複数個（0個も含みます）の任意の文字をもっていてもよいことを意味します。すなわち，回答の文字列の中に1つでも「a」が含まれていれば，この条件を満たしていることになりカウントされます。

ii) 例として，Q2 で選択肢 a を選択した人の件数を計算してみます。

セル G14 に，＝DCOUNTA(A1:D31,3,G12:G13) と入力し，[Enter] キーを押します。

図表 35. 集計結果

	F	G	H	I	J	K	L	M	N	O	P	Q	R
12		Q2. お客様	Q2. お客様	Q2. お客様	Q2. お客様	Q2. お客様	Q2. お客様	Q2. お客様	Q2. お客様	Q2. お客様	Q2. お客様が御社に求めるもの		
13	選択肢	*a*	*b*	*c*	*d*	*e*	*f*	*g*	*h*	*i*	*j*		
14	件数	26											

iii) 次に，残りの選択肢「b」「c」「d」…，の件数をカウントします。

やり方は単数回答の場合と同じようにテーブルを用いると便利です。前ページを参照して同じようにして下さい。

図表 36. テーブルの利用

	F	G	H	I	J	K	L	M	N	O	P	Q	R
12		Q2. お客様	Q2. お客様	Q2. お客様	Q2. お客様	Q2. お客様	Q2. お客様	Q2. お客様	Q2. お客様	Q2. お客様	Q2. お客様が御社に求めるもの		
13	選択肢	*a*	*b*	*c*	*d*	*e*	*f*	*g*	*h*	*i*	*j*		
14	件数	26											

（テーブル ダイアログ： 行の代入セル(R): $G$13 ／ 列の代入セル(C): ／ [OK] [キャンセル]）

[OK] をクリックすると，図表 37 のように出力されます。

図表 37. 集計結果

	F	G	H	I	J	K	L	M	N	O	P	Q	R
12		Q2. お客様	Q2. お客様	Q2. お客様	Q2. お客様	Q2. お客様	Q2. お客様	Q2. お客様	Q2. お客様	Q2. お客様	Q2. お客様が御社に求めるもの		
13	選択肢	*a*	*b*	*c*	*d*	*e*	*f*	*g*	*h*	*i*	*j*		
14	件数	26	10	17	0	3	2	6	5	9	0		

③自由回答の抽出

自由回答を抽出して一覧にするためには，先に紹介したフィルタ機能が使用できます（この例の場合は，自由回答欄がありませんが，仮に E 列に設けておいたとします。そして，自由回答が入力されているセルがあるとして，以下の説明を読んで下さい）。

自由回答のフィールド（列）を指定し，［データ(D)］ → ［フィルタ(F)］ → ［オートフィルタ(F)］を選択します。

そうすると，フィールド名の右に▼が表示されます。それをクリックして，抽出条件を選択します。この場合，自由回答があるレコードのみを抽出したいので，「空白以外のセル」を条件にして，抽出を行います。詳しくは，先に述べたオートフィルタのところを参照して下さい。

すると，自由回答があるレコードのみが抽出されます。あとは，コピー&ペーストするなど，適切に加工します。

2） クロス集計

①クロス集計とビジネス

2つ以上の質的変数（カテゴリー化されている変数）で条件をつけて，集計することを「クロス集計」といいます。たとえば，「性別」と「賛否」との関連性を解析するには，しばしばクロス集計が用いられています。

そもそも，ビジネス分野では量的に測定できるデータばかりではありません。「満足している・満足していない」「好き・嫌い」「優れている・劣っている」のように，数量的に測定しにくく，せいぜい質的な測定が限界であることのほうが多いくらいでしょう。

このような場合，変数間の関連性をみるためには，クロス集計が最適です。実際にスーパーやコンビニエンスストアでは，会員カード情報と POS によって集めたデータを駆使して，様々なお客様属性によるクロス集計が行われています。たとえば，「60 歳代の男性によく売れている商品」「夕方に1番売れる商品」「雨の日によく売れる商品」など，貴重なマーケティング情報が発見されています。

気温とビールの販売量など，量的な測定ができる場合，2変数間の関連を解析するには，後述する散布図や相関分析が有効ですが，このような量的な変数であっても，あえてそれらをカテゴリー化して，質的変数に変えて，クロス集計を行うことがよくあります。たとえば，「○○才」という形で年齢を詳細にデータ化できていても，その年齢データを直に使わず，あえて10歳代，20歳代，30歳代，…，のようにカテゴリー化しておいて，クロス集計を行い，年代別の特徴を分析するというものです。

②クロス表の名称と Excel による2つの方法

クロス集計の方法を学習するにあたって，まず，クロス表の構成部分の名称を覚えましょう。

図表38. クロス集計表（例）の名称

		表頭	
		好き	嫌い
表側	10歳代		
	20歳代		
	30歳代		
	40歳代		
	50歳代		
	60歳代		
	70歳代以上		

　表の上側に位置する項目のことを「表頭項目」あるいは「集計項目」，表の左側に位置する項目のことを「表側項目」あるいは「分類項目」といいます。

　分類するための項目を表側に，関心のある項目を表頭にとることが多いようです。たとえば，年代別に，好き嫌いをみるならば，表側に「年代」を，表頭に「好き嫌い」をもってきます。

　Excel を使ってクロス集計を行うには，「データベース関数を利用する方法」と「ピボットテーブルを利用する方法」があります。

　データベース関数を利用する方法は，1度作成しておけば，次回からはデータを入れるだけで自動的に集計結果が表示されます。同じアンケートを繰り返し行うような場合に適します。ただし，作成するのに少し手間が掛かります。

　他方，ピボットテーブルを利用する方法は，非常に簡単にクロス集計表を作成することができる点で優れています。また，簡単なマウス操作で回答項目の変更や表示の詳細を変更できます。

③データベース関数を使った単数回答のクロス集計[28]

　ここでは，「Q3. 業種」と「Q1. 人材教育の重点」のクロス集計を行ってみましょう。
まず，集計フォームを作成します。

図表39. 単数回答のクロス集計のフォーム（例）

	G	H	I	J	K	L	M
1	Q3. 業種	Q1. 人材教育の重点					
2							
5	Q3. 業種	Q1. 人材教	Q1. 人材教	Q1. 人材教	Q1. 人材教	Q1. 人材教育の重点	
6		1	2	3	4	5	合計
7	1						
8	2						
9	3						
10	4						
11	5						
12	合計						

　次に，G6 のセルに，＝DCOUNT(A1:D31,2,G1:H2) と入力します。

---

[28] 鈴木　勉(2001年)p.186-191

図表 40. データ件数の合計を求める

	G	H	I	J	K	L	M
1	Q3. 業種	Q1. 人材教育の重点					
2							
5	Q3. 業種	Q1. 人材教	Q1. 人材教	Q1. 人材教	Q1. 人材教	Q1. 人材教育の重点	
6	=DCOUNT(A1:D31,2,G1:H2)		3	4	5	合計	
7		1					
8		2					
9		3					
10		4					
11		5					
12	合計						

［Enter］キーを押すと，回答者数が G6 に表示されます。

続いて，テーブル領域を指定します。G6:L11 までドラッグします。

図表 41. テーブル領域の指定

	G	H	I	J	K	L	M
1	Q3. 業種	Q1. 人材教育の重点					
2							
5	Q3. 業種	Q1. 人材	Q1. 人材	Q1. 人材	Q1. 人材	Q1. 人材教育の重点	
6	30	1	2	3	4	5	合計
7		1					
8		2					
9		3					
10		4					
11		5					
12	合計						

ここで，［データ(D)］メニューから［テーブル(T)］を選択します。
　そして，「行の代入セル(R)」に $H$2 と入力し，「列の代入セル(C)」に $G$2 と入力します（あるいは，H2 と G2 のセルをそれぞれクリックして指定すると自動的に $ マークが付加された形で入力され便利です）。

＊Excel の一口メモ
　テーブルを操作しているときに，「テーブルの一部を変更することはできません」というエラーメッセージが出る場合があります。その場合には，いったん ESC キーを押して下さい。

図表 42.　テーブルの利用

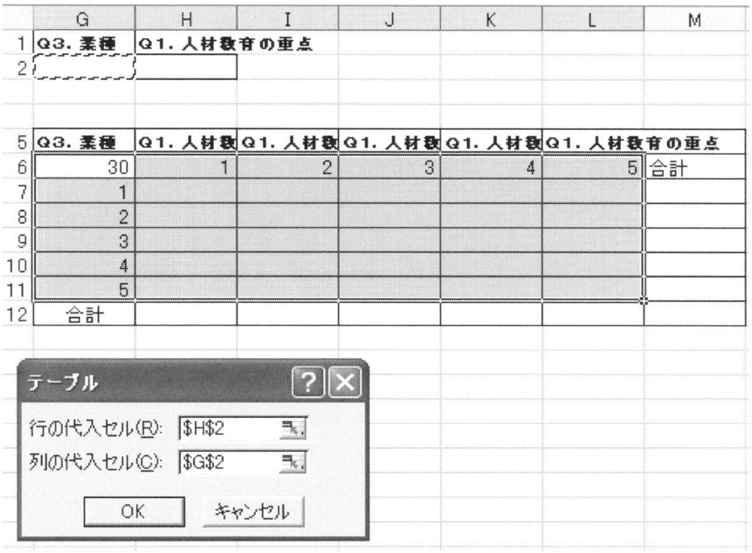

ここで，［OK］をクリックすると，図表 43 のクロス集計の結果が出力されます。なお，合計欄は後で，埋めています。

図表 43.　クロス集計結果

④データベース関数を使った複数回答のクロス集計[29]

複数回答項目を扱う場合は条件式にアスタリスクを使います。それ以外は単数回答のクロス集計と同様です。ここでは，「Q3. 業種」と「Q2. お客様が御社に求めるもの」をクロス集計してみます。

手順は以下の通りです。

まず，集計フォームを作成します。

---
[29]　鈴木　勉(2001 年) p.196-198

58　第３章　データを並べ替え・抽出・集計して情報を読む

図表44.　複数回答のクロス集計のフォーム

	G	H	I	J	K	L	M	N	O	P	Q	R
22	Q3.業種	Q2.お客様が御社に求めるもの										
23												
26	Q3.業種	Q2.お客	Q2.お客	Q2.お客	Q2.お客	Q2.お客	Q2.お客	Q2.お客	Q2.お客	Q2.お客	Q2.お客	Q2.お客様が御社に求めるもの
27		*a*	*b*	*c*	*d*	*e*	*f*	*g*	*h*	*i*	*j*	合計
28	1											
29	2											
30	3											
31	4											
32	5											
33	合計											

続いて，G27に＝DCOUNTA(A1:D31,3,G22:H23)と入力します。

図表45.　回答者数を求める

	G	H	I	J	K	L	M	N	O	P	Q	R
22	Q3.業種	Q2.お客様が御社に求めるもの										
23												
26	Q3.業種	Q2.お客	Q2.お客	Q2.お客	Q2.お客	Q2.お客	Q2.お客	Q2.お客	Q2.お客	Q2.お客	Q2.お客	Q2.お客様が御社に求めるもの
27	=DCOUNTA(A1:D31,3,G22:H23)			*d*	*e*	*f*	*g*	*h*	*i*	*j*	合計	
28	DCOUNTA(Database, フィールド, **Criteria**)											
29	2											
30	3											
31	4											
32	5											
33	合計											

［Enter］キーを押すと，回答者数（回答総件数ではありません）が出てきます。
次に，テーブル領域を指定します。

図表46.　テーブルの利用の準備

	G	H	I	J	K	L	M	N	O	P	Q	R
22	Q3.業種	Q2.お客様が御社に求めるもの										
23												
26	Q3.業種	Q2.お客	Q2.お客	Q2.お客	Q2.お客	Q2.お客	Q2.お客	Q2.お客	Q2.お客	Q2.お客	Q2.お客	Q2.お客様が御社に求めるもの
27	30	*a*	*b*	*c*	*d*	*e*	*f*	*g*	*h*	*i*	*j*	合計
28	1											
29	2											
30	3											
31	4											
32	5											
33	合計											

続いて，［データ（D）］メニューから［テーブル（T）］を選択します。
すると，図表47のようになります。

図表 47. テーブルの利用

[OK] をクリックすると，図表 48 のような結果が得られます。

図表 48. 集計結果

Q3. 業種	Q2. お客様	Q2. お客様	Q2. お客様	Q2. お客様	Q2. お客様	Q2. お客様	Q2. お客様	Q2. お客様	Q2. お客様	Q2. お客様が御社に求めるもの
30	*a*	*b*	*c*	*d*	*e*	*f*	*g*	*h*	*i*	*j*	合計
1	5	1	1	0	0	0	2	1	1	0	11
2	8	4	5	0	2	1	0	4	4	0	28
3	8	3	8	0	0	0	4	0	2	0	25
4	5	2	3	0	1	0	0	0	2	0	14
5	0	0	0	0	0	0	0	0	0	0	0
合計	26	10	17	0	3	1	6	5	9	0	78

（合計欄はクロス集計後に計算しています）

⑤ピボットテーブルによるクロス集計[30]

　単数回答項目同士のクロス集計では，ピボットテーブルを使うほうがデータベース関数を使うよりも，はるかに簡単です。さらに，クロスさせる項目もすばやく入れ替えることができ，簡単に多重にクロス集計することもできるので非常に便利です。

　ただし，残念ながら，現在のところ複数回答項目を含むクロス集計をピボットテーブルで行うことはできません。それ以外の点では，非常に使い勝手のよい機能です。

　以下，ピボットテーブルによるアンケート集計の操作手順を紹介しましょう。Excel のバージョンによって，少し手順が異なるところがありますが，大枠は以下の通りです。

ⅰ）データのリストの中にマウスポインタを置いておきます。これで対象データベースが認識されます。

　　その上で，[データ(D)] メニューの「ピボットテーブルとピボットグラフレポート(P)」をクリックします。すると，ピボットテーブルのウィザードが立ち上がります。

---

[30] 落合（2001 年）9 月号 pp.98-102

第3章 データを並べ替え・抽出・集計して情報を読む

図表49. ピボットテーブルの立ち上げ

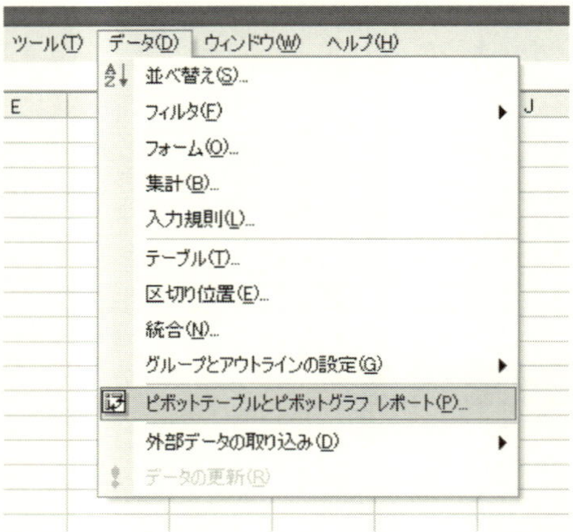

ii)「分析するデータのある場所を選択してください」では「Excelのリスト／データベース(M)」，また「作成するレポートの種類を選択してください」では「ピボットテーブル(T)」が，それぞれ選択されていることを確かめます。そうなっていれば，「次へ」をクリックします。すると，2番目の画面が表示されます。

図表50. 分析するデータの場所とレポートの種類の指定

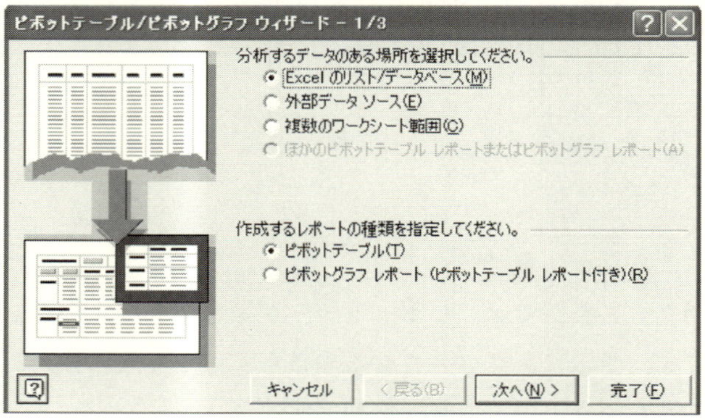

iii) データの範囲が適切であるかどうかを確認して，よければ「次へ」をクリックします。もし，データ範囲を変更したい場合には正しい範囲を指定します。

iv)「ピボットテーブルの作成先を指定してください」では「新規ワークシート」になっていることを確かめ，［完了(F)］をクリックします。すると，空のピボットテーブルが表示されます。

3.2 アンケート集計のやり方　61

図表 51.　空のピボットテーブル

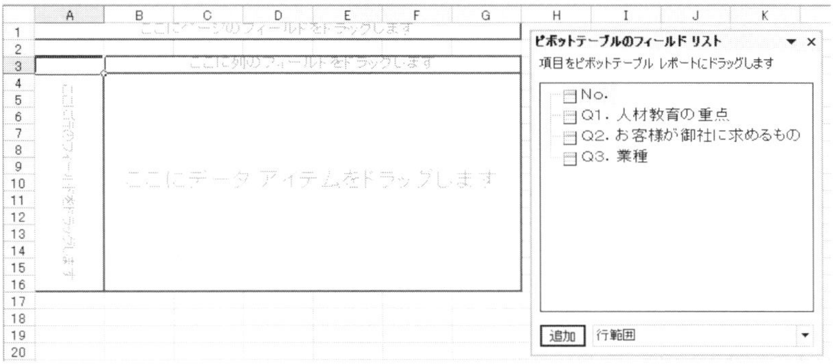

v) 何と何をクロスさせるかを考え，右のフィールド名のボタンから，表側（行）と表頭（列），データのところに，フィールド名をドラッグ＆ドロップで移します。

たとえば，「ここに行のフィールドをドラッグします」の領域に「Q3.業種」を移します。「ここの列のフィールドをドラッグします」の領域に「Q1.人材教育の重点」を移します。「ここにデータアイテムをドラッグします」の領域には，もう一度「Q1.人材教育の重点」を移します。

図表 52.　表側，表頭，データエリアの指定

	A	B	C	D	E	F
1						
2						
3	合計 / Q1.	Q1. 人材教i▼				
4	Q3. 業種 ▼	1	2	3	4	総計
5	1	1	4	3	4	12
6	2		10	9	8	27
7	3	4		9	8	21
8	4	2	4	3	4	13
9	総計	7	18	24	24	73

vi) ここで，データエリア（B5:E8）のどこかにマウスポインタをもって行き，右クリックします。

図表53. フィールドの設定

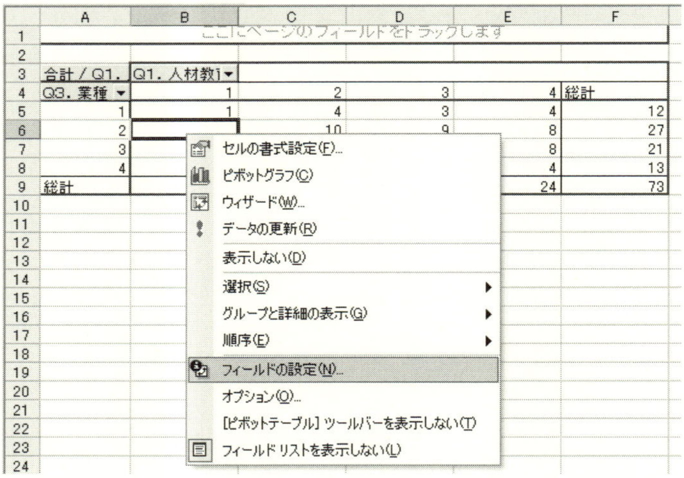

「フィールドの設定(N)」を選択します。

「集計の方法(S)」を「データの個数」にして，[OK]をクリックします。

図表54. 集計の方法の変更

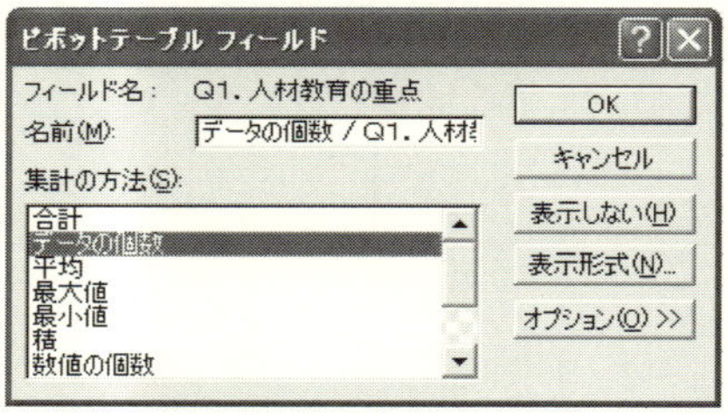

すると，図表55のようなクロス集計結果が表示されます。

図表55. 完成したクロス集計表

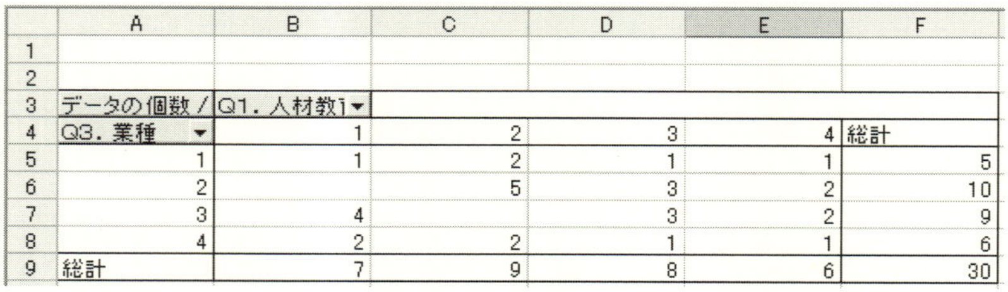

	A	B	C	D	E	F
1						
2						
3	データの個数 / Q1. 人材教i▼					
4	Q3. 業種 ▼	1	2	3	4	総計
5	1	1	2	1	1	5
6	2		5	3	2	10
7	3	4		3	2	9
8	4	2	2	1	1	6
9	総計	7	9	8	6	30

ここで，各選択肢を表頭，表側に日本語で入力するとみやすくなります。

図表 56. 選択肢を書き込んだクロス集計表

	A	B	C	D	E	F
1						
2						
3	データの個数 / Q	Q1. 人材教育の重点▼				
4	Q3. 業種 ▼	仕事に関する資格取得	自社商品の知識向上	顧客満足度向上	人格形成	総計
5	製造業	1	2	1	1	5
6	卸売業・小売業		5	3	2	10
7	建設業	4		3	2	9
8	サービス業	2	2	1	1	6
9	総計	7	9	8	6	30

（以下の vii，viii，ix は補足です）

vii）多重クロス集計，レイアウトの変更

　　フィールド名をドラッグする際，表側（行）に 2 つ以上フィールド名をドラッグすれば，多重に指定することができます。たとえば，「賛・否」を表頭に，「性別（男・女）」と「年代（若年・中年・高齢）」を表側にドラッグ＆ドロップすれば，「男・若年」，「男・中年」，「男・高齢」，「女・若年」，「女・中年」，「女・高齢」の 6 つのカテゴリーに分けて，賛・否を知ることができます。

　　このような集計を「多重クロス集計」といいます。

　　なお，フィールド名の横の▼をクリックすると，条件に合ったデータのみを抽出して，抽出されたデータのみからなるクロス集計結果を表示させることができます。

　　クロス集計表の中で右クリックをすると，クロス表のレイアウト変更などが可能です。

viii）ピボットグラフの利用

　　ピボットテーブルの集計結果をグラフ化する場合には，ピボットグラフが便利です。クロス集計表の中で右クリックして，「ピボットグラフ(C)」を選択します。

図表 57. ピボットグラフの使い方

	A	B	C	D	E	F
1			ここにページのフィールドをドラッグします			
2						
3	データの個数 / Q	Q1. 人材教1▼				
4	Q3. 業種 ▼	1	2	3	4	総計
5	1	1	2	1	1	5
6	2		5		2	10
7	3		セルの書式設定(F)...		2	9
8	4		ピボットグラフ(C)		1	6
9	総計		ウィザード(W)...		6	30
10						

図表 58. 完成したヒストグラム

グラフエリアで右クリックして，グラフの種類を変えることもできます。「ユーザー設定」の中から，モノクロ縦棒を選択すると図表59のようになります。

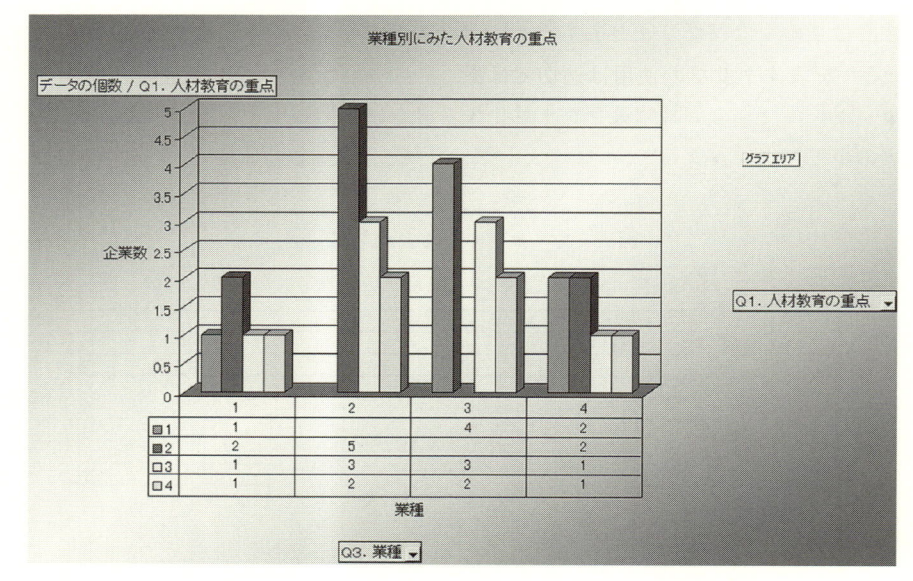

図表 59. モノクロ縦棒で表現したもの

ix）単純集計

　　ピボットテーブルを使って，単純集計することもできます。図表51を使ってやってみましょう。右のフィールド名のボタンから，表側（行）とデータのところに，フィールド名をドラッグ＆ドロップで移します。表頭（列）には空のままにしておきます。

　　たとえば，「ここに行のフィールドをドラッグします」の領域に「Q1．人材教育の重点」を移します。

　　「ここにデータアイテムをドラッグします」の領域には，もう一度「Q1．人材教育の重点」

を移します。

そして，先と同様にして，データ領域を「データの個数」に変えます。これで，「Q1．人材教育の重点」の単純集計結果が求められます。

【練習問題】(3-2-1)

図表25の中古分譲マンションについて，ピボットテーブルを用いて，間取りタイプ別の平均価格を求めて下さい。そして，わかりやすいグラフにして下さい。

[3] アンケート集計結果を解釈する際の留意点

1) 集計の意味合い

パーセントを出す場合，単数回答ならば，回答の総数で割ればよいことはいうまでもありません。しかし，複数回答の場合，回答者数で割ることが一般的です。複数回答の場合，回答の総数で割らないのは，回答者によって何個選択するか異なる場合が多く，結果的に回答者の重みが違ってくるからです。たとえば，3個まで選べる場合，3個選んだ人は，2個選んだ人より，重く評価されてしまうことになります。

このようにして得られた複数回答のパーセントは，回答者が100人いたとき，何人がそれを選択したかを表すことになります。単数回答の場合とはパーセントの意味合いが異なります。

当然，合計は100％にはなりません。そのため帯グラフや円グラフのような，構成比（合計が100％になる）を表すグラフの使用は適切ではありません（後述）。棒グラフやステレオグラムなどが適当です。特にステレオグラムは，組合せのパターンや癖をみるのに有効なグラフです。

また，分母の回答者数に，無回答，不明，非該当の人数を入れるかどうかも，慎重に検討しておく必要があります。通常，特別な理由がない場合は，無回答，不明の人数は回答者数に入れています。非該当の人数は，必要な情報内容に鑑みて，分母に入れる場合と入れない場合とがあります。

なお，無回答については，どのような属性の人に無回答が多いかクロス集計を使って調べることによって，しばしば新たな発見が得られます。

2) クロス表による分析と推論の落とし穴——混同要因への対処

クロス集計の場合，混同要因とよばれるものに対して，分析の段階でどう対処するか考える点がポイントです。次のような例を考えてみましょう。

"男性社員と女性社員を比べると，どちらがクレームを受けやすいか"検討することにします。この問いに答えるために，社員台帳によって無作為に選んだサンプル100人について，過去1年間にクレームを受けたことのある人数を調べました。

その結果，クレームを受けた人の割合は，男では60人中12人，女では40人中5人でした。この結果から，「男性のほうが女性よりクレームを受けやすい」と結論してよいでしょうか。

図表 60. クレームの男女それぞれの割合

	クレームあり	クレームなし	合計	クレーム発生率
男	12	48	60	20.0%
女	5	35	40	12.5%
合計	17	83	100	17.0%

確かに，計算すると，クレーム発生率は男 20.0%，女 12.5% なので，男性社員のほうが女性社員よりクレームを受けやすいということになりそうですが，はたしてそう断言してよいのでしょうか。

実は，このデータからそのような結論は出せません。

なぜでしょうか。ヒントは「社員台帳から無作為に選んだ」という点にあります。

実際にどの程度営業活動に従事しているかどうか，まったく無視されています。女性には内勤の事務職が多いかもしれません。

それに対して，男性は，高い割合で営業に携わっているかもしれません。

つまり，男女だけで，クレーム発生の率を判定するのは，すこし気が早いといわざるを得ません。比較する項目以外の要因が男女間で差がない，という前提が満たされていなければなりません。もし，女性のほうに非営業職が相対的に多ければ，自ずとクレーム発生率は低いはずです。

以上，少し極端な例であったかもしれませんが，このことからわかるように，クロス集計の結果を解釈するときには，分類項目以外の他の条件が同じであるかどうか，常に意識しておかねばなりません[31]。

3） クロス表による分析と推論の落とし穴──多次元分析の根本となる考え方

ある商品のデザインについて消費者に好き嫌いをアンケートで尋ねました。まず，性別，年齢別でクロス集計したところ，図表 61 のような結果が得られたとします[32]。

図表 61. ある商品デザインの好き嫌いに関するクロス集計

(a) 性別×好き嫌い

	好き	嫌い	合計
男	220	125	345
女	173	102	275
合計	393	227	620

(b) 年齢層×好き嫌い

	好き	嫌い	合計
40 歳未満	222	104	326
40 歳以上	171	123	294
合計	393	227	620

(a) から，男性では，好きが嫌いのほぼ 2 倍で多いことがわかります。また，(b) から，40 歳未満でも，好きがほぼ 2 倍で多いことがわかります。

ここで，うっかり，「40 歳未満の男性では，ますます好きの割合が高い」と考えてはいけません。

---

[31] 上田尚一（1981 年）p.107–112

[32] 林（1993 年）p.110, 111

その真偽を見極めるために，多重クロス集計したところ，結果は図表62の通りでした。

図表62. 多重クロス集計の結果

		好き	嫌い	合計
男	40歳未満	64	89	153
	40歳以上	156	36	192
女	40歳未満	158	15	173
	40歳以上	15	87	102
	合計	393	227	620

結果は，40歳未満の男性では，「好き」は153人中64人しかおらず，逆に「嫌い」の方が多くなっています。よって，「ますます好き」とはいえません。これは予想とはまったく相反するものでした。

なぜ，こうなったのでしょうか。その原因は，(a)と(b)の結果を強引に結びつけたところにあります。結果の論理的な結合方法を誤ったのです。

個々のクロス集計結果を複数組み合わせ，推論を深めることはできません。

【練習問題】(3-2-2)
図表61の(a)と(b)の結果から，40歳以上の女性は「好き」の傾向が強いといってよいでしょうか。

【練習問題】(3-2-3)
次のようなアンケートを行い，図表63のような結果が得られました。Q1，Q2，Q3について性別ごとのクロス集計を行い，性別によって，コンビニエンスストアの利用傾向に違いがあるかどうか考えてみましょう。

****
Q1. コンビニエンスストアの利用頻度はどれくらいですか？
 1 ほぼ毎日利用する
 2 週に3〜4回利用する
 3 週に1〜2回利用する
 4 月に2〜3回利用する
 5 ほとんど利用しない
 6 利用したことがない
Q2. 利用するコンビニエンスストアはどこにありますか？
 1 家の近所のお店だけを利用する
 2 学校の近所だけを利用する
 3 上記のどちらも利用する
 4 利用しない

Q3. コンビニエンスストアで購入するものは何ですか？（3つ以内）
　　1　弁当やおにぎり，パンなどの食料品
　　2　生卵などの生鮮食品
　　3　ジュースなどの飲料品
　　4　お菓子類
　　5　雑誌，書籍，新聞
　　6　文房具
　　7　電池，電球など電化小物
　　8　生活雑貨
　　9　化粧品
　　10　医薬品
　　11　公共料金などの払い込み
　　12　コピー機やFaxの利用
　　13　通販の商品受け取り
　　14　利用しない

Q4. あなたの性別を教えて下さい？
　　1　男
　　2　女

****

図表63. アンケートデータの一覧表
（Q3は複数回答ですので，アルファベットに直して入力しましょう）

	A	B	C	D
1	Q1.利用頻度	Q2.利用するコンビニ	Q3.よく購入する品目	Q4.性別
2	2	3	1,3	1
3	3	1	4,9	2
4	2	2	1,3,8	1
5	4	1	4,5	2
6	1	3	1,2	1
7	2	2	1,5	1
8	3	2	3,4,5	1
9	4	3	5,7	2
10	1	3	1,2,3	1
11	2	2	5,11	2
12	3	3	1,11	1
13	2	2	1,2,5	2
14	1	1	3,4	2
15	1	2	6,7,11	1
16	2	2	3,4,5	2
17	1	3	4,11	2
18	2	1	1,12	1
19	3	1	2,11	1
20	4	3	6,8	1
21	3	2	5,11	2

3.3 Excelでできる多次元分析（OLAP）

[1] OLAPの利用例

　ある製品グループの売上高利益率（＝利益額／売上金額）の実績が計画に比べて低く，解決を迫られているとします。このようなとき，データ解析としては，まず，支店別の売上高利益率の分析からはじめます。

　早速，特定の支店の，当該グループのある製品の利益（＝収入－費用）が低いことがわかったとします。

　次に，そこに焦点を絞って，何に費用が多く掛かったのかを調べます。ひょっとしたら，不良在庫が発生したため，その在庫を売りつくすために，採算を度外視して安売りをしたことによって粗利益が下がったのが原因である，ということがわかるかもしれません。

　このような解析は，いちいち資料をめくるまでもなく，本社のコンピュータの前で，多次元分析とよばれる方法を使えば，すぐに実施できます。多次元分析は，最近，OLAP（Online Analytical Processing；「オーラップ」と読みます）として，企業でよく用いられるようになってきました。本節では，Excelを使ったOLAPの基本的な方法について学びます。

[2] ピボットテーブルを使ったOLAP [33]

　先にアンケート集計のためのピボットテーブルの活用方法を学びました。実は，ピボットテーブルはアンケート集計のためだけの機能ではありません。ピボットテーブルとは，「1度作成した表の項目内容を並べ替えたり，集計方法を変えたりするなどして表を作り直す機能」のことです。

　ピボットテーブルを使えば，1度作成した表を，各支店別や商品別，顧客別といった具合に視点を変えながら，同じデータを様々な角度から解析することができます。

　実際に売上データを解析するときには，自分で仮説を立てながら，商品別，地域別など様々な切り口から販売実績をみたり，営業員別，期間別に販売実績をみたり，いろいろな切り口・視点から販売データを分析する必要があります。

　このようなとき，ピボットテーブルは大変役に立つ機能です。以下，具体的に学びましょう。

1) 多次元分析の進め方

　図表64のデータを使って，多次元分析の進め方を説明します。データを読み込んで操作してみましょう。
　ⅰ) ピボットテーブルの作成

　　　3.2節のクロス集計と同じ要領で，空のピボットテーブルを作成します。［データ(D)］メニューから［ピボットテーブルとピボットグラフレポート(P)］を選択します。すると，Sheet4に空のピボットテーブルが表示されます。

---

[33] 落合（2001年）2月号 pp.76-80

図表64.　売上データ一覧

支点	担当	商品	週	売上高（万円）
松山支店	青木	分譲マンション	第1週	1,800
松山支店	青木	一戸建て	第2週	2,300
松山支店	青木	店舗ビル	第4週	5,500
松山支店	青木	賃貸マンション	第4週	5,800
松山支店	石井	賃貸マンション	第1週	6,000
松山支店	石井	一戸建て	第2週	3,200
松山支店	石井	分譲マンション	第3週	2,200
松山支店	石井	店舗ビル	第1週	1,800
松山支店	石井	分譲マンション	第4週	2,100
高松支店	上田	建売戸建	第3週	2,400
高松支店	上田	賃貸マンション	第1週	3,600
高松支店	上田	店舗ビル	第1週	4,500
高松支店	江藤	分譲マンション	第2週	1,600
高松支店	江藤	店舗ビル	第4週	4,000
高松支店	江藤	賃貸マンション	第3週	3,500
徳島支店	岡田	一戸建て	第4週	3,100
徳島支店	岡田	一戸建て	第3週	2,500
徳島支店	岡田	分譲マンション	第2週	2,000
徳島支店	岡田	建売戸建	第1週	2,600
徳島支店	加藤	店舗ビル	第1週	12,400
徳島支店	加藤	分譲マンション	第2週	2,600
高知支店	菊池	賃貸マンション	第3週	3,100
高知支店	菊池	店舗ビル	第4週	3,700
高知支店	菊池	一戸建て	第3週	1,500
高知支店	菊池	分譲マンション	第1週	2,300
高知支店	工藤	一戸建て	第3週	2,700
高知支店	工藤	賃貸マンション	第3週	4,200
高知支店	工藤	分譲マンション	第2週	2,100

図表65.　空のピボットテーブル

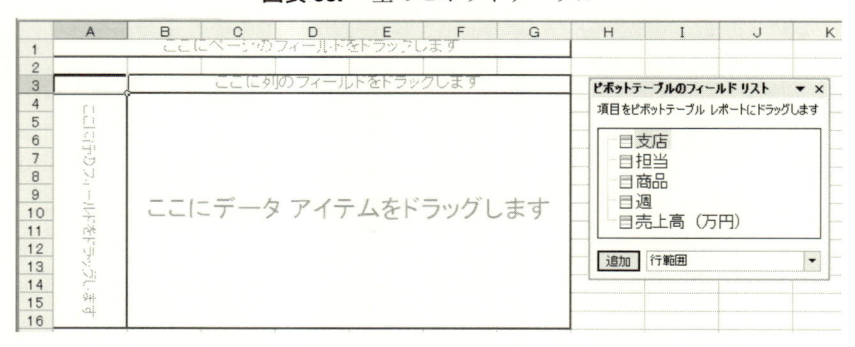

ⅱ）支店別，商品別の集計データを作成してみます。

　「支店」というフィールド名を，「ここに行のフィールドをドラッグします」にドラッグします。同様にして，「商品」というフィールド名を「ここに列のフィールドをドラッグします」

にドラッグします。そして、「売上高（万円）」というフィールド名を「ここにデータアイテムをドラッグします」にドラッグします。

これで、売上高を支店と商品の切り口で整理することができました。

図表66. 売上高を支店と商品の軸で切り取ったもの

合計 / 売上高(万円)	商品					
支店	一戸建て	建売戸建	賃貸マンション	店舗ビル	分譲マンション	総計
高松支店		2,400	7,100	8,500	1,600	19,600
高知支店	4,200		7,300	3,700	4,400	19,600
松山支店	5,500		11,800	7,300	6,100	30,700
徳島支店	5,600	2,600		12,400	4,600	25,200
総計	15,300	5,000	26,200	31,900	16,700	95,100

iii) ページの利用—「スライス」

表の中でクリックするとフィールドリストが出てきます。出てこない場合は右クリックして「フィールドリストを表示する(L)」を選択します。

「ピボットテーブル」のフィールドリストにある「週」をページエリア（図表65では1行目、「ここにページのフィールドをドラッグします」と表示されているところ）にドラッグします。

図表67. ページの利用

	A	B	C	D	E	F
1	週	第1週				
2						
3	合計 / 売上高(万円)	商品				
4	支店	建売戸建	賃貸マンション	店舗ビル	分譲マンション	総計
5	高松支店		3,600	4,500		8,100
6	高知支店				2,300	2,300
7	松山支店		6,000	1,800	1,800	9,600
8	徳島支店	2,600		12,400		15,000
9	総計	2,600	9,600	18,700	4,100	35,000

週の表示が「すべて」の状態では今までと表示内容は変わりませんが、横の▼をクリックすると週の支店の一覧が出るので、「第1週」を指定してみます。その結果が図表67です。

同様に▼を操作すれば、「第2週」「第3週」「第4週」の支店別、商品別売上高をみることができます。これは売上データを支店、商品、週という3つの軸で分析していることになります。

このように3つ以上の軸からデータを分析することを「多次元分析」といいます。そして、3つ以上の軸のうち、1つの平面で断面を切り取ることを、OLAPでは「スライス」といいます。

多次元分析は高価なOLAPツールや分析ツールを使用しないと行えないと思っている方が多いかもしれませんが、一定のデータ量の範囲内（65,536行×256列）であれば、このようにExcelでも十分に行えます。

iv) 軸の切り替え—「ダイス」

次に、多次元分析における軸の切り替えを行ってみます。

ページエリアにある「週」を行エリアにドラッグします。代わりに、行エリアにある「支店」をページエリアにドラッグします。

図表 68. 軸の切り替え

	A	B	C	D	E	F	G
1	支店	(すべて) ▼					
2							
3	合計 / 売上高(万円)	商品 ▼					
4	週 ▼	一戸建て	建売戸建	賃貸マンション	店舗ビル	分譲マンション	総計
5	第1週		2,600	9,600	18,700	4,100	35,000
6	第2週	5,500				8,300	13,800
7	第3週	4,000	2,400	10,800		2,200	19,400
8	第4週	5,800		5,800	13,200	2,100	26,900
9	総計	15,300	5,000	26,200	31,900	16,700	95,100

　こうしておいて，ページエリアにおいて「支店」を指定すれば，特定の支店の，週別・商品別の売上なども即座にみることができます。
　このように3つの軸からなるサイコロの正面を切り替えることを，OLAPでは「ダイス」といいます。

ⅴ）詳細データの表示—「ドリルダウン」
　　さらに具体的な個々のデータまでたどっていきたい場合があります。
　　はじめに，上の図表68において，B1の（すべて）の▼をクリックして，徳島支店を選択しておきます。

図表 69. 徳島支店の週別・商品別売上

	A	B	C	D	E	F
1	支店	徳島支店 ▼				
2						
3	合計 / 売上高(万円)	商品 ▼				
4	週 ▼	一戸建て	建売戸建	店舗ビル	分譲マンション	総計
5	第1週		2,600	12,400		15,000
6	第2週				4,600	4,600
7	第3週	2,500				2,500
8	第4週	3,100				3,100
9	総計	5,600	2,600	12,400	4,600	25,200

　図表69によると，徳島支店で，第1週に店舗ビルで1億2400万円の売上を計上していることがわかります。もう少し詳しく知りたいときには，徳島支店の店舗ビル販売の第1週のデータを深掘りすることになります。
　A5のセルにある「第1週」をダブルクリックします。すると，詳細データの表示画面が出てきます。ここで，「担当」を選択してみます。

3.3 Excel でできる多次元分析（OLAP）　73

図表 70.　詳細データの表示

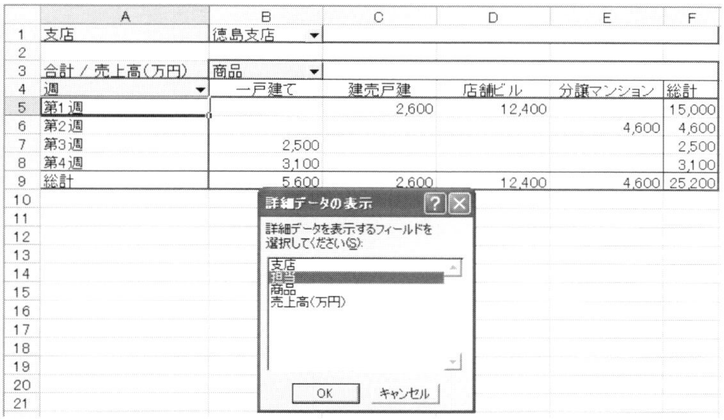

すると，図表 71 のように，徳島支店の第 1 週の店舗ビルの「担当」が加藤さんであったことが表示されます。

図表 71.　「詳細データの表示」の結果

「担当」の内訳を閉じるには，A5 のセルの「第 1 週」をダブルクリックします。また，B4 のセルにある「担当」を右クリックして，「表示しない (D)」を選択すれば，「担当」というフィールド名も含めてすべて閉じられます。

なお，図表 69 で D5 のセルをダブルクリックすると，その詳細が Sheet5 に表示されますので，この方法も使えると思います。

以上のようにデータを深掘りしていくことを「ドリルダウン」といいます。

このようにピボットテーブルでは，売上データをいろいろな角度から集計することができますので，実際にご自身でいろいろな項目を行エリア，列エリア，ページエリアにドラッグしたり，追加したり，入れ替えたりしてどう変化するか確かめるとよいでしょう。

vi）ピボットグラフ

　　グラフに表現すると理解しやすくなります。クロス集計のところで，ピボットグラフを学びましたが，ここでもまったく同様にピボットグラフを使うことができます。

　　ピボットテーブル内にマウスポインタを置き，右クリックします。そして，グラフウィザードをクリックして下さい。すると，グラフが自動的に作成されます。

ここでも，自由にフィールド名を追加したり，入れ替えたりすることができます。それによって，自由な切り口でデータを解析することができます。

以上みてきたように，ピボットテーブルはデータを分析するのに非常に有効なツールです。もちろん，外部のデータベースのデータをインポートして使用することも可能です。会社の基幹データベースと連動した活用を考えると，さらに実効性は高いと思われます。

ただし，クロス集計の解釈に関して述べた留意点には，常に注意を払っておかなければなりません。

【練習問題】（3-3-1）
図表72の売上データを，Excel を用いて多次元分析してみましょう[34]。

図表72. ある会社の売上高データ

	A	B	C	D	E
1	No.	地域	売上月	商品名	金額(万円)
2	1	東京	4	商品A	250
3	2	東京	4	商品B	340
4	3	東京	4	商品C	180
5	4	東京	4	商品D	270
6	5	東京	5	商品A	280
7	6	東京	5	商品B	330
8	7	東京	5	商品C	210
9	8	東京	5	商品D	300
10	9	東京	6	商品A	220
11	10	東京	6	商品B	280
12	11	東京	6	商品C	190
13	12	東京	6	商品D	230
14	13	大阪	4	商品A	220
15	14	大阪	4	商品B	230
16	15	大阪	4	商品C	300
17	16	大阪	4	商品D	310
18	17	大阪	5	商品A	190
19	18	大阪	5	商品B	240
20	19	大阪	5	商品C	180
21	20	大阪	5	商品D	280
22	21	大阪	6	商品A	200
23	22	大阪	6	商品B	220
24	23	大阪	6	商品C	240
25	24	大阪	6	商品D	170
26	25	地方	4	商品A	340
27	26	地方	4	商品B	330
28	27	地方	4	商品C	250
29	28	地方	4	商品D	300
30	29	地方	5	商品A	310
31	30	地方	5	商品B	290
32	31	地方	5	商品C	280
33	32	地方	5	商品D	360
34	33	地方	6	商品A	350
35	34	地方	6	商品B	370
36	35	地方	6	商品C	280
37	36	地方	6	商品D	260

【練習問題】（3-3-2）
前問（3-3-1）のように整理することによって，売上の解析ができることがわかりました。そこで，多次元分析を利用して，クレームの解析を行いたいと思います。どのようにすればよいでしょうか。データの収集から解析までの実施計画案を作成して下さい。

---

[34] 長尾他（2002年）p.126

第4章
データをExcelで簡単に加工して情報を読む

4.1 データを加減乗除で加工する

[1] データの見方と仮説創造の大切さ

まったく同じデータであっても，見方や視点が異なれば得られる情報も違ってきます。

たとえば，「営業社員が顧客訪問する回数と受注高の関係」という視点で表やグラフ（散布図）を作ったところ，点の散らばり状況から，訪問回数の多い社員ほど受注高も多いという傾向がみられたとします。これにより，「頻繁に訪問すれば，受注も得られやすくなる」という仮説が確認できたことになります。

図表73.　訪問回数と受注高の散布図

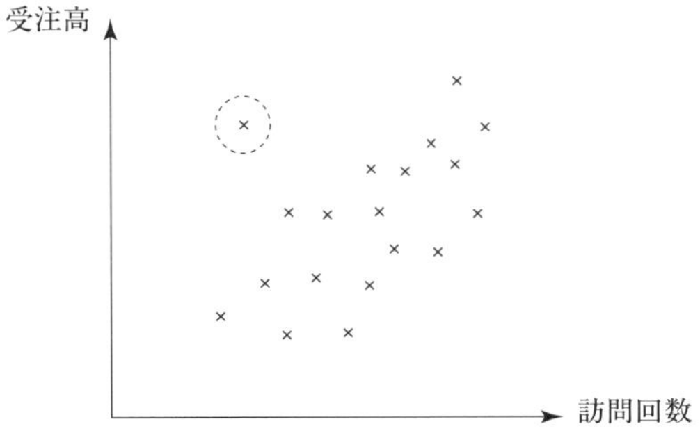

ところで，よくみると，左上の点，つまり，訪問回数が少ないのに受注の多い社員がいることに気がつきます。この社員のデータは，全体の傾向を把握するという意味ではあまり役に立ちません。強いていえば，外れ値として無視するほうがよいかもしれません。

しかし，あえてこの外れ値に注目してみると，新たな知見や仮説が得られることもあります。この場合でいうと，その社員は，なぜ少ない訪問回数で大きな受注を上げているのか，という視点です。その理由を精査して，もし，なんらかのノウハウが抽出できれば，それを他の社員にも展開できるかもしれません[35]。

また，外れ値が何かの兆候を現している場合もあります。何らかの兆候を早くみつけ，手を打つことは重要です。例を挙げましょう。大阪に本部を置く薬局・薬店のボランタリーチェーンでの話です。以前，使い捨てカイロは，売れる季節は冬であり，他の季節には売れないというのが常識でした。ところが，販売データをみると，ある店で夏に使い捨てカイロが多く売れていたことが判明しました。いわゆる外れ値です。

そこで本部はその理由を徹底的に調べました。その結果，売上が上がった直接の原因は在庫を処分する安売りセールであることがわかったわけですが，重要なことは，現に夏に使い捨てカイロが売れているということであり，また，夏に購入する顧客の購買状況としては，リューマチの薬の購買が多い人たちがカイロを買い求めていたということでした。そして，年齢層としては高齢の顧客であったということもわかりました。

そこで，夏でも確実に需要があると判断したこの本部では，他のチェーン店に，夏にも使い捨てカイロを置くように指示を出しました。その結果，隠れた需要を掘り起こすことに成功するとともに，生産ラインを動かすメーカーも，年中動かすことによって，生産設備の有効な利用が可能になったということです[36]。

このように，データをみていて，飛び離れた値があったときに，「意味のない外れ値」とみるか，新しいマーケティングの突破口となる「何か」とみるかによって，結果は大きく違ってきます。

データをみたり，データから情報を抽出したりするという行為をうまくやるには，単にデータ解析の理屈を身につけているだけでは不十分なところがあります。すなわち，常に優れた仮説創造と勘を働かせる必要があるということです。

仮説創造と勘を働かせるには，もちろん，生データとにらめっこしていてもはじまりません。データを少し加工すると，データのもつ意味が引き出しやすくなります。これが経営データ解析の役割でもあります。以下，本章では，加減乗除を中心とした簡易なデータ加工について学びます。

[2] データの加工によるデータ作成

データ解析に際して，必要なすべてのデータが揃っていることはめったにありません。解析が進むにつれて必要なデータが増えることもしばしばです。必要なデータがない場合，さっさと解析を諦めるべきではありません。

とりあえずは，手もちのデータを組み合わせて，もっていないデータの代わりができないかを考えます。たとえば，以前，練習問題で取り上げたのですが，わが国のトイレットペーパーの市場規模の大きさを知りたいとしましょう[37]。

①消費者側からのアプローチ

市場規模（金額）＝１世帯当たりの年間購入金額×世帯数

なので，右辺のそれぞれのデータを入手するか，あるいは推量することができれば，大体の金額

---

35) 内田和成（2001年）2月号 pp.19
36) 上田太一郎（1998年）p.51
37) 山中他（2000年）p.47-51

を算定することができます。

また，

市場規模（金額）＝購入者数×1人当たりの年間購入個数×購入単価

と考えても，大体の金額を算定することが可能です。

②流通からのアプローチ

市場規模（金額）＝取扱い店舗数×1日当たり販売個数×1個当たりの販売価格×365日

と分解してから，推量すればよいでしょう。

もちろん，①であれ②であれ，市場規模をより正確に算出する必要がある場合には，この方法だけでは，精度に限界があります。たとえば，正確に市場規模が把握できているものを上記の方法で推定しておいて，実際と比較してギャップを求めます。そして，そのギャップを埋められるように，上記の式を修正してから，実際の市場規模の推定に用いるとよいでしょう。

[3] データの分解による解析

逆に，売上高を増大させる方策を検討する際には，売上をそのままの形で検討するのではなく，たとえば，次のように分解すれば，アイデアが浮かびやすくなります。こうすることによって，より深い検討が可能になり，具体的な行動案がみえてきます。

売上 ＝ 　　　　　　客数　　　　　×　　　　　客単価
　　　＝（既存客数×来店頻度＋新規客数）×（買い上げ品数×1品単価）

「客数を増やす対策」と「客単価を上げる対策」は異なります。「既存客の来店頻度を高める対策」と「新規顧客を獲得する対策」も異なります。「買い上げ点数を増やす対策」と「1品単価を上げる対策」も違います[38]。

データを解析する際には，目前のデータだけで考えるだけではなく，必要に応じてデータをその構成要素に分解してから解析するというアプローチの仕方も有益です。たとえば，単に「売上高が5%減った」と捉えるのではなく，売上高を「客数×お客様一人当たりの売上高」に分解し，「客数の増減」と「お客様一人当たりの売上高の増減」に分けてから，解析するというわけです。

【練習問題】（4-1-1）

総人口の推移をそのまま解析するのではなく，ビジネスの観点から，より正確に解析するにはどうすればよいでしょうか。

4.2　加工（1）——比率と構成比・相対化

[1]　比率

都道府県別の統計資料をみると，人口が多い県ほど，たとえば犯罪件数も多い傾向にあることがわかります。そこで，犯罪の傾向を比べるには，人口1000人当たりの犯罪件数のように，人口で

---

[38]　白部（2001年）p.16

犯罪件数を割り算して，人口の影響を除いた上で比較することが一般的です。

つまり，サイズに影響される部分を除いて，対比するわけです。サイズ効果を除いた上で対比するための尺度，これが「比率」です。別のいい方をすると，比率は「対比に当たってのベースを揃える」ためのものです[39]。

データを比率にして比較する手法は，経営分析の場面で広く適用されています。たとえば，ある小企業の広告宣伝活動の傾向を評価する場合を考えてみましょう。売上高が大きい企業は小さい企業よりも広告宣伝費が大きい傾向にあります。

当然，ある企業の広告宣伝費の金額が大企業のそれよりも小さいからといって，広告宣伝活動が不活発であるとはいい切れません。

そこで，企業規模の影響を除き，比較のベースを揃えて検討することが必要です。たとえば，売上高に対する広告宣伝費の占める割合である「売上高広告宣伝費比率」（＝広告宣伝費／売上高；ただし，／は割り算の結果を表す），従業員数に対する広告宣伝費の比率である「従業員一人当たり広告宣伝費」（＝広告宣伝費／従業員数）とすることによって，絶対的な金額の大きさに惑わされることなく，傾向を把握することが可能になります[40]。

指標としての比率を作る際，何を分母にとるかは特に注意を要します。たとえば，人口密度は，人口を面積で除したものですが，必ずしも人のリアルな密集度を表しているとは限りません。分母にとる面積の中には，山奥など人の住んでいないところも入っているからです。

また，大規模な図書館の過不足を判定する際，単に大規模な図書館の数を市町村の面積で割り算しても適当な指標とはなりません。理由は，たとえば「10平方キロメートルに大規模な図書館が1つある」といっても，「過疎地では多すぎ，都心部では少なすぎ」からです。

人口で割り算しても同様です。「人口10万人当たりに大規模な図書館が1つある」といっても，過疎地では片道2時間以上かけて通う必要が出てきてしまいます。よって，少なすぎます。逆に，都心では多すぎます。

このような場合，分子には，「大規模な図書館に10分以内で行ける人口数」をとり，分母に，たとえば「その市の全人口」をとれば，比較的正確に，図書館が多いか少ないかを比較することができます。一般に，このような指標のことを「アクセシビリティ」といいます[41]。

【練習問題】(4-2-1)

図表74のデータは，ある業種に属する5社の1年間の特許取得件数，および従業員数です。このデータから，B社が最も特許の取得が活発であるといえるでしょうか。もちろん企業規模も影響しますから，特許取得件数だけでは何ともいえません。どうすればよいでしょう。

図表74．　特許取得の状況

	A	B	C
1		特許取得件数	社員数
2	A社	678	25,478
3	B社	819	41,906
4	C社	674	39,714
5	D社	701	24,879
6	E社	456	8,671

---

[39] 上田尚一（1981年）p.11, 12
[40] 杉浦（2001年）p.30
[41] 上田尚一（1981年）p.13-21

【練習問題】(4-2-2)

都道府県ごとに空港の多少を調べたいとします。空港数÷人口では，必ずしも妥当な指標は得られません。なぜでしょうか。そして，アクセシビリティの観点から，適切な指標を作って下さい。

【練習問題】(4-2-3)

統計資料を調べて，都道府県ごとの道路の混雑状況を表すデータを作ってみましょう。

[2] 構成比・相対比

分子が分母の一部で，分母が全体の総数になっているような比率を，特に「構成比」といいます。たとえば，性別構成比，年齢別構成比などです。

それに対して，分母と分子の種類が異なる場合の比率を「相対比」といいます。構成比から説明しましょう[42]。

①構成比

第1次産業従事者数／従業者総数，娯楽費／支出総額，購入者数／来店客数などは，分母・分子ともに人数なので，構成比です。構成比は，主として内訳をみるために用います。

次の図表75によれば，構成比が最も大きいのはサービス業であって26.4％に達していて，次が卸・小売，飲食店で22.5％となっています。これら2業種で48.9％とほぼ半数を占めています。続いて，製造業（除く機械）13.0％，機械10.5％と続きます。続いて，建設業が9.5％となっており10分の1の人が建設業に従事していることもわかります。表の実数からこれらの情報を読み取ろうとするとなかなか面倒です。

構成比にすることで脳の負担を大幅に削減することができるのです。

図表75. 業種別就業者数（出典：総務省「平成2年（1990）国勢調査」）

	A	B	C
1		就業者数(実数；千人)	就業者数(構成比)
2	総数	61,679	100.0%
3	農林水産業	4,405	7.1%
4	鉱業	65	0.1%
5	製造業(除く機械)	8,028	13.0%
6	機械	6,475	10.5%
7	建設業	5,879	9.5%
8	電気・ガス・水道	331	0.5%
9	卸・小売，飲食店	13,853	22.5%
10	金融・保険，不動産	2,692	4.4%
11	運輸・通信	3,686	6.0%
12	サービス業	16,265	26.4%

C2；＝B2/$B$2

C3以下にも，上記C2をコピーします。

％表示にしたうえで，表示桁数を小数点以下1位までとします。

これで，図表75の結果が得られます。

これは，わが国の就業者の業種別構成比でしたが，日・米・韓の比較を行うような場合，あるいは1980年と2000年の比較を行うような場合など，総数の異なる2つ以上のものを比較するには，構成比が威力を発揮します[43]。

---

[42] 上田尚一(1981年)p.26
[43] 古寺(1980年)p.50, 51

②相対比

体重／身長，人口／面積，自動車台数／人口などは，分母と分子が違う変数なので，すべて相対比です。体重／身長は，太りすぎかどうかを表すために身長の高低の影響を除いたものと考えられます。

人口／面積，自動車台数／人口は，それぞれ面積の大小，人口の多少の影響を除くために，それぞれ面積，人口で除したものです。

③対級比率

内訳をみるもう1つの比率として「対級比率」があります。対級比率とは，異なる部分集団同士の比率のことです。つまり，1つの集団を構成する部分集団のうち，2つの部分集団の大きさをA，Bとするとき，A／Bを対級比率といいます。

対級比率の代表的な例としては，性比があります。性比というのは，女子人口に対して男子人口がどの程度の割合であるかを示す比率です。通常，性比＝男子人口÷女子人口×100で求められます。たとえば，性比が95.0であれば，男子は女子より5.0％少ないことになります。また，女子は男子に比べて5.3％（100÷95≒1.053）多いということにもなります[44]。

[3] 比率（構成比・相対比）の利用上の注意点

比率で表されたデータを読む場合は，元のデータ（実数）を読むのとは異なり，以下のような注意が必要です。

＊比率をみても実数の大小比較はできない

比率をみて，実数の大小を判断することはできません。まず，構成比からみてみましょう。たとえば，ある大学では毎年10月末に就職先の決定率の調査をしています。昨年は，就職希望者の70％であったが，今年は60％であったとします。さて，内定者数が減ったといえるでしょうか。必ずしもそうはいえません。就職希望者数が昨年度と同じとはいえないからです。

仮に，就職希望者数が昨年は1200名，今年度は1500名だったとしたら，内定者数は昨年840名，今年は900名となり，今年のほうが多いことがわかります。

この例からわかるように，比率（構成比，相対比）の大小によって，それらの比率の分子の実数の大小を判定することはできません。唯一これができるのは，2つの比率の分母の実数が同じ場合のみです[45]。

＊比率の分子にも十分に注意

都道府県ごとに預貯金残高を世帯数で除し，一世帯当たりの貯蓄額を比較する場合があります。分子にとる預貯金残高に法人分も含んでしまうことがあります。大きな法人が比較的多い大都市を有する都道府県の場合は，それだけ数値が大きくなってしまいます。家庭の貯蓄の傾向をみたい場合には，預貯金残高に法人分を含んでいないか注意しておく必要があります[46]。

---

[44]　古寺（1980年）p.59
[45]　前掲書 p.92, 93
[46]　前掲書 p.97

＊実数にも気を配る必要

　比率のみをみて，元の実数を軽視してしまうことは，きわめて危険です。データ数が少ない場合，比率の信頼性は高くありません。たとえば，「10人中4人が賛成」という比率と「10000人中4000人が賛成」という比率は，数値としてはともに0.4で同じですが，信頼性の点では，前者は後者より低いといわざるを得ません。比率を使用する場合には，実数の大きさにも十分に配慮しておく必要があります[47]。

[4]　比率の工夫

1)　データの相対化の工夫

　練習問題（4-2-1）について，企業規模の影響を除くために，特許取得件数をそれぞれの社員数で割って，たとえば，社員100人当たりの特許取得件数にしてみましょう。すると，図表76のような結果が得られます。

図表76.　社員100人当たりの特許取得件数

	A	B	C	D
1		特許取得件数	社員数	社員100人当りの特許取得件数
2	A社	678	25,478	2.66
3	B社	819	41,906	1.95
4	C社	674	39,714	1.70
5	D社	701	24,879	2.82
6	E社	456	8,671	5.26

D2；＝B2/C2＊100
D3；＝B3/C3＊100
D4；＝B4/C4＊100
D5；＝B5/C5＊100
D6；＝B6/C6＊100

　図表76をみると，特許取得活動は100人当たり5件強のE社が最も活発であるということがわかります。

　さて，特許取得件数，社員数，社員100人当たりの特許取得件数のそれぞれについて，会社間の比較を簡単にできるように工夫することもできます。
　たとえば，
　　（あるデータの値−最小値）÷（最大値−最小値）×10
という変換式によって，各項目のデータをすべて0.00（最小）から10.00（最大）までの幅の数値に変換してやります。こうすれば，各社の相対的な位置がみやすくなります。

---

[47]　前掲書 p.99

図表77. 0.00 から 10.00 までの数値への変換

	A	B	C	D	E	F	G
1		特許取得件数	社員数	社員100人当りの特許取得件数	特許取得件数	社員数	社員100人当りの特許取得件数
2	A社	678	25,478	2.66	6.12	5.06	2.71
3	B社	819	41,906	1.95	10.00	10.00	0.72
4	C社	674	39,714	1.70	6.01	9.34	0.00
5	D社	701	24,879	2.82	6.75	4.88	3.15
6	E社	456	8,671	5.26	0.00	0.00	10.00
7	max	819	41,906	5.26			
8	min	456	8,671	1.70			

B7；＝MAX(B2:B6)（←MAX は最大値を求める統計関数）
B8；＝MIN(B2:B6)（←MIN は最小値を求める統計関数）
(B7:B8) を (C7:C8) と (D7:D8) にコピーします。
E2；＝(B2-\$B\$8)/(\$B\$7-\$B\$8)*10（E3 から E6 までは，この式をコピーします）
F2；＝(C2-\$C\$8)/(\$C\$7-\$C\$8)*10（F3 から F6 までは，この式をコピーします）
G2；＝(D2-\$D\$8)/(\$D\$7-\$D\$8)*10（G3 から G6 までは，この式をコピーします）

こうすると，特許取得件数，社員数，社員100人当たりの特許取得件数が，それぞれ最小値0から最大値10までの数値に変換されます。また，こうしておけば，さらに解析を進めるに際して，各変数の影響度の不公平さもなくすことができます[48]。

図表77によると，B社は，特許取得件数，社員数とも10.00で5社の中で最大ですが，社員100人当たりでみると，ほとんど最下位近くでしかないことがわかります。

E社は，その正反対です。すなわち，特許取得件数，社員数ともに他の4社に比べてかなり小さい一方，社員100人当たりの特許取得件数では最大で，しかも2位D社と約7ポイントも差をあけています。

【練習問題】（4-2-4）
図表78のデータは無糖茶飲料のブランド別の評価結果です。評価者はスーパーマーケットのバイヤー103名でした。表の数値は「評価できる」とした人のパーセンテージです。ただし，総合評価は，各バイヤーに5点満点でつけてもらった点数の合計です。このデータを，Excelを使って加工して情報が読み取りやすい表にして下さい。

---
[48] 杉浦（2001年）p.90

図表78. 無糖茶飲料のブランド別評価（出典：日経流通新聞2005年3月13日より一部抜粋）

	A	B	C	D	E	F
1		伊右衛門（サントリー）	おーいお茶（伊藤園）	ヘルシア緑茶（花王）	生茶（キリンビバレッジ）	爽健美茶（日本コカコーラ）
2	総合評価	411	387	363	354	350
3	テレビCM	88	50	51	68	70
4	味・素材・製法	82	82	52	53	59
5	ブランド力	79	84	72	68	77
6	商品コンセプト	68	37	90	41	41
7	リピート購入率	74	77	75	56	64
8	ネーミング	81	60	50	51	52
9	店頭販売価格	46	57	18	46	41
10	パッケージデザイン	76	39	28	48	40
11	リニューアル・新商品の投入効果	31	27	28	40	29
12	消費者キャンペーン	41	18	7	36	34
13	ラインアップ（容量、味など）	52	55	18	40	51
14	POPなど店頭販促物	49	18	34	28	39

2) 比率の分子にひと工夫

目標の達成度を評価することがよくあります。企業では予算と実績の乖離を管理します。これを「予実管理」といいます。そして，評価式として「実績値／予算値×100」がしばしば使われます。

ところが，実績値／予算値×100では不都合なことが起こります。確かに特許取得件数などのように多いほうがよい場合は，問題ありません。たとえば，目標が20件のところ，実績が30件を達成したならば，予実比は $30 \div 20 \times 100 = 150\%$ となり，納得できます。

ところが，クレーム件数のように少ないほうがよい場合を考えてみましょう。目標が10件，実績が5件だったとします。計算すると，予実比は50%となります。目標を上回るよい結果を出したのに達成度50%となってしまい，どうも変に感じられます。

どうすればよいのでしょうか。考えてみて下さい。

適切な予実比の計算は，（実績値－予算値）／予算値×100として値を求めるべきです。したがって，この場合，$(5-10)/10 \times 100 = -50\%$ となります。つまり，予定のクレーム数より50%下回っています。このように小さいほうがよいデータの場合は，マイナスほどよいということになります。

【練習問題】（4-2-5）
図表79のデータは，ある企業の平成11年4月の予算（計画）と実績です。予実管理のための数値である予実比を計算して4行目に表示させて下さい。

図表79. 月次事業損益計画対実績管理表（単位；百万円）

	A	B	C	D	E	F	G	H
1		売上高	製造原価	粗利益	人件費	経費	営業利益	経常利益
2	計画	175	106	69	24	21	24	23
3	実績	166	99	67	23	23	21	21

4.3 加工（2）——指数，変化率，寄与率，弾力性

[1] 指数

1) 指数の基本

指数とは，基準とする時点の値を分母，関心のある時点の値を分子として求めた相対比です。通常は，基準時点の指数は100とします。

指数＝比較時点の値÷基準時点の値×100

たとえば，基準とするある t 年の鶏卵価格が1パック当たり200円，次の $t+1$ 年には180円になったとします。このとき，基準年 t の価格（の指数）を100として，次の $t+1$ 年の価格を指数で表すと，180÷200×100によって，90となります。さらに，次の $t+2$ 年には170円になったとすると，その $t+2$ 年の指数は170÷200×100によって，85となります。3か年の動きは100→90→85となります。このように，指数の役割は，各時点の値の「推移」をわかりやすく表現することです。

この場合について，指数の計算をExcelで行ってみましょう。

図表80. 鶏卵価格（円）

	A	B	C	D
1	年	t	t+1	t+2
2	鶏卵パック	200	180	170

B3；＝B2/$B$2*100 とします。計算結果が100と表示されます。

このB3のセルの内容を，C3，D3にコピーします。すると，C3；＝C2/$B$2*100，D3；＝D2/$B$2*100の計算式が入力され，それぞれ，90，85と結果が表示されます。

しかし，別々の商品の指数を比べるときには注意が必要です。

たとえば，金の価格がある t 年に1g当たり3000円，$t+1$ 年に2850円であったとします。ある t 年の価格を基準とする次の年 $t+1$ の指数は2850÷3000×100により，95となります。

鶏卵価格の $t+1$ 年の指数が90，金の $t+1$ 年の指数が95であるということになります。

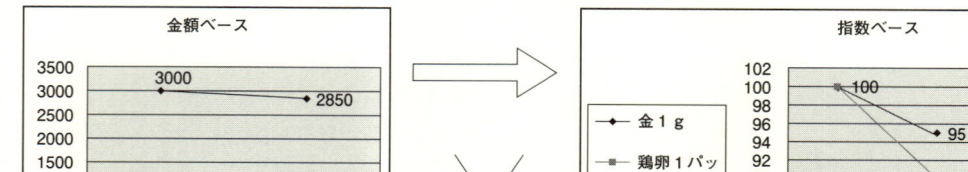

図表81. 金額ベースの比較と指数ベースの比較

これから，金は鶏卵より「価格の下落率が小さかった」とはいえますが，それ以上の情報は読み取れません。たとえば，金は鶏卵に比べて「価格の下落が小さかった」とはいえません。「価格の

下落」とは「価格自体」なので、金は 1 g 150 円の下落、卵は 1 パック 20 円の下落ですから、下落額自体は大きくなっているからです。

また、金が 95、鶏卵が 90 なので、金 1 g は鶏卵 1 パックと「5 違う」とはいえません。このような場合には、「5 ポイント違う」といいます。

上記からわかるように、指数は、あくまでも単一対象の値の推移のみを表すものであって、原データの値自体を表現するものではありません。そのため、指数によって、複数の商品を比較するときは、特に注意が必要です。つまり、原データの価格自体の大小やその差が開いたかどうかを指数から判断することはできません。

図表 81 の矢印は、金額から指数を論じることはできるが、指数から金額を論じることはできない、ということを表しています。

次の例を考えてみましょう。図表 82 は、A 社、B 社の月額平均給与の推移を指数で示したものです。これに関するア）〜ウ）のコメントは正確でしょうか[49]。

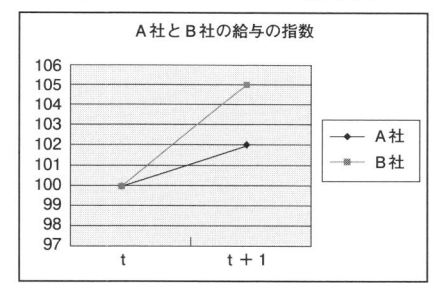

図表 82. A 社と B 社の給与推移

ア）「$t+1$ 年においては、A 社よりも B 社のほうが給与は高い」

イ）「t 年から $t+1$ 年にかけては、A 社と比べて B 社のほうが給与の上昇率が高かった」

ウ）「t 年から $t+1$ 年にかけては、A 社と B 社の給与差が開いた」

ア）について。基準時点 t における、A 社と B 社の給与金額が同じであるとは限りません。したがって、比較時点 $t+1$ で B 社のほうが A 社より指数が大きいからといって、給与額自体が B 社のほうが高いとはいい切れません。

イ）について。指数がそのまま給与の上昇率を表します。よって、この理解は正しいといえます。

ウ）について。基準時点の給与が仮に A 社＞B 社であったならば、比較時点においては A 社と B 社の価格差はむしろ小さくなっているはずです。よって、この理解は間違っています。

なお、ア）とウ）については、明らかに給与の金額ベースでのコメントになっています。そもそも指数のデータからは金額に言及できません。

【練習問題】（4-3-1）
図表 83 のデータは、わが国における、経営上の都合および個人的な理由による平成 3 年から 16 年までの離職者数です。平成 3 年を 100 とした指数で各年の数値を表して下さい。そして、わかることを指摘して下さい。

---

[49] 上田尚一（1981 年）p.37-40 より抜粋し一部変更

図表83. 離職理由別離職者数（千人）

	平成3年	4	5	6	7	8	9	10	11	12	13	14	15	16
経営上の都合	251.3	289.5	367.4	393.9	480.3	366.4	440.3	594.4	689.2	615.2	842.3	838.5	645.8	555.4
個人的理由	4,430.6	4,308.1	3,754.4	3,776.5	3,750.6	3,729.3	4,085.4	3,831.6	4,103.9	4,427.3	4,649.9	4,430.8	4,586.2	4,828.4

（出典：厚生労働省「雇用動向調査」）

2） 地域差指数[50]

通常，指数は上記のようにある時点の値を基準にします。しかし，指数の仲間には，ある基準となる「地点」の値を100として表す「地域差指数」があります。

たとえば，東京の1日の平均労働時間が8.0時間，大阪が8.4時間，愛媛が7.6時間であるとします。このとき，東京を基準として地域差指数を求めると，大阪は8.4÷8×100により105，愛媛は7.6÷8×100により95となります。この数値から，東京に比べると，大阪は働きすぎ，愛媛は働かなさすぎとなります。

これは文字通り地域差を表す指数ですが，「地域」の部分はいろいろな「事象」で置き換えることができます。男女なら「性差指数」，年齢別なら「年齢差指数」となります。

なお，このように事象同士を，このような指数を使って比較する場合も，通常の指数と同じ注意が必要になります。

例を挙げましょう。今，例に出した平均労働時間に加えて，東京を100としたときの平均通勤時間の指数が，大阪90，愛媛50だったとしましょう。大阪と愛媛の地域差指数の差を求めると，平均労働時間の場合105−95により10，平均通勤時間の場合90−50により40となっています。

このことから，原データをみずに，この地域差指数だけをみて「大阪と愛媛の平均労働時間の差は，大阪と愛媛の平均通勤時間の差より小さい」ということはできません。指数は原データの絶対的な大きさ（値）を表さないからです。
（東京，大阪，愛媛の平均通勤時間を80分，72分，40分とします。確かに，地域差指数は，100，90，50です。大阪と愛媛の平均労働時間の差は48分，平均通勤時間の差は32分です。よって「大阪と愛媛の平均労働時間の差は，大阪と愛媛の平均通勤時間の差よりも小さい」とはいえません。）

データがいくつかの時点および地点について求められているときに，時系列的変化や地域差を読みやすくするために，指数，地域差指数などを求めますが，これらの加工された値はそれぞれの読み方が対応しており，それが想定している読み方以外の読み方をすると誤用になります。

指数の場合，基準時点の設定は，一般的には，特異な時点を設定しないようにすべきです。たとえば，景気のどん底とか，ピーク，社会経済的にみて安定していない時点を基準時とするのはよくありません。指数を読む場合に，誤った印象を与えがちになるからです[51]。

また，一般には，基準時点を過去にとりますが，反対に，最も新しい時点を基準時点として，それ以前の値を遡りながら指数として表すこともできます。

50） 上田尚一（1981年）p.38-44
51） 古寺（1980年）p.64

【練習問題】（4-3-2）

図表84のデータは男女別の離職理由別離職者数です。男性を100（あるいは女性を100）として，性差指数を求めて，経年的にわかることを指摘して下さい。

図表84. 男女別の離職理由別離職者数（千人）

	区分	平成3年	4	5	6	7	8	9
男	経営上の都合	168.3	192.2	241.4	246.6	321.3	246.5	323.2
	個人的理由	1,957.7	1,850.0	1,709.7	1,709.5	1,693.3	1,730.2	1,882.9
女	経営上の都合	83.0	97.3	126.0	147.3	159.0	119.9	117.1
	個人的理由	2,472.9	2,458.2	2,044.7	2,067.0	2,057.2	1,999.1	2,202.5
	区分	10	11	12	13	14	15	16
男	経営上の都合	403.1	458.7	406.7	566.6	573.2	448.1	383.1
	個人的理由	1,705.6	1,764.4	1,995.5	2,065.1	1,929.9	1,973.5	2,125.6
女	経営上の都合	191.2	230.5	208.5	275.7	265.3	197.7	172.3
	個人的理由	2,126.0	2,339.5	2,431.8	2,584.9	2,500.9	2,612.7	2,702.8

（出典：厚生労働省「雇用動向調査」）

[2] 変化率[52]

指数と同じく，時間的な推移をみるためのデータ加工法として，「変化率」があります。変化率は，「$t+1$時点の値」の「t時点の値」に対する相対比です。$t+1$時点の値をt時点（前月，前年など）の値で割り算して求めます。したがって，これはt時点から$t+1$時点の間の変化を示します。指数と変化率はどう違うのでしょうか。

指数も変化をみるためのものですが，厳密にいうと，基準時点が固定されていますから，時点から時点への時々の変化というよりも，「基準時からの推移をみる」と表現する方が適切です。それに対して，変化率は「その時々の変化をみる」といういい方が適切です。

図表85. 指数と変化率の違い「耐久消費財一般の対中貿易データ」

	A	B	C	D	E	F	G	H	I	J	K
1	原データ（百万ドル）				指数				変化率		
2		輸出	輸入			輸出	輸入			輸出	輸入
3	1993	2,237	1,774		1993	100	100		1993	-	-
4	1995	1,822	3,830		1995	81	216		1995	0.81	2.16
5	2000	1,421	7,256		2000	64	409		2000	0.78	1.89
6	2003	3,084	11,126		2003	138	627		2003	2.17	1.53

（出典：国際貿易投資研究所資料）

F3；=B3/$B$3*100　　F3をF4，F5，F6にコピー

G3；=C3/$C$3*100　　G3をG4，G5，G6にコピー

---

[52] 上田尚一（1981年）p.38-44

J4；＝B4/B3　　J4 を J5, J6 にコピー

K4；＝C4/C3　　K4 を K5, K6 にコピー

たとえば，指数の表の，輸出の 81, 64, 138 は，1993 年の輸出 100 と比べて，それぞれの年の輸出の大きさを表現したものです。それに対して，変化率は，前期の値に対して，どう変化したかを示しています。

変化率をみるとき，次のようなミスをしないように気をつける必要があります。たとえば，2 年前→1 年前の変化率が 50 パーセント（＝50％減），1 年前→今年の変化率が 150 パーセント（＝50％増）であったとします。今年は，2 年前の水準に戻ったと思ってはいけません。0.5×1.5＝0.75 により，75％にまでしか戻っていません。

また，これとは別に，一般的に，パーセント表示のデータを読むときに注意すべきことがあります。たとえば，ある会社は，お客様満足度を「非常に満足－やや満足－どちらといえない－やや不満－非常に不満」の 5 段階でアンケート調査しているとします。

その会社では，お客様が本当に満足したかどうかは，「非常に満足」の割合で把握しています。ここで問題です。昨年は「非常に満足」が 50％でしたが，今年はそれが 60％になりました。さて，非常に満足しているお客様が「何パーセント増えた」といえばよいでしょうか。

60％－50％ により「10％増えた」というべきでしょうか。それとも 60％÷50％＝1.2 より 120％，これから 100％を引いて「20％増えた」というべきでしょうか。

伸びを差でみる場合には，「10％増えた」とか「10％伸びた」という表現はしません。その場合には，「10 パーセントポイント増えた，伸びた」といいます。「（パーセント）ポイント」という表現をします。

それに対して，伸びを割合としてみる場合，つまり変化率でみる場合のみ，「パーセント」を使うことが許されています。つまり，今期の値（60％）÷前期の値（50％）として変化率を求めると「20％増えた，伸びた」ということになります。よって，二者択一ならば，答えは「20％増えた」しかありません[53]。

【練習問題】(4-3-3)

次の会社は順調に売上高と利益を増やしてきました。そのことを取引先に対してアピールしたいのですが，売上高と利益の実数は出したくないといいます。どのような資料を作るとよいでしょうか（実際，上場企業の中には，投資家向けの IR で，月々の売上高などがどうなっているか，実数を伏せながら，うまく開示しています）。

図表 86. ある企業の売上高と利益額の推移

年度	1997 年度	1998 年度	1999 年度	2000 年度	2001 年度	2002 年度	2003 年度	2004 年度
売上高(億円)	206	232	245	319	350	387	478	502
利益(億円)	35	37	41	54	55	57	61	70

---

[53] 上田尚一(1981 年)p.75

【練習問題】(4-3-4)

ある会社で毎年，お客様満足度調査を行っています。「非常に不満－やや不満－どちらともいえない－やや満足－非常に満足」の5段階で評価してもらい，「非常に満足」の割合を満足度指標として用いています。昨年は30％でしたが，今年は25％になりました。変化を数値で表して下さい。

[3] 寄与率と弾力性[54]

ある会社の利益が，昨年度に比べ10億円増え，その内訳は，A事業が3億円増，B事業が2億円増，C事業が5億円増であったとします。利益の増加に対するA事業の貢献度は，A事業の利益増加量÷全体の利益増加量で求められます。すなわち，この場合，3億円÷10億円により，30％となります。同様に，B，Cの事業の貢献度は，20％，50％となります。

このように全体の増加に占める各部分の貢献度を一般に「寄与率」といいます。つまり，この構成比は，全体の増加に対して，どの部分が相対的にどの程度貢献したか，あるいは寄与したかを示す指標です[55]。

また，ある変数の値が1％変化するとき，それと因果関係にある変数が何％変化するかを表したものを「弾力性（または弾性値）」といいます。たとえば，価格を1％引き下げたとき，販売量が1％を超えて増える場合には，価格弾力性が1を超えているといいます。逆に，販売量が1％未満しか増えない場合には，価格弾力性は1未満であるといいます。

【練習問題】(4-3-5)

図表87のデータは，全離職理由別の離職者数です。平成3年から8年にかけての変化の，離職理由ごとの寄与率を求めて下さい。また，平成8年から13年にかけての変化の，離職理由ごとの寄与率を求めて下さい。これらから，平成3年から8年の離職理由の傾向と，平成8年から13年にかけての離職理由の傾向に違いがあるか考えて下さい。

図表87. 全離職理由別の離職者数（千人）

	平成3年	8	13
合　　　　計	5,624.6	5,317.4	7,008.9
契約期間の満了	459.1	551.0	714.7
経営上の都合	251.3	366.4	842.3
うち出向	98.7	172.1	218.1
定　　　　年	183.1	315.9	381.8
本　人　の　責	184.1	252.6	305.1
個　人　的　理　由	4,430.6	3,729.3	4,649.9
うち結婚	241.6	237.4	180.5
うち出産	152.8	115.0	156.2
うち介護	—	34.4	50.0
死亡，傷病	116.2	102.2	115.1

（出典：厚生労働省「雇用動向調査」）

---

[54] 上田尚一（1981年）p.44-48
[55] 古寺（1980年）p.57

4.4 ABC 分析——構成比の実践適用

今では，多くの大型スーパーは，POSデータによって単品ごとの売上状況をリアルタイムで把握しています。ここでは，売上データを用いて，単品管理の常套手段である「ABC分析」を行う方法について学びます。

ABC分析は，イタリアの経済学者パレートが所得分析を定式化した「パレートの法則」をもとにしています。例を出しましょう。一般に，取扱商品を販売金額の多いものから少ないものの順に並べたとします。販売金額の多いものから上位ランク2割の品目をとると，そのお店の売上総額のおよそ8割を占めます。お客様の場合も同じです。購買金額の多い順に上位ランク2割のお客様だけで全体の売上高の8割を買ってくれています。

ですから，すべての商品を同じように管理するのではなく，上位2割の品目には特に注意し，品切れを起こさないように重点的に管理します。お客様へのサービスについても同じです。上位2割のお客様には，きめ細かく応対したり，特典を差し上げたりするなど，継続的にさらに購買して頂くように販売促進活動をすることになります。

以上からわかるように，ABC分析は，貢献度に応じて，商品やお客様をA，B，Cの3つのランクに分けます。そして，すべてに平等に薄く広く注意を向けて管理するのではなく，売上高や利益などの面で寄与率の高いものを重点的に深く管理するものです[56]。

図表88のデータは，あるカーショップの年間売上高です。このデータを使って練習してみましょう[57]。

図表88. カーショップ売上高（原データ）

No.	品名	売上高(万円)
1	タイヤ	25,515
2	オイル	3,232
3	バッテリー	1,851
4	香水	340
5	カーAV	30,245
6	GT用品	13,780
7	ホイール	5,632
8	電球	431
9	洗車・ワックス	526
10	レーダー	769
11	シートカバー	145
12	アクセサリー	3,265
13	工具類	236
14	補修用品	576
15	電装	287
16	ブレード	123
17	その他	26,432

図表89. 並べ替えの指定

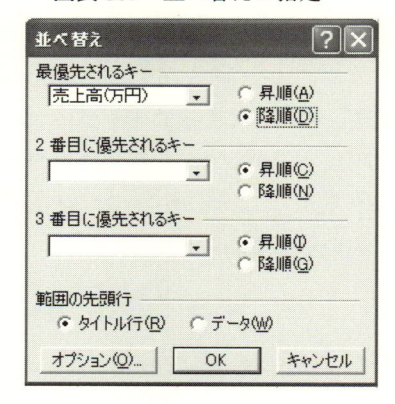

---

[56] 山中他（2000年）p.160-167
[57] 宮内（1996年）p.63-71

Excel を使った並び替えの方法は以下の通りです。

ⅰ）原データの A1 から C17 までを範囲指定します（「その他」は，含めません）。

ⅱ）［データ(D)］→［並べ替え(S)］図表 89 のように指定（売上高をキーに降順）。
　　並べ替えが終了したら，図表 90 のようになります。
　　続けて，構成比，累積構成比を求め，ランク分けします。

ⅲ）「その他」以外の合計を出します。　C19；＝SUM（C2:C17）

図表 90. 並べ替え（降順）した結果

	A	B	C
1	No.	品名	売上高(万円)
2	5	カーAV	30,245
3	1	タイヤ	25,515
4	6	GT用品	13,780
5	7	ホイール	5,632
6	12	アクセサリー	3,265
7	2	オイル	3,232
8	3	バッテリー	1,851
9	10	レーダー	769
10	14	補修用品	576
11	9	洗車・ワックス	526
12	8	電球	431
13	4	香水	340
14	15	電装	287
15	13	工具類	236
16	11	シートカバー	145
17	16	ブレード	123
18	17	その他	26,432

ⅳ）構成比を出します
　　D2；＝C2/$C$19*100
　　D3 から D17 まで，D2 をコピーします。

ⅴ）累積構成比を出します
　　E2；＝D2
　　E3；＝E2+D3
　　E4 から E17 まで，E3 をコピーします

ⅵ）ランクをつけます
　　Excel で判別させてもよいですが，ここでは手入力します。
　　累積構成比 80% 前後までを目安に A ランク
　　累積構成比 95% 前後までを目安に B ランク
　　残りを C ランク

以上で，図表 91 のような ABC 分析表が完成しました。必要に応じて，グラフ（パレート図）に表現してもよいでしょう。

図表 91. ABC 分析表の完成

	A	B	C	D	E	F
1	No.	品名	売上高(万円)	構成比	累積構成比	ランク
2	5	カーAV	30,245	34.8	34.8	
3	1	タイヤ	25,515	29.3	64.1	A
4	6	GT用品	13,780	15.8	80.0	
5	7	ホイール	5,632	6.5	86.5	
6	12	アクセサリー	3,265	3.8	90.2	B
7	2	オイル	3,232	3.7	93.9	
8	3	バッテリー	1,851	2.1	96.1	
9	10	レーダー	769	0.9	96.9	
10	14	補修用品	576	0.7	97.6	
11	9	洗車・ワックス	526	0.6	98.2	
12	8	電球	431	0.5	98.7	
13	4	香水	340	0.4	99.1	C
14	15	電装	287	0.3	99.4	
15	13	工具類	236	0.3	99.7	
16	11	シートカバー	145	0.2	99.9	
17	16	ブレード	123	0.1	100.0	
18	17	その他	26,432			
19	その他以外の合計		86,953			

図表91のABC分析表から次のことがわかります。

Aランク商品は3品目（15品目中3品目で20%）あり，これらで売上高のちょうど80.0%を占めています。これらは売れ筋商品として重点管理すべき商品群です。ただし，本来は，売上高だけではなく，粗利益率を考慮する必要があります。

すなわち，Aランクで，かつ粗利益率が高い商品は稼ぎ頭なので，特に重点管理すべき商品です。粗利益率が低いアイテムは，Aランクであっても，価格競争に陥っている商品の可能性があるので，ライフサイクルの衰退期ならば，他の商品との入れ替えを考える必要があります。

Bランク商品は，これから売れ筋になる商品なのか，成熟期・衰退期の商品なのか，季節性の強い商品なのかどうかによって管理の重要度が異なってきます。季節性の強い商品ならば，季節を特定すればAランク商品になっている可能性もあります。

Cランク商品は，実際にはアイテム数が多くなります。死に筋商品ならば処分対象となりますが，品揃えの必須アイテムならば，置いておく必要があるでしょう[58]。

【練習問題】（4-4-1）
図表92データはある中小スーパーマーケットにおける2004年のビールの売上実績です。ABC分析を用いて，簡単に品揃えの方針を検討して下さい。

図表92.　ビールの売上状況データ

	A	B	C
1	商品名	数量(本)	単価(円)
2	一番搾り	4,400	360
3	エビス	865	400
4	黒ラベル	2,840	240
5	スーパードライ	14,750	360
6	スーパーブルー	580	200
7	淡麗生	5,459	240
8	ドラフトワン	1,816	200
9	生搾り	1,489	260
10	本生	2,980	240
11	マグナムドライ	1,438	230
12	モルツ	1,693	380
13			
14		数量：大瓶換算	

【練習問題】（4-4-2）
ABC分析はクレームを減らすためにもしばしば使用されています。あなたはお客様相談室の室長だとします。どのようにすればよいか，データの収集から解析までの具体的な手続きを考えて下さい。

---

[58] 宮内（1996年）p.63-71，山中他（2000年）p.160-167

第 5 章
表とグラフを作成して情報を読む

5.1 わかりやすい表を作成する際のポイントは何か

[1] 表記する数字——有効数字は 2 桁に丸める

1) 丸め方の考え方

　一般に数値を表示する場合，しばしば，18.9 とか 35.6 などのように 3 桁の表記が行われます。しかし，高度な統計解析でも 3 桁目もしくは 4 桁目に依存することはほとんどありません。

　ましてやビジネス分野では，詳しい桁に有意な意味があることはほとんどありません。データ解析の結果を表す際，かえってみにくくなるため，3 桁目以降を表示するのはよくありません。解析結果を表示する際には，情報を読み取る人の立場に立って，できるだけ脳の負担を小さくするように配慮する必要があります。

　脳の負担を，具体的に考えてみましょう。35.6 から 18.9 を減ずるといくらになるでしょうか。これを瞬時 1 秒以内で計算できる人は，多くはいないでしょう。普通の人は，4，5 秒かかるのではないでしょうか。ところが，これらの数値をそれぞれ 36 と 19 に丸めておくと，どうでしょうか。36 − 19 の計算ならば，1 秒程度でできる人がぐっと多くなると思います。

　これには人間の短期記憶の限界が関係しています。一瞬にして短期記憶できるメモリー（ワーキングメモリー）の個数は，5 個～7 個（あるいは 7±2 個）といわれています。図表 93 のように，3 桁同士ならば 6 個のメモリー場所が必要です。短期記憶の限界である「5 個から 7 個」を超える可能性があります。その点，2 桁同士ならばメモリー場所は 4 個でよいので，脳の負担はあまりありません。

図表 93. 筆算の足し算に必要なメモリーの個数

```
 a) 3 桁同士                                    b) 2 桁同士
    (M) (M)      ←繰上り記憶用のメモリー→         (M)
    □□. □                                      □. □
  + □□. □                                    + □. □
    ─────                                      ─────
   M MM. M      ←記憶用のメモリー→             M M. M

   M の個数＝6 個                               M の個数＝4 個
```

足し算に限らず，数値情報を表すときは，情報を利用する人の脳の負担を考慮し，基本的なルールとして，上から2桁に丸めておきます。たとえば，235.8と316.7は，それぞれ240と320となります。

2桁ルールは，桁数が異なる数値の場合でも基本的には有効です。233.4と34.3はそれぞれ230と34となります。しかし，有効数字の桁数を揃えると精度がはっきりするので，230と30とします。こうすれば，さらにわかりやすくなります。確かに情報のロスはありますが，それを上回るわかりやすさというメリットが得られます。

117.9，135.2，128.6，144.3の場合はどうでしょう。百の位の数字はどれも1で同じなので，個別に記憶するための負担を脳にかけません。そこで，百の位を無視し，十の位と一の位の，2つの数字に注目して丸めて，118，135，129，144とします。こうすれば脳に余分な負担をかけずに数値の大きさを把握することができます。確かに，3桁ですが，1番上の桁が共通なので，2桁ルールに則っています。

もう少し微妙なケースとしては，すべての数値のうち少数のものだけが，はじめの桁の数字が違う，という場合も3桁とってもかまいません。たとえば，223.3，245.8，291.1，318.6のような場合です。2桁にすると，220，250，290，320となります。これでもよいのですが，百の桁は，ほぼ2であるとみなしても（最後のみ3ではありますが），脳への負担はそれほどは重くありません。よって，次の2桁まで入れて，223，246，291，319としてもよいでしょう[59]。

以上のように，2桁（または3桁）に丸めるのが基本です。ただし，それはあくまでも最終の結果の表示に際してであって，計算途中は，詳しい数値を使う必要があることはいうまでもありません。もっとも，Excelを使う場合，人間の脳への負担もまったくありません。Excelをはじめコンピュータの使用を前提とする場合，あくまでも最終数字の表現手段として，この2桁ルールを使用すると考えて下さい。

ところで，百分率の表示において，3桁とることが一般的ですが，これもあまり意味がありません。データ数の観点を踏まえてもそうです。データ数が1000個以下のときには，百分率は小数点以下の端数がないように四捨五入した値とします。データ数が少ないほど，下の桁の数字の意味はなくなります。たとえば，32.4%とせずに32%とするほうがベターです[60]。

2) Excelによる四捨五入・切り上げ・切捨て

表示上だけで，小数点以下の桁数を短くするには，Excelの［書式(O)］→［セル(E)］→「表示形式」→「小数点以下の桁数」を用います。しかし，この機能を使って，桁を短くできるのは小数点以下の位であって，一の位，十の位，百の位を短くすることはできません。

そのような場合，四捨五入，切り上げ，切り捨ての関数を用いるとよいでしょう。ただし，四捨五入などの操作を行うと，表示上だけでなく，数値自体が変更されるので注意が必要です。Excelを用いてこれらの演算を行うための関数には，次のものがあります。

---

[59] Ehrenberg (1982年) p.219–221
[60] 森口 (1991年) p.71

四捨五入　ROUND（数値，桁数）
切り上げ　ROUNDUP（数値，桁数）
切り捨て　ROUNDDOWN（数値，桁数）
　　例；＝ROUND（6.888,2）→　6.89 が戻ります
　　　　＝ROUND（−6.888,1）→　−6.9 が戻ります
なお，ROUND 関数の桁数に負の数を指定すると，整数部を丸めることができます[61]。
　　例；＝ROUND（345.678,−1）→　350 が戻ります

[2]　あまり知られていない表作成の原則

　見やすい表を作成するには，いくつかの原則を守る必要があります。諸原則の根本は，「データの大きな傾向といくつかの例外を明らかにする」「人の脳になるべく負担をかけない」というところにあります。

　以下に示す原則は，フォーマルな表を作成するとき，また，作表中のデータを並べるとき，そして，不適切に作られた表からデータを拾うときなどに使うことができます[62]。

　図表 94 は，ある工務店が行ったお客様の「不満足度調査」の結果です[63]。項目ごとに，「非常に不満－やや不満－どちらともいえない－やや満足－非常に満足」から選択してもらい，「非常に不満」と「やや不満」を選んだお客様の割合（パーセント）を算出したものです。年代は，お客様の年齢層です。

　図表 95 は，図表 94 を，以下に述べる表作成の原則から，いくつか適用して，表現を変えたものです。多くの人にとっては，図表 95 の方が見やすいのではないでしょうか。

図表94.　不満足度調査（集計データ）

項目	計	20歳代	30歳代	40歳代	50歳代	60歳代	70歳代
キッチン	14.8	21.0	22.0	15.0	13.6	8.4	2.0
バスルーム	15.4	14.6	16.5	19.6	13.6	12.5	8.0
洗面	8.9	8.5	11.8	11.6	8.0	2.5	4.0
トイレ	8.5	6.6	6.8	10.8	8.8	7.0	8.0
和室仕様	6.8	2.3	4.0	8.6	9.2	7.5	6.0
空調設備	2.5	2.0	2.5	3.0	2.6	2.0	2.0
収納施設	11.7	8.5	10.3	16.2	12.8	9.7	4.0
内部建具	14.6	10.9	12.7	18.2	15.6	13.1	10.7
照明，電気設備	7.2	8.2	6.5	10.0	8.2	2.0	2.0
遮音性	15.9	16.6	18.3	18.6	13.5	12.5	10.6
断熱性	9.2	8.6	12.0	10.6	6.8	7.8	6.5
内部造作	19.7	15.6	19.0	25.3	23.1	12.5	8.5
計	11.3	10.3	11.9	14.0	11.3	8.1	6.0

図表95.　表現を変えた集計データ

項目	計	20歳代	30歳代	40歳代	50歳代	60歳代	70歳代
内部造作	20	16	19	25	23	13	9
遮音性	16	17	18	19	14	13	11
バスルーム	15	15	17	20	14	13	8
キッチン	15	21	22	15	14	8	2
内部建具	15	11	13	18	16	13	11
収納施設	12	9	10	16	13	10	4
断熱性	9	9	12	11	7	8	7
洗面	9	9	12	12	8	3	4
トイレ	9	7	7	11	9	7	8
照明，電気設備	7	8	7	10	8	2	2
和室仕様	7	2	4	9	9	8	6
空調設備	3	2	3	3	3	2	2
計	11	10	12	14	11	8	6

---

[61]　蔵守（2001年）p.126,127
[62]　Ehrenberg（1982年）p.223-230
[63]　武田（1998年）p.73

①大きさ順の原則

カテゴリーの配列（行と列）は大きさの順にします。平均値や比率を求めて，大から小の順（降順）に並べます。情報をみる人は，上から下に順に小さくなっているということを頭の片すみに入れた上で，表をみることができます。

ただし，都道府県別のデータの場合のように，多くの人に共有されている準拠枠（北海道から沖縄への配列順といったコンセンサスを得ている並び順）がある場合は，その順でも構いません。

図表95では，不満足度の大きいものから並んでいます。

なお，あらかじめ数量の小さい項目は「その他」の項目にまとめておき，降順の末尾の後につけることもあります。「その他」はもともと数量の小さい項目の寄せ集めだからです。

②関連情報を隣接させる原則

表のレイアウトにおいては，関連する数値は比較しやすいように近接させて配列します。

行間隔，列間隔は，情報利用者にどちらを近接して読ませたいかによって，その大きさを決めます。間隔が小さいほうが近接するので，目の動きが小さく，関連をもって読んでもらえます。グリッドライン（区切り線）は使いすぎると比較しにくくなります。

図表95では，縦の隙間が横の隙間より小さくなっています。しかも，罫線は縦に入れています。この場合は，年代間の関係を重視するよりも，各年代でどのような不満足のランキングになっているかを重視したかったからです。

③数字の配列の原則

1列を上から下へ縦に読むほうが横に読むより読みやすくなります。目に負担をかけないから，また，桁が揃いやすいから，という理由です。

一般に，表側は分類項目，表頭は関心対象項目をとります。なお，そのような区別が不要な場合には，表頭には，「分類項目数が少ないもの」，「項目名が簡単なもの」，表側には，「分類項目数が多いもの」，「項目名が長いもの」，「比較的長く続く時点」，が置かれます。

行，列ごとに平均値を出して表記しておくとわかりやすくなります。

また，構成比（内訳）をパーセント表示する場合は，合計欄も100%の表記をしておきます。この数字は百分率データにとって重要な役割を果たします。情報利用者は，これらの数字から，百分率の分布が，行について計算されたものであるのか，列について計算されたものであるのかを知ることができるからです。

④丸め表記の原則など

最終的に結果を表に表す場合は，数値は丸めます。細かな数値に煩わされることなく，全体の傾向をほぼ正確に把握できるからです。

図表95では，小数点以下を省きました。この場合，小数点以下に意味があるとは思えないからです。

表には名前をつけるとともに，データの出所や注意事項をつけます。これらをみれば，そのデータの精度や信用度がある程度までわかります。仮に，その統計表自体は，利用目的上満足できるものでなかったとしても，その資料の出所を頼りに原資料にあたることができます[64]。

【練習問題】(5-1-1)

図表 96 をみる人が情報を読み取りやすいように表現しなおして下さい。

図表 96. 一世帯当たりの消費支出の内訳（出典：総務省統計局「家計調査」(平成 16 年度)）

用途分類	全国平均	北海道	東北	関東	北陸	東海	近畿	中国	四国	九州	沖縄
食料	23.0	22.3	23.1	23.3	22.2	22.9	24.3	22.9	21.6	21.5	24.8
住居	6.4	6.8	4.7	6.8	4.3	6.3	7.2	5.4	5.2	6.4	9.1
光熱・水道	6.9	7.5	8.1	6.5	7.7	6.9	6.9	7.3	6.7	6.5	8.5
家具・家事用品	3.3	2.9	3.2	3.3	3.4	3.4	3.2	3.4	3.3	3.4	3.5
被服および履物	4.5	4.6	3.9	4.6	3.6	4.4	4.6	4.6	4.1	4.7	3.6
保健医療	4.0	4.0	3.8	4.1	3.4	4.2	3.7	4.3	4.0	4.5	4.2
交通・通信	12.9	13.7	12.6	12.6	13.5	13.8	12.6	12.5	13.2	13.3	11.9
教育	4.5	3.5	3.1	5.1	4.2	4.2	4.7	3.9	4.0	4.0	4.4
教養娯楽	10.3	10.3	9.1	10.8	9.4	10.5	10.3	9.7	9.9	9.7	7.7
その他の消費支出	24.2	24.3	28.4	23.0	28.3	23.4	22.6	26.1	28.0	25.9	22.3

5.2　グラフの描き方の基本

[1]　グラフ化する意味

　データ解析というと数値の計算のみをイメージされるかもしれません．しかし，可能な限り，グラフを描いてデータの分布を確認したり，視覚的に情報を抽出したりすることも大切です．後述しますが，データから平均値や標準偏差など統計量を計算し，その数値だけに頼ると大きな間違いをしてしまうことがあります．

　データ解析に際しては，まずは，グラフを描いて，じっくりデータを眺めることからはじめることです．データの大きな傾向や構造を把握するとともに，解析の方向性が明確になってきます．前述したように，データのミスや異常値がみつかることもあります．

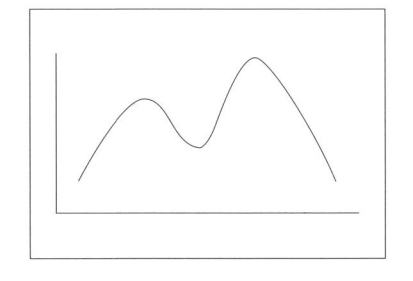

図表 97. 双峰の分布

　たとえば，データの分布図を描いてみると，図表 97 のように 2 つの山があることがわかれば，そのデータには 2 つの集団が混在していて，2 つの集団を分離してから解析を進めるべきであることがみえてきます．

　横軸に身長を，縦軸に人数をとって，多くの男女の身長をグラフ化するとこのようになります．右の山に男が，左の山に女が集まっているので，それぞれ分けて解析する必要があります．

---

64) 古寺 (1980 年) p.27

図表 98. 正の相関の散布図

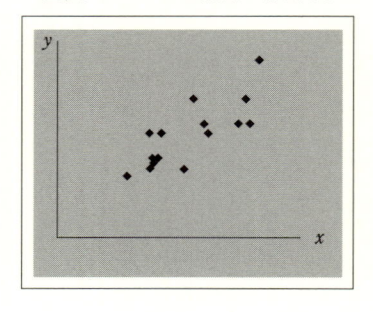

xy 座標上に散布図を描いてみると，図表 98 のようにデータが右上がりに分布していれば，2つ変数は正の相関関係にありそうだと推測できます。身長を横軸に，体重を縦軸にとって，プロットすればこうなります。

以上のように，データ解析に際しては，数値計算だけに頼らず，まず，可能な限りグラフ化して，目で確認しながら解析を進めることが大切です。

[2] 基本的なグラフと作成上の留意点

グラフは解析の手段として有効である他にも，解析結果を表現し，他者に伝えるための手段としても大きな役割を果たします。そのため，グラフ作成に際しては，必要な精度を満たした上で，できるだけシンプルに表現することが肝要です。

グラフを使うと，文章を使うよりも，解析結果をシンプルな形で伝えやすくなりますが，表のようには詳細にデータを表現することはできません。そこで，重要な点を絞って，読者に伝達するために，グラフに数値を表示することがあります。

その際，欲張って多くの情報を表示しようとすることは避けるべきです。情報をみる人が注意を集中することができません。文字が多いと，視覚ではなく脳を使って評価しなければならないことが多くなり，グラフ化した意味も薄れてしまいます[65]。

グラフは小学生のころから慣れ親しんできたので，ついつい原則を忘れがちです。データをグラフにする際の決まりを守って作成しなければ，正しく情報が表現できなかったり，場合によっては誤った印象を伝えてしまったりします。以下，グラフの種類ごとに，原則を学んでいきましょう[66]。

【練習問題】(5-2-1)
解析結果をプレゼンする場合，表とグラフのいずれを使うほうがよいでしょうか。それはなぜでしょうか。また，データを好む上司に解析結果を報告する場合はどうでしょうか。

1) 棒グラフとヒストグラム

棒グラフは，数値を対比するために用いる基本的なグラフです。棒の長さによって大きさを印象づけます。年齢と性別を組み合わせるなど，2系統の棒を組み合わせて1つのグラフに表すときには，区分数の少ない方の系統を隣接させると，2系統の対比がともにしやすくなります。
例) 貯蓄と負債の2つ，年齢層を20歳代，30歳代，40歳代，50歳代，60歳代，70歳代の6つとします。このとき，20歳代の貯蓄・負債，30歳代の貯蓄・負債，…，70歳代以上の貯蓄・負債のように，貯蓄と負債を隣接させ，棒を配置します。

---

[65] Ehrenberg (1982年) p.232-236，古寺 (1980年) p.141
[66] 上田尚一 (1979年) p.32-77

図表99. 世代別の貯蓄と負債（万円）
（出典：総務省統計局「家計調査」（平成14年度））

	A	B	C
1		貯蓄	負債
2	20歳代	395	258
3	30歳代	717	733
4	40歳代	1,134	858
5	50歳代	1,802	591
6	60歳代	2,200	316
7	70歳以上	2,663	182

ⅰ）データの表の中でクリックして，表の中にアクティブセルを置きます。A1:C7まで，範囲指定してアクティブにしておいても構いません。

ⅱ）グラフのグラフウィザードのボタン をクリックします。

ⅲ）グラフの種類から「縦棒」を選択し，後は流れに沿って進みます。

ⅳ）なお，隣接させる系列を変えるにはタブでない「系列」の行・列のボタンを変えます（行を隣接させるか，列を隣接させるかを指定）。

図表100. 2系統の棒グラフ（少区分を隣接）

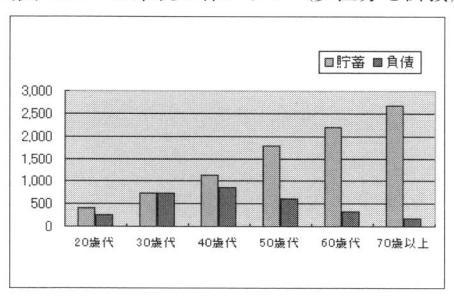

図表101. 2系統の棒グラフ（多区分を隣接）

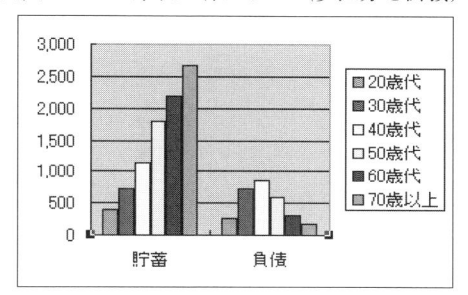

棒グラフと外見が似ているグラフに「ヒストグラム」があります。ヒストグラムは，柱の面積で度数を表します。また，棒グラフの場合には横軸が質的な変数であるのに対して，ヒストグラムでは，量的な変数になっています。

なお，ヒストグラムでも横幅が等しければ，高さで度数を表すことになりますので，Excelでは，棒グラフとヒストグラムを一緒に扱っています。

【練習問題】（5-2-2）

図表102のデータはパスポートの年代別・性別発行数です。これをわかりやすくグラフ化して下さい。

図表102. パスポート発行数（出典：法務省「出入国管理統計年報」）

	男	女
19歳以下	374,500	429,117
20～29	425,288	543,432
30～39	299,740	270,848
40～49	211,448	189,462
50～59	218,086	242,515
60～69	139,650	147,113
70～79	49,562	55,706
80歳以上	6,822	9,184

2) 折れ線グラフ

　折れ線グラフは，時系列データを表現するために用いる基本的なグラフです。線に沿って目を動かしていくことによってデータの変化・推移を読み取ることができます。

　2種類の線（例；売上高，利益の推移）を1つのグラフ上に描く場合には，それぞれの軸の基準となる0点（売上高0万円，利益0万円）の高さを一致させておく必要があります。縦軸を0点からはじめる場合は間違いませんが，ある区間を軸上に表示する場合（例；売上高「200億円から」，利益は「5億円から」はじめるような場合）には，注意すべきです。

　また，点を打つ位置は，ストック（時点に対応する測定値のこと，例；預金残高）の場合，測定時点が月初，月央，月末のいずれなのかの区別が必要です。月初は対応月の左寄りに，月央は真中に，月末は右寄りに，点をプロットします。

　そこで，図表103のデータを用いて，2つの軸をもった折れ線を描いてみましょう。
（図表103のデータを入力する際，決算期の「99/3」のような表記をするには，「'」を入力してから，99/3と入力して下さい。なお，「1999年3月」のような表記でもよいのですが，後でグラフ化するときに要するスペースに配慮して短い入力をここでは選択しています。）

図表103. 明豊ファシリティワークス
（出典：(株)明豊ファシリティワークスIR資料）

	A	B	C
1	決算期	売上高(百万円)	営業利益(〃)
2	99/3	5,023	116
3	00/3	5,637	65
4	01/3	9,139	243
5	02/3	6,157	27
6	03/3	7,627	177
7	04/3	6,276	311

ⅰ) データの表の中にアクティブセルを置きます。そして，グラフウィザードのボタン ▣ をクリックします。

ⅱ) 「折れ線」を選択します。

ⅲ) 「ユーザー設定」のタブをクリックし，続いて「2軸上の折れ線」をクリックします。

ⅳ) 「次へ」をクリックし，流れに沿って入力します。すると，図表106のような2軸の折れ線グラフができます。

図表104. 折れ線グラフの選択　　　　　図表105. 2軸上の折れ線の選択

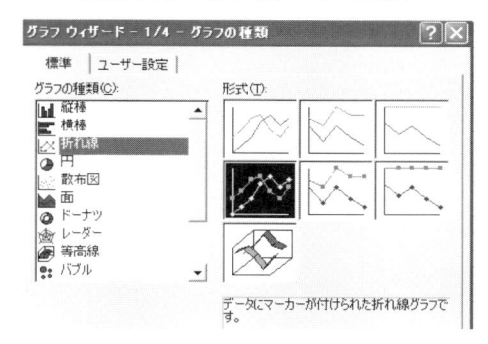

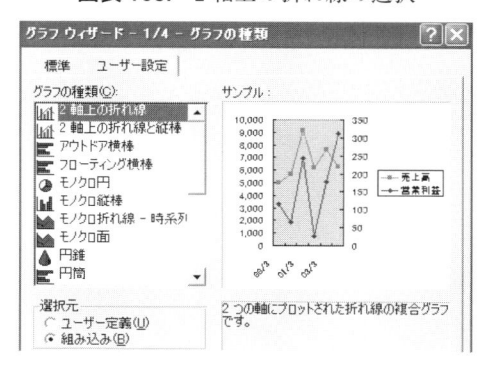

図表106において，2つの軸の0点は一致していることが確認できます。ここで，点のプロットされている横軸上の位置をみて下さい。ここでは，目盛は年度の境界を表しています。そして，99年3月の測定値が，目盛の中間にプロットされていることがわかります。99年3月期の値は，98年4月から99年3月までの期間に対応する，いわゆるフロー変数ですから，目盛の中間にプロットされていて，適切であると判断できます。

図表106. 2軸上の折れ線グラフ

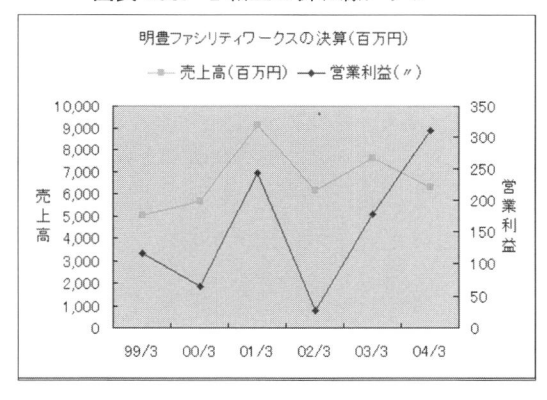

＊縦の名称を縦書きにする方法
　たとえば，「売上高」という軸の名称を縦書きにするには，横書きの「売上高」を右クリックします。
　そして，「軸ラベルの書式設定」をクリックし，縦の文字列を反転させます。

ところが，先に述べたように，変数がストックの場合には，測定時点と目盛を一致させておくほうがわかりやすくなります。測定時点を正確にグラフの目盛上で表現するには，プロットの位置を調整する必要があります。

仮に売上高も営業利益もストック変数であるとします（そのようなことはありませんが，図表106をそのまま使うためにこのようにしておきます）。

ⅰ）図表106のグラフの横軸の数字の上にカーソルをあわせて右クリックし，図表107のように「軸の書式設定」をクリックします。

ⅱ）「目盛」のタブをクリックします。

ⅲ）図表108で，「項目境界で交差する(B)」のチェックを外します。
　　　後は流れに沿って入力します。
　　　すると，図表109のようにプロット位置を正確に表現することができます。

図表107. 「軸の書式設定」を選択

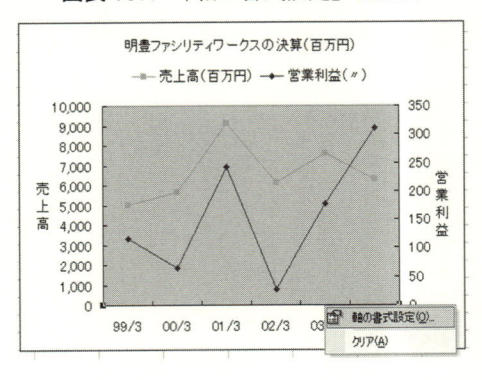

図表108. プロット位置の調整

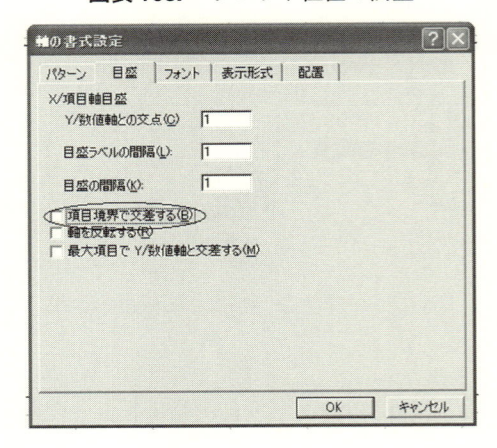

図表109. プロット位置の調整終了

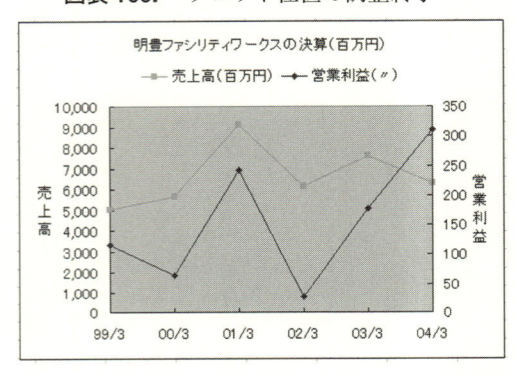

　以上のように両方の座標軸の0点をあわせておき，プロットの位置を正確にとっておくと，傾きや伸び具合，折れ線の交点の位置から，貴重な情報を読み取ることができます。

＊グラフの調整は「右クリック」

　グラフ作成後にみやすくするため，調整することがあります。その際は「右クリック」を使って行います。たとえば，軸の最大値と最小値を変えるときには，軸にマウスポインタを重ねて右クリックします。あとは，Excelからの指示の流れに沿って進めます。フォントのサイズを変えたいときも，変えたい文字にマウスポインタを重ね，右クリックしてから行います。

【練習問題】（5-2-3）
　図表110のデータは東京の気温と湿度の平年値です。折れ線グラフを描いて下さい。

図表110. 東京の気温と湿度（平年値）（出典：気象庁「日本気候表」）

	1月	2月	3月	4月	5月	6月	7月	8月	9月	10月	11月	12月
平均気温（摂氏）	5.8	6.1	8.9	14.4	18.7	21.8	25.4	27.1	23.5	18.2	13.0	8.4
平均相対湿度(%)	50	51	57	62	66	73	75	72	72	66	60	53

3）帯グラフと円グラフ

　帯グラフは長さで，円グラフは角度で，内訳や構成比（合計100%）を表現する際に用いるグラフです。内訳や構成比を棒グラフで表現するのは好ましくありません。合計すると100%になることを直接には示せないからです。
　また，帯グラフは，Excelを使えば，内訳や構成比を2つ以上の対象について比較することも簡単にできます。しかし，円グラフやドーナツグラフは，対応関係が直接認知しにくいため，2つ以

上の対象を比較するのには適していません。

Excelで帯グラフを描くには，データ範囲を指定した後で，グラフウィザードのボタン ■ をクリックして，選択画面から，「縦棒か横棒で，しかも，合計が，100%になる」グラフを選択します。あとは流れに従って進めて下さい。

図表111. 帯グラフ（単数回答なので合計は100%）

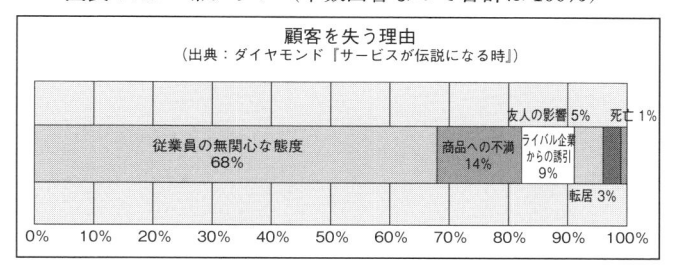

なお，複数回答の場合は合計が100%になりません。よって，図表112のように，「棒グラフ」を用います。グラフウィザードで「縦棒」あるいは「横棒」を選択します。

図表112. 棒グラフ（複数回答なので合計は100%超）

【練習問題】（5-2-4）

図表113のアンケート結果（読売新聞社2001年調査）をグラフで表して下さい。

図表113. 仕事の不安アンケート（出典：読売新聞社世論調査部「日本の世論」）

あなたは、自分の仕事や家族の仕事の、現状や将来について、不安を感じていますか、感じていませんか。

多いに感じている	24.8%
多少は感じている	47.0%
あまり感じていない	21.2%
全く感じていない	6.2%
答えない	0.8%

（前問で「感じている」と答えた人だけに、うかがいます）
あなたが不安を感じていることを、次の中から、あれば、いくつでもあげて下さい。

収入や収益の減少	61.2%
倒産	18.5%
解雇	20.5%
就職難	23.3%
定年後の生活	42.5%
能力重視の評価	5.7%
情報技術の進歩	5.8%
過労などの健康面	43.1%
その他、答えない	2.1%

4) 散布図

①基本的な散布図

2つ以上の変数（例；身長と体重，収入と支出，売上高と広告費）の関係を視覚的に把握するためのグラフが散布図です。xy 平面にデータをプロットし、それらの点の散らばり具合から変数間の関連性を読み取ります。

ここで、お茶の商品コンセプトとブランド力の関係をみたいとします。ここでは、散布図を描くことによって把握してみましょう。

図表114. お茶のブランド調査
（出典：日経流通新聞(2005年3月13日)より一部抜粋）

	A	B	C
1	名称	商品コンセプト	ブランド力
2	伊右衛門	68	79
3	お～いお茶	37	84
4	ヘルシア緑茶	90	72
5	生茶	41	68
6	爽健美茶	41	77
7	烏龍茶	30	83
8	蕎爽麗茶	73	46
9	一（はじめ）	41	34
10	十六茶	39	41
11	ヘルシア烏龍茶	64	41
12	健康系カテキン式	54	24
13	若武者	19	6
14	体質茶	58	12
15	まろ茶	10	28

図表114は日本経済新聞社の「日本の小売業調査」の対象になっているスーパー163社に対して行った調査結果です。表の中の数値は、バイヤーが評価できると回答した割合（%）です。

ⅰ）Excelで、散布図を描くには、図表115のようにデータ範囲を指定します（散布図を選択した後で、データ範囲を指定してもかまいません）。

ⅱ）グラフウィザードのボタン ▦ をクリックして、図表116のように選択画面から、「散布図」グラフを選択します。

図表 115. 範囲指定

	A	B	C
1	名称	商品コンセプト	ブランド力
2	伊右衛門	68	79
3	お〜いお茶	37	84
4	ヘルシア緑茶	90	72
5	生茶	41	68
6	爽健美茶	41	77
7	烏龍茶	30	83
8	蕃爽麗茶	73	46
9	一（はじめ）	41	34
10	十六茶	39	41
11	ヘルシア烏龍茶	64	41
12	健康系カテキン式	54	24
13	若武者	19	6
14	体質茶	58	12
15	まろ茶	10	28

ⅲ）グラフウィザードの流れに従って適宜入力して行って下さい．

ⅳ）「完了(F)」をクリックして，図表117のような散布図が完成となります．

　この散布図をみる限り，お茶について，ブランド力と商品コンセプトの間に相関関係はみられないようです．

図表 116. 散布図を選択

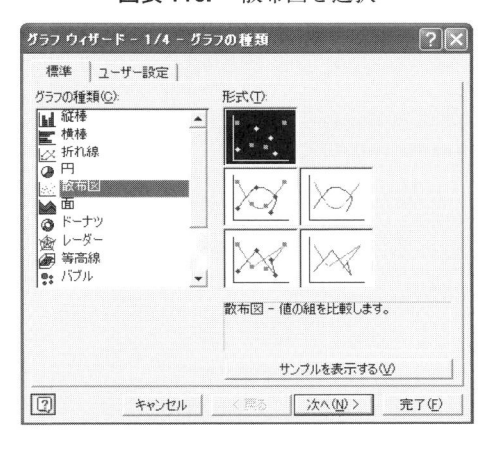

図表 117. 散布図の完成

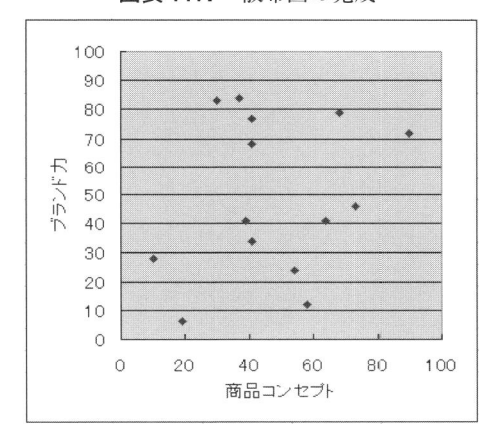

　なお，このようにデータ範囲をはじめに指定する場合，隣り合わない2列を指定するには，1列目をドラッグ指定した後，[Ctrl]キーを押しながらもう1つの列をドラッグすると指定できます．
　また，縦軸と横軸にとる変数を入れ替えたいときには，[系列]をクリックして，図表118のように，「名前」「Xの値(X)」「Yの値(Y)」を入れ替えます．

図表 118. 縦軸と横軸の変数の入れ替え方法

名前(N):	=Sheet1!$B$1
Xの値(X):	=Sheet1!$C$2:$C$15
Yの値(Y):	=Sheet1!$B$2:$B$15

→

名前(N):	=Sheet1!$C$1
Xの値(X):	=Sheet1!$B$2:$B$15
Yの値(Y):	=Sheet1!$C$2:$C$15

　次に，複数の異種のグループが混在している場合には，それぞれのグループ内で相関を読まなければなりません．たとえば，身長と体重の関係を散布図で調べる場合は，男性と女性のデータを区別せずに散布図を描いてしまうと，身長と体重の真の関係がみえなくなってしまいます．
　売上高と広告費の関係を把握する場合も，製造業と小売業を一緒にして散布図を描くと，それら

の真の関係がみえなくなります。

次の図表 119 は，第二地銀の自己資本と従業員数の散布図です。

図表 119. 散布図にみる 2 つのグループ
（出典：東洋経済新報社「会社四季報」より作成）

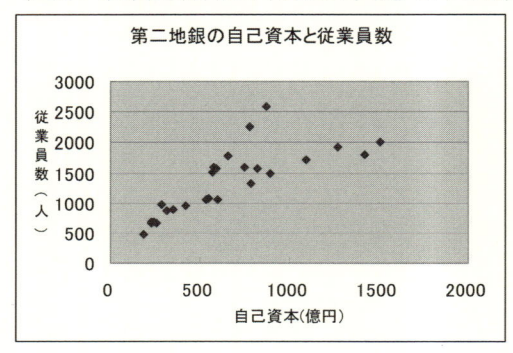

ほぼ右上がりの分布をしています。自己資本が多い銀行は従業員数も多い傾向があることがわかります。

右上に行くに従って，2 つのグループに分かれるようです。このような場合，たとえば，自己資本 1 億円当たりの従業員数を求めるなどして，さらに解析を進めるとよいでしょう。

この節では，グラフの描き方を学ぶことが目的です。相関分析の詳細は第 7 章で説明します。異なったグループを認識せずに散布図を作成することの危うさについても第 7 章でより詳しく学びます。

【練習問題】（5-2-5）
図表 120 のデータは，東京の降水量と日照時間（平年値）です。これらの関係がわかるようなグラフを描いて下さい。

図表 120. 東京の降水量と日照時間（平年値．出典：気象庁「日本気候表」）

	1月	2月	3月	4月	5月	6月	7月	8月	9月	10月	11月	12月
降水量(mm)	49	60	115	130	128	165	162	155	209	163	93	40
日照時間(時間)	181	161	159	165	181	120	148	178	113	130	141	171

②層別散布図

2 つのグループが混在していることがわかっている場合には，その影響を明確にしておくためにも，層別散布図を描くとよいでしょう。

＊層別散布図の作り方
　例）あるチェーン店 10 店舗で，来店客数と炭酸飲料の売上の関係を調べました。しかし，後になって，店内で流れていた音楽が A，B の 2 種類あることに気がつきました。そこで，2 種類の音楽の影響の有無を調べるため散布図を描いてみることにしました。

図表121. 来店客数と購入金額

店舗	来店客数	購入金額	音楽
ア	346	12	A
イ	521	38	B
ウ	487	42	B
エ	279	26	B
オ	665	26	A
カ	581	46	B
キ	469	28	A
ク	430	40	B
ケ	265	15	A
コ	689	42	A

図表122. 層別散布図を描くための入力方法

店舗	来店客数	A	B
ア	346	12	
イ	521		38
ウ	487		42
エ	279		26
オ	665	26	
カ	581		46
キ	469	28	
ク	430		40
ケ	265	15	
コ	689	42	

図表123. 層別散布図を描く際の範囲指定

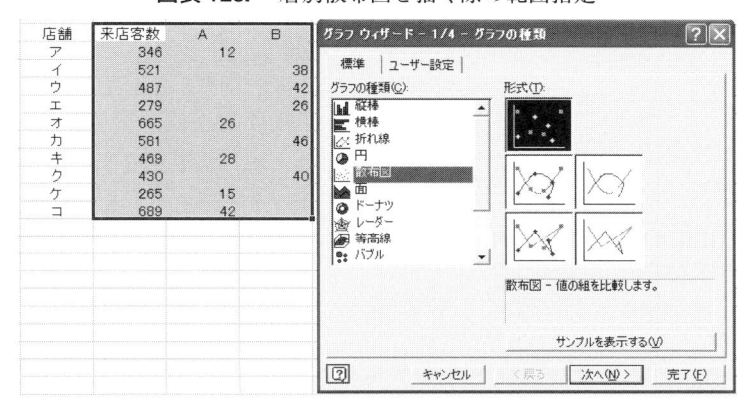

データを図表122のように入力します。後は，図表123のように範囲指定し，通常の手続きで散布図を描きます。

［次へ］をクリックして，グラフウィザード 3/4–グラフオプションとします。プロットした点にA，Bの表示をさせるために，「データラベル」→「ラベルの内容」として，そこで「系列名(S)」にチェックを入れます。そうすると，図表124のようになり，［次へ］をクリックして図表125が得られます。

図表124. ラベルの表示

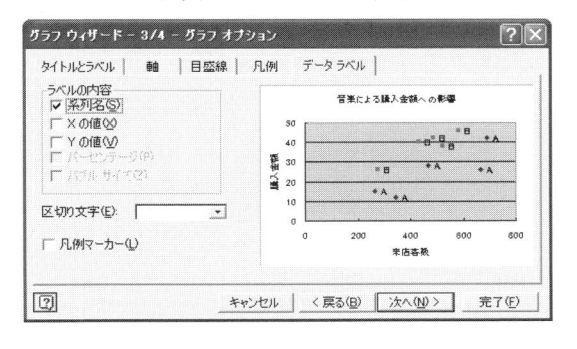

図表125. 層別散布図の完成

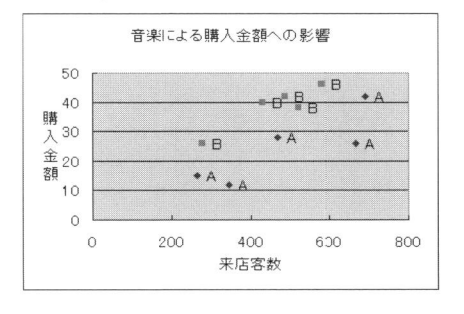

図表125によると，音楽Bの方が，音楽Aよりもお客様の購買意欲を刺激するようです。層別散布図もアイデア次第でいろいろな場面で応用できるでしょう。

【練習問題】(5-2-6)

以前に用いた図表 25 のデータについて，築年が昭和か平成かで区別して散布図（横軸：専有面積，縦軸：価格）を描いて下さい。

③個別データの位置を知る散布図の使い方

散布図は，データの散らばり具合をざっくり把握する以外に，個々のデータに注目する使い方もできます。

具体的に例を出して説明しましょう。小売店で商品を仕入れる際には，POS データからの過去の売上データだけを頼りに，単に売れた分を補充するような発注を行ってはいけません。品切れが起こっている可能性があるからです。品切れ商品は欲しい人がいても買えなかったはずです。これは，POS 上は売上高として出てきません。

図表 126. タオルの売上高

	A	B	C
1	タオルの色	店頭平均在庫	売上枚数
2	赤	8	15
3	ピンク	15	24
4	青	20	36
5	水色	13	30
6	緑	12	28
7	黄緑	14	31
8	しろ	15	25
9	ベージュ	10	20
10	黄色	14	30
11	うす紫	15	29
12	紺色	18	40
13	オレンジ	11	27

売上データだけをみて，その分をただ補充するように仕入れを行うことは，ひょっとしたら潜在的な売上を逃がしているかもしれません。そこで，そのようなことがないように，散布図を使ってその穴を埋めてみましょう。

左のデータは，ある店のタオルの 1 週間分の売上高です。店頭平均在庫量は，長期間にわたって日々，在庫数を数えて平均化したものです。

図表 127. 近似曲線の追加の方法

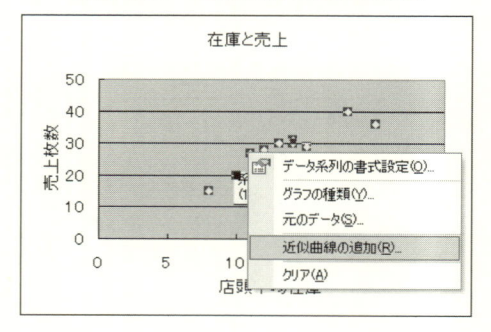

(B1:C13) を範囲として，散布図を描きます。

続いて，グラフ上にプロットされた 12 個の点のいずれでもよいので，マウスのポインタを重ね，右クリックします。

すると，図表 127 のようなメニューが出てきますので，「近似曲線の追加(R)」を選択します。

さらに「線形近似(L)」を選択します。

すると，図表 128 のような近似直線が描けます。

図表128. 近似直線

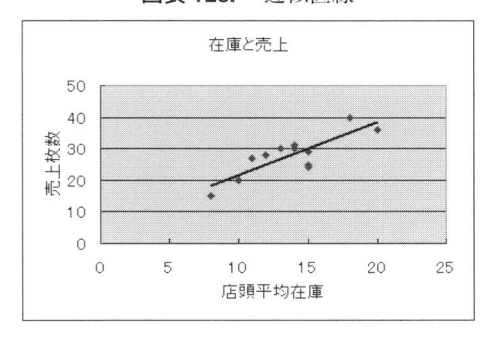

さて，この直線は何を表しているでしょうか。

店頭平均在庫と売上高の関係の平均的な動きを近似して表しています。

この直線より下にある商品（色）は「在庫量に比べて売上が少ない」といえます。逆に，この直線よりも上にある商品（色）は「在庫量に比べて売上が多い」商品（色）です。

よって，直線より下の商品は，「実際の売上データより少し少なめに仕入れ」，直線より上の商品は，「実際の売上データより少し多めに仕入れればよい」といえます。そうすることによって，品切れによって生じる機会損失を少しでも減らせます[67]。

これは，他にも応用できます。たとえば，チェーンストアの店舗ごとに，広告費と売上高を散布図にプロットすると，どの店舗が「広告費のわりに売上高が高いのか，低いのか」がわかります。

プロットされた点を色分けすることもできます。いずれかの点で右クリックして，「データ系列の書式設定(O)」→「オプション」→「要素を塗り分ける」にチェックを入れます。

また，プロットされた点に名前をつけることもできます。この方法については，すぐあと6)のワンポイント知識をみて下さい。

【練習問題】(5-2-7)
図表25のデータについて，横軸に専有面積，縦軸に価格をとり，散布図を描いて下さい。そして，近似曲線の追加から直線を選んで引いて下さい。この直線の上下の点（物件）の違いを簡単に説明して下さい。

④散布図の応用としてのCSチャート

CSとはカスタマー・サティスファクションの略で「顧客満足」のことです。CSチャートは次のように描きます。顧客から「良い」と評価された比率（＝顧客満足度）を縦軸にとり，総合的な顧客満足度とその項目の関連性の強さを横軸にとり，散布図を描きます。

ただ，横軸の「総合的な顧客満足度とその項目の関連性の強さ」は，相関係数ですが，これについては，後述します。

このようにしてグラフを描くと，「総合的な満足度との相関係数」が高くて，「良い」の比率が低い，そのような項目がどこにあるのか，よくわかります。このような項目の改善こそ効果的です。このような項目は，総合的な満足度と関係が強いにもかかわらず，現状では満足度が低い項目であり，その部分に努力を集中すると，より効果的にCS改善ができるからです[68]。

---

[67] 清水（2000年）p.80-85
[68] 菅（1998年）p.149

図表129. CSチャート

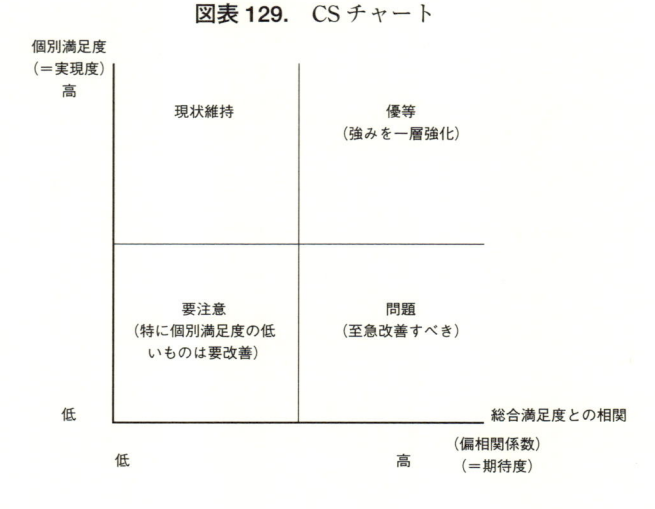

```
個別満足度
(=実現度)
高
         現状維持         │    優等
                         │    (強みを一層強化)
─────────────────────────┼──────────────────────
         要注意          │    問題
         (特に個別満足度の低│    (至急改善すべき)
          いものは要改善) │
低                                  総合満足度との相関
         低                  高     (偏相関係数)
                                    (=期待度)
```

5) レーダーチャート

レーダーチャートは，3つ以上の変数（例；身長，体重，座高）を1つのグラフに表現する際に用いられるグラフです。

項目ごとに中心から放射状に伸びる数値軸が割り当てられ，データの値がプロットされます。同じ個体（例；Aさん，Bさん，…）の各変数の値は線で結ばれます。

このグラフでは，個々の軸の数値よりも，むしろ全体のパターンを認知させることに主眼があります。

Excelで，レーダーチャートを描くには，データ範囲を指定した後で，グラフウィザードボタン🔲をクリックして，選択画面から，「レーダー」を選択します。あとは流れに従って進めて下さい。

図表130は，スーパーのバイヤー（買いつけ担当者）が，カゴメと伊藤園について比較したものです。数値は，スーパーのバイヤーが，そのメーカーまたはブランドについて「評価できる」と回答した割合です。レーダーチャートは，図表130のように，2つ以上の対象を「比較する」際に真価を発揮します。

図表130. レーダーチャート

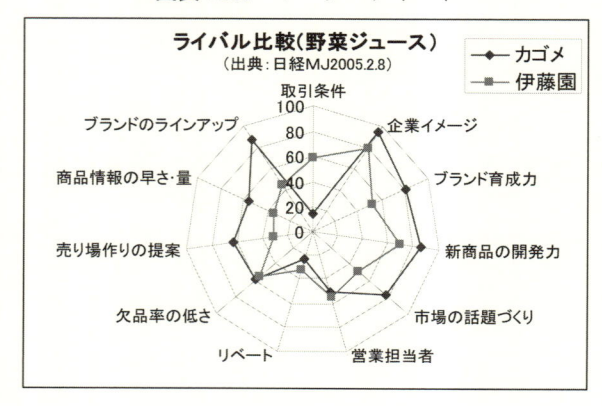

ライバル比較（野菜ジュース）
(出典：日経MJ2005.2.8)
◆ カゴメ
■ 伊藤園

（軸：取引条件，企業イメージ，ブランド育成力，新商品の開発力，市場の話題づくり，営業担当者，リベート，欠品率の低さ，売り場作りの提案，商品情報の早さ・量，ブランドのラインアップ）

日経流通新聞（日経MJ）のこの調査結果によると，スーパーのバイヤーは，「カゴメは，取引条件（仕入れ価格など），リベートで伊藤園に劣り，欠品率の低さ，営業担当者でほぼ互角だが，それ以外の項目では伊藤園を上回っている」と評価しているようです。

【練習問題】(5-2-8)

図表 94 のデータから，30 歳代と 60 歳代の不満足をレーダーチャートに表して，比較をして下さい。

6) グラフ作成上の Excel ワンポイント知識

＊グラフ上へのコメントの書き込み

グラフ上へのコメントの書き込みは，図形の描画機能であるオートシェイプの吹き出しにコメントを入力して行うことができます。

コメントを入力することで，グラフのポイントを示すことができます[69]。

ⅰ）図形描画ツールバーの表示（［表示(V)］→［ツールバー(T)］→［図形描画］）。

ⅱ）吹き出しの描画（まず，グラフをクリックして選択。図形ツールバーの［オートシェイプ(U)］を指定し，吹き出し位置をクリックで指定します）。

ⅲ）コメントを入力します。

＊グラフのプロットに名前を埋め込む方法

プロットされた点に名前をつけるには次のようにします。

ⅰ）グラフエリアをクリックします。

ⅱ）数式バーに文字を入力し，［Enter］キーを押します。

ⅲ）グラフの中央にテキストボックスが現れるので，プロットの近くに移動します。

ⅳ）これを繰り返します。

＊文字サイズの固定化

印刷時にグラフを拡大するとフォントも大きくなりすぎてしまい，他のグラフと不揃いになる場合があります。そのような懸念がある場合には，フォント指定画面で「自動サイズ調整」のチェックボックスをクリックして，「✔」のマークを消しておくと，文字は拡大されなくなります[70]。

【練習問題】(5-2-9)

図表 131 のデータは，わが国の優れた製薬会社に関する評価データです。武田と藤沢薬品の特徴を一目で認識できるようなグラフを描いて下さい（離れた行や列を指定する場合には［Ctrl］キーを使います）。

---

[69] 村田(2000 年) p.20-23
[70] 清水(2000 年) p.21

図表 131. 日経新聞プリズム評価
(出典：日本経済新聞 (2005 年 2 月 28 日，優れた会社ベスト 300))

	総合得点	柔軟性・社会性	収益・成長力	開発・研究	若さ
武田	987	81	77	85	67
エーザイ	915	62	84	83	64
藤沢薬品	876	75	74	80	49
山之内	773	71	62	75	54
大正薬	771	68	66	83	44
参天薬	714	64	55	76	66
久光薬	686	47	76	57	49
小林製薬	679	59	58	68	64
田辺薬	671	65	57	71	47
大塚製薬	661	76	45	64	57

第6章
一変数の度数分布から情報を読み取る

6.1 度数分布を調べてヒストグラムを描く

これまでは統計解析以前のデータの基本的な加工について述べてきました。これ以降，データ解析に有用な統計学の基礎知識を学習して，より深くデータのもつ情報を汲み取ることにします。

1) 1変数の解析の始点

この節では，変数が1種類の場合のデータ解析の方法について学びます。

大量のデータが得られたならば，まず，変数ごとに，度数分布表やそれをグラフにした「ヒストグラム」を作成します。度数分布を調べたり，ヒストグラムを描く目的は，データの分布形を大まかに把握したり，特異な値の有無を確認したりするところにあります。これらの結果をみて，その後の解析方法を考えることになります。なお，特異な値の中には，入力ミスもあり，度数分布を調べることは，データの精査でもあります。

なお，2つの変数の関連を調べるには，先に学んだ散布図からはじめます。これについては，第7章で詳しく学びます。

2) 度数分布とヒストグラム

度数分布を調べるには，各級の境界となる値（限界値）を決めなければなりません。たとえば，100点満点のテスト結果のデータがあるとしましょう。

各級の区間を0点から9点，10点から19点，20点から29点，…，80点から89点，90点から99点，そして100点としたとします。つまり，0点以上10点未満，10点以上20点未満，…，90点以上100点未満，残りが100点ということになります。

最適な区間の「個数」については，次のような区間数の決め方が1つの目安になります。

区間数 $= 1.7 \times N^{\frac{1}{3}}$ ただし，N はデータ数です。

これを目安に，階級の区切りの数値としての切りのよさなど，わかりやすさを考慮して決めることになります。

例）データ数100個の場合　区間数 $= 1.7 \times 100^{\frac{1}{3}} = 7.89$ で8個となります。

Excelでは ＝1.7＊100＾（1/3）と入力します。8個を目安として，切りのよい級限界で区間を決めます。

さて，度数分布を求めてヒストグラムが描ければ，データのチェックとともに，単峰性かピークが2つ以上ある多峰性かを判断します。多峰性の分布であればデータを層別して単峰性の分布に分けて，それぞれ解析を試みることになります。

多峰性の分布で，それらを層別せずに以下述べるような基本統計量（平均値，標準偏差など）を求めて議論してもあまり意味がありません。たとえば，男性80人，女性20人の集団で，平均身長を求めても意味がありません。男性，女性に分けて，それぞれ同質の集団にしてから平均値を求めるべきです。

3) Excel による実践

Excelを用いて度数分布を調べてヒストグラムを作成するには，①統計関数（FREQUENCY）とグラフ作成機能を使う方法と②分析ツールを使う方法の2つがあります。

図表132のデータは，都道府県別の電灯消費量（電力消費量）です。これを用いて，度数分布を調べ，ヒストグラムを描いてみましょう。なお，図表132の中の変数のうち，D列の「千人当たり消費量」は後に計算するので，前もって入力する必要はありません。

まず，準備として，都道府県の人口規模による影響を除くために，電灯消費量を人口で割って，千人当たりの電灯消費量を求めておきます。

D2；＝B2/C2　と入力します。

表示桁数は［書式(O)］→「セル」で，「数値」，「小数点以下第2位まで」とします。

D2の値が表示されれば，あとはフィルハンドルの機能を使って，D3からD48まで，D2の計算式をコピーします。これでD列が完成します。

人口千人当たりの電灯消費量について，Excelで度数分布を調べ，ヒストグラムを描いてみましょう。この場合，各都道府県のこの指標の分布をみることが目的です。

度数分布を調べるときには，最初に，級の区間を設定します。

これは，Excelを使う場合でも同じです。

Excelでは，各級（区間）の上限を指定します。

たとえば，

　　1.75 超 1.80 以下
　　1.80 超 1.85 以下
　　1.85 超 1.90 以下
　　　　：
　　　　：
　　　　：

としたい場合には，次のように上限値のみ指定します。

　　　　1.80
　　　　1.85
　　　　1.90
　　　　：
　　　　：
　　　　：

図表 132. 都道府県別の電灯消費量（出典：資源エネルギー庁「電気事業便覧」）

	A	B	C	D
1		電灯消費量(百万kwh)	人口(01年，千人)	千人当たり消費量
2	北海道	10,906	5,675	1.92
3	青森	2,590	1,497	1.73
4	岩手	2,551	1,421	1.80
5	宮城	4,231	2,347	1.80
6	秋田	2,103	1,197	1.76
7	山形	2,277	1,241	1.83
8	福島	3,823	2,133	1.79
9	茨城	5,556	2,995	1.86
10	栃木	3,808	2,003	1.90
11	群馬	3,988	2,019	1.98
12	埼玉	12,956	6,898	1.88
13	千葉	11,140	5,920	1.88
14	東京	27,002	11,818	2.28
15	神奈川	16,209	8,425	1.92
16	新潟	4,653	2,476	1.88
17	富山	2,384	1,124	2.12
18	石川	2,582	1,176	2.20
19	福井	1,849	828	2.23
20	山梨	1,844	886	2.08
21	長野	4,684	2,204	2.13
22	岐阜	4,279	2,109	2.03
23	静岡	7,485	3,764	1.99
24	愛知	14,251	6,935	2.05
25	三重	3,809	1,858	2.05
26	滋賀	2,725	1,334	2.04
27	京都	5,755	2,563	2.25
28	大阪	18,878	8,628	2.19
29	兵庫	11,396	5,537	2.06
30	奈良	2,929	1,448	2.02
31	和歌山	2,375	1,087	2.18
32	鳥取	1,286	617	2.08
33	島根	1,578	762	2.07
34	岡山	4,144	1,957	2.12
35	広島	6,093	2,872	2.12
36	山口	3,111	1,528	2.04
37	徳島	1,804	831	2.17
38	香川	2,221	1,033	2.15
39	愛媛	3,100	1,508	2.06
40	高知	1,734	817	2.12
41	福岡	9,775	4,979	1.96
42	佐賀	1,661	882	1.88
43	長崎	2,820	1,527	1.85
44	熊本	3,451	1,870	1.85
45	大分	2,392	1,234	1.94
46	宮崎	2,222	1,184	1.88
47	鹿児島	3,330	1,783	1.87
48	沖縄	2,728	1,334	2.04

　Excelでは，1.85とすれば，「1.85以下」と自動的に解釈されます。よって，「1.85」はこの級には含まれることに注意して下さい。

　これらを踏まえて，図表133のF列のように上限値を設定します。

　たとえば，F2に1.75とありますが，こうしておくと「1.75以下」のデータの個数が，F2の右のセルであるG2に表示されます。F3は1.80です。「1.75超1.80以下」のデータの個数がG3に表示されます。以下，同様です。

　やり方がわかったところで，早速，千人当たりの電灯消費量を，度数分布とヒストグラムを使って解析しましょう。

第6章 一変数の度数分布から情報を読み取る

図表 133. 区間の設定（データの神奈川以下は表示省略）

	A	B	C	D	E	F	G
1		電灯消費量(百万kwh)	人口(01年, 千人)	千人当たり消費量		区間	
2	北海道	10,906	5,675	1.92		1.75	
3	青森	2,590	1,497	1.73		1.80	
4	岩手	2,551	1,421	1.80		1.85	
5	宮城	4,231	2,347	1.80		1.90	
6	秋田	2,103	1,197	1.76		1.95	
7	山形	2,277	1,241	1.83		2.00	
8	福島	3,823	2,133	1.79		2.05	
9	茨城	5,556	2,995	1.86		2.10	
10	栃木	3,808	2,003	1.90		2.15	
11	群馬	3,988	2,019	1.98		2.20	
12	埼玉	12,956	6,898	1.88		2.25	
13	千葉	11,140	5,920	1.88		2.30	
14	東京	27,002	11,818	2.28			

①統計関数（FREQUENCY）を使う方法
○度数分布表の作成

図表 134. G2 に FREQUENCY 関数を入力

	F	G	H	I
	区間			
	1.75	=FREQUENCY(D2:D48,F2:F13)		
	1.80			
	1.85			
	1.90			
	1.95			
	2.00			
	2.05			
	2.10			
	2.15			
	2.20			
	2.25			
	2.30			

ⅰ）G2；=FREQUENCY(D2:D48,F2:F13) とします。
　　［Enter］キーを押します。
　　すると，G2には「1」が表示されます。
ⅱ）この G2 を G3 から G13 まで配列複写します。
　　やり方はこうです。
　　(G2:G13) をドラッグして範囲指定します。
　　そこで，数式バー（ *fx* の右の空白行）を一度クリックします。

すると，図表 135 のようになります。

図表 135. 数式バーをクリック

B	C	D	E	F	G
量(百万kwh)	人口(01年, 千人)	千人当たり消費量		区間	
10,906	5,675	1.92		1.75	=FREQUENCY
2,590	1,497	1.73		1.80	
2,551	1,421	1.80		1.85	
4,231	2,347	1.80		1.90	
2,103	1,197	1.76		1.95	
2,277	1,241	1.83		2.00	
3,823	2,133	1.79		2.05	
5,556	2,995	1.86		2.10	
3,808	2,003	1.90		2.15	
3,988	2,019	1.98		2.20	
12,956	6,898	1.88		2.25	
11,140	5,920	1.88		2.30	

iii) これを確認して，[Ctrl] + [Shift] + [Enter] キーを押します（[Ctrl] と [Shift] キーを左手で押さえておき，右手で [Enter] キーを叩きます）。

すると，図表 136 のように各区間のデータ数が一度に表示され，度数分布表が完成します。

図表 136. 度数分布

区間	
1.75	1
1.80	3
1.85	4
1.90	7
1.95	4
2.00	3
2.05	5
2.10	7
2.15	5
2.20	5
2.25	2
2.30	1

図表 137. 電灯消費量のヒストグラム

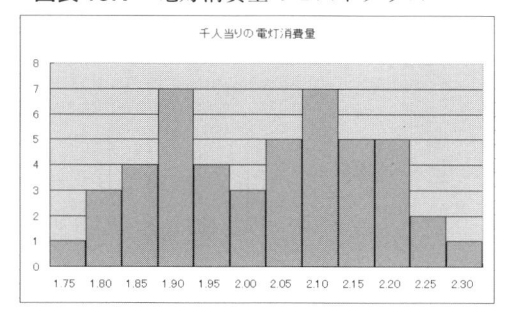

なお，途中で「配列の一部を変更できません」と出る場合は Esc キーを押してやり直します。

○ヒストグラムの作成

図表 136 について，ヒストグラムを描きます。

i) 図表 136 において，(G2:G13) をドラッグして範囲指定します。
ii) グラフウィザードのボタン をクリックして，縦棒グラフを選択します。
iii)「系列」のタブをクリックします。
iv)「項目軸ラベルに使用」のところで，その右端の をクリックします。そして，(F2:F13) をドラッグします（横軸に別の表示をしたい場合は，あらかじめ入力し，ここで指定します）。そして再び右端の をクリックします。
v) あとは流れに沿って進めていきます。

なお，ヒストグラムでは，柱の間を詰めなければなりません。次のようにします。

いずれかの柱にマウスポインタを乗せて，右クリックします。「データ系列の書式設定(O)」→「オプション」を選択し，「棒の間隔」を 0 にして下さい。これで図表 137 のようなヒストグラムが描けます。

以上，FREQUENCY 関数を使う方法を述べてきました。次に，分析ツールを使う方法です。これは非常に簡単ですが，この方法では，結果（値）が出力されてしまうため，ヒストグラムを描画後に，データが変更されても，それに連動して自動的に変更されて再描画されるようにはなっていません。その点，FREQUENCY 関数を使う方法は，連動しているというメリットがあります。

以上で，図表 137 のようなヒストグラムが描けます。この 2 つの山をもったヒストグラムから，2 つのグループが混在していると推察できます。

なお，上記では，直接キーボードから FREQUENCY と入力しましたが，メニューバーから［挿入(I)］→［関数(F)］で，［関数の貼り付け］ウィンドウを表示させて，関数のリストから選択し

②分析ツールを使う方法

図表138. 分析ツールの組み込み

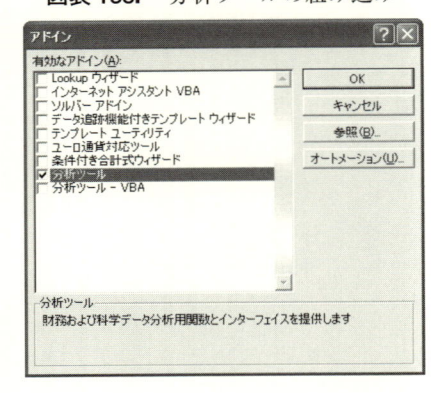

まずは，Excelに「分析ツール」が組み込まれているかどうか確認しましょう。メニューから［ツール(T)］を選択して下さい。その中に［分析ツール(D)］があれば，すでに組み込まれています。

もしなければ，［アドイン(I)］を選択して下さい。そして，下のほうに「分析ツール」がありますから，図表138のようにチェックを入れて［OK］をクリックして下さい。これで，分析ツールが［ツール(T)］に組み込まれました。一度組み込んでおけば，次回からは，そのままこのメニューから選択できます。

さて，準備が整ったところで，この分析ツールを使って，度数分布とヒストグラムを求めてみましょう。

ⅰ）階級の限界値（上限値として～以下）を入力します（先ほどと同じです）。
ⅱ）［ツール(T)］→［分析ツール(D)］→［ヒストグラム］をクリックします。
ⅲ）「入力範囲」（D2:D48）と「データ区間」（F2:F13）を入力します。
ⅳ）「出力オプション」で，「グラフ作成」にチェックを入れます。
ⅴ）［OK］をクリックします。

これで，度数分布が求められ，ヒストグラムが描けます。

なお，ヒストグラムは，区間の幅が同じでも，区切る点が異なると，形状が予想以上に異なることがあるので，注意しておく必要があります。

【練習問題】（6-1-1）

図表139のデータは，11.5cmの紙片を学生に配布し，目測で長さを書き込んでもらい回収したものです。性別の1は女性，2は男性です。まず，男女を区別せずに目測値の度数分布を求めヒストグラムを描いて下さい。次に，男女を区別して度数分布を求めヒストグラムを描いて下さい。そして，男女の目測の性質の違いを考察して下さい。なお，男女を分けるにはオートフィルタを用いて，他のシートに複写すればよいでしょう。

（なお，データは紙幅の都合から5列にしていますが，付録CD-ROMでは1列にしています。）

図表 139. 紙片目測データ

性別	目測値	性別	目測値	性別	目測値	性別	目測値	性別	目測値
1	15.6	2	13.2	2	13.3	2	11.5	2	10.5
1	12.5	2	13	1	17	2	6.5	2	7.5
1	10	2	12	1	13.5	1	14.8	1	11
2	15.4	2	11.2	2	10	2	10.5	2	15.2
2	19.8	2	12.5	2	11.7	2	10.2	2	10.5
1	7.5	2	10	2	14.5	2	10.5	2	12.8
2	9	2	9	2	13.5	2	9.8	2	10
2	4.2	2	12.5	2	10.5	2	12.8	2	9.5
2	10.2	2	10.5	2	12.5	2	14.5	1	12.5
2	10.3	2	12.7	2	13.3	2	5.5	1	12.8
1	10	2	10.5	1	10	2	8.7	2	11.5
2	13.2	2	8.2	2	10	2	11.8	2	13.4
2	13.3	2	8.2	2	12.5	1	11.2	1	10.5
2	12.5	1	10.5	2	10	2	11	1	12.3
2	13.8	1	10.5	1	13	1	12.3	1	10.5
1	8.2	1	11.5	1	13	2	13.5	1	10
1	18.5	2	12.5	2	12	2	10	1	10.2
1	12.5	1	12	2	15	2	12.5	2	8.5
1	10	1	15.5	2	11.5	2	15.4	1	10
1	21.3	1	10	2	12.5	2	13.5	1	10.3
1	13.5	1	6.5	2	9.5	1	12	1	9.6
1	13.3	1	11.2	2	10.3	1	13.5	1	10.3
1	8.4	1	16	2	8.5	1	10.7	1	12.5
1	8	2	10.3	1	8.5	2	11.5	1	11.5
2	10.5	1	13.4	1	12.4	1	15	1	10.5
1	13.5	1	11.3	1	13	1	12.3	1	11
1	13.3	1	12	1	13.5	1	8	1	10
1	13.5	1	12.5	2	8.7	1	7.3	2	10.3
1	10.5	1	8.6	1	12.2	1	14.7	1	9.7
1	10.5	1	10.5	1	12	2	9.7	1	14.8

【練習問題】(6-1-2)

図表 140 は，都市ガスの販売量のデータです．世帯当たりのガスの使用量を計算し，度数分布を調べて，ヒストグラムに表して下さい．

図表 140. ガス販売量のデータ（出典：「ガス事業生産動態統計調査」（平成 14 年））

都道府県	供給区域内世帯数(千)	ガス販売量(100 万 MJ)
全　国	32,236	1,109,961
北海道	1,416	16,626
青　森	183	1,222
岩　手	119	1,437
宮　城	526	8,852
秋　田	146	2,451
山　形	116	2,513
福　島	238	3,240
茨　城	354	9,233
栃　木	217	3,325
群　馬	309	9,256
埼　玉	1,965	57,428
千　葉	1,922	71,759
東　京	5,469	217,084
神奈川	3,197	119,654
新　潟	611	25,064
富　山	136	2,545
石　川	168	1,708
福　井	66	864
山　梨	73	1,519
長　野	330	6,917
岐　阜	290	6,803
静　岡	837	24,900
愛　知	2,250	95,163
三　重	250	10,064
滋　賀	186	13,546
京　都	875	38,113
大　阪	3,512	180,639
兵　庫	1,694	88,608
奈　良	395	11,460
和歌山	134	8,959
鳥　取	73	901
島　根	63	730
岡　山	325	3,824
広　島	648	15,314
山　口	296	3,974
徳　島	68	1,040
香　川	135	1,675
愛　媛	151	1,539
高　知	81	847
福　岡	1,131	21,792
佐　賀	93	1,158
長　崎	262	4,461
熊　本	207	3,113
大　分	169	2,282
宮　崎	125	1,358
鹿児島	284	4,179
沖　縄	138	823

6.2　度数分布と平均値・標準偏差および探索的データ解析

［1］　分布の位置を示す統計量——平均値，メジアン，モード

1）　合計と平均値の計算

　個数の多いデータの情報を1つの値に集約できれば，そのデータ集団の意味するところを理解しやすくなります。テストの際の平均点がそのよい例です。集約された値としてよく用いられるのが，「分布の位置を示す統計量」と，「分布の散らばりを示す統計量」です。

　分布の位置を示す統計量としては算術平均がよく用いられます。算術平均はデータの合計をデータ数で割ることによって求められます。いわゆる平均値です。

　Excelで平均値を計算させる場合には，＝AVERAGE（データ範囲）で求めることができます。

　＝AVERAGEとキーボードから入力する代わりに，メニューバーの関数貼りつけボタン *fx* を使うこともできます。うろ覚えのときなどは，特に有益です。使い方はこうです。*fx* をクリックし，表示された項目から「統計」を指定します。すると，統計の諸関数がリストアップされます。その中からAVERAGEを指定します[71]。

　図表141のデータは，あるドラッグストアで，使い捨てカイロの3つのブランドについて，毎日の売上個数を1週間分調べたときのものです。

図表141． 使い捨てカイロのブランドごとの1週間の売上個数

	A	B	C	D	E	F	G	H	I	J
1		月	火	水	木	金	土	日	合計	平均／日
2	ブランドA	10	8	9	9	15	17	16		
3	ブランドB	12	12	11	12	12	12	13		
4	ブランドC	3	6	6	14	9	20	26		

　合計と平均値を求めてみましょう。

　　I2；＝SUM(B2:H2)　　J2；＝AVERAGE(B2:H2)

　　I3, J3, I4, J4は，I2, J2の計算式をコピーしましょう。

　　（フィルハンドルを使うと便利です。）

図表142． 合計と平均値の結果

	A	B	C	D	E	F	G	H	I	J
1		月	火	水	木	金	土	日	合計	平均／日
2	ブランドA	10	8	9	9	15	17	16	84	12
3	ブランドB	12	12	11	12	12	12	13	84	12
4	ブランドC	3	6	6	14	9	20	26	84	12

---

[71]　清水（2000年）p.32

たまたまですが，1日当たりの販売個数の平均値は，各ブランド一緒で12個でした。

【練習問題】(6-2-1)
　図表139のデータについて，Excelを用いて，男女別で紙片目測値の平均値を計算して下さい。

2) 平均値の使いこなし（算術平均，モード，メジアン）

　ところで，いつでも算術平均が「分布の位置を表す統計量」として適当であるとはいえません。算術平均は，データの分布が左右均等である場合には有効ですが，偏った分布の場合には，大きな値や小さな値に大きく影響されるため，有効な統計量ではありません。

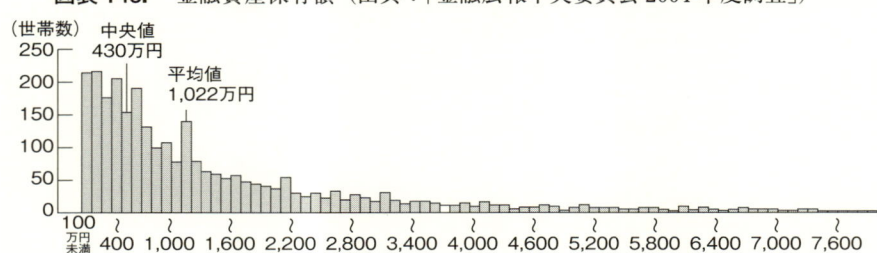

図表143. 金融資産保有額（出典：「金融広報中央委員会2004年度調査」）

　図表143をみると，平均値は1,022万円ですが，少数しかいない高額保有者に引っ張られて平均値の数字が大きくなっています。ちなみに，貯蓄額を多い世帯から少ない世帯へ並べたとき，ちょうど真ん中の人の保有額は430万円です。こちらのほうが感覚的にはあっているように思われます。このような統計量を「中央値」（「メジアン」）といいます。
　次の問題を考えて下さい。
　ある高校の定期テストで英語の平均点が，A組は70点，B組は60点だったとします。これより「A組の生徒はB組の生徒より優秀だ」と結論できるでしょうか。
　A組の得点分布をみてみると，飛びぬけて高い得点の生徒が数人いたために，それ以外の生徒の平均点はB組より低いにもかかわらず，全体としてはB組より平均点が高くなっているということだってありえます。よって，平均値だけでは，妥当な結論を導くことはできません。

　以上から，分布の位置を示す統計量の使い分けは，以下のようにします。
＊算術平均を使うには，まずデータの分布が概ね左右対称であることを確認しなければなりません。
＊大きく左右対称から大きく外れた分布の場合には，中央値（メジアン；真ん中の順位のデータの値）や最頻値（モード；最も度数の多い級の中央値）を利用します。なお，メジアンは，測定値全体を大きさの順に並べ，小さいほうから順に $x_1, x_2, ..., x_n$ とすると，n が奇数なら $(n+1)/2$ の値，n が偶数なら $n/2$ 番目の値と $(n/2)+1$ 番目の値の平均値で求められます。

　なお，分布の位置を示す統計量として，名義尺度ではモード，順序尺度では主としてメジアン，間隔尺度ではモード，メジアン，平均値，比率尺度では，モード，メジアン，平均値に加えて，データの種類によっては，すぐ後に述べる幾何平均や調和平均も利用されることになります。

なお，Excelでメジアンとモードは次の統計関数を使って計算できます。
　　メジアン　；＝MEDIAN（データ範囲）
　　モード　　；＝MODE（範囲）
　　例）ブランドAのメジアン；＝MEDIAN（B2:H2）より，10となります。
　　　　ブランドAのモード　　；＝MODE（B2:H2）より，9となります。

【練習問題】（6-2-2）
　紙片目測値の場合，分布の位置を表す統計量として算術平均は適すると考えられますか。男女別に，メジアンとモードを求めて下さい。

3）その他の平均（トリム平均，幾何平均，調和平均）

　なお，外れ値がある場合にはそのデータを除いて算術平均を計算する方法が用いられることがあります。これを「トリム平均」とよびます。TRIMMEAN関数は，平均を求めるデータの最大値と最小値から一定割合のデータを取り除くことで，極端に飛び離れたデータを排除しておいて平均を計算します。
　Excelでは，次のように計算できます。
　たとえば，＝TRIMMEAN（C3:C12,0.4）とすると，10個データがある場合には，割合が0.4なので，4個が，すなわち，最大値から数えて2個，最小値から数えて2個が，排除されたあとに残った6個の平均が計算されます。
　もし，この場合0.3と指定しておくと3個になりますが，上限から1個，下限から1個排除されて平均が計算されます[72]。

　さて，時系列データから計算された変化率を平均するには，「幾何平均」を用います。幾何平均は，「正数をかけあわせ，その積をかけあわされた個数で開いて解を求めたもの」です。
　例1）初年度の変化率は＋10％，2年目の変化率は＋40％でした。平均の変化率はいくらでしょうか。
　　　　　$(1+0.10) * (1+0.40) = 1.54$　$\sqrt{1.54} ≒ 1.24$　よって，平均の変化率は＋24％です。
　例2）また，10年後の売上を現在の30倍にしたいと考えています。年間平均の変化率として，いくらを目指せばよいでしょうか。
　　　　　30の10乗根を求めて，1.405。1.405－1.000より0.405，つまり40.5％増の成長を10年間続ける必要があるとわかります。

　また，与えられたデータがすでに平均など統計量である場合には「調和平均」を用います[73]。
　調和平均は「逆数の平均値」の逆数として求められます。
　例3）100g当たり200円の鶏肉と100g当たり300円の豚肉を買いました。100g当たりの平均

---
[72]　蔵守（2001年）p.132, 133
[73]　津村他（1988年）p.4

金額はいくらでしょうか。

逆数の平均値は（1/200＋1/300）/2 より，1/240 となります。その逆数なので240（円）となります。

例4）往路の時速40km/h，復路の時速60km/h でした。平均時速はいくらでしょうか。

逆数の平均値は（1/40＋1/60）/2 より，1/48 となります。その逆数なので48km/h となります。

Excelでこれらの統計量を求めるには次の関数を用います。

　　幾何平均；＝GEOMEAN（データ範囲）
　　調和平均；＝HARMEAN（データ範囲）

【練習問題】（6-2-3）

図表144のデータは，（株）ジョー・コーポレーションの売上高の対前年比の数値です。これについて「適切な平均」を求めて下さい。算術平均とは限りません。

図表144.　（株）ジョー・コーポレーションの売上高の推移
（対前年比．出典：（株）ジョー・コーポレーションIR資料）

年	対前期比
1987	−
1988	1.453
1989	1.221
1990	2.114
1991	1.306
1992	1.002
1993	1.013
1994	1.026
1995	1.081
1996	1.079
1997	1.351
1998	1.309
1999	1.151
2000	1.239
2001	1.131
2002	1.067
2003	1.428
2004	1.250

4）　加重平均

社員数が同じA社，B社の両社の平均賃金をみてみると，A社は35万円，B社は32万円，となっていたとします。A社のほうが，平均賃金が高いので，A社はB社より給与水準が高いと考えることができるでしょうか。そうとはいい切れません。図表145をご覧下さい。

図表 145. A社とB社の平均賃金比較

	A社		B社	
	人数	年齢別平均	人数	年齢別平均
20歳代	10人	25万円	40人	27万円
30歳代	20人	30万円	30人	32万円
40歳代	30人	35万円	20人	37万円
50歳代	40人	40万円	10人	42万円
全体	100人	35万円	100人	32万円

　1番下の列にある全体の平均賃金をみると，A社の方がB社よりも平均賃金は高くなっていますが，A，B両社の賃金を年齢層別にみてみると，すべての階層でA社の方が低くなっていることに気がつきます。

　これは次のような事情によります。この図表の，両社の社員の年齢構成をみてみると，A社は20歳，30歳代の若年層の人数が比較的少なく，40歳，50歳代という働き盛りの年齢の人口が多くなっていることに気がつきます。このため，A社では結果的に全体の平均賃金は高くなっています。B社は逆に，若年層の人口が相対的に多いため，全体の平均賃金は相対的に低くなっています。このため全体の平均賃金ではA社がB社を上回ったわけです。

　このように構成比まで考慮に入れた平均値のことを加重平均といいます。社員の年齢構成が大きく違っている点を無視して平均賃金の大きさを表面的に評価することは危険です[74]。

[2] 分布の散らばりを表す統計量——分散，標準偏差，レンジ

　さて，先の図表142のデータをみて下さい。3つのブランドは同じように扱ってよいでしょうか。確かに平均値は12で同じですが，どうでしょうか。

　ブランドBは毎日ほとんど同じ個数が売れていますが，ブランドCは極端に日によって売上個数が異なります。ブランドAはその中間の動きをしています。

　仕入れを考える上では，ブランドCのような動きが激しい商品は発注量の決定が難しくなります。いくら平均値が同じであっても，その動きの激しさ，つまり，「ばらつき」が異なれば，異質な集団とみなければなりません。

　工業製品を作るときには，「ばらつき」が非常に重要になります。要求された仕様は直径0.50センチのネジであるとします。ネジの平均の太さは確かに0.50センチであっても，0.49センチや0.51センチのものが多数混じっていたら実際には役に立ちません。

　歩いて川を渡ろうとしている人が，地元の人に川の深さを尋ねたところ，「平均の水深は80センチだよ」といわれても，渡れるかどうか判断できません。ひょっとしたら，深いところは水深3メートルくらいあるかもしれないからです。平均だけではきわめて情報不足といわざるを得ません。

　以上の例から，平均値だけではデータのもつ情報は表現し尽くせないことが理解されるでしょう。

---

[74] 古寺（1980年）p.95–97

データの集団の特性を表すとき，平均値だけではなく，ばらつき，いい換えると「散らばり」も必要であることがわかりました。

統計学の世界では，データの散らばりを，「レンジ」（最大値と最小値の差）で表すこともありますが，「分散」や「標準偏差」とよばれる統計量で表すのが普通です。分散の計算はこうです。

分散 = {(個々のデータ－平均値)² + (個々のデータ－平均値)² + …
　　　　　　　　…+ (個々のデータ－平均値)²} ÷ データの個数

つまり，個々のデータから平均値を引いて，それを平方します。これをすべてのデータについて行います。そして，それらの合計を求めます。最後に，それをデータの個数で割ります。

個々のデータを x_i ($i=1, 2, …, n$) として，x_i の平均を $\bar{x}$ （エックス・バーと読みます）と表すと，「分散」は，$\sigma^2 = (1/n) \Sigma (x_i - \bar{x})^2$ と表されます。σ は「シグマ」と読みます。

分散の単位は，データの測定単位の2乗になってしまい，使い勝手が悪いので，平方根をとります。こうして求められたものが「標準偏差」です。

$\sigma = \sqrt{(1/n) \Sigma (x_i - \bar{x})^2}$

標準偏差を知れば，データが「どの程度平均値の近くに分布しているか」がわかります。多くのデータが平均値の近くにある場合，標準偏差は小さくなります。多くのデータが平均値から離れたところにある場合，データがばらついている場合には，標準偏差は大きくなります。逆もいえます。つまり，標準偏差が小さければデータは比較的平均値の近くに分布しており，標準偏差が大きければデータは平均値から離れたところにもかなり分布しています。

いい換えると，標準偏差は，個々のデータが平均値からどれくらい離れているか，「その平均的な距離」を表しています。左右対称な分布ならば，概ねですが，平均値から左端（最小値），また平均値から右端（最大値）までのそれぞれの距離の約1/3を示します。

グラフでは比較しにくかったグループ同士も，平均値と標準偏差で，デジタルに比較できるようになります。ただし，散らばりの大きさを標準偏差によって比較するためには，前提条件があります。比較するグループの平均値が同じ程度でなければなりません。たとえば，ねずみと象の体重の散らばり具合を，標準偏差で直接比べることは無意味なことはおわかりでしょう。このように平均値がかなり異なる場合には，標準偏差を平均値で除して，「変動係数」にしてから比較することになります。つまり，「平均値に比べてどの程度のばらつき具合か」という指標で比較することになります。

変動係数 CV(%) = 標準偏差／平均値×100

変動係数は，変動の絶対的な大きさではなく，変動の相対的な大きさを問題にするための統計量です。CV値は百分率(%)単位で表されます。

さて，Excelを使って標準偏差を求めるには，統計関数 STDEVP を用います。図表142のデータの標準偏差を求めてみましょう。

図表 146. 標準偏差の計算

	A	B	C	D	E	F	G	H	I	J	K
1		月	火	水	木	金	土	日	合計	平均／日	標準偏差
2	ブランドA	10	8	9	9	15	17	16	84	12	3.5
3	ブランドB	12	12	11	12	12	12	13	84	12	0.5
4	ブランドC	3	6	6	14	9	20	26	84	12	7.8

K2；＝STDEVP(B2:H2)

K3，K4 は，K2 の計算式をコピーして求めます。

図表 146 に現れている結果をみると，ブランド B は標準偏差が 0.5 と小さく，ほとんどのデータが平均値の近辺に分布していることがわかります。それに対して，ブランド C は標準偏差が 7.8 と非常に大きく，平均値と個々のデータの「平均的な距離」が 8 近くあることになります。

ところで，よく似た統計関数に STDEV があります。こちらには先の STDEVP と違って P がついていません。

STDEV は「標本から母集団の標準偏差を求める」際に用います。この例でいうと，この 1 週間のデータはあくまでも標本であると考え，知りたいのは，このデータを生み出す元の大きな集団の標準偏差である，こういう場合です。このような場合には STDEV を用いることになります。詳しくは，第 8 章で学びます。

なお，STDEV の計算式は

$\hat{\sigma} = \sqrt{1/(n-1) \sum (x_i - \overline{x})^2}$ となり，$n-1$ で割るところだけが異なります。これは「不偏標準偏差」とよばれます。$\hat{\sigma}$ は，「シグマ・ハット」と読みます。それに対して，n で割る方の標準偏差は「標本標準偏差」とよばれ，s で表されます。

なお，標準偏差は，平均値と同じく，分布が左右対称であることを前提にしています。もし，分布が大きく歪んでいたり，外れ値が存在していたりするときには，平均値が分布の位置を示す統計量として不適当なのと同じように，標準偏差もデータの散らばり具合を正しく説明することができず，適当ではありません。

【練習問題】(6-2-4)

図表 142 の各ブランドについて，手計算で平均値と標準偏差を求めて下さい。そして，Excel を使って，平均値と標準偏差を求めて下さい。

【練習問題】(6-2-5)

図表 139 のデータについて，標準偏差を求めることが散らばり具合を評価する統計量として適切か否か判断して下さい。もし，適切と判断されるなら，Excel を使って男女別に標準偏差を求めて下さい。また，変動係数を求めて下さい。これらの結果から，男女間での散らばりの違いに関してわかることを述べて下さい。

[3]　四分位数と5数要約，箱ひげ図──探索的なデータ解析の紹介

外れ値があったり，分布が左右対称から大きくずれていたりするような場合には，標準偏差は散らばりを表す統計量として不適当です。このような場合には，以下に述べる「四分位偏差」（「しぶんいへんさ」と読みます）を使います。

まず，データを大きさの順に並べ，25%ずつ4等分にします。区切りは3箇所にできます。区切りの小さいほうから，第一四分位数（Q1），第二四分位数（Q2），第三四分位数（Q3）といいます。第二四分位数は中央値と同じです。

散らばりの程度を表す「四分位偏差」は，（第三四分位数−第一四分位数）÷2で求められます。この統計量は，外れ値の影響を受けません。データの分布の大きな歪みにも，標準偏差ほどは影響されません。

さらに，第二四分位数−第一四分位数を「下側ヒンジ」，第三四分位数−第二四分位数を「上側ヒンジ」といいます。下側ヒンジと上側ヒンジは独立しており，それぞれ左，右の散らばり具合を表します。

四分位数を用いると，データが均等に分布しているかどうか，データがどのあたりに集まっているか，おおよそ見当をつけることができます。たとえば，第二四分位数と第三四分位数の差が小さければ，多くのデータがその間にあることがわかります。また，各四分位数が離れていれば，データが均等に散らばっていることがわかります。

　　　Excelでは，各四分位数はQUARTILE関数で求めることができます。
　　　　=QUARTILE(データの範囲,0)　最小値
　　　　=QUARTILE(データの範囲,1)　第一四分位数
　　　　=QUARTILE(データの範囲,2)　第二四分位数
　　　　=QUARTILE(データの範囲,3)　第三四分位数
　　　　=QUARTILE(データの範囲,4)　最大値

データの分布をこの5つの数字で表すことを「5数要約」といいます。

図表132の電灯消費量データ（人口千人当たり）の四分位偏差を求めてみましょう。そして，5数要約をしてみましょう。

　=(QUARTILE(D2:D48,3)−QUARTILE(D2:D48,1))*(1/2)　より四分位偏差は0.12と求められます。

5数要約は，1.73，1.88，2.03，2.12，2.28となります。

5数要約を，グラフで表したものが，次の「箱ひげ図」です。

図表 147. 箱ひげ図（a）

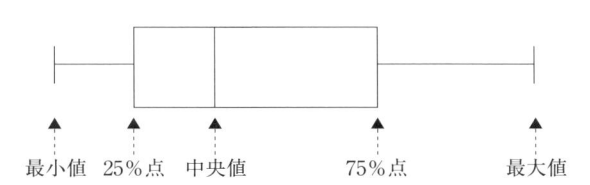

最小値　25％点　中央値　　75％点　　　　最大値

　箱の中の，線で区切られた2つの部分と，箱の両側に伸びる2本のひげに，同数のデータがはいっているわけです。こういう簡単な図で，分布の大勢がつかめるというのは大変便利なことです[75]。

　なお，順位に基づく統計量を使って箱ひげ図を作った場合は，分布の対称性も検討できます。ただし，ヒストグラムと違って分布の単峰性を調べることはできません。

　平均値，標準偏差も箱ひげ図を使って表すことができないこともありません。しかし，標準偏差は平均値の上側と下側の散らばり具合を区別しません。よって，箱の部分は左右均等にしか描けず，左右対称な分布以外では効果があまりありません。

図表 148. 箱ひげ図（b）

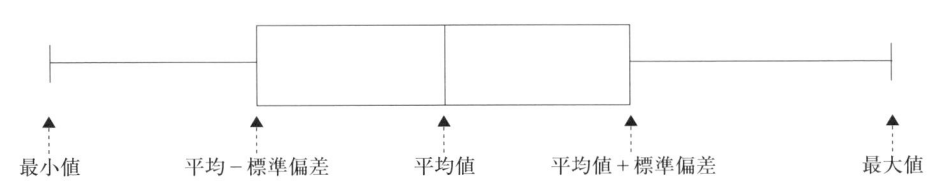

最小値　　平均－標準偏差　　平均値　　平均値＋標準偏差　　　　最大値

　箱ひげ図はヒストグラムに比べて細かな表現力は劣りますが，簡潔に表現できるので，複数のグループの分布の特徴の違いをざっくりと比較する際よく使われます。

　たとえば，データを男女に層別し2つの箱ひげ図を縦に並べます。男女間の比較ができ，有用な情報が得られます。これを「層別箱ひげ図」といいます。工場などである製品の品質データを各機械に分けて層別箱ひげ図を描けば，品質管理に用いることができます[76]。

図表 149. 層別箱ひげ図

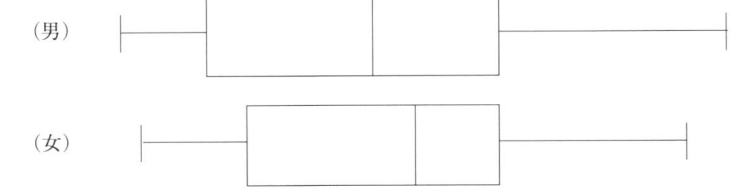

（男）

（女）

---

[75] 森口（1991年）p.76
[76] 新村（2002年）p.129

なお，ここで述べてきた，四分位偏差，5数要約，箱ひげ図などは，高度な数学理論にのめり込み過ぎた分析に警鐘を鳴らし，目前のデータと格闘することから情報を導き出そうとする「探索的データ解析」とよばれる「新しい記述統計学ともいえるアプローチ」の基本的な道具です。

以上，平均値や標準偏差を中心に，四分位偏差を含めて，分布の位置と散らばりを示す統計量について説明してきました。これらはデータの分布の様子を簡略化して表現するものです。今では，Excelを使えば，グラフも簡単に描くことができるので，常にグラフに描いてデータの分布の様子を確認してデータ解析を進めるとよいでしょう。

【練習問題】(6-2-6)
先ほどの目測値のデータをもとに，男女に5数要約した上で，層別箱ひげ図を描いて下さい。

＊Excelのワンポイント知識

すべてのデータが揃っているとは限りません。データが一部欠けていることはよくあります。このような欠測値があるとき，Excelの統計計算ではどう扱われるかを整理しておきます。

平均値，中央値，分散，標準偏差などの基本統計量を算出する関数において，欠測値はどのように処理されるのでしょうか？

どれも欠測値（空白，「欠測」で表示も含む）は無視して計算されます。欠測値を「0」とみなして計算するのではありません。

【練習問題】（6-2-7）

図表150のデータは，清酒，焼酎，ビールの一世帯当たりの支出金額です。層別箱ひげ図を描いて比較してみましょう（時系列データなので時間情報を加味して解析したいところです。これについては第8章で扱います）。

図表150. 酒類の一世帯当たり週別支出金額（出典：総務省統計局「家計調査」（平成14年））

週	清酒	焼酎	ビール	週	清酒	焼酎	ビール
第1週	206	70	267	第27週	134	104	588
第2週	155	74	218	第28週	115	74	580
第3週	136	72	229	第29週	149	92	584
第4週	179	92	234	第30週	132	91	597
第5週	148	103	271	第31週	125	113	639
第6週	158	98	248	第32週	154	112	753
第7週	167	100	246	第33週	132	94	611
第8週	161	99	307	第34週	106	77	363
第9週	189	121	304	第35週	99	78	390
第10週	152	84	271	第36週	115	91	321
第11週	118	83	305	第37週	119	87	358
第12週	173	103	330	第38週	129	90	389
第13週	167	98	357	第39週	143	93	348
第14週	152	79	317	第40週	137	87	352
第15週	151	77	290	第41週	155	82	327
第16週	149	86	295	第42週	147	83	310
第17週	180	129	421	第43週	164	92	300
第18週	156	102	488	第44週	206	109	281
第19週	111	85	299	第45週	146	104	289
第20週	145	127	327	第46週	171	93	262
第21週	135	128	383	第47週	212	115	344
第22週	145	139	408	第48週	238	103	384
第23週	110	146	422	第49週	304	120	423
第24週	154	129	404	第50週	295	117	477
第25週	108	107	489	第51週	340	129	473
第26週	175	121	423	第52週	829	192	875

[4] データの標準化[77]

図表151は，ある会社の社員10名の身長と体重の測定値です。これらのデータがもつ情報を，身長と体重を関連づけて，正確に把握することは容易ではありません。

一般に，このように複数のデータ項目間で単位が異なることが多く，また，仮に単位が同じであっても普通，平均値や散らばり具合は異なります。そのため，複数のデータ項目を比較することは容易ではありません。

このような場合，次の変換式を使って，元のデータ x_i を平均値0，標準偏差1になるように変換してやります。元のデータから平均値を引いて，標準偏差で割ります。

---

[77] 涌井他（2001年）p.21, 22

標準化されたデータ z_i

$= (データ x_i - 平均値 \bar{x}) / x_i 全体の標準偏差$

図表 151. 身長と体重のデータ

No.	身長（cm）	体重（kg）
1	172.5	62.9
2	168.0	64.5
3	170.5	63.0
4	168.8	60.5
5	174.5	58.6
6	166.5	55.8
7	180.6	68.0
8	171.3	57.5
9	168.9	59.5
10	173.4	67.3

このようにして求められた「標準化されたデータ z_i」は，次のような性質をもっています。

- z_i の平均値は 0，標準偏差は 1。z_i には単位はない。
- z_i が正なら平均よりも大きく，負ならば小さい。
- z_i が 1 より大きければ，そのデータは平均よりも標準偏差分を超えて遠くにある。
- この z_i を使えば，身長と体重のように異なった単位で測定されたデータ間であっても，比較が可能になる。

図表 152. z 値に変換

No.	身長の z 値	体重の z 値
1	0.26	0.29
2	−0.91	0.71
3	−0.26	0.32
4	−0.70	−0.32
5	0.78	−0.82
6	−1.30	−1.54
7	2.36	1.61
8	−0.05	−1.10
9	−0.67	−0.58
10	0.49	1.43

確かに，このように変換してやると，No.1 から No.10 の個々の社員の身長，体重の位置づけがよくわかるようになります。

たとえば，No.2 の人は，身長は平均よりも低いが，体重は重く，No.6 の人は身長，体重ともに平均よりもかなり小さいことがわかります。

このようなデータの加工を「標準化（あるいは基準化）」といいます。データの標準化は，データの単位や散らばり具合を調整することによって，異なった種類のデータを比較する方法として，第一に思い浮かべたい方法です。そして，標準化することによって，統計解析の適用領域を大きく広げることができます。

Excel を使って図表 151 のデータの標準化をするには次のようにします。

図表 153. Excel によるデータの標準化

	A	B	C	D	E
1	No.	身長(cm)	体重(kg)	Z変換後の身長	Z変換後の体重
2	1	172.5	62.9	0.26	0.29
3	2	168.0	64.5	−0.91	0.71
4	3	170.5	63.0	−0.26	0.32
5	4	168.8	60.5	−0.70	−0.32
6	5	174.5	58.6	0.78	−0.82
7	6	166.5	55.8	−1.30	−1.54
8	7	180.6	68.0	2.36	1.61
9	8	171.3	57.5	−0.05	−1.10
10	9	168.9	59.5	−0.67	−0.58
11	10	173.4	67.3	0.49	1.43
12	平均値	171.5	61.8		
13	標準偏差	3.856942	3.8771639		

B12；＝AVERAGE(B2:B11)（←AVERAGE は平均値を求める統計関数）

B13；＝STDEVP(B2:B11)（←STDEVP は標準偏差を求める統計関数）

C12；＝AVERAGE(C2:C11)

C13；＝STDEVP(C2:C11)

D2；＝(B2－$B$12)/$B$13（←$マークは絶対参照にするため）

D3 から D11 は，D2 をコピーします。（←フィルハンドルを使うと便利です）

E2；＝(C2－$C$12)/$C$13

E3 から E11 は，E2 をコピーします。

あとは，見やすさに配慮して表示桁数を小数点以下2位までにします。

そのやり方は，[書式(O)] → [セル(E)] →表示形式から「数値」→小数点以下の桁数「2位」です。

【練習問題】(6-2-8)

図表 139 のデータを，男女別にした上で，データの標準化をして下さい。

【練習問題】(6-2-9)

一般にデータを標準化する理由を述べて下さい。

第7章
2種類の変数の関係を読む

7.1 変数間の関連性の有無を調べる——相関分析

[1] 図を描いて関連性を調べる——散布図

　たとえば，身長と体重，価格と売上高，訪問回数と契約件数のように，複数の量的な変数の間の関連を解析する際には，まずは，散布図を描きます。第5章で学んだように，2変量の散布図は，すべてのデータ (x_i, y_i) を xy 平面上にプロットすることによって描けます。そして，散布図上の点の散らばり具合から，x と y の関連について見当をつけます。

　まず，x と y に関係がありそうかなさそうか，という点からみていきます。

　図表154のように，点が全体にばらばらに分布していれば，x と y の間に関連はないと考えられます。このようなとき，統計学の言葉で，x と y に「相関はない」といいます。

　点の分布全体が何らかの形をなしているようならば，x と y に何からの関係があるかもしれません。そして，特に，図表155のように，点全体が，傾向として右上がりに分布していれば，x が増えると y も増えていることになります。このような場合，統計学の言葉で「正の相関がある」といいます。

　反対に，図表156のように，右下がりに分布していれば，x が増えると y は逆に減っているので，「負の相関がある」といいます。なお，後に述べますが，相関関係は因果関係を必ずしも意味するものではありません。

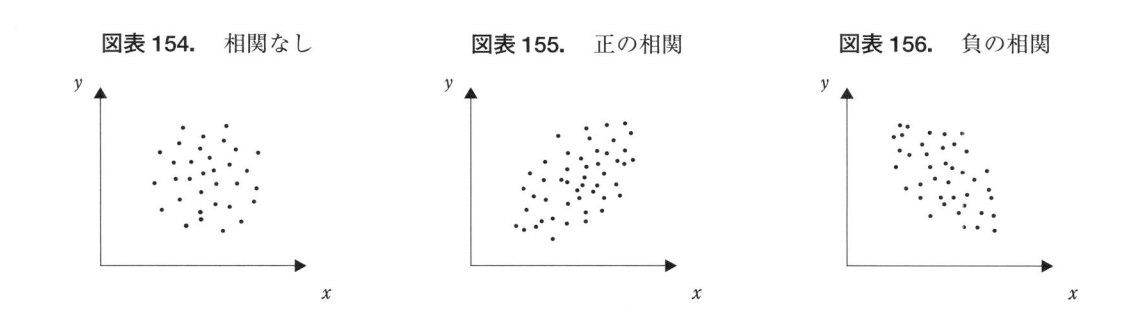

図表 154.　相関なし　　　　**図表 155.　正の相関**　　　　**図表 156.　負の相関**

　その他，点の図表157，158，159のように，点の分布が曲線状になったり，U字型になったりす

るなど，様々な形になることもあります。このような場合も，変数間に何らかの関係があるかもしれないので，さらに検討を深める必要があります。

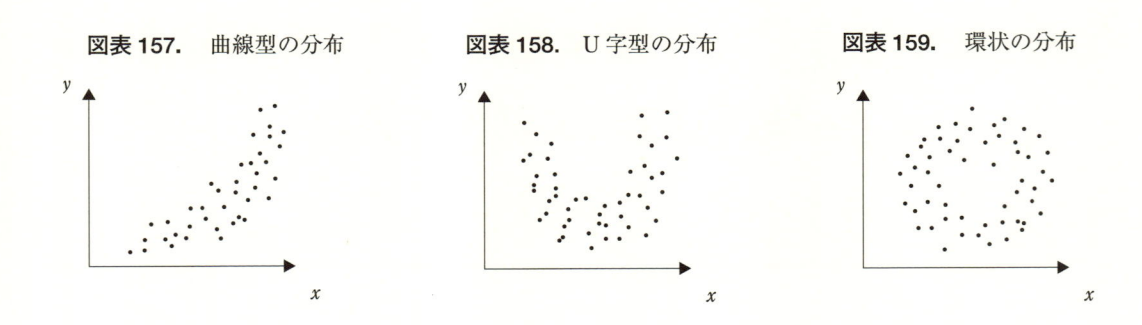

図表 157. 曲線型の分布

図表 158. U字型の分布

図表 159. 環状の分布

全体の散らばり具合をみるとき，個々の個体がいくつかのグループをなすような分布をしていないか，注意する必要があります。もし，複数のグループが混在しているようであるなら，解析を深める際に，それらを別々のグループに分けて，それぞれで解析を行う必要があります。

たとえば，図表160の場合，2つのグループがあり，その各々において相関はみられないにもかかわらず，一緒に描くと弱いながら正の相関があるようにみえてしまいます。このような場合，「みかけ上相関がある」といいます。逆に，図表161の場合，2つのグループのそれぞれにおいては相関があるのですが，一緒に描くと相関がないようにみえてしまいます。このような場合，「みかけ上相関がない」といいます。ですから，みかけ上相関がないからといって，そこで探索をやめてはいけません。

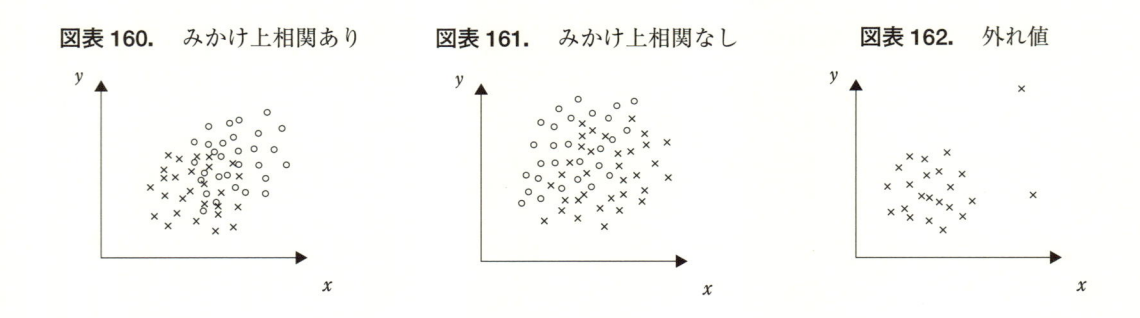

図表 160. みかけ上相関あり

図表 161. みかけ上相関なし

図表 162. 外れ値

実例を出しましょう。図表163は，わが国の121の銀行について，財務データをもとに健全性と収益性のランキングをつけ，散布図に描いたものです。全体では，健全性と収益性に相関はまったくみられませんが，総合順位情報をもとに上位−中位−下位の3つに層別して，散布図を描くと，各層の中では，健全性と収益性に明らかに負の相関が存在していることが窺えます。つまり，層ごとにみると健全性が高ければ収益性が低い，あるいは，収益性が高ければ健全性は低い，という関係があります。

図表 163. 層別でみると相関がみえる場合
（出典：東洋経済新報社「金融ビジネス」(2005 年夏号)）

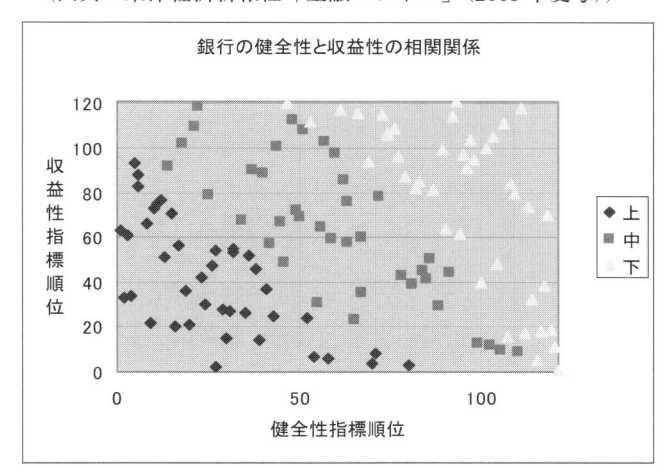

その他，散布図をみる場合には，飛び離れた値，すなわち，「外れ値はないか」という点も注意しておきます。図表 162 のように外れ値がある場合には，解析の目的に照らして対応を決めます。x と y の関連性自体に関心があるときは，外れ値を除いた解析を基本として行い，注記として外れ値の影響を付加して考察すればよいでしょう。

【練習問題】（7-1-1）
　図表 150 のデータを用いて，清酒とビールの間に相関があるかどうか調べたいと思います。散布図を描いて下さい。また，同様にして清酒と焼酎の間の相関についても調べて下さい。

[2]　数値データの関連の強さを計算する——相関係数

1)　相関係数の導き方

　2 つの変量間の相関関係については，散布図を描くと直感的に把握できるものの，あくまで視覚に頼るため，相関関係同士を客観的に比較することが難しいという弱点があります。客観的に比較するには，それぞれの相関関係の強さを数値に置き換えておければ便利です。このようなアイデアをもとにして，相関関係を数値で表現したものが「相関係数」です。

図表 164. 相関係数の考え方

すべてのデータ(x_i, y_i)について，$(x_i-\bar{x})\times(y_i-\bar{y})$を計算します。各象限によって，次のように，その正負が決まります。

　　Ⅰ象限　　$(x_i-\bar{x})\times(y_i-\bar{y})>0$
　　Ⅱ象限　　$(x_i-\bar{x})\times(y_i-\bar{y})<0$
　　Ⅲ象限　　$(x_i-\bar{x})\times(y_i-\bar{y})>0$
　　Ⅳ象限　　$(x_i-\bar{x})\times(y_i-\bar{y})<0$

そこですべてのデータの$(x_i-\bar{x})\times(y_i-\bar{y})$を加えあわせると，

　　$\sum(x_i-\bar{x})(y_i-\bar{y})$となります。

もし，この値が，正ならば，点が概ね右上がりに分布している，つまり正の相関関係にあるといえます。逆に，この値が負ならば，点が右下がりに分布している，つまり負の相関関係にあるといえます。

ここで，データの個数や単位の影響をなくし，この数値を±1以内に収めるために，

$$\sqrt{\sum(x_i-\bar{x})^2 \times \sum(y_i-\bar{y})^2}$$

およびデータ数で割算します。さらに，その平方根をとって整理すると，次のようになります。これがピアソンの相関係数rとよばれるものです。

$$r=\frac{n\sum x_i y_i - \sum x_i \sum y_i}{\sqrt{n\sum x_i^2-(\sum x_i)^2}\sqrt{n\sum y_i^2-(\sum y_i)^2}}$$

2）相関係数の解釈

相関係数は，ある変量とある変量との「直線的」な関係（関連度）を示す指標です。相関係数は，あくまでも変数間の線形関係を示すモノサシであることに注意しておかねばなりません。ですから，たとえば，曲線的な関係が想定される変量間の関係を相関係数で評価することは不可能です。

相関係数から変量間の直線的な相関関係の強弱を判断する際の目安は次の通りです。

　　$0.8 \leq |r|$　　　　　強い相関あり
　　$0.6 \leq |r| < 0.8$　　相関あり
　　$0.4 \leq |r| < 0.6$　　弱い相関あり
　　$|r| < 0.4$　　　　　　相関なし

　　（なお，rの正負は相関関係の正負を表します）

ただし，厳密には，相関係数は，データ数を考慮して吟味する必要があります。これについては第9章で学びます。

【練習問題】（7-1-2）

清酒と焼酎の相関係数を計算して下さい。ただし，第1週から第5週までのそれぞれの値を使い，電卓か手計算で求めて下さい。

[3] Excelによる相関分析の実施

相関係数を，Excelを用いて求めるには，統計関数の一つであるCORRELを用いる方法と，［ツール（T）］の中の分析ツールを用いる方法があります。

図表165のデータを用いて，相関係数を求めてみましょう。

図表 165. 温泉地の評価と魅力度（出典：日本経済新聞社「全国主要温泉地の魅力度調査」）

	A	B	C	D	E	F	G
1	温泉名	温泉の質	街の情緒	自然景観	娯楽施設	魅力度	回答者数
2	乳頭	91	27	77	0	8.4	22
3	草津	87	94	58	21	8.1	62
4	湯布院	53	70	74	6	8.0	53
5	城崎	54	97	16	5	7.6	37
6	四万	84	53	53	5	7.5	38
7	白骨	96	13	92	0	7.4	24
8	黒川	71	88	53	0	7.4	34
9	野沢	68	76	51	5	7.3	37
10	銀山	45	95	55	5	7.2	20
11	新穂高	80	12	96	4	7.2	25
12	登別	94	42	76	28	7.1	50
13	雲仙	71	38	82	0	7.1	45
14	修善寺	45	80	51	10	7.0	49
15	渋	71	86	33	10	7.0	21
16	有馬	72	72	39	10	7.0	39
17	指宿	69	23	72	8	7.0	39
18	仙石原	50	6	89	6	6.9	18
19	阿寒湖	24	30	92	0	6.8	37
20	伊香保	46	89	44	11	6.8	55
21	道後	57	67	12	8	6.8	49
22	強羅	40	30	80	10	6.7	20
23	山中	49	66	63	6	6.7	35
24	玉造	63	44	25	0	6.7	32
25	三朝	66	69	31	3	6.7	32
26	那須	56	15	78	22	6.6	41
27	湯河原	34	43	46	6	6.6	35
28	平湯	81	23	73	4	6.6	26
29	那智勝浦	57	4	86	4	6.6	28
30	鳴子	61	61	32	7	6.5	31
31	箱根湯本	49	47	42	20	6.5	55

このデータは，主要な温泉地 66 ヶ所について，専門家（研究者・識者，旅行会社社員，旅館経営者）にアンケート調査で意見を求めた結果のうち，総合順位の上位 30 ヶ所を抜粋したものです。「温泉の質」から「娯楽施設」までは，「優れたものがある」と思う専門家の割合です。「魅力度」は，専門家に，総合的な見地から 1 点～10 点で評価してもらい，それを平均したものです。

1) 統計関数の CORREL を使う方法

○「温泉の質」と「街の情緒」の相関係数を求めましょう。

セル I2 に，相関係数を出すことにします。あわせて散布図も描いておきましょう。

I2； = CORREL(B2:B31,C2:C31) とします。

すると，−0.12 となります。

先の r の判定の基準に照らすと，「相関なし」となります。

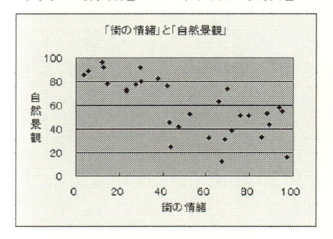

図表 166.　　　　　　　図表 167.　　　　　　　図表 168.
「温泉の質」と「街の情緒」　「街の情緒」と「自然景観」　「温泉の質」と「魅力度」

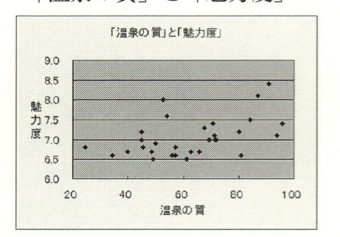

　この場合の散布図は図表166です。ばらばらに分布していて，確かに直線的な関係はもちろん，曲線的な関係もないようです。
　よって，「温泉の質」と「街の情緒」には，相関はありません。
○「街の情緒」と「自然景観」の相関はどうでしょうか。
　I3 に計算してみましょう。
　I3；＝CORREL(C2:C31,D2:D31)　とします。
　すると，−0.71 となります。「負の相関あり」と判断できます。
　散布図は図表167です。右下がりの傾向がみえます。ただし，左上のグループと右下のグループに分かれているようにもみえます。
　よって，「街の情緒」と「自然景観」には，負の相関があるようですが，2つのグループによるみかけ上の相関の可能性も頭に入れておくべきでしょう。
○「温泉の質」と「魅力度」の相関はどうでしょうか。
　I4 に計算してみましょう。
　I4；＝CORREL(B2:B31,F2:F31)　とします。
　すると，0.49 となります。「弱い正の相関あり」となります。
散布図は図表168です。（散布図を描くとき，ワークシート上の離れた2つの列を指定するには，2列目を指定するときに，［Ctrl］キーを押しながら範囲指定します。）散布図をみると，外れ値の影響もなく，やや右上がりの傾向がみえます。
　よって，「温泉の質」と「魅力度」は，弱い正の相関があるといえます。

　以上，3つの組合せについて相関関係を調べてきましたが，変数は5つあるので，これらすべての組合せは，5つから2つを選ぶ組合せと等しく，$_5C_2 = 5*4/(1*2) = 10$ 通りです。これらの相関を今のようにひとつひとつ求めていくのが大変だと思う場合には，次に説明する「分析ツール」を使うと，一度にすべての組合せの相関係数を表に表してくれます（散布図は1つずつ描く必要があります）。

2）　分析ツールを使う方法
（前もって，メニューで，［ツール(T)］をクリックして，［分析ツール(D)］が表示されていることを確認して下さい。もし，分析ツールが表示されない場合は，第6章の6.1節を参照して使用可能な状態にしておいて下さい。）
ⅰ）メニューから　［ツール(T)］→［分析ツール(D)］→［相関］を選択します。

すると，図表169のような画面が表示されます。

図表169. 分析ツールの相関分析の際の入力画面

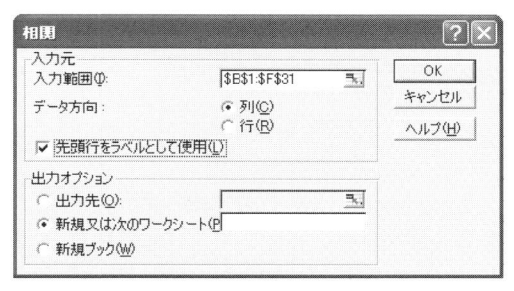

ii）入力範囲は，ドラッグして（B1:F31）を範囲指定します（＄は自動的につきます）。
iii）そして，1行目は項目名なので，「先頭行をラベルとして使用(L)」にチェックを入れます。
iv）［OK］をクリックします。

すると，図表170のような相関係数の表（「相関係数行列」とよばれます）が表示されます。

図表170. 温泉の評価項目，魅力度の相関係数行列

	A	B	C	D	E	F
1		温泉の質	街の情緒	自然景観	娯楽施設	魅力度
2	温泉の質	1				
3	街の情緒	−0.12014	1			
4	自然景観	0.139713	−0.70845	1		
5	娯楽施設	0.080228	0.119788	−0.07002	1	
6	魅力度	0.487859	0.257208	0.13961	−0.09855	1

この表には，変数×変数（あるいは項目×項目）の10組の組合せすべての，それぞれの相関係数が表示されています。いちいち1組ずつ相関を求めなくてもよいので非常に便利です。

表の数字の見方を説明しましょう。

B3のセルに，−0.12014と出ています。これは「街の情緒」と「温泉の質」の相関係数です。「自然景観」と「温泉の質」の相関係数は，B4のセルの0.139713です。同様にして相関係数を読み取ることができます。4つの項目の中で「魅力度」と相関が比較的強いのは「温泉の質」であることがわかります。ただし，その相関係数は0.487859と強いものではありません。

なお，左上からの対角線がすべて「1」ですが，同じ項目同士の相関係数ですから「1」になります。また，右上の10個のセルが空白なのは，左下に，同じ組合せの相関係数が表示されているからです。

ただし，分析ツールの相関係数行列が便利であるからといって，過信してはいけません。相関係数は，あくまでも線形（直線状）の関係の有無を前提にしています。曲線やU字のような関係がある可能性が残っているので，必ず散布図で確認するようにします。

また，ごく少数の外れ値が相関係数を押し上げたり，逆に押し下げたりしているかもしれません。データ数が少ない場合は，特に悪影響は大きくなります。さらに，先にも述べましたが，複数のグループが混在して相関係数をゆがませているかもしれません。

繰り返しますが，必ず散布図を描いて確認することが大切です。

【練習問題】(7-1-3)

図表150のデータについて，統計関数のCORRELを用いて，清酒と焼酎，焼酎とビール，ビールと清酒の相関係数を各々求めて下さい。その後，分析ツールを用いて，一気に相関係数行列を求めて下さい。

3) 切断効果と擬似相関

①切断効果

相関係数と散布図を用いて変数間の関係を解析するとき，注意すべきことは他にもあります。

次の図表171は，入社試験の成績と入社後の業務成績を散布図にしようとしたものです。ここで注意すべき点は，私たちが手にできるデータは合格者のみのデータであり，点線よりも右のデータだけであるということです。つまり，不合格だった人の入社後の成績は存在しません。往々にして，入社試験の成績と働きだしてからの業務成績には相関はないといわれますが，これは必ずしも公正な分析とはいえません。

図表171. 切断効果

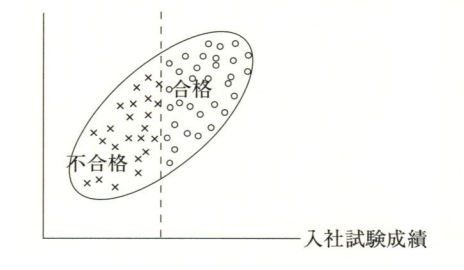

入社試験成績と業務成績の相関関係は，入社試験合格者のみのデータではなく，本来は受験者全員のデータをもとに判断するべきです。

仮にデータの分布が図表171のようになっていたとします。しかし，実際に，入社後の評価に使えるのは，このグラフでいえば右半分だけです。入社試験に落ちた人は，入社後の業務成績のデータはありません。

よって，入社試験を受験した人たち全体ではありません。そのため，入社試験と業務成績の相関係数は，真に関心のあるものとは異なります。この例からわかるように，各変数に関して，得られたデータの値が本来それぞれの変数がとりうる範囲の一部に偏っていないか，散布図を慎重に吟味しておくことを忘れてはなりません。

②擬似相関の存在

2つの変数，x，yの間に相関が認められる場合，そのメカニズムは以下の3つのいずれかです。

ア)「xがyの原因の一部である」
イ)「yがxの原因の一部である」
ウ)「xとyは直接の因果関係をもたないが，共通の原因zをもつ」

これらを，図で表すと，図表172のようになります。

図表 172. 擬似相関

ア： $x \longrightarrow y$ 　　イ： $x \longleftarrow y$ 　　ウ： $x \longleftarrow z \longrightarrow y$

特に注意すべきは，ウの場合です。ウの可能性があるので，「相関係数の値が大きいほど2つの変数の間に"直接の"因果関係がある」と決めつけるわけにいきません。

例） x；生徒の足の大きさ　 y；計算能力　 z；小学生の学年

z（小学生の学年）が上がると x（生徒の足の大きさ）も大きくなり，同時に， y（計算能力）も高くなります。よって， x と y に高い正の相関がでてきます。しかし，当たり前ですが，足の大きさと計算能力が因果関係をもつとはいえません。

このように x と y の直接の因果関係がなくても，「 z が高いと x も高く」，しかも「 z が高いと y も高い」のような場合，結果的に x と y の間に，見かけ上ですが，高い相関が表われることがあります。このような相関のことを「擬似相関」（見かけ上の相関または間接相関）といいます。

このような擬似相関が疑われる場合には，2つの対応が有効です。

1つの対策は，なんらかの基準で「層」，つまりグループに分けて，層ごとに相関を調べてみることです。この例の場合でいうと，年齢ごとに分けて，その集団の中での足のサイズと計算能力の相関を調べます。

もう1つの対策は，「偏相関係数」を使うことです。偏相関係数は， x, y のそれぞれのばらつきのうち「第3の変数 z によって説明できない成分同士」の相関関係を反映します。いい換えると，ウでいうと，矢印の関連性をのぞいた上での， x と y の「直接相関」です。これは次式で計算できます[78]。

$$r_{xy \cdot z} = \frac{r_{xy} - r_{xz} r_{yz}}{\sqrt{1 - r_{xz}^2} \sqrt{1 - r_{yz}^2}}$$

ただし， r_{xy}, r_{yz}, r_{xz} は，見かけ上の相関係数です。

以上のように，私たちは，相関関係を調べるとき，擬似相関が混じっている可能性を常に忘れないことが大切です。

【練習問題】（7–1–4）

「未婚女性は既婚女性に比べてチョコレートをよく食べる」という統計的な事実があるとします。「晩婚化が進むとチョコレートの消費が増える」といってよいでしょうか（ヒント：擬似相関）。

【練習問題】（7–1–5）

図表131のデータをみて下さい。「収益・成長力」を x ，「研究・開発」を y ，「若さ」を z として，「収益・成長力」と「開発・研究」の偏相関係数 $r_{xy \cdot z}$ を求めて下さい。

---

[78] 繁枡他（1999年）p.88

[4] 順位データの関連の強さを調べる——順位相関係数，属性相関係数

相関係数は，平均値や標準偏差と同様に，外れ値の影響を受けやすく，しかも，標本数（サイズ）が少ないほど，外れ値によって大きな影響を受けます。また，曲線的な相関関係は反映できません。

1）順位相関係数

顕著な外れ値を発見したときには，以下の①か②のいずれかの方法で，その影響を減少させて，変数間の関係を解析します。

①外れ値を除去する。
 a) 極端と思われる外れ値を除去して相関係数を算出しなおす。
 b) 外れ値とみなせるかどうかの判断に迷うときは，はずした場合と入れた場合の両方で相関係数を計算します。そして，外れ値の影響をコメントしておきます。

②順位相関係数を算出する。
 順位相関係数とは，2組の順位データ同士の間の相関関係を示すものです。データが比率尺度や間隔尺度で測定されている場合は，2組のデータ x, y を，それぞれ小さい方から大きいほうへと順位をつけた上で，その順位について相関係数を求めます。

 通常の相関係数は，x と y の直線的な関係の強さを示すものであり，曲線的な関係があるとき，その曲線的な関係の強さは相関係数に正確には反映されません。これに対して，順位相関係数は，x と y の関係が，直線的でなくても，単調に増加（あるいは減少）する関係であれば有効な指標となります。また，外れ値があっても，その大きさは反映されず，悪影響は最小化されます。このような性質を「頑健性（ロバストネス）がある」といいます。

図表 173. 単調に増加   図表 174. 単調に減少   図表 175. 外れ値がある場合

よく利用される順位相関係数として，「スピアマン（Spearman）の順位相関係数」があります。
○スピアマンの順位相関係数
 x_i の順位値を a_i，y_i の順位値を b_i，n をデータ数とします。
 スピアマンの順位相関係数 r_S は次の式で計算されます。

$$r_S = 1 - \frac{6 \sum (a_i - b_i)^2}{n(n^2 - 1)}$$

7.1 変数間の関連性の有無を調べる　**145**

なお，この導出は比較的簡単です。ピアソンの相関係数の計算式で，x_i を a_i，y_i を b_i と置き換え，整理すると，この式になります。得られた数値の解釈の目安も同じです。

Excel での計算は，以下のようになります。

図表 176 は，コーヒー豆のブランドと味の評価データです。ブランドと味の相関を調べます。

散布図を描くと，図表 177 になります。1つのブランドだけ右に外れていることがわかります。このまま，（ピアソンの）相関係数を求めると 0.77 となります。しかし，これは，外れ値の影響を大きく受けていると考えられます。そこで，「スピアマンの順位相関係数」を求めることにします。

図表 176. コーヒー豆のブランドと味の評価

	A	B	C
1	商品	ブランド	味
2	a	87	82
3	b	43	81
4	c	42	77
5	d	36	65
6	e	23	47
7	f	27	52
8	g	24	63
9	h	25	58
10	i	27	39
11	j	19	36
12	k	23	48
13	l	16	26
14	m	12	18

図表 177. 散布図

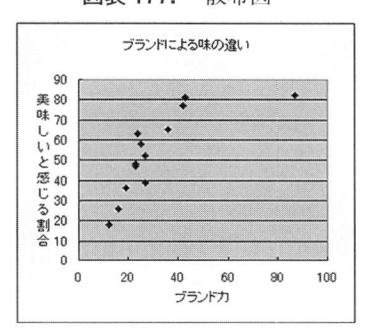

ⅰ）順位に変換します。

　　ブランドの順位値を D2 から D14 に，味の順位値を E2 から E14 に算出します。
　　　D2；=RANK(B2,$B$2:$B$14,1)　（これを D3 から D14 まで複写します）
　　　E2；=RANK(C2,$C$2:$C$14,1)　（これを E3 から E14 まで複写します）
　　注：RANK は順位に変換する関数。カッコの中の最後の「1」は「降順」を意味します。

ⅱ）ブランドごとに，順位値の差の 2 乗を求めます。
　　　F2；=(D2−E2)^2
　　　F3 から F14 までコピーします

ⅲ）順位相関係数を算出します
　　　G2 にサンプルサイズ（この場合は商品数）を入力します。
　　　G2；13
　　F15 に差の 2 乗の合計を算出します。
　　　F15；=SUM(F2:F14)
　　　H2；=1−6*F15/(G2*(G2*G2−1))
　　これで，スピアマンの順位相関係数が 0.91 と求められます。

図表178. 順位値に変換された結果

	A	B	C	D	E
1	商品	ブランド	味		
2	a	87	82	13	13
3	b	43	81	12	12
4	c	42	77	11	11
5	d	36	65	10	10
6	e	23	47	4	5
7	f	27	52	8	7
8	g	24	63	6	9
9	h	25	58	7	8
10	i	27	39	8	4
11	j	19	36	3	3
12	k	23	48	4	6
13	l	16	26	2	2
14	m	12	18	1	1

【練習問題】(7-1-6)

図表205の「外れ値のあるデータ」を用いて，価格と専有面積の順位相関係数を求めて下さい。

2) 属性相関係数

相関係数は数量で測定された変数同士の関係の強さを表します。第3章のアンケート集計で学んだクロス集計におけるカテゴリー同士のように，分類になっているような変数同士の相関の大きさを調べるには，「属性相関係数」を使います。ここでは，属性相関係数の中では，特に汎用性をもつ「クラメールの連関係数」について紹介しておきます。

○クラメールの連関係数

$$\chi^2 = \Sigma \{(期待度数 - 実測度数)^2 / 期待度数\}$$

クラメールの連関係数 $r_c = \sqrt{\{\chi^2/(n(k-1))\}}$ （n はデータ数，k は2つの変数のカテゴリー数の少ない方の値）

ただし，クロス表の縦計，横計に1つでも0がある場合は算出できません。

解釈の目安は以下の通りです。

r_c が 0.8 以上…強い相関がある

r_c が 0.6 以上…相関がある

r_c が 0.4 以上…弱い相関がある

r_c が 0.4 未満…相関がない

例）図表179のデータは，転職者についての調査結果です。転職前の業種と現在の業種に関係があるか関連を調べたいと思います。

このデータを少しみると，対角線上に大きな値があることに気がつきます。これより，前業種と現在の業種の相関は高いと推察できます。その大きさは，どの程度でしょうか。

7.1 変数間の関連性の有無を調べる

図表 179. 転職前後の業種（出典：佐藤博樹・玄田有史編「成長と人材」より抜粋）

	A	B	C	D	E	F
1	クロス集計の結果		前の勤務先の業種			
2			建設業	製造業	卸・小売・飲食業	合計
3	現在の勤務先の業種	建設業	132	44	16	192
4		製造業	47	222	68	337
5		卸・小売・飲食業	24	55	144	223
6		合計	203	321	228	752

以下のように，χ^2（カイ2乗と読みます）の値などを求めます。

i) セルごとに期待度数を出します。

　期待度数とは，もし，「前業種と現業種が関係ない」と仮定したときの数字です。各セルの度数です。

図表 180. 求められた期待度数

	A	B	C	D	E	F
9						
10	期待度数		前の勤務先の業種			
11			建設業	製造業	卸・小売・飲食業	合計
12	現在の勤務先の業種	建設業	52	82	58	192
13		製造業	91	144	102	337
14		卸・小売・飲食業	60	95	68	223
15		合計	203	321	228	752

C12 ; ＝C6＊F3/F6　　D12 ; ＝D6＊F3/F6　　E12 ; ＝E6＊F3/F6
C13 ; ＝C6＊F4/F6　　D13 ; ＝D6＊F4/F6　　E13 ; ＝E6＊F4/F6
C14 ; ＝C6＊F5/F6　　D14 ; ＝D6＊F5/F6　　E14 ; ＝E6＊F5/F6

ii) セルごとに（期待度数−実測度数）²／期待度数を計算します。

図表 181. 食い違いの大きさ

	A	B	C	D	E
18					
19	（期待度数−実測度数)^2／期待度数		124.0071271	17.57946135	30.61042678
20			21.25425131	42.45357501	11.43098509
21			21.76654052	16.96865447	86.30417322

C19 ; ＝(C12−C3)^2/C12　　D19 ; ＝(D12−D3)^2/D12　　E19 ; ＝(E12−E3)^2/E12
C20 ; ＝(C13−C4)^2/C13　　D20 ; ＝(D13−D4)^2/D13　　E20 ; ＝(E13−E4)^2/E13
C21 ; ＝(C14−C5)^2/C14　　D21 ; ＝(D14−D5)^2/D14　　E21 ; ＝(E14−E5)^2/E14

iii) χ^2 値を求めます。

図表 182. χ^2 値

	A	B	C
23			
24	χ^2		372.3751949

iv) クラメールの連関係数 r_c を求めます。

図表183. クラメールの連関係数 r_c

	A	B	C
26			
27	クラメールの連関係数 r_c		0.497584053

　　　C27；=SQRT(C24/F6/(3−1))　（←SQRT は正の平方根を求める統計関数です）

なお，計算式の中の「(3−1)」の部分は，$k-1$ に対応している部分です。クロス集計の2つの変数のカテゴリーがともに3なので，その小さい方も当然3です。よって，クラメールの連関係数の計算式において $k=3$ となります。

r_c は約 0.5 となり，前職の業種と現職の業種の間には「弱い正の相関がある」といえます。

【練習問題】(7-1-7)

図表184のデータは，あるコマーシャルの理解度を年齢別にクロス集計したものです。年齢と理解度の関連度をクラメールの連関係数を求めて判断して下さい。

図表184. 年齢とコマーシャルの理解度のクロス集計

		理解度		
		ほとんど理解できていない	大半は理解しているが詳しくはわからない	ほぼ完全に理解している
年齢	5〜7歳	55	40	10
	8〜10歳	36	50	24
	11〜13歳	15	27	48

7.2　一方の変数でもう一方の変数の動きを説明する——回帰分析

[1]　一方で他方を説明する単回帰分析の仕組み

1) 回帰分析とは

改めて，データ解析とは何をすることなのでしょうか。

一口でいうと，「現実の事象（事物や現象）をデータとして写し取り，そのデータから，事物の本質を知ろうとする行為」です。図表185は「データ解析とは何か」をまとめたものです。

たとえば，腕時計のムーブメントに製品Aと製品Bがあるとします。どちらがより高精度か検

討したいときには，たとえば，それぞれ 100 個の精度を測定して，そのデータから平均値や標準偏差を求めて，真の製品 A と B の精度をモデル化します。そのモデルを比較して，どちらが，精度が高いか判断します。

つまり，平均値や標準偏差という指標で，製品 A と B の精度をモデル化したと考えられます。

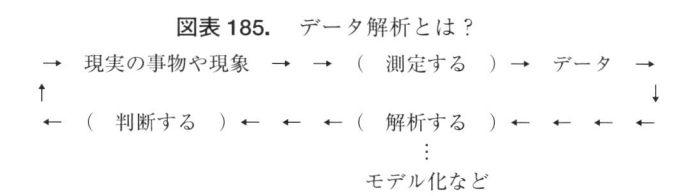

図表 185．　データ解析とは？

→　現実の事物や現象　→　→　（　測定する　）　→　データ　→
↑　　　　　　　　　　　　　　　　　　　　　　　　　　　　　　↓
←　（　判断する　）　←　←　（　解析する　）　←　←　←　←
⋮
モデル化など

相関分析も同じです。「変数間の関係」を，相関係数を使ってモデル化するということです。本節のテーマである回帰分析では，モデル化ということが一層鮮明に出てきます。

たとえば，新商品を発売するに際して価格を決めなければなりません。「価格 x を高く設定すれば売上数量 y は減る」ということは常識的にわかっていますが，具体的にどのくらいの影響があるかはわかりません。

すなわち，「$y=f(x)$ が単調に減少する関数であること」まではわかっていますが，具体的にどのような形であるかは特定できていません。

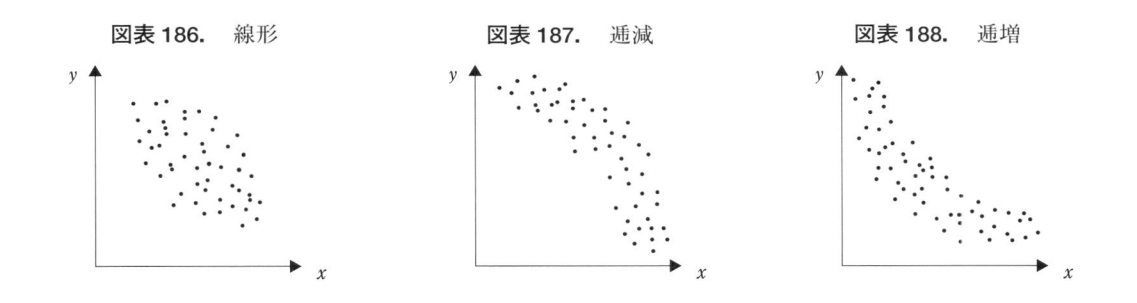

図表 186．　線形　　　　　　図表 187．　逓減　　　　　　図表 188．　逓増

そこで，既存の同じような種類の商品の「価格と売上数量」を xy 平面にプロットしていきます。図表 189 のようにデータが分布していたとします。

ここでの問題は，価格と売上数量のモデル，すなわち，「価格 x を決めれば売上数量 y が決まる」という関数の式を，これらの点の分布から浮かび上がらせることです。

このように，入手したデータから，その背後に潜む「結果＝f（原因）」の仕組みを科学的にみつけるために，「ある変数の動き(y)を他の変数の動き(x)で説明できるようなモデルを作ること」を，一般に「回帰分析」といいます。x と y の関係がモデルとして把握できれば，それを用いて予測を行うことも可能になるのです。

具体的にどのようにすればよいのか次に述べましょう。

図表 189. 類似商品の価格と売上数量

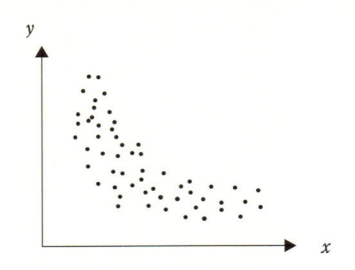

図表 190. 中古分譲マンションのデータ

	A	B
1	価格（万円）	専有面積（㎡）
2	1,291	71.12
3	1,350	74.93
4	1,980	63.24
5	1,950	79.45
6	2,090	75.55
7	2,389	70.15
8	1,700	75.65
9	1,000	41.88
10	1,250	43.96
11	2,380	66.3
12	2,600	80.75
13	1,200	55.65
14	1,280	35.35
15	1,390	64.7
16	1,480	67.1
17	1,980	67.1
18	2,200	70.52
19	950	52.25
20	998	52.25
21	1,250	56.54
22	1,280	58.85
23	1,780	99.51
24	2,080	99.51
25	2,800	92.46
26	3,000	79.43
27	830	49.77
28	2,100	96.99
29	420	19.6
30	650	18.08
31	2,000	75.11
32	1,895	75.3
33	1,880	44.6
34	1,255	55.37
35	2,480	69.54
36	1,080	42.22
37	1,290	51.69
38	1,450	59.85
39	540	22.12
40	630	22.12
41	650	22.12
42	1,800	73.97
43	1,950	75.05

2）最小2乗法

図表 190 は，図表 25 の中古分譲マンションのデータから，専有面積と価格を抜き出したものです。

図表 190 のデータをみると，専有面積と価格の関係が正の相関関係にあることが窺えます。まず，それを確かめるために散布図を描いてみましょう。それによって，解析の方向性に関して見通しや新たなヒントが得られるでしょう。

図表 191. 散布図

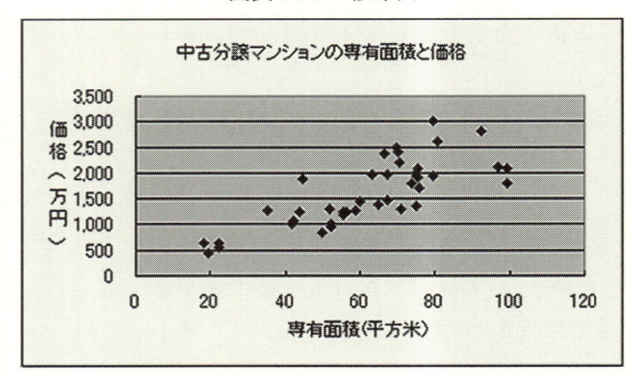

図表 191 の散布図をみると，確かに専有面積が広いほど価格も高いという傾向が確認できます。しかも，その右上がりの関係は，直線的であることもみて取れます。

そこで，専有面積を x，価格を y として，散布図のデータの振る舞いを最もよく表す関数 $y=f(x)$ のグラフの式を求めます（説明する変数を x，説明される変数を y とします）。

散布図より，このケースでは，直線を設定できるので，$y=a+bx$ とおきます。

既存のデータの動き (x_i, y_i) に最もよく当てはまるように，定数 a（y 切片），b（傾き）の値を定めるわけです。

なお，説明する変数 x を「説明変数」あるいは「独立変数」といいます。それに対して，説明される変数 y を「被説明変数」あるいは「従属変数」といいます。

数学的には「y が x の関数になっている関係」を「（x から y への）回帰」といいます。関数がこのように1次式の場合には，グラフは直線になるので「回帰直線」といいます。なお，グラフが曲線になる場合には，関係を表す曲線のことを「回帰曲線」といいます。そして，直線，曲線にかかわらず，グラフの式を「回帰式」といいます。

図表192. 回帰直線の引き方はいかに

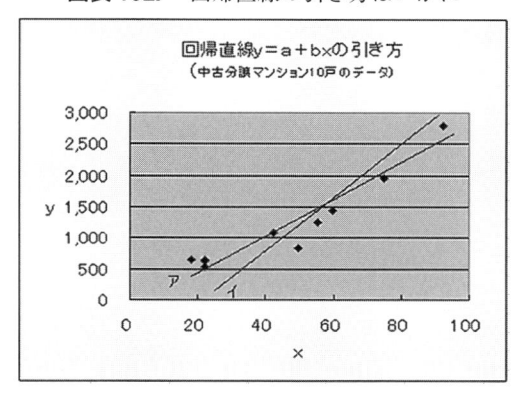

回帰式の求め方の原理を，図表192の10組のデータを例として説明します。

目指すは，これら10組の散らばり具合を最もよく表す1本の直線の式を定めることです。

目測で，（ア），（イ）の2本の回帰直線を引いてみましたが，いずれの方がよりよくデータの散らばり具合を表していると判断すればよいでしょうか。残念ながら判断できません。そもそも（ア），（イ）以外に最適な直線はないのかという不安も出てきます。

このように「目測」で回帰直線を求めるのは，自ずと精度の限界があります。

そこで，数学の世界では，"ある意味で"最適な回帰直線を引く方法が存在しますので，それを使います。「最小2乗法」（「最小自乗法」）とよばれる方法です。

図表193. 残差の2乗和を最小化する

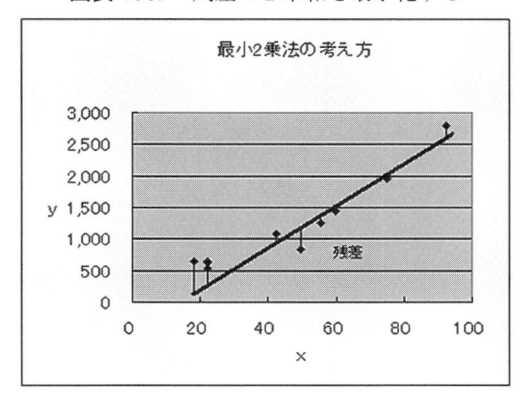

図表193で，各点の y_i と，仮の回帰直線上の値との差を「残差」といいます。仮の回帰直線がそれらすべての点にぴったり重ならない限り，いくつかの点において残差が生じています。

残差は，食い違いですからなるべく小さいほうが望ましいといえます。

そこで，最適な回帰直線を求めるアイデアとして，この「残差の総和」が最も小さくなるように係数 a，b の値を決めればよいだろうと考えます。

ただし，残差はプラスとマイナスの両方がありますので，そのような残差の総和を求めれば，回帰式にかかわらず，打ち消しあって0になることもあります。そのため，残差を2乗してから総和をとることにします。そして，その残差平方和が最小になるように，a と b を決めることにします。このような回帰直線の求め方を「最小2乗法」あるいは「最小自乗法」といいます。

概念的なことがわかりましたので，続いて最小2乗法の計算の仕組みを説明しておきましょう。

最適な予測式を $\hat{y}_i = a + bx_i$ とおきます。x_i のときの y_i の理論値は $\hat{y}_i$（「ワイ・アイ・ハット」と読

みます）となります．実際のデータは y_i ですから，残差は，実際値-理論値なので，$y_i - \hat{y}_i$ と表されます．さらに，

$$y_i - \hat{y}_i = y_i - (a + bx_i) = y_i - a - bx_i$$

となります．

これら残差の平方をとると，$(y_i - a - bx_i)^2$ となります．

これをすべての (x_i, y_i) について求めて，それらを足します．すなわち，残差の平方の和

$$(y_1 - a - bx_1)^2 + (y_2 - a - bx_2)^2 + \cdots\cdots + (y_n - a - bx_n)^2$$

を求めます．

これは，$i = 1, 2, ..., n$ のそれぞれに対して，残差の2乗を求めて足しあわせたものです．書く手間とスペースを省くため，足し算の記号である Σ を使って，これを $\Sigma(y_i - a - bx_i)^2$ と表します．

次に，残差の平方和 $\Sigma(y_i - a - bx_i)^2$ を，a，b の関数とみなして，(x_1, y_1)，(x_2, y_2)，…，(x_n, y_n) が固定されていると考え，残差の平方和が最小になるように a，b の値を決めます．

いちいち a，b の値を代入して計算するのは面倒ですので，「偏微分」という方法を使います．偏微分を簡単に説明すると，最適な a を求めるために，b は動かないと仮定しておいて，a だけを僅かずつ変化させていって，この残差の平方和の変化量をみます．この操作が偏微分です．そして，ちょど変化量が0になるところを探します．そのときの a，b が満たしている条件を求めます．

これが，$\Sigma y_i = na + b\Sigma x_i$ ……①

①は，残差の平方和が最小になるときの a の条件です．次に，今度は a が動かないと仮定して，b だけ僅かずつ変化させます．同様に残差の総和の変化量が0になるところを探します．そのとき，a，b が満たす条件を求めます．

これが，$\Sigma x_i y_i = a\Sigma x_i + b\Sigma x_i^2$ ……②

②は，残差の平方和が最小になるときの b の条件です．

求める a，b は，同時に①，②を満たさなければならないので，これらを連立させて，a，b について解きます．途中の計算は省略しますが，次のようになります．

$$a = (1/n)\Sigma y_i - b(1/n)\Sigma x_i$$
$$b = \{\Sigma x_i y_i - (1/n)\Sigma x_i \Sigma y_i\} / \{\Sigma x_i^2 - (1/n)(\Sigma x_i)^2\}$$

説明変数が1つの場合の a，b を求めるための式です．

図表194. 手計算のためのデータ

y	x
1,255	55
630	22
1,080	42
2,800	92
1,450	60
540	22
830	50
650	22
650	18
1,950	75

この a, b の式の意味を理解するために，電卓を片手に，実際に計算してみましょう（電卓がなければExcelを電卓代わりに使って下さい）。

このデータは，図表190のデータ（中古分譲マンションの専有面積と価格）から無作為に10戸を抽出し，しかも手計算しやすいように，x の小数点以下を四捨五入したものです。

$\sum x_i = 458$ 　　　　　$[= x_1 + x_2 + \cdots\cdots + x_{10}]$
$(\sum x_i)^2 = 209{,}764$ 　　$[= (x_1 + x_2 + \cdots\cdots + x_{10})^2]$
$\sum x_i^2 = 26{,}754$ 　　　$[= x_1^2 + x_2^2 + \cdots\cdots + x_{10}^2]$
$\sum y_i = 11{,}835$ 　　　$[= y_1 + y_2 + \cdots\cdots - y_{10}]$
$\sum x_i y_i = 698{,}475$ 　　$[= x_1 y_1 + x_2 y_2 + \cdots\cdots + x_{10} y_{10}]$
$n = 10$

これらを，a, b の式に代入すると，

$b = \{698{,}475 - (1/10) * 458 * 11{,}835\} / \{26{,}754 - (1/10) * 209{,}764\}$
　$= 27.08$
$a = -56.76$

よって，$\hat{y} = -57 + 27x$ となります。

ちなみに，x のデータを四捨五入する前の図表190のまま（図表198）で，計算すると，$b = 27.067$，$a = -59.301$ となります。

求めた回帰方程式 $\hat{y} = a + bx$ の係数 a, b を「回帰係数」といいます。これは，「x が1単位増えたとき y がどれだけ増えるか」を表しています。

したがって，いまの計算結果を解釈すると，専有面積が1平方メートル広くなると，価格が27万円高くなる，ということです。

さて，これまで説明してきたような，説明変数が1個だけの回帰分析を，「単回帰分析」といいます。また，専有面積以外にも，築年数や「何階か」など，中古分譲マンションの価格に影響する要因があれば，それを説明変数としてモデル式の右辺に加えることもできます。なお，このように説明変数が2つ以上になる場合の回帰分析を，「重回帰分析」といいます。

さらに，データの入力を少し工夫すれば，説明変数として，量的な変数だけでなく，地区，部屋のタイプ，オートロックの有無など質的な変数を用いることもできます。これらについては，第11章で扱います。

【練習問題】（7-2-1）
図表195のデータは，東京の降水量と湿度です。電卓を使って，回帰直線の式を求めて下さい。

図表195. 東京の降水量と平均相対湿度（平年値．出典：気象庁「日本気候表」）

	1月	2月	3月	4月	5月	6月	7月	8月	9月	10月	11月	12月
降水量(mm)(X)	49	60	115	130	128	165	162	155	209	163	93	40
平均相対湿度(Y)	50	51	57	62	66	73	75	72	72	66	60	53

2) 決定係数

いま，10戸分のデータを使って，中古分譲マンションの専有面積でその価格を説明するための回帰式を求めました。しかし，当然ですが，求められた回帰式の直線上に10戸のデータがすべて乗っているわけではありません。

回帰式では説明し切れない「残差」の部分が存在しています。

図表196の（ア），（イ）を比較すると，データの散らばり具合が大きく異なります。しかし，最小2乗法で回帰式を求めると，ともに$\hat{y}=a_1+b_1x$（a_1, b_1 は，具体的な数字を表す）となります。つまり回帰式自体まったく同じです。これは，いったい何を意味しているのでしょうか。

回帰式は同じであっても，データの動きを説明できている程度には違いがあるということです。この回帰式$\hat{y}=a_1+b_1x$の説明力は，（ア）の場合のほうが，（イ）の場合よりも大きいと考えられます。

図表196. データへの回帰直線の当てはまり（説明力）の程度

視覚的にも（ア）の回帰直線の方が，（イ）の回帰直線よりも，データの分布をよく表しているようです。でも，感覚はあてになりませんから，客観的に「回帰式がデータの傾向をどの程度まで表現しつくしているか」が確認したいところです。このような発想から生まれたのが，回帰式のあてはまりの程度を表す「決定係数」という統計量です。決定係数の仕組みについて，図を使って説明しましょう。

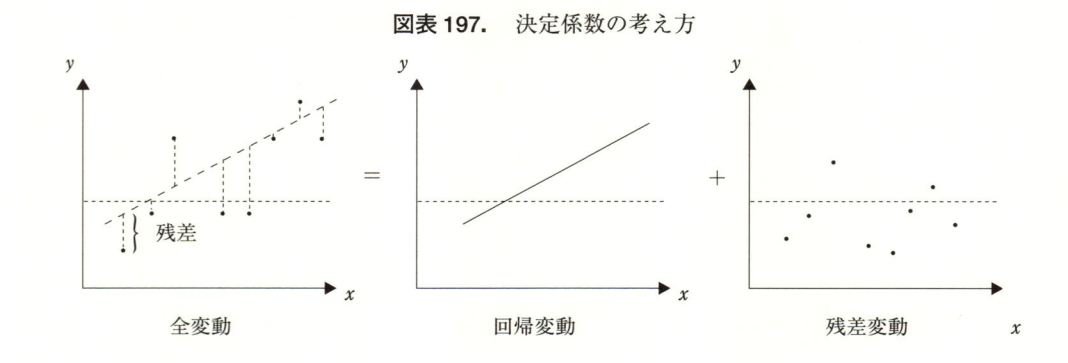

図表197. 決定係数の考え方

全変動 ＝ 回帰変動 ＋ 残差変動

この図表197のように，「被説明変数（従属変数）yの全変動」は，「回帰で説明できる変動部分

（回帰変動）」と，「回帰では説明できない変動部分（残差変動）」に分けられます。

回帰式がデータの分布をよく表しているというのは，「（被説明変数の）全変動」に占める「（説明変数による）回帰変動の割合」が大きい，ということと同じです。

そこで，この割合を式で表すと「回帰変動/全変動」です。全変動＝回帰変動＋残差変動ですから，「回帰変動/全変動＝1－残差変動/全変動」となります。これが決定係数です。

この値が1に近いほど回帰式はデータの分布をよく表しているといえます。これを表す統計量の式を求めます。

y_i；実際値　　$\hat{y}_i$；理論値　　$\bar{y}_i$；y_iの平均値とすると，

決定係数 $R^2 = 1 - \Sigma(y_i - \hat{y}_i)^2 / \Sigma(y_i - \bar{y})^2$

R^2 は，図表197から窺えるように，$\Sigma(y_i - \hat{y}_i)^2 \leq \Sigma(y_i - \bar{y})^2$

よって，$0 \leq R^2 \leq 1$ であり，1に近いほど，回帰式の説明力が高い，すなわち回帰式のデータへの当てはまりがよいことを意味します。

たとえば，R^2 が0.6ならば，被説明変数の変動のうち60%の部分をこの回帰式で説明できているということです。一般的なケースの場合，回帰式が役に立つかどうかの目安は，0.4とされています。決定係数がこれを下回ると回帰式の当てはまりがよくないと考えるべきでしょう。

先ほどの例について計算してみましょう。

精度に配慮して，この場合，$\hat{y}_i = -56.76 + 27.08 x_i$ を回帰式として使うことにします。

x_i に 55, 22, 42, …, 18, 75 を代入して，$\hat{y}_i$ を求めます。

すると，$\hat{y}_i$ は，1432.64, 539, 1080.6, …, 430.68, 1974.24 となります。

y_i は，1255, 630, 1080, …, 650, 1950 なので $y_i - \hat{y}_i$ を求めると，

-177.64, 91.00, -0.60, …, 219.32, -24.24 となります。

$(y_i - \hat{y}_i)^2$ を求めると，31555.97, 8281.00, 0.36, …, 48101.26, 587.58 となります。

これらを合計して，$\Sigma(y_i - \hat{y}_i)^2 = 466611.99$ となります。

また，$\bar{y}_i = 1183.5$ なので，$y_i - \bar{y}_i$ は，71.5, -553.5, -103.5, …, -533.5, 766.5 となります。これらをそれぞれ2乗して合計すると，$\Sigma(y_i - \bar{y}_i)^2 = 4702102.5$ となります。

決定係数 $R^2 = 1 - \Sigma(y_i - \hat{y}_i)^2 / \Sigma(y_i - \bar{y}_i)^2$

$= 1 - 466611.99 / 4702102.5$

$= 0.901$

決定係数は0.90であり，高い説明力をもつといえます。

【練習問題】（7-2-2）

練習問題（7-2-1）の図表195のデータについて，先ほど電卓で求めた回帰式について，決定係数を同じく電卓で計算して下さい。

[2] Excelによる単回帰分析の実施

1) 回帰分析の前準備

単回帰分析をExcelで行う方法について学びます。

①被説明変数(y)および説明変数(x)の候補になる変数のデータを入力し，各説明変数ごとに被説明変数と当該説明変数（候補）の散布図を描きます。横軸に説明変数，つまり原因となるような変

数をとり，縦軸に被説明変数をとって描きます。

②散布図をみて，被説明変数と最も（直線的な）相関が強い変数を説明変数として採用します。外れ値のチェックも行っておきます。以下，外れ値がなく，線形近似（直線回帰）が可能であるとして回帰分析を進めましょう。

2) 回帰分析の実施

以下の①，②，③のいずれかの方法を用いることができます。なお，手続き的には，②，③が手軽だと思われます。

①関数 SLOPE と INTERCEPT を使う方法

SLOPE は回帰式の傾き（b）を表し，INTERCEPT は y 切片（a）を表します。また，決定係数は RSQ を用います。

　　回帰係数　　＝ SLOPE（y の範囲，x の範囲）
　　y 切片　　　＝ INTERCEPT（y の範囲，x の範囲）
　　決定係数　　＝ RSQ（y の範囲，x の範囲）

図表 198. 中古分譲マンションの専有面積と価格（抜粋したデータ）

	A	B	C	D
1	価格(y: 万円)	専有面積(x: m²)		
2	1255	55.37	傾き	27.06684
3	630	22.12	y切片	-59.3008
4	1080	42.22	決定係数	0.903793
5	2800	92.46		
6	1450	59.85		
7	540	22.12		
8	830	49.77		
9	650	22.12		
10	650	18.08		
11	1950	75.05		

D2；＝ SLOPE（A2:A11,B2:B11）
D3；＝ INTERCEPT（A2:A11,B2:B11）
D4；＝ RSQ（A2:A11,B2:B11）

よって，求める回帰式は

$\hat{y} = -59 + 27x$

$R^2 = 0.90$

決定係数 R^2 が 0.90 なので，この回帰式はデータの動きを 90% まで説明しています。説明力が高い回帰式だといえます。よって，この結果から，「専有面積が 1 平米増えると分譲マンション価格が 27 万円ほど高くなる」と判断してかまいません。

なお，欠測値（欠けているデータ）がある場合，SLOPE，INTERCEPT，SRQ は，それ以外のサンプルだけを用いて，計算を行ってくれます。たとえば，ある物件について専有面積がわからないときには，その物件のデータは価格も含めて丸ごと無視され，使われません。これは相関係数を算出する関数 CORREL と同様です。

【練習問題】（7-2-3）

SLOPE，INTERCEPT，RSQ を用いて，専有面積で価格を説明する回帰直線と決定係数を求めて下さい。ただし，データは図表 190 を用いて下さい。

②散布図で近似曲線を使う方法

横軸,縦軸にとる変数に注意して散布図を描きます(第5章参照)。散布図にプロットされた点のいずれかにマウスの矢印を重ねます。そこで,右クリックします。すると,メニューが出てきますので,[近似曲線の追加(R)]をクリックします。

ここでは直線で表せそうなので,[種類]のなかから[線形近似(L)]を選択します。さらに[オプション]の[グラフに数式を表示する(E)],[グラフに R-2 乗値を表示する(R)]にチェックを入れます。最後に[OK]ボタンをクリックすれば完了です。

図表 199. 近似曲線の追加のオプションの選択

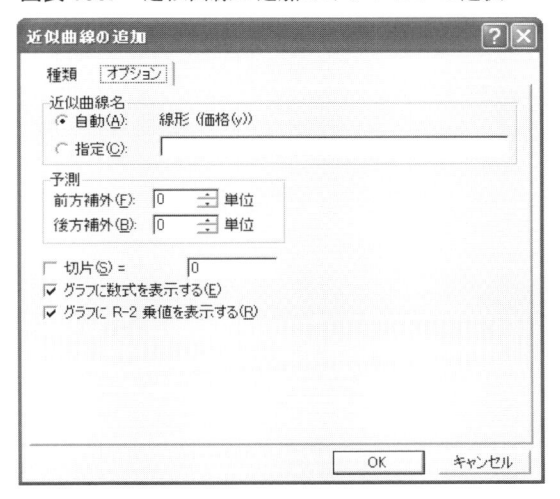

図表 200. 回帰式と決定係数

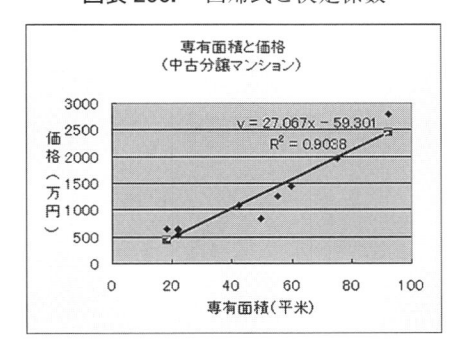

【練習問題】(7-2-4)

散布図を描いて近似曲線を求める方法を用いて,専有面積で価格を説明する回帰直線と決定係数を求めて下さい。ただし,データは図表 190 を用いて下さい。

③分析ツールを使う方法

メニューバーから,[ツール(T)]→[分析ツール(D)]とクリックし,[回帰分析]を選択します。

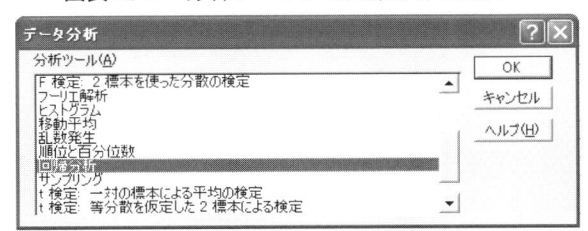

図表 201. 分析ツールから回帰分析を選択

そして,図表 202 のように y と x のデータ範囲を入力します。先頭行はラベルなので「ラベル(L)」にチェックを入れます。必要があれば,「観測値のグラフの作成(I)」にもチェックを入れます。

図表 202.　回帰分析のための入力

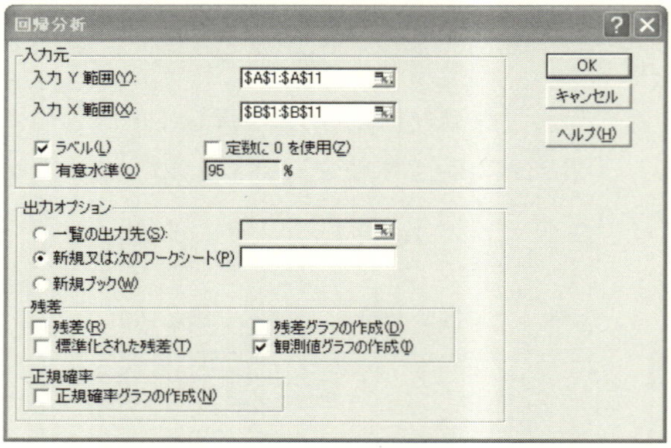

［OK］をクリックすると回帰分析が行われ，図表203のような結果が表示されます。

ただし，データ範囲指定に際して，空白のセルがあってはいけません。分析ツールの場合，欠測値を無視して計算してくれません。そのため，サンプルごと削除しておきます。また，「定数に0を使用（Z)」は，切片が0であることがあらかじめわかっている場合に使います。

なお，「有意水準」などは，第9章の推測統計学のところで説明します。それまでは，不要ですので，初期値のまま使用して下さい。出力結果も無視して差し支えありません。

なお，分析ツールでは，説明変数が2つ以上ある回帰分析，すなわち重回帰分析も行えるようになっています。これについては第11章で説明します。

重決定R2が決定係数を表し0.90，係数のところをみると，y切片aとして-59，xの係数bが27，と得られます。

図表 203.　回帰分析の結果

	A	B	C	D	E	F	G	H	I
1	概要								
2									
3	回帰統計								
4	重相関 R	0.95068							
5	重決定 R2	0.903793							
6	補正 R2	0.891767							
7	標準誤差	237.7964							
8	観測数	10							
9									
10	分散分析表								
11		自由度	変動	分散	則された分散	有意 F			
12	回帰	1	4249726	4249726	75.15372	2.44E-05			
13	残差	8	452376.9	56547.11					
14	合計	9	4702103						
15									
16		係数	標準誤差	t	P-値	下限 95%	上限 95%	下限 95.0%	上限 95.0%
17	切片	-59.3008	161.8846	-0.36632	0.723628	-432.608	314.0061	-432.608	314.0061
18	専有面積(n	27.06684	3.122211	8.669125	2.44E-05	19.867	34.26667	19.867	34.26667

【練習問題】(7-2-5)

分析ツールを用いて，専有面積で価格を説明する回帰直線と決定係数を求めて下さい。ただし，データは図表190を用いて下さい。

【練習問題】(7-2-6)

図表 204 のデータは，あるスーパーが経営する 18 店舗の売上高と売り場面積です。売り場面積で売上高を説明するための回帰分析を行って下さい。回帰分析の方法は 3 つから自由に選択して下さい。

図表 204. あるスーパーの店舗比較
(出典：商業界「日本スーパー名鑑 05」)

売り場面積 (坪)	売上高 (億円)
473	21.6
370	16.8
349	11.6
349	11.6
300	13.2
302	13.7
302	13.7
278	12.6
300	12.8
270	18.0
242	14.4
218	11.8
221	14.4
261	21.6
113	5.8
173	22.2
206	10.3
300	19.8

3) 外れ値がある場合

最小 2 乗法を用いて回帰直線を求める方法は，少数の外れ値によって大きな影響を受けることが知られています。

図表 205. 外れ値のあるデータ

	A	B
1	価格(y:万円)	専有面積(x:m²)
2	1255	55.37
3	630	22.12
4	1080	42.22
5	7800	92.46
6	1450	59.85
7	540	22.12
8	830	49.77
9	650	22.12
10	650	18.08
11	1950	75.05

図表 205 は，先ほどのデータ図表 198 の中の 2800 のところを 7800 にしたものです。他の 9 つの価格に比べて突出して大きな値であり，「外れ値」とみなすことができます。

この外れ値を入れたままで，回帰分析を行った場合，図表 206 のような散布図，回帰式，決定係数になります。

図表206. 外れ値のある回帰分析

専有面積と価格
〈外れ値がある場合〉
$y = 67.186x - 1401.4$
$R^2 = 0.6038$

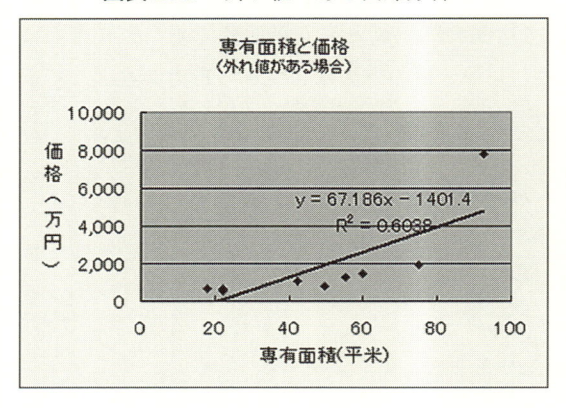

図表207. 外れ値を除いた場合の回帰式

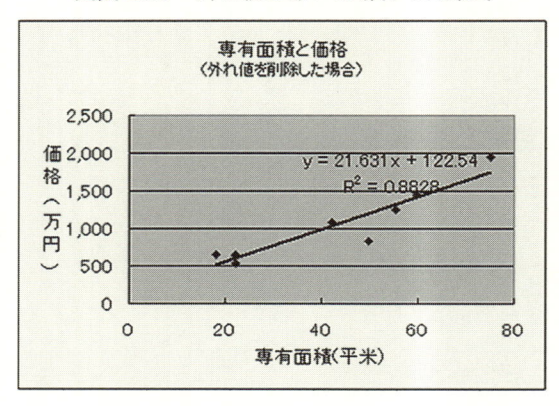

専有面積と価格
〈外れ値を削除した場合〉
$y = 21.631x + 122.54$
$R^2 = 0.8828$

図表200の結果と比較してみましょう。1個外れ値があるだけで，y切片aは-59から-1401へ，xの係数bは27から67へと大幅に変わっています。決定係数は0.90から0.60まで下がってしまいます。

このように，確かに，1個の外れ値があるだけで，回帰分析は大きな影響を受けてしまうことがわかります。

そこで，外れ値がある場合には，外れ値を削除して，回帰分析を行います。

その上で，外れ値の影響を付記します（影響を付記するために，外れ値を含んだままのデータでも回帰分析を実際に行っておきます）。

さっそく，外れ値のサンプルを専有面積と価格をすべて削除します。その上で回帰分析を行った結果が，図表207です。

外れ値が入った場合（図表206）に比べて，外れ値の削除後の回帰分析の結果の方が，元の場合（図表200）に近づいていることが確認できます。

【練習問題】（7-2-7）
　図表176のコーヒー豆のブランドと味の評価データを用いて，ブランド力を説明変数，味を被説明変数とする回帰直線と決定係数を求めて下さい。ただし，外れ値の存在に注意して下さい。

4） テューキーの抵抗直線

なお，外れ値が存在する場合，その悪影響を減らすには，「EDA（探索的データ解析）」という図表や手計算を駆使する等身大の手法の適用も検討されるべきです。先に説明した幹葉表示や箱ひげ図などもEDAの仲間です。このグループの手法の中に「抵抗直線」という一種の回帰直線を引く方法があります。これを用いれば，外れ値の悪影響を小さくすることができます。抵抗直線の求め方を少しだけ説明しておきます[79]。

＊抵抗直線の求め方

データを，説明変数（x）をキーに並べ替えます。そして，xに関して，小（s）・中（m）・大（l）の3つのグループ（「サブ・バッチ」といいます）に分類します。ここでは，データ数が10ですから，3個，4個，3個に分けます。そして，サブ・バッチsの中位数（x_s, y_s），サブ・バッチmの中位

---
[79] 吉田（1995年）p.108-110

数 (x_m, y_m), サブ・バッチ l の中位数 (x_l, y_l) をそれぞれ次のように計算で求めます。

　　C3　；　＝MEDIAN(A2:A4)　（y_s とする）
　　D3　；　＝MEDIAN(B2:B4)　（x_s　〃　）
　　C6　；　＝MEDIAN(A5:A8)　（y_m　〃　）
　　D6　；　＝MEDIAN(B5:B8)　（x_m　〃　）
　　C10；　＝MEDIAN(A9:A11)　（y_l　〃　）
　　D10；　＝MEDIAN(B9:B11)　（x_l　〃　）

図表 208.　抵抗直線の求め方

	A	B	C	D
1	価格(y: 万円)	専有面積(x: m²)	中位数(y)	中位数(x)
2	650	18.08		
3	630	22.12	630	22.12
4	540	22.12		
5	650	22.12		
6	1080	42.22	955	45.995
7	830	49.77		
8	1255	55.37		
9	1450	59.85		
10	1950	75.05	1950	75.05
11	7800	92.46		

これらの y_s, …, x_l を用いて，$b = (y_l - y_s)/(x_l - x_s)$ を求めます。

すると，抵抗直線の傾きは $b = 24.9$ となります。

次に，この b を用いて，各サブ・バッチの切片を求めます。

　　$a_s = y_s - b \cdot x_s$
　　$a_m = y_m - b \cdot x_m$
　　$a_l = y_l - b \cdot x_l$

これらの平均値 $(a_s + a_m + a_l)/3$ を求め，切片 a の推定値とします。

すると，$a = -11.8$ となります。

このようにして抵抗直線は $\hat{y} = -12 + 25x$ となります。

（なお，残差の部分に，x で説明できそうな傾向が残っていれば，さらに残差について，同様の手続きを繰り返していきます。）

【練習問題】（7-2-8）
　図表 176 のデータを用いて，ブランド力を説明変数，味を被説明変数とするテューキーの抵抗直線を求めて下さい。

5) 非線形回帰

これまでは直線を回帰式として想定してきました。しかし，回帰分析の実施方法②，すなわち，散布図上の点を右クリックして，「近似曲線の追加」を選ぶ方法をとれば，データに曲線の回帰式を当てはめることも簡単に行えます。図表 209 に示すように，「種類」のなかで「対数近似(O)」，

「多項式近似(P)」，…を選ぶだけで可能です。

曲線的な傾向がみえている場合には試してみるとよいと思われます。練習問題を解いてみて下さい。

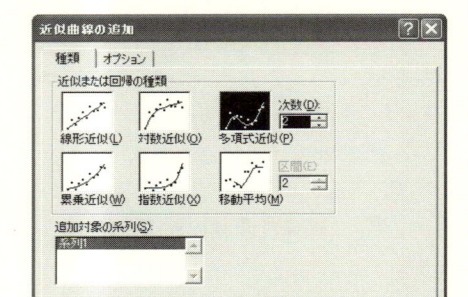

図表 209. 近似曲線の追加による曲線回帰

【練習問題】(7-2-9)

図表 210 は，社員一人当たりの年間読書冊数とその企業の売上高のデータであるとします。読書冊数で売上高を説明する回帰式と決定係数を求めて下さい。

図表 210. 社員一人当たりの年間読書冊数

読書冊数	売上高
2	75
2.2	98
2.5	113
2.8	110
3.2	142
3.5	135
4.8	149
5.2	155
5.3	189
5.9	187
6	180
6.6	187
7.8	190
9.1	186
9.3	188
9.5	199
9.9	209
10.5	206
11.2	219
12.3	218
12.6	205
12.9	210
13.1	216
13.2	221
14.4	205

第8章
時系列データから情報を読む
──需要予測などへの応用

時間の経過とともに得られたデータを「時系列データ」といいます。時間に注目してモデルを作り，そこから情報を抽出することを「時系列解析（または時系列分析）」といいます。ビジネスの世界では時間軸で集められたデータが多く，時系列解析は需要予測など多くの業務で用いられています。

具体的には，過去の時系列データをもとに，まず経時的な変動の様子をモデル化します。そして，そのモデルの傾向が将来も続くと仮定して，その傾向を外挿して（先に延ばして）将来予測を行います。

本書では，Excelを用いて比較的簡単に実施できる時系列解析の手法として，時系列グラフ法，移動平均法，指数平滑法，時系列分解法，自己回帰分析法の5つを扱います。

8.1 データの動きを将来に外挿して予測する

[1] ナイーブな方法──時系列データをグラフ化して予測する

時系列データをグラフ化します。グラフは折れ線グラフが最適です。図表211のデータをグラフに表してみましょう。

折れ線グラフを描くには，まず，データの範囲として（A1:C62）をドラッグして範囲指定しておき，グラフウィザードのボタンをクリックします。そして，「折れ線グラフ」を選択します。

すると，図表212のようなグラフが描かれます。このデータは期間に対応する数字，つまりフローです。点の位置は，時点に対応する数字であるストックのときのように気を使う必要はありません。ここでは月央のところにプロットしておきます。

時系列の折れ線グラフから情報を読み取る際の着眼点は以下の3点です。
・「趨勢（長期的傾向）は上昇しているか下降しているか？」
・「変動が大きく変わった時点があるか，あればどのように変わったか？その原因は何か？」
・「繰り返しのパターンはないか？」

図表211. チェーンストアの月別販売額
（単位；百万円．出典：日本チェーンストア協会資料）

	A	B	C		A	B	C
1	年月	総販売額	食料品	32	平成14年7月	1,234,523	679,416
2	平成12年1月	1,366,886	680,786	33	平成14年8月	1,194,696	706,908
3	平成12年2月	1,185,738	645,728	34	平成14年9月	1,114,564	648,915
4	平成12年3月	1,326,215	677,856	35	平成14年10月	1,156,012	643,561
5	平成12年4月	1,343,018	678,791	36	平成14年11月	1,202,911	638,149
6	平成12年5月	1,333,439	689,003	37	平成14年12月	1,472,033	786,073
7	平成12年6月	1,305,453	676,797	38	平成15年1月	1,258,206	680,996
8	平成12年7月	1,440,975	727,493	39	平成15年2月	1,042,309	613,258
9	平成12年8月	1,335,933	740,502	40	平成15年3月	1,175,292	657,431
10	平成12年9月	1,225,839	677,819	41	平成15年4月	1,189,558	660,621
11	平成12年10月	1,383,983	695,466	42	平成15年5月	1,186,915	673,812
12	平成12年11月	1,312,070	669,586	43	平成15年6月	1,184,507	667,065
13	平成12年12月	1,703,620	857,478	44	平成15年7月	1,227,988	691,704
14	平成13年1月	1,414,234	723,248	45	平成15年8月	1,205,913	715,975
15	平成13年2月	1,178,277	658,454	46	平成15年9月	1,110,722	656,091
16	平成13年3月	1,307,935	681,002	47	平成15年10月	1,215,519	671,791
17	平成13年4月	1,310,155	678,502	48	平成15年11月	1,172,442	654,838
18	平成13年5月	1,317,138	702,412	49	平成15年12月	1,457,385	802,736
19	平成13年6月	1,293,811	686,591	50	平成16年1月	1,272,919	706,733
20	平成13年7月	1,424,307	736,561	51	平成16年2月	1,088,165	658,147
21	平成13年8月	1,317,982	752,356	52	平成16年3月	1,154,469	673,138
22	平成13年9月	1,224,052	684,264	53	平成16年4月	1,166,809	664,072
23	平成13年10月	1,257,634	671,947	54	平成16年5月	1,174,306	683,102
24	平成13年11月	1,257,810	654,890	55	平成16年6月	1,159,307	672,795
25	平成13年12月	1,607,019	829,277	56	平成16年7月	1,225,162	702,908
26	平成14年1月	1,270,804	674,869	57	平成16年8月	1,172,810	717,017
27	平成14年2月	1,022,914	596,938	58	平成16年9月	1,095,534	663,340
28	平成14年3月	1,163,471	634,718	59	平成16年10月	1,192,984	686,062
29	平成14年4月	1,173,838	636,498	60	平成16年11月	1,141,949	658,600
30	平成14年5月	1,190,630	662,967	61	平成16年12月	1,408,872	797,127
31	平成14年6月	1,173,724	655,747	62	平成17年1月	1,266,333	710,540

　図表212のグラフをみると，総販売額は，やや右下がりの長期的傾向があります。ただ，平成14年以降をみると，最小月の値がやや切りあがりつつあり，下降傾向に歯止めがかかっているようです。

　また，毎年2月が最小で，3，4，5，6月が平均的，7月に増え，9，10，11月は少なめに推移し，12月が最も多くなる，という年間の変動パターンがあります。

　それに対して，食料品は，長期的な傾向はないようです。季節的には，7，8月がやや多く，12月が最大です。しかし，最少月である2月との差は，総販売額の場合ほどは大きくありません。

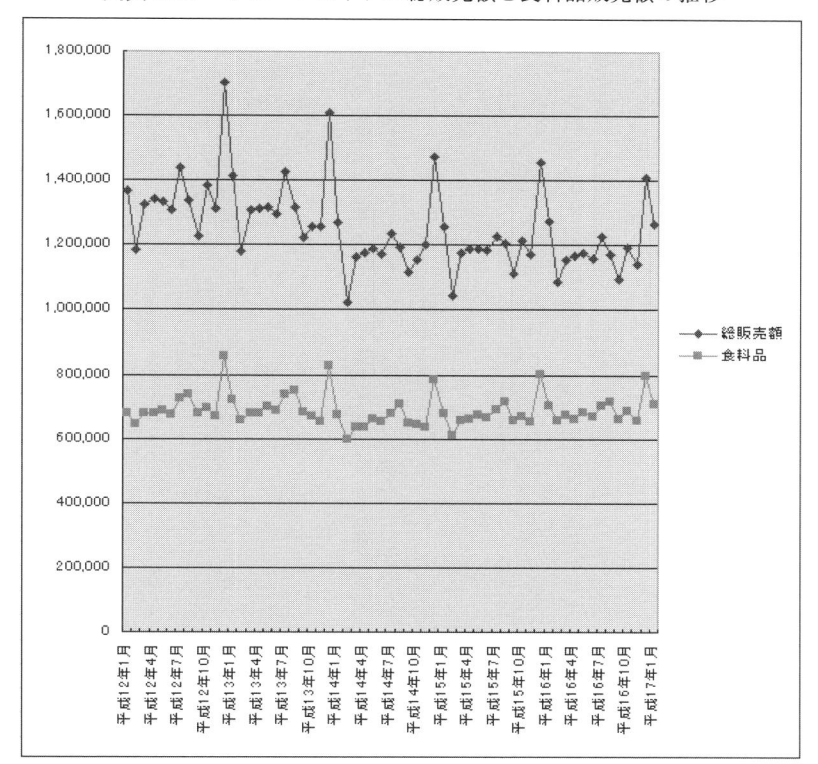

図表 212. チェーンストアの総販売額と食料品販売額の推移

[2]　簡単な計算による方法——移動平均法と指数平滑法

　短期的な変動が激しい場合，その根底にある長期的な傾向やその転換点を読み取りにくい場合があります。このような場合には，時系列データの「こまかな変動を"均す（ならす）"ことによって，長期的な傾向を浮き出させる」ことをしばしば行います。均すための統計手法としては，「移動平均法」と「指数平滑法」がよく用いられます。

1）　移動平均法

　移動平均法とは，一定期間分の連続するデータを平均することによって，変動の大まかな傾向を読みやすくする手法です。たとえば，$x_1, x_2, x_3, \cdots$，という時系列データがあるとします。3ヶ月移動平均の場合，連続する3ヶ月のデータを平均します。すなわち，$(x_1+x_2+x_3)/3$です。なお，求められた平均値は，x_2の横に表示します。

第8章 時系列データから情報を読む

図表213. 移動平均の計算

	A	B	C	D
1	年月	総販売額	3ヶ月移動平均	12ヶ月移動平均
2	平成12年1月	1,366,886		
3	平成12年2月	1,185,738	1,292,946	
4	平成12年3月	1,326,215	1,284,990	
5	平成12年4月	1,343,018	1,334,224	
6	平成12年5月	1,333,439	1,327,303	
7	平成12年6月	1,305,453	1,359,956	
8	平成12年7月	1,440,975	1,360,787	1,357,237
9	平成12年8月	1,335,933	1,334,249	1,358,899
10	平成12年9月	1,225,839	1,315,252	1,357,826
11	平成12年10月	1,383,983	1,307,297	1,355,695
12	平成12年11月	1,312,070	1,466,558	1,353,647
13	平成12年12月	1,703,620	1,476,641	1,352,483
14	平成13年1月	1,414,234	1,432,044	1,351,303
15	平成13年2月	1,178,277	1,300,149	1,349,861
16	平成13年3月	1,307,935	1,265,456	1,349,038
17	平成13年4月	1,310,155	1,311,743	1,343,699
18	平成13年5月	1,317,138	1,307,035	1,336,174
19	平成13年6月	1,293,811	1,345,085	1,329,888
20	平成13年7月	1,424,307	1,345,367	1,319,887
21	平成13年8月	1,317,982	1,322,114	1,307,437
22	平成13年9月	1,224,052	1,266,556	1,294,944
23	平成13年10月	1,257,634	1,246,499	1,283,245
24	平成13年11月	1,257,810	1,374,154	1,272,294
25	平成13年12月	1,607,019	1,378,544	1,262,019
26	平成14年1月	1,270,804	1,300,246	1,249,108
27	平成14年2月	1,022,914	1,152,396	1,236,063
28	平成14年3月	1,163,471	1,120,074	1,226,364
29	平成14年4月	1,173,838	1,175,980	1,217,568
30	平成14年5月	1,190,630	1,179,397	1,211,046
31	平成14年6月	1,173,724	1,199,626	1,203,134
32	平成14年7月	1,234,523	1,200,981	1,196,985
33	平成14年8月	1,194,696	1,181,261	1,197,268
34	平成14年9月	1,114,564	1,155,091	1,198,569
35	平成14年10月	1,156,012	1,157,829	1,199,717
36	平成14年11月	1,202,911	1,276,985	1,200,217
37	平成14年12月	1,472,033	1,311,050	1,200,511
38	平成15年1月	1,258,206	1,257,516	1,200,688
39	平成15年2月	1,042,309	1,158,602	1,200,883
40	平成15年3月	1,175,292	1,135,720	1,201,191
41	平成15年4月	1,189,558	1,183,922	1,203,510
42	平成15年5月	1,186,915	1,186,993	1,204,720
43	平成15年6月	1,184,507	1,199,803	1,202,840
44	平成15年7月	1,227,988	1,206,136	1,202,843
45	平成15年8月	1,205,913	1,181,541	1,205,366
46	平成15年9月	1,110,722	1,177,385	1,206,409
47	平成15年10月	1,215,519	1,166,228	1,204,594
48	平成15年11月	1,172,442	1,281,782	1,203,121
49	平成15年12月	1,457,385	1,300,915	1,201,545
50	平成16年1月	1,272,919	1,272,823	1,200,378
51	平成16年2月	1,088,165	1,171,851	1,198,881
52	平成16年3月	1,154,469	1,136,481	1,196,868
53	平成16年4月	1,166,809	1,165,195	1,195,297
54	平成16年5月	1,174,306	1,166,807	1,193,087
55	平成16年6月	1,159,307	1,186,258	1,189,795
56	平成16年7月	1,225,162	1,185,760	1,187,499
57	平成16年8月	1,172,810	1,164,502	
58	平成16年9月	1,095,534	1,153,776	
59	平成16年10月	1,192,984	1,143,489	
60	平成16年11月	1,141,949	1,247,935	
61	平成16年12月	1,408,872	1,272,385	
62	平成17年1月	1,266,333		

続いて，$(x_2+x_3+x_4)/3$ を求め，x_3 の横に表示します。このように，1ヶ月ずつずらしながら，3ヶ月分の平均を次々に求めていきます。同様にして，5ヶ月移動平均，7ヶ月移動平均なども求められます。

Excelでやってみましょう。

・3ヶ月移動平均

　　C3 ; =AVERAGE(B2:B4)

　C4からC61まで，C3をコピーします（完成）。

　しかし，偶数個の時系列データの移動平均の場合は，その平均値を表示する位置が単純には決められません。

　たとえば，1月，2月，3月，4月，5月，6月，7月，…，とデータがあるとします。ここで，4ヶ月移動平均を採るために，1月，2月，3月，4月のデータの平均を求めたとき，真ん中が2月なのか3月なのか不明確です。

　そこで，1月のデータの半分と，2月，3月，4月のそれぞれのデータ，それに5月のデータの半分を足しあわせて，期間は4ヶ月ですので，4で割ります。するとちょうど真ん中が3月になります。3月の横の欄にその値を表示します。

　12ヶ月移動平均でも同じです。1月の半分，2月以降12月までのデータ，翌年の1月の半分，これらを加算して，12で割り算します。

・12ヶ月移動平均

　　D8 ; =(B2/2+SUM(B3:B13)+B14/2)/12

　D9からD56まで，D8をコピーします。

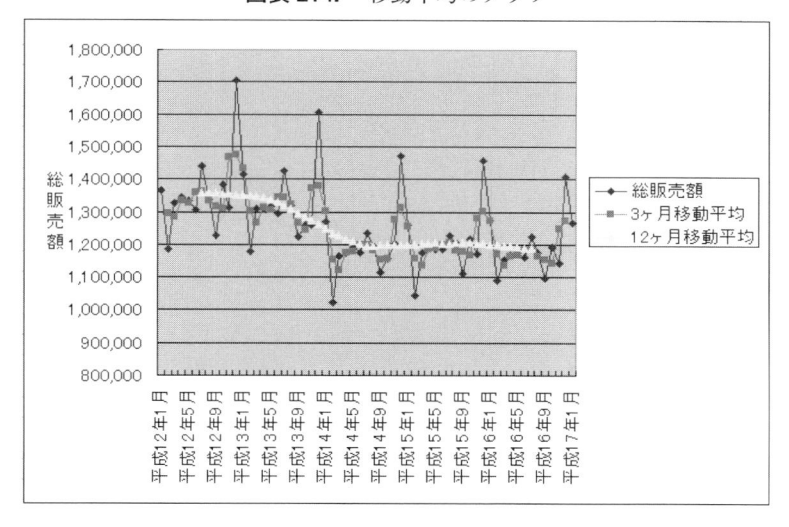

図表214. 移動平均のグラフ

グラフウィザードを使って，折れ線グラフを描くと図表214のようになります。なお，このデータの場合，グラフ作成時のデータ範囲は（A1:D62）です。

このグラフから，移動平均の期の個数が増えると，変動のでこぼこが徐々にならされていって，大きな傾向のみがみえるようになることが窺えます。とりわけ，12ヶ月移動平均は，季節的な変動のでこぼこを完全に消しています。そうすることによって，売上高の大きな流れとしての推移がみえてきます。

2) 指数平滑法

指数平滑法は移動平均法とよく似ていますが，特に新しいデータを重視してデータを平均化するところに違いがあります。

t 期の値を x_t，指数平滑値を $\hat{y}_t$ で表すことにします。

$$\hat{y}_t = \alpha \times x_t + (1-\alpha) \times \hat{y}_{t-1}$$

すなわち，x_t だけだと，時事の変動が前面に出てしまい，時系列の大きな流れとしての推移がみえなくなります。そこで，t 期の値 x_t に α 倍（0以上1以下）してそれを薄め，そのかわり前期の指数平滑値 $\hat{y}_{t-1}$ に $1-\alpha$ を掛けて，加えてならすわけです。

この式の意味を理解するために展開しておきます。

$$\begin{aligned}
\hat{y}_t &= \alpha \times x_t + (1-\alpha) \times \hat{y}_{t-1} \\
&= \alpha \times x_t + (1-\alpha) \times (\alpha \times x_{t-1} + (1-\alpha) \times \hat{y}_{t-2}) \\
&= \alpha x_t + \alpha(1-\alpha) x_{t-1} + (1-\alpha)^2 \times \hat{y}_{t-2} \\
&= \alpha x_t + \alpha(1-\alpha) x_{t-1} + (1-\alpha)^2 \times (\alpha \times x_{t-2} + (1-\alpha) \times \hat{y}_{t-3}) \\
&= \alpha x_t + \alpha(1-\alpha) x_{t-1} + \alpha(1-\alpha)^2 x_{t-2} + (1-\alpha)^3 \times \hat{y}_{t-3} \\
&= \alpha x_t + \alpha(1-\alpha) x_{t-1} + \alpha(1-\alpha)^2 x_{t-2} + \alpha(1-\alpha)^3 x_{t-3} + \cdots\cdots
\end{aligned}$$

つまり，現在の値とこれまでの値を加味してでこぼこをならしていくことがわかります。現在の値を強く生かすには α を1に近く設定すればよい，ということです。

a をいくらにすればよいかは，上述の点を理解した上で，任意に決めてかまいません。

計算手順は次の通りです。たとえば，$a=0.7$ としておきます。

まず，$\hat{y}_1 = x_1$ としてスタートします。

$$\hat{y}_2 = 0.7 \times x_2 + 0.3 \times \hat{y}_1$$
$$\hat{y}_3 = 0.7 \times x_3 + 0.3 \times \hat{y}_2$$
$$\vdots$$
$$\vdots$$
$$\vdots$$

図表 215. 指数平滑法による傾向の抽出

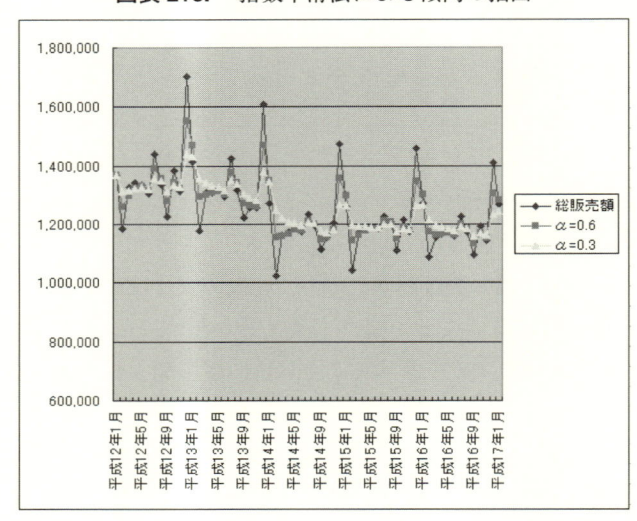

3） 分析ツールによる方法

移動平均法も指数平滑法も，Excel の分析ツールに組み込まれています。よって，より簡単に実施することができるようになっています。

［ツール(T)］→［分析ツール(D)］→ 選択画面

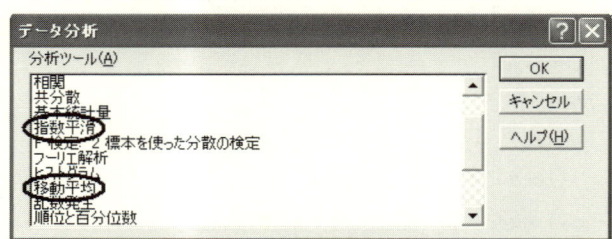

図表 216. 分析ツールでの選択画面

①移動平均法

（移動平均として何期分とるかは，区間で指定します）

出力先の指定場所やグラフ作成は任意です。

図表 217. 分析ツールによる移動平均法の利用

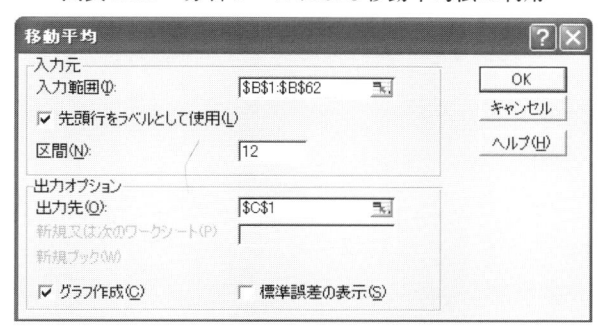

②指数平滑法のパラメータの入力

（減衰率は α のことです）

出力先の指定位置やグラフは任意です。

図表 218. 分析ツールによる指数平滑法の利用

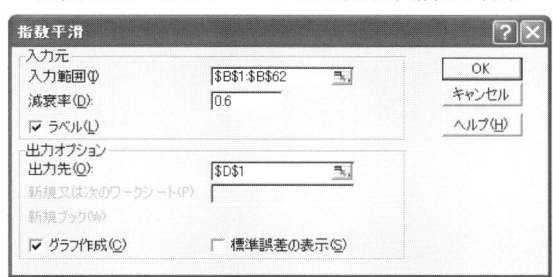

【練習問題】（8-1-1）

図表 211 の食料品の販売額について，移動平均法（12ヶ月）と指数平滑法（$\alpha = 0.6$）を用いて，変動の概形を描いて下さい。また，分析ツールを使って同じことを行って下さい。

8.2 回帰分析によって予測モデルを作り予測する

［1］ 過去の自分の値を説明変数として，将来の自分の値を説明する回帰分析を行う
　　　——自己回帰分析と傾向線の当てはめ

1） 自己回帰とは

　第7章では，独立変数 x を1個使って従属変数 y を説明するための回帰モデルを作成しました。その際，x と y は異なる変数でした。ここで学ぶ「自己回帰分析」は，独立変数として従属変数の自身の過去の値を用いる回帰分析のことです。

　すなわち，たとえば，現在の値 y_t を，1期前の値 y_{t-1} で説明する回帰モデルです。$y_t = a + b * y_{t-1}$ というモデルを立てて，その係数である a, b をデータから求めようとするものです。

　a, b を求める際には，回帰分析のところで説明した最小2乗法がそのまま利用できます。ここでは，散布図に近似曲線を当てはめる方法を使って説明しましょう。

①自己回帰による近似曲線の当てはめ

ⅰ) 時系列データの横に，時点を1ヶ月ずらしてデータをコピーします。具体的には，C列には，B列のデータを1ヶ月ずらしてコピーします。図表219のようになります。

ⅱ) (B3:C62)のデータを用いて，散布図を描きます（散布図は2つの変数間の関係を判断する手段として有効です。「折れ線グラフ」ではありません）。

　　横軸は，x（説明変数）で（C3:C62）を範囲指定します。
　　縦軸は，y（被説明変数）で（B3:B62）を範囲指定します。

ⅲ) 作成された散布図のデータの傾向をみて，当てはめる傾向線を選択します。散布図のいずれかの点の上で，右クリックします。そして，「近似曲線の追加(R)」を選択します。このデータの場合，直線を想定していますので，「線形近似(L)」を選択します。「オプション」を選択して，「グラフに数式を表示する」と「グラフにR-2乗値を表示する」にチェックを入れます。これで，回帰式と決定係数も自動的に表示されるように指定されました。あとは，［OK］をクリックします。すると，図表220のような結果が得られます。

図表 219. 自己回帰分析

	A	B	C
1	年月	総販売額	1ヶ月前の値
2	平成12年1月	1,366,886	
3	平成12年2月	1,185,738	1,366,886
4	平成12年3月	1,326,215	1,185,738
5	平成12年4月	1,343,018	1,326,215
6	平成12年5月	1,333,439	1,343,018
7	平成12年6月	1,305,453	1,333,439
8	平成12年7月	1,440,975	1,305,453
9	平成12年8月	1,335,933	1,440,975
10	平成12年9月	1,225,839	1,335,933
11	平成12年10月	1,383,983	1,225,839
12	平成12年11月	1,312,070	1,383,983
13	平成12年12月	1,703,620	1,312,070
14	平成13年1月	1,414,234	1,703,620
15	平成13年2月	1,178,277	1,414,234
16	平成13年3月	1,307,935	1,178,277
17	平成13年4月	1,310,155	1,307,935
18	平成13年5月	1,317,138	1,310,155
19	平成13年6月	1,293,811	1,317,138
20	平成13年7月	1,424,307	1,293,811
21	平成13年8月	1,317,982	1,424,307
22	平成13年9月	1,224,052	1,317,982
23	平成13年10月	1,257,634	1,224,052
24	平成13年11月	1,257,810	1,257,634
25	平成13年12月	1,607,019	1,257,810
26	平成14年1月	1,270,804	1,607,019
27	平成14年2月	1,022,914	1,270,804
28	平成14年3月	1,163,471	1,022,914
29	平成14年4月	1,173,838	1,163,471
30	平成14年5月	1,190,630	1,173,838
31	平成14年6月	1,173,724	1,190,630
32	平成14年7月	1,234,523	1,173,724
33	平成14年8月	1,194,696	1,234,523
34	平成14年9月	1,114,564	1,194,696
35	平成14年10月	1,156,012	1,114,564
36	平成14年11月	1,202,911	1,156,012
37	平成14年12月	1,472,033	1,202,911
38	平成15年1月	1,258,206	1,472,033
39	平成15年2月	1,042,309	1,258,206
40	平成15年3月	1,175,292	1,042,309
41	平成15年4月	1,189,558	1,175,292
42	平成15年5月	1,186,915	1,189,558
43	平成15年6月	1,184,507	1,186,915
44	平成15年7月	1,227,988	1,184,507
45	平成15年8月	1,205,913	1,227,988
46	平成15年9月	1,110,722	1,205,913
47	平成15年10月	1,215,519	1,110,722
48	平成15年11月	1,172,442	1,215,519
49	平成15年12月	1,457,385	1,172,442
50	平成16年1月	1,272,919	1,457,385
51	平成16年2月	1,088,165	1,272,919
52	平成16年3月	1,154,469	1,088,165
53	平成16年4月	1,166,809	1,154,469
54	平成16年5月	1,174,306	1,166,809
55	平成16年6月	1,159,307	1,174,306
56	平成16年7月	1,225,162	1,159,307
57	平成16年8月	1,172,810	1,225,162
58	平成16年9月	1,095,534	1,172,810
59	平成16年10月	1,192,984	1,095,534
60	平成16年11月	1,141,949	1,192,984
61	平成16年12月	1,408,872	1,141,949
62	平成17年1月	1,266,333	1,408,872
63			1,266,333

（右上へ続く）

図表 220. 表示された自己回帰式

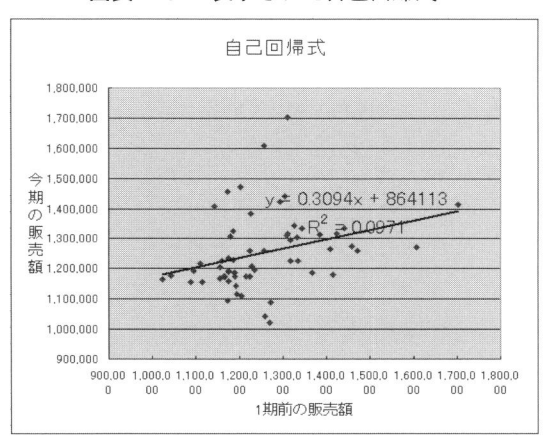

さて，図表 220 によるとデータには右上がりの傾向が少し窺えるようですが，データのばらつきが大きく，強い相関関係は認められません。

また，自己回帰式は

$y_t = 0.31 y_{t-1} + 864000, \quad R^2 = 0.097$

となっています。決定係数も 0.097 ときわめて小さく，この回帰式はほとんど説明力がありません。

この場合，残念ながら，1ヶ月前の販売額で今期の販売額を説明することはできませんでした。そこで，方針を変えて，12ヶ月前（＝1年前）の販売額を説明変数にしてみるとよいでしょう。

【練習問題】(8-2-1)

図表219のデータについて，12ヶ月前の販売額を説明変数にして，自己回帰式を作って下さい。決定係数も求めて下さい。

[2] 説明変数として時間を用いる回帰分析

時間tを横軸に，縦軸に販売額y_tをとり，$y_t = a + b*t$という回帰モデルを作ります。

まず，「折れ線グラフ」を描いて，続いて，「近似曲線の追加」を使って傾向線を当てはめます。

ⅰ）まず，折れ線グラフを描きましょう。

　　グラフ化に際して注意するべき点は，2つあります。

　　＊折れ線グラフです。散布図では機能しません。

　　＊グラフに傾向線を当てはめる場合を想定して，x軸を「項目扱い」にしておきます。

Excelのグラフでは，x軸の扱いには「項目扱い」と「時系列扱い」があります。「項目扱い」ならば，x軸の目盛のラベルは入力されている通りに表示されます。そして，回帰分析の説明変数として$t = 1, 2, 3, \cdots$，があてがわれます[80]。

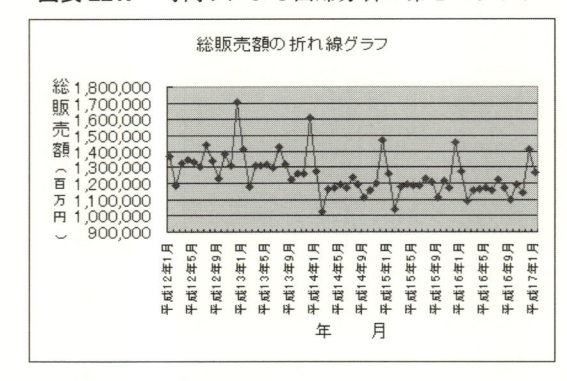

図表221． 時間tによる回帰分析の第1ステップ

ⅱ）近似曲線の追加を使って回帰式を求めます。

　　＊図表221のいずれかの点の上で右クリックし，「近似曲線の追加」を選択します。さらに，傾向を直線とみなし，「線形近似」を選択します。あわせて，オプションで「グラフに数式を表示する(E)」「グラフにR-2乗値を表示する(R)」を選択します。

　　＊得られた回帰式の切片(a)や係数(b)に，たとえば2E+06，つまり「2×10の6乗」のように大雑把な表示がなされている場合，より詳細な表示が必要ならば，回帰式を右クリックして，「データラベルの書式設定(O)」を選択し，「表示形式」で「数値」を選択し，詳細な表現に直します。

これによって図表222のように，より詳しい結果が得られます。

---

[80] 村田(2000年) p.28-31

図表 222. 時間 t による回帰分析の第2ステップ

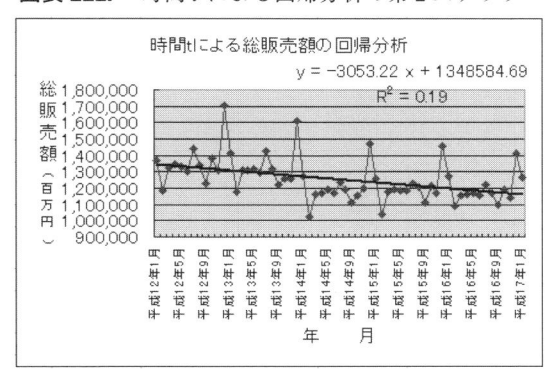

しかし，R^2 は 0.19 と小さいため，この回帰式の説明力は低いといわざるをえません。

【練習問題】（8-2-2）
図表 211 の食料品の販売額について，説明変数として時間を用いて回帰分析を行って下さい。

[3] 統計関数を用いた予測

さて，決定係数の高い回帰式がえられ，それを用いて予測を行う場合には，一般的には「回帰式の右辺の x に将来の値を入れて，y の予測値を求める」という作業をすることになります。「近似曲線の追加」では線形モデル以外も選択できるので，2次式，3次式のような分布の場合も，Excelで簡単に回帰式が求められます。もちろん，同様に右辺に x の将来の値を入れれば，予測を行うことができます。

なお，$y = a + bx$ という1次の回帰式に限り，統計関数 FORECAST を使えば，任意の x の値に対する y の値をすぐに出してくれます。書式はこうです。

　　＝FORECAST(x の新しい値，y のデータ範囲（既知），x のデータ範囲（既知））

ただし，x の値は，年月ではなく，新たに 1, 2, …, のように数値化しておきます。

ここでは，1期（平成12年1月）から18期（平成13年6月）までのデータを用いて，19期（平成13年7月）と30期（平成14年6月）の総販売額を予測してみましょう。

19期の総販売額を予測する場合（D20 に表示）

　　D20；＝FORECAST(19, B2：B19, C2：C19) →1,346,852

30期の総販売額を予測する場合（D31 に表示）

　　D31；＝FORECAST(30, B2：B19, C2：C19) →1,357,055

なお，自己回帰にせよ，時間 t による回帰にせよ，予測に使う場合には，過去の傾向がそのまま将来も続くとみなして，傾向線の延長上に予測値を求めることになります。

しかし，これまでの傾向がそのまま続くとは限りません。したがって，予測に際しては，構造の変化が起こっていないか注意しておかなければなりません。

【練習問題】（8-2-3）
上記の説明に引き続き，FORECAST 関数を用いて，20期と31期の予測値を求めて下さい。

図表 223． C 列に期を新設

	A	B	C
1	年月	総販売額	期
2	平成12年1月	1,366,886	1
3	平成12年2月	1,185,738	2
4	平成12年3月	1,326,215	3
5	平成12年4月	1,343,018	4
6	平成12年5月	1,333,439	5
7	平成12年6月	1,305,453	6
8	平成12年7月	1,440,975	7
9	平成12年8月	1,335,933	8
10	平成12年9月	1,225,839	9
11	平成12年10月	1,383,983	10
12	平成12年11月	1,312,070	11
13	平成12年12月	1,703,620	12
14	平成13年1月	1,414,234	13
15	平成13年2月	1,178,277	14
16	平成13年3月	1,307,935	15
17	平成13年4月	1,310,155	16
18	平成13年5月	1,317,138	17
19	平成13年6月	1,293,811	18

8.3　データを 4 つのパートに分ける時系列分解法[81]

[1]　時系列データを性質の違う波に分解してから予測する

　これまで時系列データをそのまま一括してモデル化しようとしましたが，決定係数が低く，あまり説明力が出せませんでした。総販売額のデータは，長期的な大きな変化の傾向が比較的小さく，その半面，季節変動を中心に短期間の上下変動が激しい性質をもっています。このような事象に対しては，これまで述べてきたような，長期的な変化傾向はモデル化できても，短期間の上下をモデル化しにくいような手法の場合，結果としてあまりよい説明力を発揮することができません。しかも，ビジネスに関する時系列データの場合，往々にしてこのような変動をしがちです。

　そこで，時系列データをそのままでモデル化する方法ではなくて，データを細分化した予測方法を考えます。すなわち，一旦，元の時系列データをいくつかの構成要素に分解します。そして，構成要素ごとにモデル化し，予測値を出します。そして，その後で再び統合するというプロセスを経て予測を行うという手順です。このような予測法を「時系列分解法」といいます。

　時系列分解法では，時系列データは構成要素として，正式には，「傾向変動(T)」，「循環変動(C)」，「季節変動(S)」，「不規則変動(I)」に分解されます。「傾向変動」とは，10 年以上の長期にわたる趨勢的な変動を表します。「循環変動」は 2，3 年程度を周期として繰り返す変動，「季節変動」は 12 ヶ月周期の変動，それ以外の小さな変動が「不規則変動」です。

　時系列データの期間が 5，6 年以内ならば，傾向変動を特定することは難しいので，傾向変動と循環変動をあわせて「トレンド(TC)」とよぶことにします。また，月単位（日別，週別でもよい）でデータが入手できていない場合には，12 ヶ月周期であるため季節変動は識別できません。

---

[81]　村田（2000 年）p.84-117

そのため年単位のデータの場合には，季節変動がないモデルになります。

　分解するモデルには大きく分けて変動要素を「掛け算」で結合する「乗法モデル」と，「足し算」で結合する「加法モデル」の2種類があります（年単位のデータしかない場合には，下記の式から季節変動が削除されたものになります。以下の説明では，少なくとも月単位のデータがある場合を前提にします）。

＊乗法モデルは

　　5, 6年以上のデータがある場合　　　実績値＝傾向変動×循環変動×季節変動×不規則変動
　　〃　未満のデータしかない場合　　　実績値＝トレンド×季節変動×不規則変動

＊加法モデルは

　　5, 6年以上のデータがある場合　　　実績値＝傾向変動＋循環変動＋季節変動＋不規則変動
　　〃　未満のデータしかない場合　　　実績値＝トレンド＋季節変動＋不規則変動

　このように，まず各構成要素に分解しておいて，各々を予測しておき，後で掛け算あるいは足し算により総合することによって，より正確な予測値を得ようとするものです。

[2] 時系列分解法の具体的な手順——実行例

　先ほどの総販売額のデータを用いて時系列分解法の手続きを説明します。

ⅰ）乗法モデルと加法モデルの選択

　　目安は次の通りです。

・構成要素の少なくとも1つが0になる場合には，加法モデル TCSI＝T＋C＋S＋I（TCSI＝TC＋S＋I）を用いなければなりません。

・周期的な変動の振幅が，傾向変動（あるいはトレンド）に応じて変わるような場合には，乗法モデル TCSI＝T・C・S・I（TCSI＝TC・S・I）を用いるとよいでしょう。

　この例の場合，期間が5年間とあまり長くないので，傾向変動（T）と循環変動（C）はトレンド（TC）としてまとめにしておきます。図表224をみて，上記の後者の目安に沿って，乗法モデル TCSI＝TC・S・Iを用いることにします。そして，月次の販売予測を行ってみましょう。なお，加法モデルであっても，手順は同じです。

ⅱ）トレンド（TC）の当てはめ

　　描かれている折れ線グラフ上のいずれかの点上で，右クリックをして，「近似曲線の追加」を選択します。

　　図表224において，厳密にみると，右下がりというよりは，後半には下降トレンドが解消し，やや上向き気味であるようです。

　　そこで，このような形状を考えて，線形近似ではなく，「多項式による近似」，次数は「3」とします。

　　［オプション］で数式とR-2乗値にもチェックを入れておきます。実行すると，図表225のような結果が得られます。決定係数も0.25となり，線形近似よりやや上がりました。

　　なお，回帰式の表示は，数式の部分を右クリックして，「データラベルの書式設定」で「表示形式」を選択し，「数値」で小数点以下も含めて指定します。

図表 224. 原系列のデータ

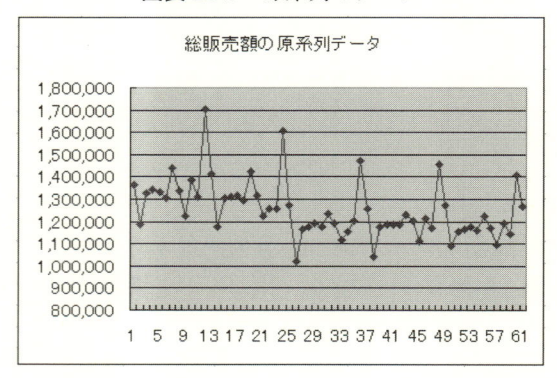

図表 225. 多項式によるトレンド(TC)式の近似

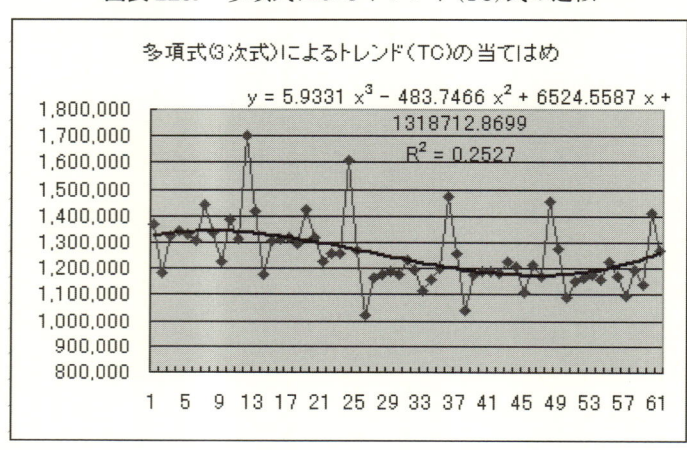

iii) 多項式によるトレンド(TC)の算出

多項式による近似によって，$y = 5.9331x^3 - 483.7466x^2 + 6,524.5587x + 1,318,712.8699$ という形のトレンドの式が求められました。図表225をみると，トレンドは景気動向とも一致しており，今後下降局面に入るよりも当面上昇とみられることとも合致します。

そこで，$x = 1, 2, 3, \cdots,$ について y の理論値を求めます。これが，図表226のD列の計算です。これが各時点でのトレンド(TC)の値になります。

　　D2；＝5.9331＊C2^3－483.7466＊C2^2＋6,524.5587＊C2＋1,318,712.8699

　　D3以降は，D2をコピーします。

　　D列はトレンド(TC)の系列になります。

iv) 季節変動の算出

原系列をトレンド(TC)の値で割ると，季節変動(S)と不規則変動(I)が残ります。

　　原系列＝トレンド×季節変動×不規則変動なので，

　　原系列／トレンド＝季節変動×不規則変動

E列にこの計算結果を出します。

　　E2；＝B2/D2　　　E3以降はE2をコピーします。

E 列は季節変動×不規則変動の系列になります。

季節変動は 12 ヶ月周期ですから，その計算は，1月，2月，3月，…，のように各月ごとに E 列の値を平均することによってなされます。平均することにより不規則変動は除かれ，季節変動が出ることになります。

この計算は，別途，(I2:K16) のところで行っています。

J3；＝AVERAGE(E2, E14, E26, E38, E50, E62)　　　J4；＝AVERAGE(E3, E15, E27, E39, E51)

J5 から J14 は J4 をコピーします。そして，合計が J16 に求められています。

ここで，平均が 1 になるように，調整します。

K3；＝J3＊12/＄J＄16

K4 から K14 は K3 をコピーします。K16 をみると，確かに合計は 12 になっています。この K3 から K14 の値が「季節変動指数」です。

季節変動指数が 1 より大ならば，平均月より多く売れる月であるといえます。逆に 1 より小さいならば，平均月より少なくしか売れない月であるといえます。

178　第8章　時系列データから情報を読む

図表226.　時系列分解法の計算

	A	B	C	D	E	F	G	H	I	J	K
1	年月	原系列(総販売額)	期	トレンド	季節変動*不規則変動（=原系列/トレンド）	不規則変動（=E列/季節変動指数）				季節変動	季節変動指数
2	平成12年1月	1,366,886	1	1,324,760	1.031799267	0.993776116			1月	1.0376349	1.038261285
3	平成12年2月	1,185,738	2	1,329,874	0.891616488	1.016677326			2月	0.8764616	0.876990629
4	平成12年3月	1,326,215	3	1,334,093	0.994094849	1.020097432			3月	0.9739218	0.974509707
5	平成12年4月	1,343,018	4	1,337,451	1.004162487	1.019847564			4月	0.9840262	0.984620175
6	平成12年5月	1,333,439	5	1,339,984	0.995115884	1.006330072			5月	0.9882598	0.988856352
7	平成12年6月	1,305,453	6	1,341,727	0.972964771	0.996337393			6月	0.9759523	0.976541459
8	平成12年7月	1,440,975	7	1,342,716	1.073179087	1.026073764			7月	1.0452773	1.045908321
9	平成12年8月	1,335,933	8	1,342,987	0.994747304	0.998781701			8月	0.9953598	0.995960681
10	平成12年9月	1,225,839	9	1,342,576	0.913050223	0.988391282			9月	0.9232168	0.923774056
11	平成12年10月	1,383,983	10	1,341,517	1.031655288	1.038130043			10月	0.9931635	0.99376306
12	平成12年11月	1,312,070	11	1,339,847	0.979268797	1.003757463			11月	0.9750144	0.975603004
13	平成12年12月	1,703,620	12	1,337,600	1.273638915	1.039525954			12月	1.2244721	1.22521127
14	平成13年1月	1,414,234	13	1,334,814	1.059498944	1.020455023					
15	平成13年2月	1,178,277	14	1,331,523	0.884909379	1.009029457					
16	平成13年3月	1,307,935	15	1,327,762	0.985066999	1.01083344			合計	11.992761	12
17	平成13年4月	1,310,155	16	1,323,569	0.989865537	1.005327295					
18	平成13年5月	1,317,138	17	1,318,977	0.998605798	1.009859314					
19	平成13年6月	1,293,811	18	1,314,023	0.984618329	1.008270894					
20	平成13年7月	1,424,307	19	1,308,742	1.088302275	1.040533146					
21	平成13年8月	1,317,982	20	1,303,170	1.011365972	1.01546777					
22	平成13年9月	1,224,052	21	1,297,343	0.943506996	1.021361219					
23	平成13年10月	1,257,634	22	1,291,295	0.973932027	0.980044506					
24	平成13年11月	1,257,810	23	1,285,064	0.978791873	1.003268613					
25	平成13年12月	1,607,019	24	1,278,683	1.256776295	1.025762923					
26	平成14年1月	1,270,804	25	1,272,190	0.998910619	0.962099457					
27	平成14年2月	1,022,914	26	1,265,619	0.808232267	0.921597381					
28	平成14年3月	1,163,471	27	1,259,006	0.92411879	0.948291005					
29	平成14年4月	1,173,838	28	1,252,387	0.937280876	0.951921258					
30	平成14年5月	1,190,630	29	1,245,797	0.955717844	0.966488047					
31	平成14年6月	1,173,724	30	1,239,271	0.947108122	0.969859614					
32	平成14年7月	1,234,523	31	1,232,847	1.001359708	0.95740677					
33	平成14年8月	1,194,696	32	1,226,558	0.974023202	0.977973549					
34	平成14年9月	1,114,564	33	1,220,441	0.913246877	0.988604163					
35	平成14年10月	1,156,012	34	1,214,531	0.951817334	0.95779102					
36	平成14年11月	1,202,911	35	1,208,865	0.995075129	1.019959066					
37	平成14年12月	1,472,033	36	1,203,476	1.223151001	0.998318437					
38	平成15年1月	1,258,206	37	1,198,402	1.049903331	1.011213021					
39	平成15年2月	1,042,309	38	1,193,677	0.873191773	0.995668305					
40	平成15年3月	1,175,292	39	1,189,338	0.988190368	1.014038507					
41	平成15年4月	1,189,558	40	1,185,419	1.003491543	1.01916614					
42	平成15年5月	1,186,915	41	1,181,957	1.0041948	1.015511301					
43	平成15年6月	1,184,507	42	1,178,987	1.004682117	1.028816655					
44	平成15年7月	1,227,988	43	1,176,544	1.043724306	0.997911849					
45	平成15年8月	1,205,913	44	1,174,665	1.02660143	1.030765018					
46	平成15年9月	1,110,722	45	1,173,385	0.946596479	1.024705633					
47	平成15年10月	1,215,519	46	1,172,739	1.036478717	1.042983745					
48	平成15年11月	1,172,442	47	1,172,763	0.999726176	1.024726422					
49	平成15年12月	1,457,385	48	1,173,493	1.241920577	1.013637898					
50	平成16年1月	1,272,919	49	1,174,964	1.083368566	1.043445018					
51	平成16年2月	1,088,165	50	1,177,212	0.924357873	1.054011117					
52	平成16年3月	1,154,469	51	1,180,272	0.978138003	1.003723202					
53	平成16年4月	1,166,809	52	1,184,180	0.985330411	1.000721329					
54	平成16年5月	1,174,306	53	1,188,972	0.987664634	0.998794852					
55	平成16年6月	1,159,307	54	1,194,684	0.9703883	0.99369903					
56	平成16年7月	1,225,162	55	1,201,350	1.019821335	0.975058057					
57	平成16年8月	1,172,810	56	1,209,006	0.970061269	0.973995547					
58	平成16年9月	1,095,534	57	1,217,689	0.899683219	0.973921288					
59	平成16年10月	1,192,984	58	1,227,433	0.971934332	0.978034273					
60	平成16年11月	1,141,949	59	1,238,274	0.922210223	0.94527202					
61	平成16年12月	1,408,872	60	1,250,248	1.126873819	0.919738372					
62	平成17年1月	1,266,333	61	1,263,391	1.002328794	0.965391668					

図表 227. 季節変動指数

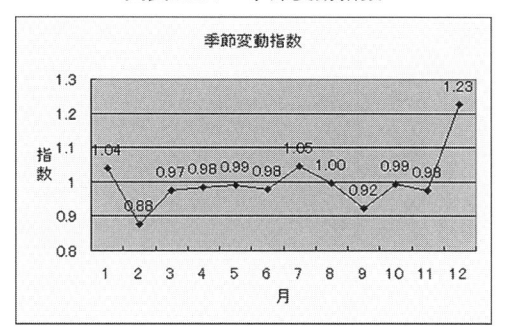

v）不規則変動の算出

　季節変動×不規則変動を，季節変動指数で割ると，不規則変動が出ます。

　F2；＝E2/K3　　F3からF13までF2をコピーします。
　F14；＝E14/K3　F15からF25までF14をコピーします。
　F26；＝E26/K3　F27からF37までF26をコピーします。
　F38；＝E38/K3　F39からF49までF38をコピーします。
　F50；＝E50/K3　F51からF61までF50をコピーします。
　F62；＝E62/K3

図表 228. 不規則変動の様子

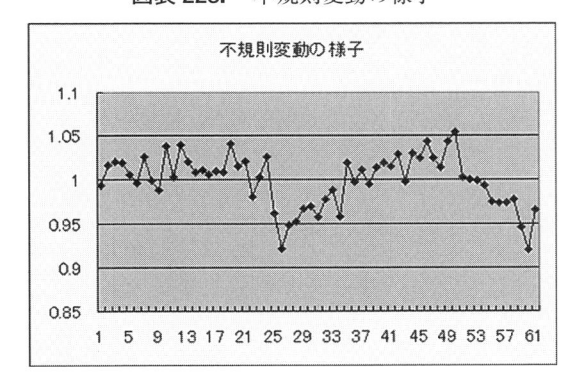

　小さい幅で，不規則に変動していれば，時系列分解のモデル化は成功といえます。

　しかし，図表228をみると，不規則に変動しているようにみえません。

　そこで，よくみると30期程度での周期的な変動が残っていそうです。

vi）モデルの精緻化

　詳しくみると33期前後の周期的な変動がありそうです。トレンドで表しきれなかった循環変動です。F列の不規則変動から，この2年9ヶ月程度の周期の循環変動を除くことにします。

　この循環変動の正体をまず突き止めなければなりませんが，まずは季節変動を求めたときとと同じ手続きで，33周期の平均を求めることにします。

図表229. 残余の循環変動指数の計算と不規則変動

	F	G	H	I	J	K
1	不規則変動(=E列/季節変動指数)	不規則変動(=F列/残余の循環変動指数)				
2	0.993776116	1.015716016			季節変動	季節変動指数
3	1.016677326	0.995719196		1月	1.0376349	1.038261285
4	1.020097432	1.008087533		2月	0.8764616	0.876990629
5	1.019847564	1.001566122		3月	0.9739218	0.974509707
6	1.006330072	1.002637564		4月	0.9840262	0.984620175
7	0.996337393	0.988544905		5月	0.9882598	0.988856352
8	1.026073764	1.000694625		6月	0.9759523	0.976541459
9	0.998781701	0.989043003		7月	1.0452773	1.045908321
10	0.988391282	0.977339563		8月	0.9953598	0.995960681
11	1.038130043	1.017026553		9月	0.9232168	0.923774056
12	1.003757463	0.984087093		10月	0.9931635	0.99376306
13	1.039525954	1.004486627		11月	0.9750144	0.975603004
14	1.020455023	0.986437386		12月	1.2244721	1.22521127
15	1.009029457	0.989628662				
16	1.01083344	0.995944665		合計	11.992761	12
17	1.005327295	0.978770833				
18	1.009859314	0.975990719				
19	1.008270894	0.999580488				
20	1.040533146	1.016777696			残余の循環変動	残余の循環変動指数
21	1.01546777	1.005581539		1p	0.9757836	0.978399573
22	1.021361219	1.011017259		2p	1.0183182	1.021048233
23	0.980044506	0.9998699		3p	1.0092079	1.011913548
24	1.003268613	1.012091489		4p	1.0155303	1.018252855
25	1.025762923	1.023181835		5p	1.0009992	1.003682794
26	0.962099457	0.989134944		6p	1.0051879	1.007882786
27	0.921597381	0.984678682		7p	1.02262	1.025361522
28	0.948291005	1.012570268		8p	1.0071465	1.009846588
29	0.951921258	0.990319354		9p	1.008604	1.011307962
30	0.966488047	0.997326241		10p	1.0180209	1.020750186
31	0.969859614	0.997326241		11p	1.0172612	1.019988444
32	0.95740677	0.997326241		12p	1.0321168	1.034882822
33	0.977973549	0.997326241		13p	1.0317194	1.034485349
34	0.988604163	0.997326241		14p	1.0168779	1.019604116
35	0.95779102	0.978936466		15p	1.0122357	1.0149494
36	1.019959066	0.998933285		16p	1.0243862	1.027132461
37	0.998318437	0.986564949		17p	1.0319352	1.034701759
38	1.011213021	0.993086359		18p	1.005997	1.008694053
39	0.995668305	0.992014918		19p	1.0206272	1.023363465
40	1.014038507	1.006107576		20p	1.0071313	1.009831357
41	1.01916614	0.993957856		21p	1.0075301	1.01023124
42	1.015511301	1.005609479		22p	0.9775513	0.980172025
43	1.028816655	1.017312919		23p	0.9886321	0.991282531
44	0.997911849	0.977625929		24p	0.9998421	1.00252261
45	1.030765018	1.010565388		25p	0.9700669	0.972667544
46	1.024705633	0.990165855		26p	0.9334347	0.935937171
47	1.042983745	1.008215096		27p	0.9340147	0.936518714
48	1.024726422	1.005023819		28p	0.9586565	0.961226551
49	1.013637869	0.998707816		29p	0.966448	0.969079131
50	1.043445018	1.015881648		30p	0.9698596	0.972459737
51	1.054011117	1.018661762		31p	0.9574068	0.959973509
52	1.003723202	0.995071993		32p	0.9779735	0.980595425
53	1.000721329	0.977874786		33p	0.9886042	0.991254539
54	0.998794852	0.989070942				
55	0.99369903	0.983635222		合計	32.911766	33
56	0.975058057	0.994782581				
57	0.973995547	0.982560992				
58	0.973921288	0.971470647				
59	0.978034273	1.005517537				
60	0.94527202	1.009973799				
61	0.919738372	0.982082214				
62	0.965391668	1.004333127				

v-1) 残余の循環変動

J21；=AVERAGE(F2,F35)

J22からJ48まではJ21をコピーします。

J49；=F30

J50以降は，J49をコピーします。

v-2) 残余の循環変動指数

残余の循環変動も平均を1にします。

K21；=J21＊33/$J$55

K22以降K53までK21をコピーします。

v-3) 不規則変動の精緻化

不規則変動を残余の循環変動指数で割ります。

G2；=F2/K21

G3からG34までG2をコピーします。

G35；=F35/K21

G36以降，G35をコピーします。

　これで残余の循環変動が除かれたことになります。

　このG列の不規則変動をグラフにすると，図表230のようになります。

　図表228に比べて，小幅で不規則に変動していることがわかります。

8.3 データを4つのパートに分ける時系列分解法　181

図表 230. 精緻化された不規則変動

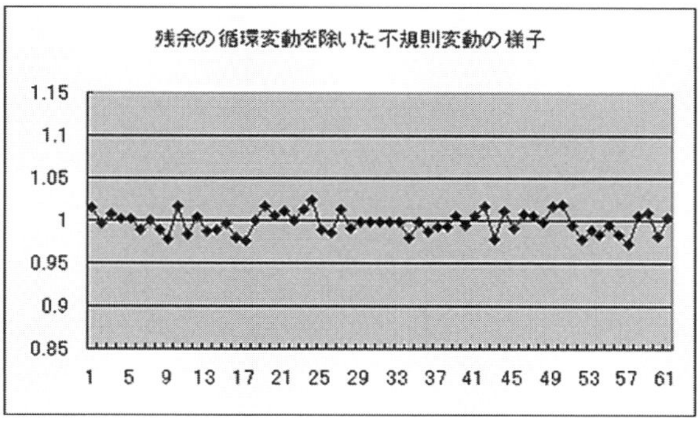

残余の循環変動を除いた不規則変動の様子

以上から，求められた時系列分解モデルは，
総販売額の理論値＝3次式のトレンド×季節変動指数×残余の循環変動指数となります。

vii) 予測値の算出

1期から61期までのデータが与えられています。ここで70期の総販売額を予測します。

・3次式のトレンドの値

$y = 5.9331x^3 - 483.7466x^2 + 6,524.5587x + 1,318,712.8699$

$= 5.9331 \times 70^3 - 483.7466 \times 70^2 + 6,524.5587 \times 70 + 1,318,712.8699$

$= 1440127$

・季節変動指数

70期は10月なので，季節変動指数は，図表229より，0.99376306です。

・残余の循環変動指数

70期は，33周期×2周＋4p。よって，残余の循環変動指数は，図表229より，1.018252855です。

・（不規則変動）

予測できないので，1として扱います。

よって，これらを乗じて，

70期の総販売額＝1440127×099376306×1.018252855＝1,457,267

と求められます。

【練習問題】（8-3-1）

図表211の食料品の販売額のデータについて，時系列分解法で解析し，70期の販売額の予測値を求めて下さい。

【練習問題】（8-3-2）

図表231のデータはわが国の百貨店販売総額です。これまで学んだ時系列解析の手法から適当な手法を選択して，2006年7月の販売予測値を求めて下さい。

第8章 時系列データから情報を読む

図表231. 百貨店販売総額（出典：経済産業省「商業販売統計月報」）

	A 年月	B 販売額(百万円)
1	年月	販売額(百万円)
2	Jul-03	865,180
3	Aug-03	626,151
4	Sep-03	656,074
5	Oct-03	758,694
6	Nov-03	791,568
7	Dec-03	1,050,134
8	Jan-04	776,429
9	Feb-04	634,211
10	Mar-04	779,531
11	Apr-04	702,153
12	May-04	696,861
13	Jun-04	688,169
14	Jul-04	853,581
15	Aug-04	593,959
16	Sep-04	626,495
17	Oct-04	732,284
18	Nov-04	749,067
19	Dec-04	1,020,832
20	Jan-05	783,636
21	Feb-05	588,907
22	Mar-05	750,331
23	Apr-05	691,716
24	May-05	684,819
25	Jun-05	687,264

第9章
標本から母集団の性質を推測する

9.1 標本平均値と母集団の真の平均値との重要な関係

[1] 標本から母集団の性質を推定する

　前章までで扱ってきた統計解析の手法は，収集したデータがもっている情報を人間にわかりやすい形で表現しようとするものでした。いい換えると，データで事象を記述するための解析でした。このような統計手法は総称して「記述統計手法」とよばれています。

　それに対して，新たにこの章で学ぶ統計手法は，手にしたデータを「データが属している大きな集団から無作為に抽出されたもの」と考え，データから，その元の大きな集団の性質を推論しようとします。

　たとえば，選挙のシーズンになると支持政党はどこか，という調査がマスコミ各社でこぞって行われます。新聞社の場合，調査対象は3000人程度ですが，その3000人程度の政党支持に関するアンケートをもとに，何十万人，何百万人，何千万人という有権者全体の政党支持率を推測しようとします。

　テレビの視聴率調査でも同じです。地区により異なりますが，200～600世帯の家庭のテレビにつけられた機械が記録する視聴データから，地区の全世帯という大きな集団での視聴率を推測します。このような統計手法は総称して「推測統計手法」とよばれています。

　推測統計手法でよく使われる言葉として，母集団と標本(サンプル)があります。データを生み出す背後にある大きな集団のことを「母集団」，得られたデータを「標本」あるいは「サンプル」といいます。

　ビジネス意思決定に際して，推測統計手法を用いる必要性は現実にはそれほど強くはありません。ただ，第1章で述べたように，結論に対する不確実性の程度まで知りたいような場合，また，比較的少数のサンプルから，一般的な結論を推論しなければならないような場合に必要になります。

　推測統計手法に関して押さえておきたい注意として，2つあります。

　まず，その適用にあたっては，前提条件が満たされているかどうか注意しておく必要があります。まずは，データがランダムサンプリングされている必要があります。この前提条件が満たされていないと，解析結果は大きな誤差をもったり，無意味になったりします。加えて，解析手法ごとに，それぞれの適用前提条件があります。

図表 232. 記述統計手法と推測統計手法

a) 記述統計手法

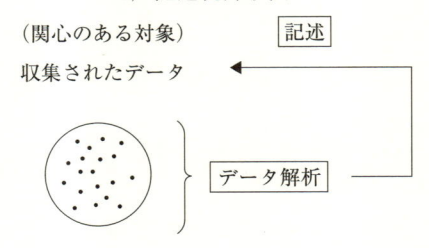

b) 推測統計手法

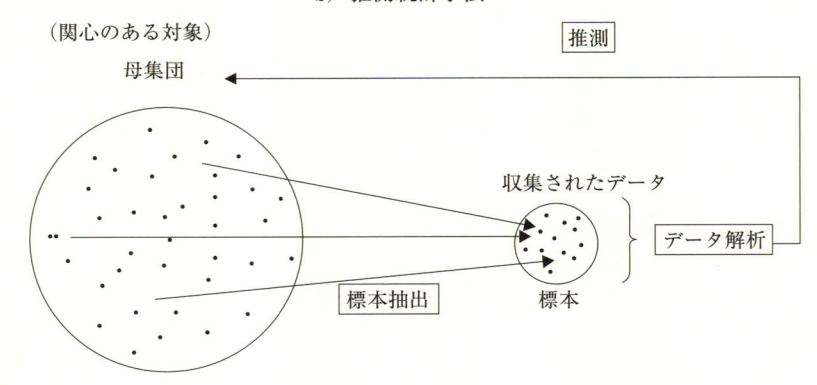

　もう1つの注意は，推測統計手法で得られた情報には，不確実性があるということです。これについては，次の[2]で述べましょう。

[2] 偶然の変動は確率でコントロールできる

1) 推論の確からしさを表す

　関心のある集団に属するすべての対象について正確に調べるに越したことはありません。しかし，時間的，費用的に全対象について正確に調べることが困難な場合がほとんどです。このような場合，母集団から標本をとって解析することになります。先に挙げた政党支持率の調査や視聴率の調査はこの例です。

　もちろん，全対象を調べることが物理的に意味のない場合もあります。たとえば，電球の寿命（耐久年数）を調べるような場合です。ある銘柄の電球の寿命をすべての個体について調べていたら，売り物がなくなります。このような場合は，全数調査は不可能ですから，当然，標本から母集団の特性を推測せざるを得ません。

　母集団について推論する際に用いられるデータはあくまでも標本ですから，母集団のすべてを尽くしているわけではありません。そのため，標本からは，ある確からしさで母集団の性質を推論することしかできません。ここに不確実さがつきまとうわけです。

　この確からしさを表すのが「確率」です。私たちは，推測統計手法を用いて母集団の性質を推論をするときには，その推論がどの程度確かであるかを表す確率を，結果とあわせて示すことになります。

たとえば、「平成○○年の紅白歌合戦の真の視聴率は、33％から43％の間に、99％の確率で存在する」というような形です。

母集団の平均値や標準偏差など、母集団の特性を表す数値を「母数（parameter）」といいます。これに対して、標本（データ）から計算された特性値を「統計量（statisitics）」とよびます。そして、データから計算された統計量に基づいて、母数に関する推論を行うことを「統計的推論」といいます。

2） 確率変数と確率分布とは何か[82]

このように統計量は標本から計算されます。標本はランダムに選ばれます。よって、統計量は、決まった値ではなくて、サンプリングごとに変動する値です。「一定の値をとらず、いろいろな値になりうる数」のことを「変数」といいます。統計量も変数です。

変数の中には、どの値になるかが確率的に決まっているものがあります。たとえば、サイコロの目です。正しく作られたサイコロなら、1から6のいずれの目も6分の1の確率で出るはずです。このように、どの値になるかが確率的に決まる変数、いい換えると、変数のとり得る各値に確率が付与されている変数のことを「確率変数」といいます。

そして、確率変数の各値に付与されている確率の分布のことを「確率分布」といいます。要するに、確率によって値が決まる何が出るかが決まってくる変数のことを「確率変数」、その確率を決める分布を「確率分布」といいます。

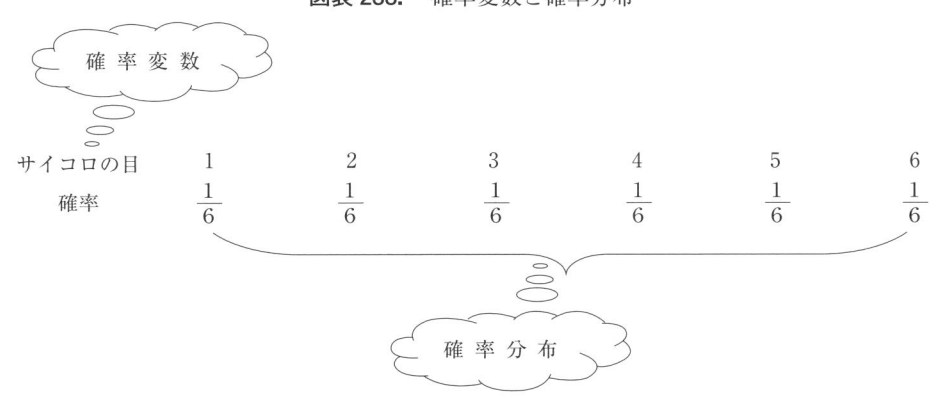

図表233. 確率変数と確率分布

| サイコロの目 | 1 | 2 | 3 | 4 | 5 | 6 |
| 確率 | $\frac{1}{6}$ | $\frac{1}{6}$ | $\frac{1}{6}$ | $\frac{1}{6}$ | $\frac{1}{6}$ | $\frac{1}{6}$ |

ですから、ランダムサンプリングによって得られる標本に基づく統計量も確率分布をもった変数、つまり確率変数ということになります。

確率分布には「離散型」と「連続型」があります。サイコロの目のように確率変数が飛び飛びの値をとる場合、離散型の確率分布といいます。それに対して、確率変数の値として連続した値を想定できる場合、連続型の確率分布といいます。工業製品の規格からのずれの大きさなどは、連続型の確率分布ということになります。直径1ミリの歯車を製造する場合、0.99ミリや1.01ミリの歯

---

[82] 9.1〜9.3節における、Excelや問題を除く多くの記述は上田　泰（1991〜1992年）に依る

車も生まれます。厳密に測定できれば，0.993 ミリであったり，1.0101 ミリであったりします。

離散型の場合には，確率が飛び飛びに存在する個々の確率変数に付与されますが，連続型の場合には，個々の値に確率が対応するというようには考えられません。連続型の確率変数の場合には，個々の値が生じる確率ではなく，その確率変数の値がある任意の区間に入る「確からしさ」を確率と考えることにします。たとえば，1.01 ミリ以上 1.02 ミリ未満になる確率がいくらいくらというよう表現します。

[3] 2つの代表的な確率分布――二項分布と正規分布

1) "確率"と"統計"のアプローチの違い[83]

ここにサイコロが1個あるとします。確率論の世界では，たとえば「このサイコロの各目の出る確率は1/6なので，このサイコロを3回投げたとき少なくとも1回1の目が出る確率はどれくらいだろう」ということを考えます。

それに対して，統計学の世界では，たとえば「まず，サイコロを100回投げて各目の出方を調べてみよう。結果からみると，目の出方に偏りがあるように判断できる。それでは，このサイコロの目の出方は，どのように数学的なモデルで表されるだろうか」と考えます。

このように確率の世界では，数学的なモデルを1つ決めて，そのモデルからどのような結論が導かれるかに関心をもちますが，統計の世界では，現実に起こっている現象に対して，どんな数学モデルを考えるのが妥当かという関心のもち方をします。

統計学において，実際のデータに適合する数学的なモデルをみつける場合，その候補となるモデルとしていくつかのものがすでにあります。そのうち代表的なものを挙げてみましょう。

2) 二項分布

事象（結果）が2種類しか起こりえないケースを考えます。たとえば，「成功・失敗」，「コイン投げで表が出る・裏が出る」，「雨が降る・降らない」ような場合です。また，サイコロの目でも「1の目が出る・1以外の目が出る」とみなせば，事象は2つですから，このケースに該当します。

このように結果が2種類しかない事象が繰り返されるとします。このとき，一方の結果が何回起こるかということを考えて，その起こり得る回数ごとに確率を示した確率分布が「二項分布」です。二項分布は，離散型確率分布の代表的存在です。

サイコロを5回転がし「5以上の目が出る」回数（これを確率変数 x とする）の確率分布を求めてみます。1回転がすとき「5以上の目が出る」確率は1/3，「5以上の目が出ない」確率は2/3です。5回転がすとき，x は 0，1，2，3，4，5 のいずれかです。

$x=0$ （「5以上の目」が1回も出ない場合）は1通り

　　5回とも5未満なので，$(2/3)\cdot(2/3)\cdot(2/3)\cdot(2/3)\cdot(2/3) = 0.132$

$x=1$ （「5以上の目」が1回だけ出る場合）は5通り

　　$(1/3)\cdot(2/3)\cdot(2/3)\cdot(2/3)\cdot(2/3)$ が5通りあるので，5倍して 0.329

$x=2$ （「5以上の目」が2回出る場合）は10通り

　　$(1/3)\cdot(1/3)\cdot(2/3)\cdot(2/3)\cdot(2/3)$ が10通りなので，この値を10倍して 0.329

$x=3$，$x=4$ の場合も同様に計算して，それぞれ 0.165，0.041 となります。

$x=5$ （「5以上の目」が5回とも出る場合）は1通り

(1/3)・(1/3)・(1/3)・(1/3)・(1/3) = 0.004

以上を一覧表にまとめると，xの確率分布は次のようになります。

x	0	1	2	3	4	5
確率	0.132	0.329	0.329	0.165	0.041	0.004

5回のうちちょうど2回だけ5以上の目が出るケースは，10通りあります。ケースが何通りあるかは，「組合せ」の計算を使います。n回試行したとき，m回成功する「組合せ」の個数は，$_nC_m = n！/(m！(n-m)！)$ で求められます。ただし，$n！= n・(n-1)……2・1$ です。

たとえば，5回試行し3回成功する組合せは $_5C_3 = 5！/(3！・2！)$ を計算して10となります。

また，一般的に，1回当たり確率pで起こる事象が，n回の試行でx回起こる確率$p(x)$は次の式で求められます。

$p(x) = {_nC_x}・p^x(1-p)^{n-x}$ （$x = 0, 1, 2, …, n$）

これが二項分布の確率分布を表す式です。この式からわかるように，二項分布の形を決めるパラメータはnとpの2つだけです。二項分布の英語表記 *Binominal Distribution* の頭文字 *B* をとって，$B(n,p)$ と表すことがあります。

二項分布に従う確率変数xの平均値は$n・p$，分散は$n・p・(1-p)$となっています。

例）100回サイコロを転がし2以上の目が出る回数の平均値と分散は次のように計算されます。

平均 = $100・(5/6) = 83.3$　分散 = $100・(5/6)・(1/6) = 13.9$

二項分布 $B(n,p)$ に従う分布があるとき，ある値xが与えられ，x（あるいはx以下）が出る確率pを求めたいとします。このような場合，Excel では，次の関数を用いることができます。

= BINOMDIST($x, n, p,$ 関数形式)

ここで，関数形式には，FALSE と TRUE があります。

FALSE；確率密度関数の値がxのときの確率を求めます

TRUE；累積分布関数の値がx以下のときの確率を求めます

この2つの関数形式は，この次に述べる正規分布の場合でも共通です。
この Excel による二項分布の計算を使って，次の例の計算をしてみましょう。

例）コンビニエンスストアで仕入れる弁当の個数nのうち，売れ残る数をxで表すとします。売れ残り率がpのとき，xは$B(n,p)$に従うとします。このとき，$n = 20$，$p = 0.3$の場合，売れ残る数が5以上10以下である確率を求めてみましょう[84]。

---

[83]　郡山他（2001年）p.98, 99
[84]　長畑（2000年）p.60

188　第 9 章　標本から母集団の性質を推測する

図表 234.　二項分布の計算

	A	B
1	x	B(20,0.3)
2	0	0.000797923
3	1	0.006839337
4	2	0.027845873
5	3	0.071603672
6	4	0.130420974
7	5	0.178863051
8	6	0.191638983
9	7	0.164261985
10	8	0.11439674
11	9	0.065369566
12	10	0.030817081
13	11	0.012006655
14	12	0.003859282
15	13	0.001017833
16	14	0.00021807
17	15	3.73898E-05
18	16	5.00756E-06
19	17	5.04964E-07
20	18	3.60688E-08
21	19	1.62717E-09
22	20	3.48678E-11
23	合計	1
24		
25	5回以上10回以下の確率	0.745347405

1 から 20 までの個々の x について，確率を求めてみましょう．
　　B2；＝BINOMDIST（A2, 20, 0.3, FALSE）
B3 以降は，B2 をコピーします．
合計すると，
B23；＝SUM（B2:B22）より 1 です．
求めるのは，5 個以上 10 個以下の確率ですから，
B25；＝SUM（B7:B12）より，0.745 と求められます．

例）続いて，Excel を使って，前例の $B(20, 0.3)$ のグラフを描いてみましょう．

図表 235.　二項分布のグラフ

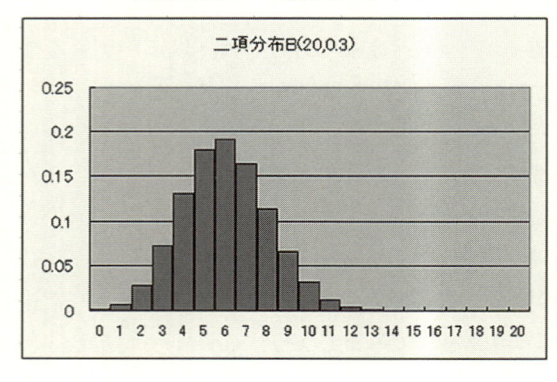

図表 234 のように $B(20, 0.3)$ の確率分布が求められているとします．

（A1:B22）を範囲指定して，グラフウィザードのボタンをクリックし，縦棒グラフを選択します．

A 列と B 列の両方の数値について縦棒グラフが作成されます．そこで，系列タブをクリックして，系列 1 の A の列の縦棒グラフを削除します．

系列の画面の下に表示されている［項目軸ラベルに使用］に（A2:A22）を範囲指定すると，横軸が 0 から表示されます．

最後に，完成した棒グラフの棒の間隔を 0 にします．棒グラフの中のいずれかの棒を右クリックします．そして，［データ系列の書式設定(O)］→「オプション」の「棒の間隔」の数値を 0 にします[85]．

例）これまでの長い間の実績によると，ある会社の製品開発が成功する確率は平均すると 40%（$p = 0.4$）です．この会社で行われている製品開発プロジェクトからランダムに 20 件のプロ

---

[85]　二見他（2001 年）p.35–37

ジェクトを抜き取ってきたときに，成功するのが9件以下である確率を求めてみます。ここでは関数形式を TRUE として求めてみましょう。
 ＝BINOMDIST(9, 20, 0.4, TRUE) →0.755337(75.5％)

なお，二項分布 $B(n, p)$ において，Excel を用いて，上とは逆に，確率の累積値から x の値を求めることもできます。その際には，次の関数を用います。
 ＝CRITBINOM(n, p, 確率の累積値)

【練習問題】(9-1-1)
あるセールスパーソンが，つき合いのある20社に新商品を売り込みに行く予定にしています。契約が取れる確率は，過去の経験から0.1と想定できるとして，ちょうど2社が契約してくれる確率，5社以上が契約してくれる確率，1社も契約してくれない確率を，それぞれ求めて下さい。

3) 正規分布

二項分布が離散型の確率分布の代表であるのに対して，連続型の確率分布の代表が「正規分布」です。砂を手の隙間から少しずつ地面に落とすときに，地面に徐々に出来上がる砂山の断面の形に似ています。

これは，ガウスという数学者が，観測値に付随する誤差に関する法則を見出そうとして発見した分布です。観測値には，一般に，系統誤差と偶然誤差の両方が含まれていますが，除去可能な系統誤差をすべて取り除いたあとの誤差を正規誤差と名づけました。

そして，真の値から x だけの誤差が生じる確率が次の式で表されることをみつけました。
$$f(x) = \frac{1}{\sqrt{2\pi}\sigma} e^{-\frac{(x-\mu)^2}{2\sigma^2}} \quad (-\infty < x < \infty),$$
ただし，$\pi = 3.14159\cdots$，$e = 2.7182818\cdots$ です。平均値 μ と標準偏差 σ が決まれば正規分布の形が決まります。英語表現 Normal Distribution の頭文字 N をとって，$N(\mu, \sigma^2)$ と表現します。

$N(\mu, \sigma^2)$ において，Excel を用いて，ある値 x から確率密度関数や累積分布関数の値を求めるには，次の関数を用います。
 ＝NORMDIST(x, μ, σ, 関数形式)
ここでの関数形式には，二項分布の場合と同じように，FALSE と TRUE があります。
　FALSE；確率密度関数
　TRUE；累積分布関数
なお，特に $\mu = 0$，$\sigma = 1$ の場合，その正規分布を特に標準正規分布といいます。
この場合には，＝NORMDIST($x, 0, 1$, 関数形式) とする代わりに，＝NORMSDIST(z, 関数形式) を用いることもできます。

早速，確率密度関数を求めてみましょう。
セル A の列に，0を中心にして -4（$\mu - 4\sigma$ に相当する値）から $+4$（$\mu + 4\sigma$ に相当する値）までの数値を0.1きざみで入力します。
セル B の列に次のように入力します。

B1；＝NORMDIST(A1, 0, 1, FALSE)

B2以降にB1をコピーします。

すると，図表236のような確率密度関数が得られます。

セルAの列とセルBの列の数値が入っているセルを範囲指定して，[グラフウィザード]で[折れ線グラフ]を選択します。

系列を選択して，「系列1」を削除します。そして，[項目軸ラベルに使用]のところで，いま削除した（A1：A81）を指定します。

表示を手直しすれば，図表237のような正規分布の確率密度関数のグラフが描けます[86]。

図表 236. 正規分布の確率密度関数の計算

	A	B
1	−4	0.000133830
2	−3.9	0.000198655
3	−3.8	0.000291947
4	−3.7	0.000424780
5	−3.6	0.000611902
6	−3.5	0.000872683
7	−3.4	0.001232219
8	−3.3	0.001722569
9	−3.2	0.002384088
10	−3.1	0.003266819
11	−3	0.004431848
12	−2.9	0.005952532
13	−2.8	0.007915452

（以下省略）

図表 237. 確率密度関数のグラフ（$\mu = 0$, $\sigma = 1$）

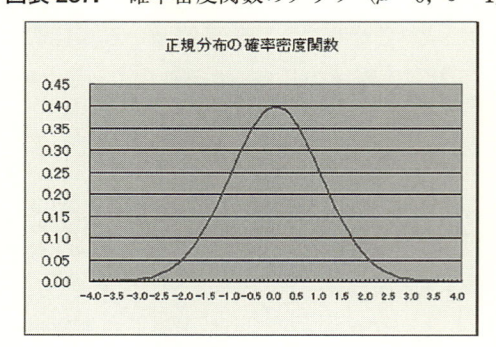

正規分布は，測定値の誤差，身長や体重の分布，試験の得点の分布など，多くの自然現象，社会現象のデータの分布に適合しています。

よって，正規分布の性質がわかれば，自然現象や社会現象の動きもある程度わかるということです。たとえば，ある試験の得点の分布が正規分布していることがわかれば，その平均値と標準偏差から，その分布の細かな特性はすべてわかります。

具体的には，ある試験の得点が，平均値が70点，標準偏差が10点の正規分布だとします。各点数に何名ぐらいずついているか，60点以上80点未満は何人いるか，上位10％にはいるには何点以上取っておく必要があるのか，などが計算で求められるということです。

それでは，正規分布の性質を詳しくみておきます。図表237は，平均値が0，標準偏差が1の場合の正規分布です。先に述べた「標準正規分布」です。これを，$N(0, 1^2)$と表します。

どのような正規分布であっても，変数xに，$z = (x - \mu)/\sigma$という変換，すなわち，元の変数のそれぞれから平均値を引いて，それを標準偏差で割るという操作，をしてやれば，zは$N(0, 1^2)$に従う分布になります。なお，このような変換を「標準化」といいます。

---
[86] 二見他（2001年）p.28, 29

9.1 標本平均値と母集団の真の平均値との重要な関係

図表 238. いかなる正規分布も標準化すれば標準正規分布にできる！

(a) 身長（平均 170.8cm，標準偏差 5.83cm）

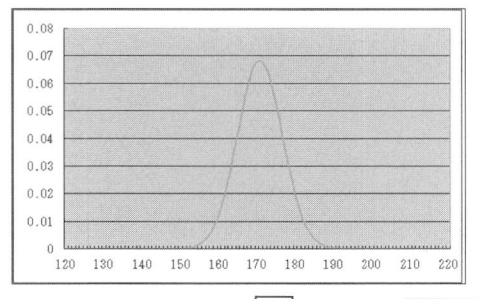

(b) 体重（平均 63.5kg，標準偏差 10.91kg）

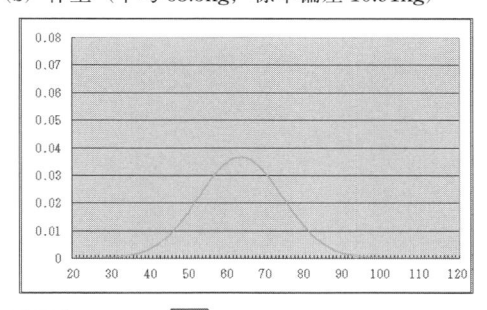

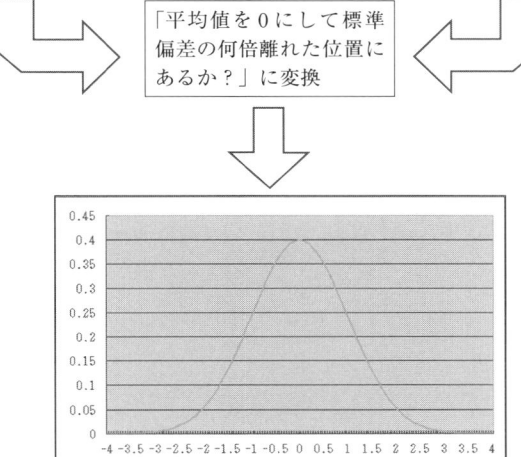

「平均値を 0 にして標準偏差の何倍離れた位置にあるか？」に変換

(c) 標準正規分布（平均 0, 標準偏差 1 の正規分布）

　標準正規分布の性質さえわかっていれば，平均値や標準偏差がいくらであろうと，正規分布に従うすべての現実の現象の概要を読み解くことができます。

　通常，統計学のテキストの巻末には標準正規分布表が付されていますが，Excel を使えば，下記のように標準正規分布表はすぐに出せます。下の標準正規分布表では，$z \geq k$ になる確率の大きさ P が示されています。ここでは，確率密度が積分された数値ということから，大文字の P で表しておきます。

　数表を使うよりも，実際の計算には Excel を使ったほうがより正確に計算ができますから，数表の役割はかなり小さくなってきました。しかし，ここでは，Excel の勉強を兼ねて，数表の作り方も説明しておきましょう。

　まず，セル A の列に小数点以下第 1 位までを(0.0 から 3.0 まで)0.1 刻みで，「1 列」に小数点以下第 2 位(0.01 から 0.09 まで)を 0.01 刻みで，k の値を入力します。

　標準正規分布なので，NORMSDIST を使って，図の P を踏まえて，

　B2；＝1－NORMSDIST（$A2＋B$1）とします。

　そして，B2 を残りのセルにコピーします。これで完成です。

図表 239. 標準正規分布表

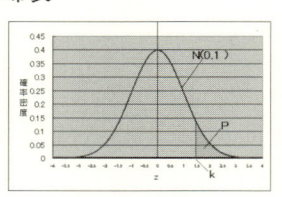

$k \to P = Pr\ (z \geq k)$

k	0.00	0.01	0.02	0.03	0.04	0.05	0.06	0.07	0.08	0.09
0.0	0.5000	0.4960	0.4920	0.4880	0.4840	0.4801	0.4761	0.4721	0.4681	0.4641
0.1	0.4602	0.4562	0.4522	0.4483	0.4443	0.4404	0.4364	0.4325	0.4286	0.4247
0.2	0.4207	0.4168	0.4129	0.4090	0.4052	0.4013	0.3974	0.3936	0.3897	0.3859
0.3	0.3821	0.3783	0.3745	0.3707	0.3669	0.3632	0.3594	0.3557	0.3520	0.3483
0.4	0.3446	0.3409	0.3372	0.3336	0.3300	0.3264	0.3228	0.3192	0.3156	0.3121
0.5	0.3085	0.3050	0.3015	0.2981	0.2946	0.2912	0.2877	0.2843	0.2810	0.2776
0.6	0.2743	0.2709	0.2676	0.2643	0.2611	0.2578	0.2546	0.2514	0.2483	0.2451
0.7	0.2420	0.2389	0.2358	0.2327	0.2296	0.2266	0.2236	0.2206	0.2177	0.2148
0.8	0.2119	0.2090	0.2061	0.2033	0.2005	0.1977	0.1949	0.1922	0.1894	0.1867
0.9	0.1841	0.1814	0.1788	0.1762	0.1736	0.1711	0.1685	0.1660	0.1635	0.1611
1.0	0.1587	0.1562	0.1539	0.1515	0.1492	0.1469	0.1446	0.1423	0.1401	0.1379
1.1	0.1357	0.1335	0.1314	0.1292	0.1271	0.1251	0.1230	0.1210	0.1190	0.1170
1.2	0.1151	0.1131	0.1112	0.1093	0.1075	0.1056	0.1038	0.1020	0.1003	0.0985
1.3	0.0968	0.0951	0.0934	0.0918	0.0901	0.0885	0.0869	0.0853	0.0838	0.0823
1.4	0.0808	0.0793	0.0778	0.0764	0.0749	0.0735	0.0721	0.0708	0.0694	0.0681
1.5	0.0668	0.0655	0.0643	0.0630	0.0618	0.0606	0.0594	0.0582	0.0571	0.0559
1.6	0.0548	0.0537	0.0526	0.0516	0.0505	0.0495	0.0485	0.0475	0.0465	0.0455
1.7	0.0446	0.0436	0.0427	0.0418	0.0409	0.0401	0.0392	0.0384	0.0375	0.0367
1.8	0.0359	0.0351	0.0344	0.0336	0.0329	0.0322	0.0314	0.0307	0.0301	0.0294
1.9	0.0287	0.0281	0.0274	0.0268	0.0262	0.0256	0.0250	0.0244	0.0239	0.0233
2.0	0.0228	0.0222	0.0217	0.0212	0.0207	0.0202	0.0197	0.0192	0.0188	0.0183
2.1	0.0179	0.0174	0.0170	0.0166	0.0162	0.0158	0.0154	0.0150	0.0146	0.0143
2.2	0.0139	0.0136	0.0132	0.0129	0.0125	0.0122	0.0119	0.0116	0.0113	0.0110
2.3	0.0107	0.0104	0.0102	0.0099	0.0096	0.0094	0.0091	0.0089	0.0087	0.0084
2.4	0.0082	0.0080	0.0078	0.0075	0.0073	0.0071	0.0069	0.0068	0.0066	0.0064
2.5	0.0062	0.0060	0.0059	0.0057	0.0055	0.0054	0.0052	0.0051	0.0049	0.0048
2.6	0.0047	0.0045	0.0044	0.0043	0.0041	0.0040	0.0039	0.0038	0.0037	0.0036
2.7	0.0035	0.0034	0.0033	0.0032	0.0031	0.0030	0.0029	0.0028	0.0027	0.0026
2.8	0.0026	0.0025	0.0024	0.0023	0.0023	0.0022	0.0021	0.0021	0.0020	0.0019
2.9	0.0019	0.0018	0.0018	0.0017	0.0016	0.0016	0.0015	0.0015	0.0014	0.0014
3.0	0.0013	0.0013	0.0013	0.0012	0.0012	0.0011	0.0011	0.0011	0.0010	0.0010

それではいくつか正規分布を利用した考察をしてみましょう。

例）平日に，ある住宅展示場に訪れた新規来客数を 250 日分記録しました。平均値は 10 人，標準偏差が 5 人でした。新規来店客数の分布が正規分布に従っているとすると，20 人以上来た日は何日くらいあるでしょうか。

標準化をすると $(20-10) \div 5 = 2$ より，平均値より大きい側に標準偏差の 2 倍以上はなれているところにある確率を求めるということです。図表 239 の正規分布表で，$k=2.00$ のところをみます。縦に 2.0，横に 0.00 のところです。すると，0.0228 とあります。つまり，2.28% です。

これとは別に，Excel で求めてみましょう。ワークシートのどこでもよいので，
＝1－NORMSDIST(2.00) を計算します。0.02275 と出ます。2.275% です。

全体で 250 日ですから，250×0.02275＝5.6875 よって，約 6 日となります。

例）同じケースです。10 人以上 20 人未満の日数は何日あるでしょうか。また，7 人以上 10 人未満の日数は何日間ぐらいでしょうか。

・20 人以上の確率…0.02275（上記より）

10 人以上の確率…$k=(10-10)/5=0$ より 0.500

よって，10 人以上 20 人未満になる確率は 0.500－0.02275＝0.47725

ゆえに 250×0.47725＝119.31 よって約 119 日となります。

・平均が 10 人なので，7 人以上 10 人未満の確率は，

標準化すると $k = (7-10)/5 = -0.60$ 以上　$k = (10-10)/5 = 0.00$ 未満です。

正規分布は左右対称なので，7 人以上 10 人未満の確率と 10 人以上 13 人未満の確率は同じです。10 人以上 13 人未満の確率を求めればよいわけです。

そこで，13 人以上の確率が $= 1 - $ NORMSDIST(0.60) より 0.2743 なので，

10 人以上 13 人未満の確率は，$0.500 - 0.2743 = 0.2257$

よって，7 人以上 10 人未満の確率も 0.2257

ゆえに，$250 \times 0.2257 = 56.425$ よって約 56 日となります。

例）今度は，来場客数の少ないほうから日付を並べます。日数を数えて 35% のところの来店客数は何人でしょうか。

正規分布は左右対称なので，少ないほうから 35% の k の値は，多いほうから 35% のところの k の値の符号を反対にしたものです。正規分布表をみると，最も近い k は -0.39 です。

Excel を使って，確率 P から k の値を求めるためには，NORMSINV という統計関数を使います。= NORMSINV(0.35) と入力して，-0.385 となります。

$k = (x - 10) \div 5$ の k に -0.385 を代入して，$-0.385 = (x - 10) \div 5$。これを解いて $x = 8.07$。約 8 人となります。

なお，$np \geq 5$ 程度の場合は，先に述べた二項分布は正規分布で近似できます。二項分布の確率は，それと同じ平均と標準偏差をもつ正規分布，つまり，$N(np, np(1-p))$ の密度関数と近い値をもちます。

特に np が大きくなるにつれて二項分布はより対称形になり，正規分布との近似の程度が良くなることが知られています。ただし，Excel で簡単に二項分布の値が求められるようになったので，正規分布による近似の必要は実質的にはだんだんなくなってきました。

【練習問題】(9-1-2)

A さんの自宅から職場までの通常の通勤時間は，平均値 40 分，標準偏差 2 分の正規分布をしていることが，過去の経験からわかっています。通常，45 分以上かかる確率はいくらでしょうか。また，37 分以内に到着する確率はいくらでしょうか。

また，今日は一年間で最も早く到着したとします。今日の通勤時間は何分以内だったと考えられるでしょうか。

[4]　標本平均値は母集団平均値と強い絆で結ばれている——中心極限定理

さて，いよいよ標本から母集団のパラメータ（母数）を推測する方法について学んでいきます。説明のために次のような例を考えます。

ある地域の全世帯（極めて多いとする）のある年における 1 世帯当たり 1 ヶ月当たりの通信費が平均値 6,837 円であり，そのバラツキが標準偏差で測って 2,491 円であることが仮にわかっていたとします。この全世帯を母集団として，その中から無作為に 100 世帯を抽出して（「標本数（サンプルサイズ）100 の標本」という），通信費の平均値を求めたところ，結果は 6,647 円でした。この 100 世帯を元に戻し，また改めて無作為に 100 世帯を抽出して平均値を求めたところ 7,009 円でした。

このように，当然ですが，標本の平均値は必ずしも母集団の平均値（＝真の平均値）6,837円と一致するわけではありません。母集団の平均値が一定であっても，標本の平均値はサンプリングによって変化します。一定ではなく，確率変数となります。

同様に繰り返して次々と標本の平均値を求めていったとすると，たとえば，6,983円，7,174円，6,930円，6,711円，…という無限に近く続く標本の平均値の集まりが得られることになります。

ここで，この標本平均値という確率変数の分布はどうなっているでしょうか。この度数分布を作ってみると，平均値6,843円（母集団平均，つまり，母平均と同じ），標準偏差$2,491/\sqrt{100}$（母集団の標準偏差を標本の大きさの平方根で除したもの）の正規分布で近似されることがわかっています。

しかも，母集団の分布形が正規分布以外であっても，この近似は，標本の大きさが30個程度以上あればほぼ認められます。

この性質は「中心極限定理」とよばれています。すなわち，母集団の平均値をμ，母集団の標準偏差をσ，標本数をnと表すと，「標本の大きさ（標本数n）が増すほど，標本の平均値は$N(\mu, (\sigma/\sqrt{n})^2)$の正規分布に限りなく近くなっていく」というものです。

なお，平均値以外の場合も含めて，標本の統計量が従う分布を一般に「標本分布」といいます。

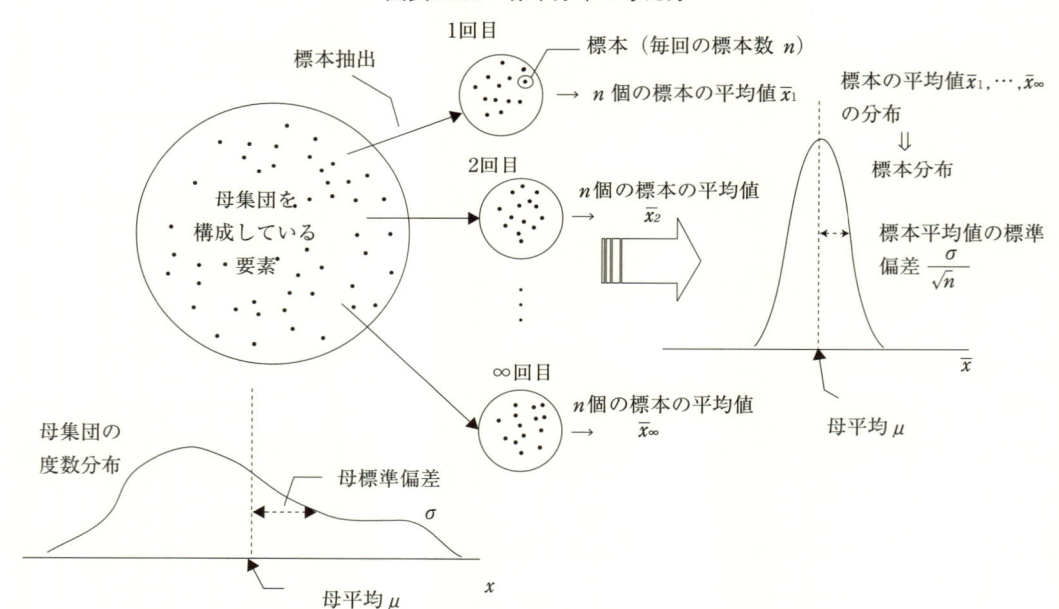

図表240．標本分布の考え方

このことから，「標本を抽出し，それらの平均値を求める」という手続きを何回も繰り返し，得られた標本平均値をさらに平均すると，母集団の平均値μがわかるということになります。

しかし，標本調査を何度も行うというのは現実的ではありません。実際には，1回の標本抽出で何十個かのデータからなる1組の標本が抽出され，そしてそれらからたった1個の標本平均値が得られるだけです。当然，これが母集団の平均値μに等しくなる保証はどこにもありません。次に，たった1個の標本平均値からどうやれば母集団の平均値をみつけることができるか説明しましょう。

9.2 母集団の平均値や比率の推定は具体的にこうする

[1] 中心極限定理からの展開——平均値の区間推定

　一口に正規分布といっても，平均値と標準偏差の違いによって無数のものがありますが，どのような正規分布に従う確率変数も標準化の公式によって標準正規分布に従う変数に変換できることは先に述べました。

　そこで，中心極限定理が当てはまるくらいの十分な数の標本が確保されており，標本平均値 $\bar{x}$ が $N(\mu, \sigma^2/n)$ に従っていると認められるとすれば，下の変換式で求められた z は標準正規分布 $N(0, 1^2)$ に従うことになります。

$$z = \frac{\bar{x} - \mu}{\sigma/\sqrt{n}}$$

　さて，知りたいのは母集団平均値 μ です。もし，母集団の標準偏差 σ が既知ならば，以下のように μ を推測することができます。

　z は標準正規分布に従うので，z がある区間に入る確率を，Excelを使って，あるいは正規分布表を使って知ることができます。たとえば，

　　z が -1.64 から $+1.64$ に入る確率は約 90%（両裾 5% ずつ）

　　z が -1.96 から $+1.96$ に入る確率は約 95%（両裾 2.5% ずつ）

　　z が -2.58 から $+2.58$ に入る確率は約 99%（両裾 0.5% ずつ）

となっています。

　よって，z が 95% 入っている区間を考えると，$-1.96 \leq z \leq +1.96$ です。

　ここで，z を $(\bar{x} - \mu)/(\sigma/\sqrt{n})$ で置き換えて，この不等式を μ について解きます。

　すると，$\bar{x} - 1.96(\sigma/\sqrt{n}) \leq \mu \leq \bar{x} + 1.96(\sigma/\sqrt{n})$ となります。

　この式に $\bar{x}$，σ，n の数値をそれぞれ代入すれば，真の値 μ が 95% の確率で入っている区間を推定することができます。

　例を解きながら理解を深めましょう。

例) ある地域の全世帯(極めて多いとする)のある年における1世帯当たり1ヶ月当たりの通信費を推定するために，この地域から無作為に100世帯を抽出し，1ヶ月当たりの通信費を尋ねたところ，平均値 6,964 円を得ました。母集団の標準偏差が 2,491 円であることがわかっているとすると，全世帯の通信費の平均値は次のように計算されます。

　$\bar{x} - 1.96(\sigma/\sqrt{n}) \leq \mu \leq \bar{x} + 1.96(\sigma/\sqrt{n})$ に，$\bar{x} = 6{,}964$，$\sigma = 2{,}491$，$n = 100$ を代入すると，

　$6{,}964 - 1.96 \times 2{,}491/\sqrt{100} \leq \mu \leq 6{,}964 + 1.96 \times 2{,}491/\sqrt{100}$ より，

　$6{,}476 \leq \mu \leq 7{,}452$

　これから，この地域の1ヶ月の通信費の平均値の真の値は 6,476 円から 7,452 円の間に 95% の確率で入っていると推定できます。

　ここで「95% の確率で」という文言が入っていますが，これには注意を要します。図表241にあるように，不等号で示されるこの範囲は，母集団の平均値が必ず収まっている範囲であるとはい

えません。5％の場合は，この範囲からはみ出していることがあるということです。外れる確率を α で表すとき，$1-\alpha$ のことを「信頼度」とよぶことがあります。

図表 241. 区間推定の確率の意味[87]

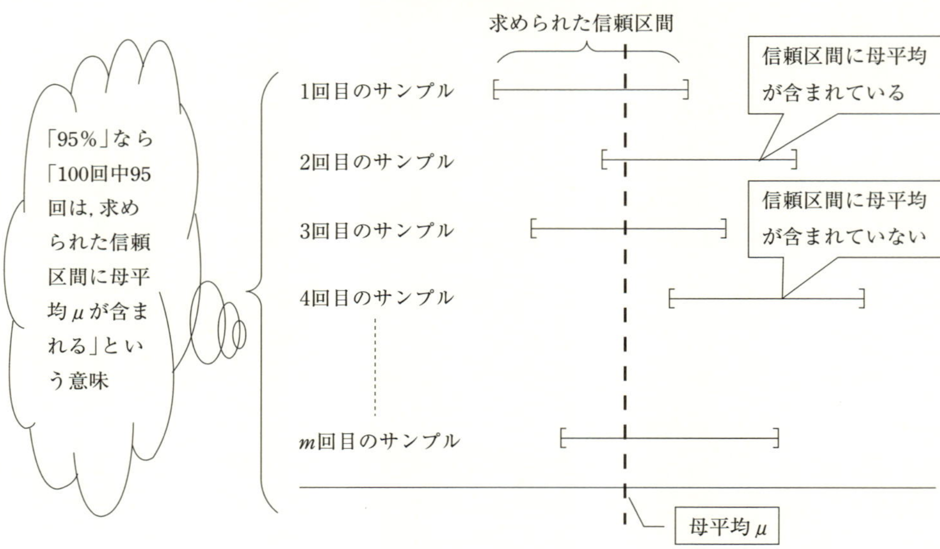

「95％」なら「100回中95回は，求められた信頼区間に母平均 μ が含まれる」という意味

1回目のサンプル — 信頼区間に母平均が含まれている
2回目のサンプル
3回目のサンプル — 信頼区間に母平均が含まれていない
4回目のサンプル
…
m 回目のサンプル

母平均 μ

【練習問題】(9–2–1)

あるコンビニエンスストアにおいて 100 日間にわたり，午後 3 時から 4 時の間に来店し何も購入しなかった客数（非購入客数）を数えました。その結果，非購入客数は正規分布に従っており，その平均値を求めたところ 24 人でした。母集団の標準偏差が 10 人であることがわかっているとして，同時間帯の非購入客数の真の平均値を求めて下さい。

[2] 不偏標準偏差と t 分布

今述べた方法は，母集団の標準偏差が既知であることを前提としていました。しかし，現実には，母集団の平均値がわからないのに，標準偏差だけがわかっているということは，ほとんどありえません。したがって，この方法は現実には使えないことになります。

そこで，母集団の標準偏差 σ も標本データから推測できないかと考えます。幸い次の計算式で，これが可能になります。

$$\hat{\sigma} = \sqrt{\frac{1}{n-1}\Sigma(x_i-\bar{x})^2}$$

普通の標準偏差の公式では n で割りますが，$n-1$ で割っている点で異なっています。このように求められた標準偏差は，「不偏標準偏差」とよばれます。

Excel では，統計関数の STDEV を使うと簡単に計算できます。なお，n で割るほうの標準偏差は STDEVP で計算できます。最後に P がつくかつかないかの違いです。

この不偏標準偏差は，母集団の標準偏差がわからないときに，その推定値 $\hat{\sigma}$ として用いられます（ˆ はハットと読み，推定値を意味します）。しかし，この値も標本から計算されるので，確率変数です。ですから，母集団の真の標準偏差と常に一致しているというわけではありません。先と

同じように，母集団から何回も標本を抽出し，そのつど，不偏標準偏差を求めると，母集団の標準偏差に比べて大きくなったり，小さくなったりします（なお，標本数が大きくなると，母集団のそれに近づきます）。

母集団の平均値の推定に話を戻します。これまで使われていた σ の代わりに $\hat{\sigma}$ と使うと，先の z への変換式は $(\bar{x}-\mu)/(\hat{\sigma}/\sqrt{n})$ となります。これを t 統計量とよびます。そして，この t を使って同じように母集団の平均値を推定することができます。

ただし，この t は z と違って，抽出された標本によって値が異なり（$\hat{\sigma}$ で割っていることによる），一定ではありません。だから，先のように標準正規分布表を使うわけにはいきません。その代わりに，t 分布表を用います。もちろん，t 分布表がなくても，Excel があればすぐに計算できます。

t 分布は，標準正規分布とよく似ていて，0 を中心とした両裾を引く山型をしています。ただ，その頂点は標準正規分布より低く，裾野は広くなっています。t 分布は，標本数が増えるにつれて，その形が変わってきて，標準正規分布に近づいていきます。

標本数が 30 個を超える場合は，標準正規分布とほぼ同じ形になるとみなされるので，標準正規分布表を使っても差し支えないといわれています（ただし，諸説があり，100 個以上としている文献もあります）。

他方，標本数が 30 個以下の場合には，正規分布近似はできないので，t 分布を用いることになります。ただし，その場合，母集団が正規分布しているということが前提条件となります。

さて，実際に t 分布を使うには，自由度が必要です。自由度は標本数から 1 を引いた値です（データの件数が少ない場合，サンプリングにより値の変わる標本標準偏差をそのまま用いるのは問題があります。それを修正するために生まれたのが自由度という概念です。自由度を使うと正しい結果が導かれることが理論的にわかっています）[88]。

ただ，先にも述べましたが，今では，Excel を使えば正確な t の値がわかるので，何個以上ならば標準正規分布が使えるかということについて頭を悩ます必要はなくなりました。=TINV(両裾をあわせた確率，自由度) で計算できます。

たとえば，自由度 9 で，両裾あわせた確率が 5% であるような t 値は =TINV(0.05, 9) より，2.262 と求まります。標準正規分布の場合が 1.96 であったのに比べて少し大きくなります。

結果的に，95% 信頼区間を求めるとき，標準正規分布を使うときより，その推定の幅が広くなり，推定の鋭さが鈍くなります。それは仕方がありません。

平均値の推定に話を戻します。

先ほどの区間推定の式を一部置き換えてやると，次のようになります。

$$\bar{x} - t_{0.05} \times \hat{\sigma}/\sqrt{n} \leq \mu \leq \bar{x} + t_{0.05} \times \hat{\sigma}/\sqrt{n}$$

なお，$\hat{\sigma}/\sqrt{n}$ を「標準誤差」といいます。これは，同じ母集団から同じサイズ n の標本を繰り返し無作為に抽出したときに表れる変動性を表す統計量です。

次に，実際に，この式を使って，信頼度 95%，すなわち，外れる両側確率を 5% として，t 値を用いた区間推定をやってみましょう。

---

[87] 長畑 (2000 年) p.77
[88] 新村 (2002 年) p.42

例）図表242のデータは，2004年度に就任した金融機関の頭取・社長などの身長です（『金融ジャーナル』2004年9月号）。現在の金融機関の頭取・社長の身長を推定したいと思います。ただし，母集団（全金融機関のトップの身長）は正規分布しているとします。

図表242. 銀行の頭取の身長（cm）

	A
1	176
2	170
3	176
4	174
5	178
6	177
7	166
8	167
9	174
10	164
11	172
12	171
13	173
14	167
15	175
16	170
17	171

標本の平均値（$\bar{x}$） C2；＝AVERAGE(A1：A17)→171.8235
標本から求めた不偏標準偏差（$\hat{\sigma}$）
　C3；＝STDEV(A1：A17)→4.111498
母集団は正規分布しているので，t 分布が使用できます。両側確率5％（すなわち，片方に2.5％ずつ），自由度16（＝17－1）の t 値（$t_{0.05}$）を求めます。
　C5；＝TINV(0.05, 16)→2.119905

先の式に代入して，
　下限　C7；＝C2－C5＊C3/SQRT(17)→169.7096
　上限　C8；＝C2＋C5＊C3/SQRT(17)→173.9375
ゆえに，母集団の平均は，95％の確率で，169.7cm≦μ≦173.9cmの範囲にあるといえます。

【練習問題】（9-2-2）
前問（9-2-1）と同様の調査を別のコンビニエンスストアでも行いました。25日間の非購入客数は次のようになっています。真の平均値を95％の確率で区間推定して下さい。ただし，他の似通ったコンビニエンスストアの調査から母集団は正規分布に従っていることがわかっているとします。
　14, 23, 16, 10, 9, 22, 15, 19, 11, 20, 15, 18, 12, 26, 23, 18, 17, 12, 18, 24, 12, 26, 18, 22, 17

［3］ 同じようにすればできる母比率の区間推定

以上述べてきたような考えは，母平均だけでなく，母比率の場合にも成り立ちます。計算例を用いて説明しましょう。

ある会社で人事制度の改革を検討しているとします。その一環として，新人事制度について社員から意見を聴くことになりました。

細かい仕組みの説明が必要なので，紙面によるアンケートではなく，全社員から無作為に抽出された100名に一箇所に集まってもらい，まる1日かけて新制度の説明と質疑応答を十分に行った上で，賛否を尋ねました。その結果，60名が新制度に「賛成する」，40名が「賛成しない」という結果となりました。

さて，全社員の賛成の比率，つまり，母集団における賛成の比率（母比率）はどのくらいになると見込まれるでしょうか。

「賛成する」「賛成しない」の2つのいずれかが出るので，「賛成」の比率は二項分布に従います。標本の大きさが100，$\hat{p}$ が0.6なので，$n\hat{p} \geq 5$ を満たしています。よって，正規分布で近似することができます。

9.2 母集団の平均値や比率の推定は具体的にこうする

前述した平均値の場合と同じように，この場合も，

$$\hat{p} - z_{0.025} \times 標準誤差 \leqq 母比率 \leqq \hat{p} + z_{0.025} \times 標準誤差$$

で，信頼区間を推定することができます。

- 標本比率 $\hat{p}$ は，賛成する人数/（賛成する人数＋賛成しない人数）で求めます。
- 標準誤差は，二項分布の標準偏差が $\sqrt{n\hat{p}(1-\hat{p})}$ なので比率にするため，それを n で割って，$\sqrt{\hat{p}(1-\hat{p})/n}$ として求めて，これを用います。

計算精度を保つために，ここでは Excel で行います。

図表 243．比率の信頼区間の計算

	A	B	C
1		人数	比率
2	「賛成する」	60	0.6
3	「賛成しない」	40	0.4
4	合計	100	1
5			
6	標準誤差	0.04899	
7	$z_{0.025}$	-1.95996	
8			
9	95％信頼区間	下限	上限
10		0.503982	0.696018

B2；＝60　　B3；＝40　　B4；＝SUM(B2＋B3)
C2；＝B2/B4　　C3；＝B3/B4　　C4；＝C2＋C3
B6；＝SQRT(C2＊C3/B4)
B7；＝NORMSINV(0.025)
B10；＝C2－ABS(B7)＊B6
C10；＝C2＋ABS(B7)＊B6

ゆえに，母比率の95％信頼区間は，0.504以上 0.696以下となります。

また，図表243で，B2，B3に様々な数値を入れて信頼区間がどう変わるか，試してみるとよいでしょう。

なお，この例では，全社員の人数が不明でしたが，わかっている場合には，その情報を区間推定に反映させることもできます。母集団の人数を N として，これを標準誤差の計算の際に用いて，

$$\sqrt{\frac{\hat{p}(1-\hat{p})}{n}} \times \sqrt{\frac{N-n}{N-1}}$$

とします。こうすることで，信頼区間をより絞り込むことができます。

また，正規分布で近似できる場合，母比率を p とすると，信頼度95％の信頼区間から，次の関係が成り立っています。

$$-1.96 \leqq \frac{\hat{p} - p}{\sqrt{\frac{p(1-p)}{n}}} \leqq 1.96$$

ここで，比率の誤差の許容限度を $\hat{p} - p$ とすると，次の計算式で必要な標本の大きさ n を計算することができます。

$$n = \left(\frac{1.96}{\hat{p} - p}\right)^2 p(1-p)$$

調査前に母比率 p は不明なので，適当な値を想定しておきます。もし，まったく情報がなければ，安心のため $p = 0.5$ としておきます。

例) ある商品の認知度を信頼度95%，誤差5%以内で調査したい場合，標本を何個以上収集する必要があるでしょうか。ただし，従来の経験から，商品の認知度が30%程度であるという情報が利用できるとします。

誤差を5%以内にしたいので，$\hat{p} - p = \pm 0.05$。$n = (1.96/0.05)^2 * 0.3 * 0.7 = 322.7$
よって，必要な標本数は323個となります。

もし，従来の経験がなく，商品の認知度がわからない場合には，$p(1-p)$ が $0.5*0.5$ に変わります。つまり，$n = (1.96/0.05)^2 * 0.5 * 0.5 = 384.1$。よって，385個以上になります。

【練習問題】（9-2-3）
ある百貨店では，同社のカード会員向けに新たなサービスをはじめようと検討しています。
より購買金額の大きなお客様への還元を多くするサービスについて，購買金額の多くない会員の中から無作為に300人を抽出してアンケート調査をしました。
その結果，「賛成」が130人，「反対」が170人でした。「反対」の母比率の95%信頼区間を推定して下さい。

【練習問題】（9-2-4）
前問（9-2-3）において，母集団である購買金額が多くない会員が約30000人いるとして，その情報を反映させて，「反対」の母比率の95%信頼区間を推定して下さい。

【練習問題】（9-2-5）
ある商品の認知度を信頼度95%，誤差1%以内で調査したい場合，標本を何個以上収集する必要があるでしょうか。ただし，従来の経験から，商品の認知度が20%程度であるという情報が利用できるとします。

9.3 母集団に関する平均値や比率の検定は具体的にこうする

[1] 検定の仕組みの考え方

ビジネス上の判断において難しいものの1つに，効果の判定があります。たとえば，一部の部品を改良して10個体を無作為に選び，それらを連続使用して製品寿命を調べたところ，従来品の平均寿命は1000時間であったのに対して，平均1050時間になったとします。本当に，この部品改良によって製品寿命が長くなったと判断してよいでしょうか。部品改良の効果ではなく，たまたま製品の当たりがよかっただけかもしれません。

もう1つ例を挙げましょう。顧客満足向上を目指して現場の課長対象の研修を半年間にわたって実施しました。従来，無作為抽出のお客様アンケートによると「非常に満足」と回答した顧客の割合が，従来は40%でしたが，研修完了後の今期は，顧客150人中75人が「非常に満足」と回答しました。研修の効果があったと判断してよいでしょうか。今期のアンケート対象のお客様が，従来よりも甘い評価をしてくれる方が多かっただけかもしれません。

両方のケースともよくなっていますが，それらは改良や研修とは無関係で，上に述べたように単

なる偶然のなせる結果に過ぎないのかもしれません。

頭を悩ますのですが，このような場合，偶然のふらつきの影響を加味した上で，客観的な判定を下す方法があります。これが「検定」です。

検定のアイデアは，だれでも普段から無意識に使っているものです。たとえば，サイコロが正しくできているかどうか疑問に思ったとき，とりあえずは転がしてみます。もし，特定の目だけが繰り返し出たりすると，そのサイコロが正しく作られているとは思わないでしょう。

その際の思考のプロセスを振り返ると，こうなっています。

「頭の中で，サイコロは正しいとひとまず仮定する。特定の目だけが繰り返し出た。正しいサイコロの場合，1つの目が繰り返し出る確率はきわめて小さい。ほとんどないことが起こってしまった。きわめて起こりにくいことがたまたま起こったと考えるよりも，サイコロが正しくできているとした仮定が間違っていると考えたい」ということです。

検定とは，この作業を数学的に行うだけのことです。まず，母集団について何らかの仮説を立てます。仮説が正しいと仮定した場合，得られた結果が通常起こりうるかどうか，その発生確率を標本の統計量をもとに判断します。そして，その確率が小さければ，元の仮説を否定する，というプロセスです。これを，例を使って説明しましょう。

今，ある作業工程に関する改善活動の効果が上がっているかどうか調べたいとします。改善活動に取り組む前の調査では，その工程の所要時間の平均値は280分でした。

ここで2つの仮説を作ります。まずは，「正しい」と仮に仮定しておく仮説として，「現在の所要時間の平均は280分である」を立てます。このような仮説を「帰無仮説」といいます。それに対立する仮説として，「現在の所要時間は280分でない」を立てます。これを「対立仮説」といいます。

次に，帰無仮説を検討するために標本が集められます。（母集団分布についての）帰無仮説が正しいと仮定すると，そこから抽出される標本分布，つまり標本平均の分布は，図表244のようになっているはずです。

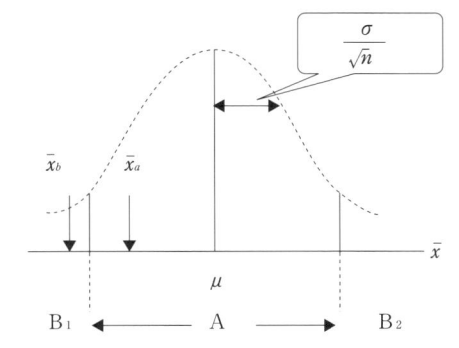

図表244. 検定の原理の説明としての標本分布（標本平均値 $\bar{x}$ の分布）

これらを構成する標本平均 $\bar{x}$ は，その値によって出やすかったり出にくかったりします。たとえば，$\bar{x}_a$ になったとします。これは母集団の平均値 μ と一致しているわけではありませんが，標本の抽出ぐあいによっては，このような値が得られても何ら変ではありません。

これに対して，$\bar{x}_b$ になったとします。理論上はありえますが，非常にまれなことだと考えられ

ます。そこで，判定者の立場としては，非常にまれなことが起こったと考えるよりも，もともと母集団について立てていた仮説が間違っていたと考えることになります。

　サイコロの例に戻ります。10回投げて10回とも1の目が出たとすると，サイコロが正しくできているのにたまたま1の目が続けて10回続けて出たと考えるよりも，そもそもサイコロが正しく作られていなかったと考える，というのと同じです。

　つまり，仮想された標本分布で，標本の平均値が領域Aに入った場合には，母集団平均値が280分の場合にはしばしばおこりうると考えて，帰無仮説を棄却しません。しかし，もし，領域B_1やB_2に入った場合には，これは母集団の平均値が280分の場合には非常に起こりにくいと判断します。そして，帰無仮説を棄却して，母集団の平均値は280分ではないと判断します。ここで，帰無仮説を採択する領域Aのことを「採択域」，帰無仮説を棄却する領域B_1，B_2のことを「棄却域」といいます。そして，採択域と棄却域の境界値を「棄却境界値」といいます。

　B_1とB_2は，普通，棄却域の確率が左右両端あわせて0.05あるいは0.01になるように決められています。この確率のことを「有意水準」といいます。仮説検定において，本来は帰無仮説が正しいにもかかわらず，誤って棄却してしまう確率を指しています。

　このような間違いを「第1種の過誤」といいます。反対に，帰無仮説を棄却しなかった場合，本当は帰無仮説が間違っている場合もあります。誤っているにもかかわらず見過ごしてしまう，このような間違いを「第2種の過誤」といいます。

　有意水準を0.05（5％）から0.01（1％）に小さくすると，正しい帰無仮説を誤って棄却する確率は小さくなりますが，間違った帰無仮説をそのまま見過ごしてしまう確率が大きくなってしまいます。

　「検定」では，一般に，「違う」ことをいいたいのに，一旦，帰無仮説として「同じである」と仮定し，それを棄却することによって，「違う」ということを浮かび上がらせるという回りくどいやり方をします。

　ここで，有意水準が大きいということは，「同じである」ということを棄却する確率が大きいことを意味します。何らかの「違いがある」という可能性を残そうとするということです。よって，ビジネス上の意思決定において，初期のアイデアを暖める段階では，有意水準を大きめに取っておくほうがよいといえるでしょう。

[2]　棄却域の取り方——両側検定と片側検定

　棄却域を両側に設けず，片側のみに設ける場合があります。両側に設ける場合を「両側検定」，片側だけに設ける場合を「片側検定」といいます。両方へのずれを問題にする場合は両側検定，片方へのずれのみを問題にすればよい場合は片側検定を用います。

　たとえば，先の改善活動の例でいえば，280分と同じかどうかに関心がある場合，つまり上回っていても，下回っていても，その是非は別にして異なっていることに関心がある場合は両側検定を用います。それに対して，減っていることにのみ関心がある場合には，増えている方向へのずれについては無関心なので，片側検定を用います。

　また，ある営業所の従業員の満足度が他の一般の営業所に比べて劣っているという情報に基づき，もしそれが本当なら何らかの手を打とうというときには，優れていれば問題はないわけで，劣っているかどうかだけを問題にすればよいので，片側検定を用います。

　有意水準をαとするとき，両側検定では分布の両側に$\alpha/2$ずつ与える棄却境界値を求めるのに

対し，片側検定では分布の一方の端で α を与える棄却境界値を求めます。たとえば，正規分布を用いる検定では，$\alpha = 0.05$ とすると，標準正規分布表から，両側検定の場合の両側に 2.5% ずつなので棄却境界値は $|1.96|$，片側検定の場合は片側だけで 5% なので $|1.64|$ になります。

以下，検定を具体的にどうやればよいか例を解きながら説明することにしましょう。

[3] 母集団の平均値に関する仮説を検定する

1） z 検定

改善活動の例で検定の計算手続きを説明しましょう。改善活動に取り組む前のこの工程の所要時間が 280 分であることは先に述べましたが，さらに，標準偏差が 10 分であることがわかっているとします。改善活動後，何百回も繰り返されている工程から無作為に 40 回分の所要時間をデータとして取得しました。それが図表 245 です。

ⅰ) 帰無仮説 H_0 を「改善活動後も平均 280 分である」とおきます。

今回は，改善活動によって，工程の所要時間が短縮されるかどうかに関心がありますから，ここでは片側検定を用いることにします。そこで，対立仮説 H_1 として「改善後は平均 280 分より短くなっている」とおきます。

ⅱ) 標本平均の分布は，$N(280, (10/\sqrt{40})^2)$ に従っているはずです。

図表 245. 工程所要時間（分）

	A	B
1	267	279
2	278	289
3	283	284
4	274	275
5	282	287
6	258	276
7	271	263
8	281	278
9	259	254
10	272	280
11	265	264
12	268	284
13	290	268
14	282	264
15	272	284
16	279	268
17	253	267
18	263	277
19	269	278
20	258	263

この 40 個のデータの標本平均を計算します。

　　D2；=AVERAGE(A1:B20)→272.65

標準化して z 値にします。

　　D4；=(D2−280)/(10/SQRT(40))→−4.64855

下側の 5% の棄却境界値は D6；=NORMSINV(0.05)

　　→−1.64485（下側だからマイナスがつきます）

よって −4.64855 < −1.64485

これより，今回の平均値 272.65 分は，棄却域に入ることがわかります。

よって，帰無仮説 H_0 が棄却され，対立仮説 H_1 が採択されます。

正規分布を使ったこのような検定を「z 検定」といいます。

なお，このケースでは母標準偏差が既知でしたが，そうでない場合であっても，先に示したように，標本から母標準偏差を推定（不偏標準偏差）して検定に用いることができます。特に，標本数が 30 を超えていれば，正規分布による近似が可能であり，上記と同様に計算が行えます。

つまり，不偏標準偏差 $\hat{\sigma}$ は　D3；=STDEV(A1:B20)→9.809859

よって，　　　　　　　　D4；=(D2−280)/(D3/SQRT(40))→−4.73865

　　　　　下側の 5% の棄却境界値は D6；=NORMSINV(0.05)→−1.64485

　　　　　　−4.73865 < −1.64485

上記と同様に，帰無仮説は棄却されます。

ただし，今では，Excel を用いれば，正規分布による近似は不要です。NORMSINV(0.05)のとこ

ろを，TINV(0.1, 40) としてやれば，より正確な下側 5% 棄却境界値が求められます。-1.64485 が -1.68488 となります。結果は，$-4.73865 < -1.68488$ で，棄却されるのは変わりません。

【練習問題】(9-3-1)

次のデータは，2005 年 8 月末時点での関東地区のホンダのオデッセイ 2300L の 2000 年式の中古車価格です。関東地区以外での同車の中古車価格の平均が 135 万円であるとすると，関東地区では有意に安いといえるか否か，有意水準 5% で検定して下さい。

153, 135, 157, 147, 108, 139, 109, 140, 148, 130, 155, 110, 155, 110, 151, 141, 137, 135, 126, 147, 120, 129, 128, 99, 99, 96, 110, 137, 110, 100, 99, 100, 80（単位は万円，小数点以下は四捨五入）

2) t 検定

もし，標本数が 30 を超えていない場合には，正規分布による近似は使えません。このような場合には，母集団分布が正規分布であれば，t 分布の性質を用いて検定を行うことができます。

仮に，データが上記の半分であり，(A1:A20) の 20 個であったとします。

  D2 ； = AVERAGE(A1:A20) → 271.2 $\hat{\sigma}$ は D3 ； = STDEV(A1:A20) → 10.01367

  D4 ； = (D2−280)/(D3/SQRT(20)) → -3.93011

t 値の下側の 5% の棄却境界値は D6 ； = TINV(0.1,19) → -1.729131（下側ゆえ「−」）

  $-3.93011 < -1.729131$

よって，今回の平均値 271.2 は棄却域に入ることがわかります。帰無仮説 H_0 は棄却され，対立仮説 H_1 が採択されます。このように t 分布を使った検定を「t 検定」といいます。

t 検定にも前提条件があります。母集団が正規分布をしている必要がありますが，実際には，サンプルの分布が丘状で，しかも対称であれば適用可能とされています。

【練習問題】(9-3-2)

首都圏のスーパーマーケットから無作為に抽出された 14 件の店について，レジ台数は次のようになっていたとします。11, 11, 10, 6, 11, 20, 7, 13, 10, 14, 9, 17, 7, 22

首都圏以外のスーパーマーケットのレジの台数の平均は 10 台であることがわかっているとします。首都圏のスーパーマーケットのレジ台数は，他の地域のそれと有意に異なるか否か，有意水準 5% で検定して下さい。

[4] 母集団の比率に関する検定

ある年度において，すべてのファンドマネジャーが行った投資における成功と失敗の比率が平均すると 0.6 : 0.4 であったとします。あるファンドマネジャー X 氏は，この 1 年間に 60 の銘柄に投資し，42 勝 18 敗でした。はたして，X 氏は一般のファンドマネジャーよりも優れていると判断してよいでしょうか。

図表 246. ファンドマネジャーの戦績

	X 氏	一般のファンドマネジャー
勝	42 ($p'=0.7$)	36 ($p=0.6$)
負	18 ($1-p'=0.3$)	24 ($1-p=0.4$)

帰無仮説 H_0：「X 氏は一般のファンドマネジャーより優れている」
対立仮説 H_1：「X 氏は一般のファンドマネジャーより優れているとはいえない」
優れているかどうか，一方向のみのずれを判定すればよいので片側検定を用います。

比率の標本分布は，平均 p，標準誤差 $\sqrt{p(1-p)/n}$ の二項分布であり，標本数が 30 を超えているので正規分布で近似できます。すなわち，これは，$N(p, (\sqrt{p(1-p)/n})^2)$ に従います。

よって，棄却境界値は　＝NORMSINV(0.05) より -1.64485。

標本比率の 0.7 は，この分布のどの辺に位置するかを調べます。
$$z = (0.7-0.6)/\sqrt{((0.6*0.4)/60)} = 1.58$$

$1.58 \leq |-1.64485|$ なので，棄却域には入りません。よって，帰無仮説 H_0 は棄却できません。つまり，X 氏は一般のファンドマネージャーより優れているとはいえません。

いい換えると，X 氏が，一般のファンドマネジャーに比べて特に優れているとはいえない場合でも，偶然の結果として，60 戦中 42 勝することは十分にありうるということです。

【練習問題】(9-3-3)
同一種の米の産地が味で区別できるという意見をテストするために，51 人に 2 種類（産地のみ違う）を試食してもらいました。産地を正確に区別できたのでは 38 人でした。この結果から味で産地が区別できるという主張を正しいと結論してよいでしょうか。

9.4　母集団の分散に関する推定と検定はこうする

[1]　意思決定におけるバラツキの重要性

意思決定をする場合，平均値以外にばらつきも非常に重要な要素になります。たとえば，工業製品の製造を考えてみましょう。

たとえば，ある機械を組み立てる際の部品の調達を検討しているとします。A 社，B 社のいずれの製品のほうがよいといえるでしょうか。

　　A 社の歯車の強度；平均　100kg　　標準偏差　20kg
　　B 社の歯車の強度；平均　 90kg　　標準偏差　 5kg

工業製品ですので，強度も正規分布していると考えられます。A の場合，80kg（平均値 $-1 \times$ 標準偏差）を下回る場合も 15.9% 程度ありえます。それに対して，B の場合は，80kg（平均値 $-2 \times$ 標

準偏差）を下回る可能性は 2.3% 程度しかありません。

　もし，歯車に 80kg の強度が必要な場合，B の方が優れているということになります。

　また，商品仕入れについても，ばらつきが重要です。野菜 C, D が次のような 20 日間の販売個数の平均と標準偏差だったとします。野菜 C, D の 1 個当たりの利益がほぼ同じだとして，どちらの仕入れにより注意を払うべきでしょうか。

　　野菜 C ; 平均　　60 個　　　標準偏差　20 個
　　野菜 D ; 平均　 150 個　　　標準偏差　10 個

　C は平均個数こそ少ないのですが，標準偏差が大きく，品切れ・売れ残りのリスクが相対的に D よりも大きいため，仕入れ量の決定により注意が求められます。

　このように，平均値や比率と並んで，意思決定においては，ばらつきも重要な情報です。

[2]　母集団の分散に関する推定と検定

x_i が独立に正規分布に従い，母平均 μ が未知である場合，ばらつきに関する推定と検定は以下のように行います[89]。

①推定の方法

・点推定
$$S = (x_1 - \bar{x})^2 + (x_2 - \bar{x})^2 + \cdots + (x_n - \bar{x})^2$$

とすると，母分散 σ^2 の推定値 $\hat{\sigma}^2$ は，$\hat{\sigma}^2 = S/(n-1)$ という計算で求められます。

・区間推定

母集団が分散 σ^2 の正規分布に従うとき，その母集団から大きさ n の標本 $x_1, x_2, \ldots, x_n$ を抽出したとします。各標本 $x_1, x_2, \ldots, x_n$ の 2 乗の合計（2 乗和）も確率変数であり，このとき従う確率分布のことを χ^2 分布（カイ 2 乗分布）といいます。

一般には，算術平均との差の 2 乗和に関して用いられます。すなわち，統計量
$$((x_1 - \bar{x})^2 + (x_2 - \bar{x})^2 + \cdots + (x_n - \bar{x})^2)/\sigma^2$$

は，自由度 $n-1$ の χ^2 分布に従う，という形です。なお，自由度が n ではなく，$n-1$ になっているのは，算術平均 $\bar{x}$ との差を求めるときに，$\bar{x}$ が用いられ，自由度が 1 個減ってしまうからです。

さて，ここでは，これを用いて母分散の区間推定を行います。

有意水準を α とすると，信頼度 $1-\alpha$ の信頼区間は次のように求められます。

図表 247 のように，S/σ^2 は，$\chi^2(n-1, 1-\frac{\alpha}{2}) \sim \chi^2(n-1, \frac{\alpha}{2})$ の区間に $1-\alpha$ の確率で入ります。すなわち，$Pr\{\chi^2(n-1, 1-\frac{\alpha}{2}) \leq S/\sigma^2 \leq \chi^2(n-1, \frac{\alpha}{2})\} = 1-\alpha$

ここで，平均値のときと同じように，｛｝の中を σ^2 について整理すると，
$$Pr\{S/\chi^2(n-1, \frac{\alpha}{2}) \leq \sigma^2 \leq S/\chi^2(n-1, 1-\frac{\alpha}{2})\} = 1-\alpha$$

---

[89]　二見他（2001 年）p.107-113

9.4 母集団の分散に関する推定と検定はこうする

図表 247. χ^2 分布

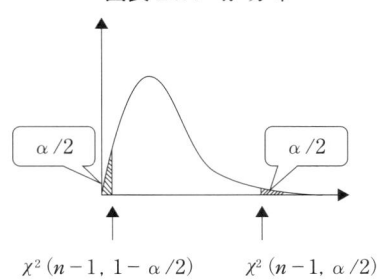

(χ^2の矢印は，有意水準 α，自由度 $n-1$ の上下の棄却境界値を示しています)

$\chi^2(n-1, 1-\alpha/2)$　　$\chi^2(n-1, \alpha/2)$

例) 図表 248 のデータは，新しいモーターを使った発電機の試験結果です。分散の点推定，および分散の 95% 信頼区間を求めたいと思います。

図表 248. モーターの出力 (kw)

	A
1	95
2	99
3	96
4	102
5	101
6	99
7	97
8	100
9	94
10	98

$S = (x_1 - \overline{x})^2 + (x_2 - \overline{x})^2 + \cdots + (x_n - \overline{x})^2$
$= \sum x_i^2 - \dfrac{1}{n}(\sum x_i)^2$ なので

$\sum x_i$ を求めます。
　　A11；=SUM(A1:A10) → 981

$\sum x_i^2$ を求めます。
　　B1；=A1*A1　そして，B2 以降 B10 まで B1 をコピーします。
　　B11；=SUM(B1:B10) → 96,297

S を求めます。
　　C11；=B11-A11*A11/10 → 60.9

母分散の点推定値は，$S/(n-1)$ より，A15；=C11/9 → 6.766667

次に，$\chi^2(9, 0.975)$，$\chi^2(9, 0.025)$ を求めます。
　　B13；=CHIINV(0.975, 9) → 2.700389　　C13；=CHIINV(0.025, 9) → 19.02278
　よって，下限 B15；=C11/C13 → 3.201425
　　　　　上限 C15；=C11/B13 → 22.55231

ゆえに，分散の点推定値は 6.77，95% 信頼区間は，$3.201425 \leq \sigma^2 \leq 22.55231$ となります。

【練習問題】(9-4-1)
上記の例で，標準偏差の点推定値，90% 信頼区間を求めて下さい。

②検定の方法

母分散 σ^2 に関する検定において，帰無仮説 H_0；$\sigma^2 = \sigma_0^2$ (σ_0^2 は指定された値) とします。このもとで計算される検定統計量は $\chi_0^2 = S/\sigma_0^2$ です。これは，H_0 が正しいもとでは，自由度 $n-1$ の χ^2 分布に従います。よって，検定は次のように行います。

・両側検定 (H_1；$\sigma^2 \neq \sigma_0^2$)

$\chi_0^2 < \chi^2(n-1, 1-\dfrac{\alpha}{2})$ または $\chi_0^2 > \chi^2(n-1, \dfrac{\alpha}{2})$ ならば，H_0 (H_0；$\sigma^2 = \sigma_0^2$) を棄却します。

・片側検定

（左片側検定 H_1 ; $\sigma^2 < \sigma_0^2$）

$\chi_0^2 < \chi^2(n-1, 1-\alpha)$ ならば，H_0（H_0 ; $\sigma^2 = \sigma_0^2$）を棄却します。

（右片側検定 H_1 ; $\sigma^2 > \sigma_0^2$）

$\chi_0^2 > \chi^2(n-1, \alpha)$ ならば，H_0（H_0 ; $\sigma^2 = \sigma_0^2$）を棄却します。

例）同じ例を続けます。新しいモーターを使った発電機の分散は以前と同じであるか有意水準5％で検定します。従来のモーターの場合，標準偏差は5kwであったことがわかっているとします。

　　　帰無仮説 H_0「新しい発電機の分散は以前と同じである」
　　　対立仮説 H_1「新しい発電機の分散は以前とは異なる」

検定統計量 $\chi_0^2 = S/\sigma_0^2$ を求めます。①より $S/\sigma_0^2 = 60.9/25 = 2.436$

同じく，①より，$\chi^2(9, 0.975) = 2.700389$，$\chi^2(9, 0.025) = 19.02278$

$2.436 < \chi^2(9, 0.975)$ よって，左側の棄却域に入ります。ゆえに，帰無仮説は棄却されます。

【練習問題】(9-4-2)

　上記の例で，もし従来のモーターの標準偏差が4kwであったならば，どうでしょうか。

9.5　分散分析を使って3つ以上の平均値を比較する

[1]　分散分析の発想

　t検定では2つのグループの平均値を比較しましたが，3つ以上のグループの場合どうしたらよいでしょうか。こうした場合に適用されるのが「分散分析」です。

　分散分析では，データ全体の分散に注目します。データ全体の分散を2つに分けます。1つは，注目するグループ間（群間）の違いによる効果を表す分散と，各グループ内（群内）の変動を表す分散とに分離して，それらを比較することで，グループ間の平均値が同じと考えられるか否かを判断します。

　たとえば，3つのグループの分布が図表249のようになっていたとしましょう。

図表249.　群間変動と群内変動

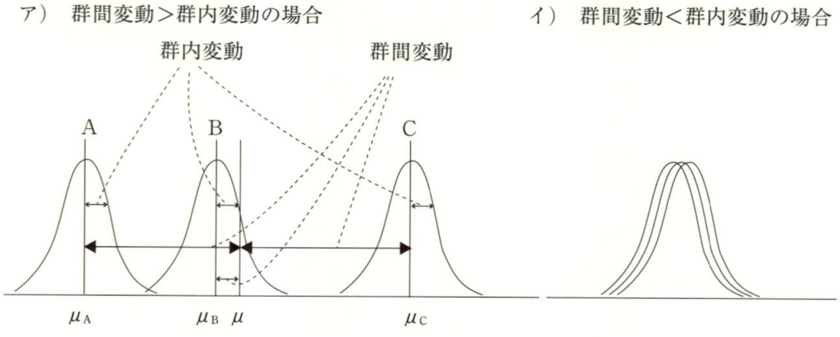

ア）群間変動＞群内変動の場合　　　　　　　　　イ）群間変動＜群内変動の場合

この図表のア）のように，3つの群が離れていて，相対的に，群間変動が大きく，群内変動が小さい場合は，3つのグループは別々の母集団から抽出されたものと考えられ，平均値は異なると判断できます。逆に，イ）のように，相対的に，群間変動が小さく，群内変動が大きい場合は，1つの母集団から抽出されたと考えられ，平均値は等しいと判断できます。

[2] 分散分析の計算

図表250のデータはNFL（National Football League）の選手のレーティングをポジション別にまとめたものです。ポジションによって評価が異なるかどうか検定することにします。

図表250．NFLポジション別レーティング
（出典：USA TODAY（2000年4月14日））

	A	B	C
1	ワイドレシーバ	ガード	オフェンシブタックル
2	9.0	7.4	8.5
3	8.8	7.0	8.0
4	8.3	6.8	7.8
5	8.1	6.7	7.6
6	8.0	6.3	7.3
7	7.9	6.1	7.1
8	7.4	6.0	6.8
9	7.1	6.0	6.8
10	7.0	6.0	6.4
11	7.0	5.8	6.3
12	6.9	5.3	6.1
13	6.6	5.0	6.0
14	6.5	5.0	
15	6.4		
16	6.2		

まず，群平均を求めます。

A18；＝AVERAGE（A2:A16）→ 7.4
B18；＝AVERAGE（B2:B14）→ 6.1
C18；＝AVERAGE（C2:C13）→ 7.1

群間変動を表す平方和は，各群の（群平均－全平均）^{2}の和×データ数であり，全平均が6.88，データ数がそれぞれ15，13，12なので，それぞれ，4.23，7.80，0.37と求められます。これらの合計をとって，12.4となります。

次に，群内変動を表す平方和は，（個体のデータ－群平均）^{2}の総和なので，

ワイドレシーバ：$(9.0-7.4)^2 + (8.8-7.4)^2 + \cdots + (6.2-7.4)^2 = 65.93$

同様にして，ガード：43.87，オフェンシブタックル：56.87

すべてを加えて，約166.7となります。

以上で，群間変動を表す平方和12.40，群内変動を表す平方和166.7と求まりました。

ここで，平方和を比較するのですが，各々のデータ数や群の個数が多くなれば，これらの数値も大きくなるので，これらの影響を除いて，平均的な大きさにします。自由度で割るわけです。自由度は，データ数からすでに使われた平均値の個数などを除いたものです。

まず，
　群間変動を表す平方和　12.40
　群の個数　3
　使った平均の個数　1
　自由度　2
よって，群間平均平方は12.4÷2より　6.20となります。

一方，
　　群内変動を表す平方和　166.7
　　データの個数　40
　　使った平均の個数　3
　　自由度　37
　　よって，群内平均平方は 166.7÷37 より 4.51 となります。

これらを比較するため F 比を求めます。
　　F 比＝群間平均平方/群内平均平方より，6.20÷4.51＝1.37 と求められます。

3つのポジションの平均が同じだと仮定すると，このデータのような結果が得られる確率は，この F 比によって求められます。Excel では，＝FDIST(1.37, 2, 37) より，その確率は 0.267 と求められます。

これは 5% よりも大きいので，普通に起こりうることと判断できます。よって，ポジションによって差がないという帰無仮説は否定できません。

なお，分散分析は適用に当たって，3つの条件を満たしていなければなりません。
　まず，すべて群の母集団が正規分布に従っていることです。ただ，t 検定の場合と同じように，分散分析は正規分布からの逸脱に対してある程度の頑健性をもっています。母集団の分布が極端に正規分布と離れていない限り，分散分析の有意さの程度は，正規性の欠如によって影響されません。特に，サンプル数が大きい場合にはそうです。この条件がかなり崩れた場合にはノンパラメトリック手法のクラスカル＆ウォリスの検定を用いる必要があります。
　2番目の前提条件は，すべての母集団の分散が同じでなければならないということです。
　もし，各群内のサンプルサイズが同じならば，F 分布に基づく推測は，分散の不一致があったとしても，それほど大きな悪影響は受けません。ですから，サンプル数は均等なほうが望ましいといえます。
　正規性と同一分散の前提がともに崩れている場合には，データ変換して，正規分布に近づけ，分散を均等にする策が考えられます。
　3番目の前提条件は，データ間の誤差の独立性です。つまり，誤差が相関をもっていないことです。これが崩れると，分散分析による推測結果は大きな誤差をもってしまいます。

【練習問題】（9-5-1）
　次のデータは，4つの製造方法による強度に違いがあるかどうか判断して下さい。
　　方法 A：18, 24, 30, 22, 20, 24, 25　　方法 B：21, 26, 29, 25, 25, 27
　　方法 C：20, 27, 34, 26, 28, 35　　　　方法 D：26, 35, 32, 37, 29, 26, 29

9.6 標本を用いた母集団の相関分析はこうする
——母相関係数の検定と推定

図表251は，2004年度新任の頭取・社長の身長・体重のデータです。身長と体重の関係を分析することにしましょう。

図表251. 頭取の身長・体重

	A 身長	B 体重
2	176	67
3	170	65
4	176	67
5	174	72
6	178	72
7	177	80
8	166	62
9	167	65
10	174	65
11	164	62
12	172	72
13	171	75
14	173	73
15	167	69
16	175	68
17	170	68
18	171	68
19	180	81
20	175	63
21	176	61
22	168	72
23	167	65
24	180	85
25	172	66
26	168	70
27	171	65
28	175	65
29	162	65
30	175	72
31	167	62
32	172	75
33	167	73

図表252. 散布図の作成

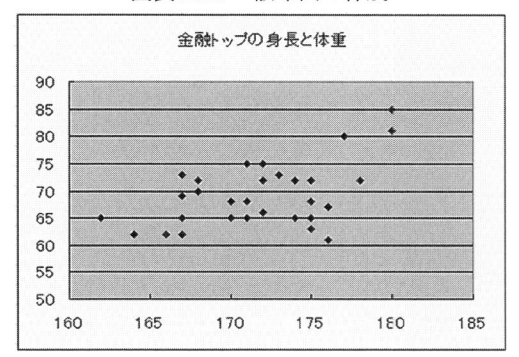

散布図をみると，身長と体重の間には，正の相関がありそうです。

そこで，正の相関の程度を確認するために，相関係数を求めてみます。

　　C2； ＝CORREL（A2:A33,B2:B33）　→　$r=0.501325$

確かに弱い正の相関があることが確認できました。

しかし，これらの32人のデータが母集団からの標本であるとみなすと，どうでしょうか。母集団のレベル，つまり，わが国の金融トップ全員について，身長と体重の間に正の相関関係があるといえるでしょうか。

これら32人のデータだけしかないとして，どのように判断すればよいか，以下，その手順を具体的に説明します。

1) 相関係数の検定

母集団の相関係数を母相関係数といい，ρ（ロー）で表します。標本の相関係数をrとすると，$\rho=0$のとき，$t=\dfrac{r\sqrt{n-2}}{\sqrt{1-r^2}}$は自由度$n-2$の$t$分布に従います。これを用いて相関係数の検定を行うことができます。

「帰無仮説H_0；$\rho=0$である」，「対立仮説H_1；$\rho\neq0$である」とします。有意水準は5%とします。

　　C3； ＝C2＊SQRT（32－2）/SQRT（1－C2＊C2）　→　3.173464

C4 ; =TINV(0.05, 30) → 2.04227

C3＞C4 なので，有意水準 5% で，「$H_0：\rho=0$」は棄却されます。

つまり，「身長と体重の間に相関関係がない」という仮説は否定されます。

なお，ピアソンの相関係数およびその仮説検定の前提条件は以下の通りです。2 変数が線形関係にあること，そして，サンプルが抽出された母集団が 2 次元の正規分布に従っていることが必要です。

2) 母相関係数 ρ の区間推定

母相関係数 ρ を区間推定するには，(標本) 相関係数 r について，次に示すような変換 (z 変換) を施す必要があります[90]。なお，ln は自然対数を表します。

$$z = \frac{1}{2} ln \frac{1+r}{1-r}$$

この z は，$N(\mu_\rho, \sigma_\rho^2)$ の正規分布に近似的に従います。

ただし，$\mu_\rho = \frac{1}{2} ln \frac{1+\rho}{1-\rho}$, $\sigma_\rho = \frac{1}{\sqrt{n-3}}$

この関係を利用して次のように母相関係数の区間推定を行います。

・相関係数 r を算出します
・r を z 変換(非対称分布を正規分布に変換)した z 値を算出します

$$z = \frac{1}{2} ln \frac{1+r}{1-r}$$

・信頼区間の下限　　$z_L = z - \frac{u(\alpha)}{\sqrt{n-3}}$

　信頼区間の上限　　$z_U = z + \frac{u(\alpha)}{\sqrt{n-3}}$

・z_L, z_U を r に戻し，ρ についての信頼限界を求めます

　信頼下限　　$\rho_L = \frac{e^{2z_L}-1}{e^{2z_L}+1}$

　信頼上限　　$\rho_U = \frac{e^{2z_U}-1}{e^{2z_U}+1}$

こうすれば，母相関係数 ρ の $(1-\alpha) * 100\%$ 信頼区間が求められます。

例) 先の身長と体重のデータでやってみましょう。

相関係数 r　　D2 ; =CORREL(A2:A33,B2:B33) → 0.501325
標本数　　　　D3 ; =32
信頼度　　　　D4 ; =0.95
フィッシャー変換 z　D5 ; =FISHER(D2) → 0.551074
$u(\alpha)$　　　　D6 ; =ABS(NORMSINV((1-D4)/2)) → 1.959963
信頼区間の下限　　D7 ; =D5-D6/SQRT(D3-3) → 0.187118
信頼区間の上限　　D8 ; =D5+D6/SQRT(D3-3) → 0.915030
逆フィッシャー変換 (下限)　D9 ; =FISHERINV(D7) → 0.184964
逆フィッシャー変換 (上限)　D10 ; =FISHERINV(D8) → 0.723538

(なお，関数 FISHER は，非対称分布を正規分布に変換するための z 変換のための関数です。

---

[90] 内田　治 (1996 年) p.145-147

逆に，z 変換された値を元に戻す関数が FISHERINV です。）

【練習問題】（9-6-1）

図表 253 のデータは，2005 年 8 月におけるホンダのオデッセイ（2300L の 2000 年式）の中古車価格を無作為に抽出したものです。母集団レベルで「価格」と「走行距離」の間に相関関係があるといえるか検定して下さい。また，相関係数の 95% 信頼区間を推定して下さい。

図表 253. 中古車価格と走行距離・車検残

価格（万円）	走行距離（万km）	車検残（月数）
153	1.6	16
135	1.7	0
157	1.7	24
147	1.8	24
108	2.0	0
139	2.1	0
109	2.2	0
140	2.4	24
148	2.7	16
130	3.0	24
155	3.5	18
110	3.6	24
155	3.8	24
110	3.9	24
151	3.9	18
141	4.0	24
137	4.1	24
135	4.1	24
126	4.1	16
147	4.2	16
120	4.3	0
129	4.4	24
128	4.4	24
99	4.8	0
99	5.0	24
96	5.0	0
110	5.1	2
137	5.7	24
110	5.9	24
100	6.5	24
99	6.7	24
100	6.9	0
80	7.8	24

9.7 標本を用いた母集団の回帰分析はこうする

第 7 章において回帰分析の初歩を学びました。そこでの目的は，データそのものを記述することでした。すなわち，記述統計学レベルの回帰分析でした。それに対して，ここでは，データはより大きな集団からランダムに抽出された標本と考えます。そして，回帰分析の目的は，母集団レベルでの回帰関係を推測することにあります。

データを無作為抽出された標本と考えると，データから計算される回帰式や決定係数は確率変数

ということになります。その確率分布がどのようになるかがわかれば，母集団レベルでの回帰関係が把握できます。

つまり，関心は，母集団のすべてのデータを利用したときに得られるであろう回帰直線（母回帰という）が，どのような範囲に存在しているかを把握するところにあります。

[1] 回帰係数の有意性

まず，回帰式の係数 a，b についてみてみましょう。例として，図表251のデータを用います。

Excelの分析ツールを用いて実際に計算してみましょう。

i）分析ツールから回帰分析を選択します。

図表 254.　分析ツールの回帰分析

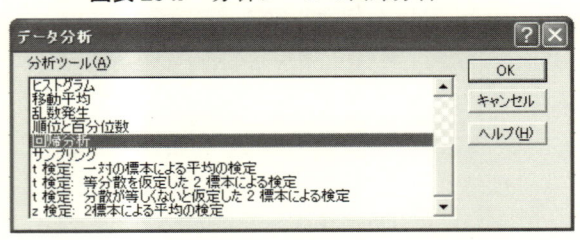

ii）y，x の範囲，有意水準などを入力し，［OK］をクリックします。

図表 255.　入力画面

iii）回帰分析の結果が表示されます。

図表 256.　回帰分析の結果

	A	B	C	D	E	F	G
1	概要						
2							
3		回帰統計					
4	重相関 R	0.501325					
5	重決定 R2	0.251327					
6	補正 R2	0.226371					
7	標準誤差	5.118638					
8	観測数	32					
9							
10	分散分析表						
11		自由度	変動	分散	観測された分散比	有意 F	
12	回帰	1	263.8615	263.8615	10.07087649	0.003467	
13	残差	30	786.0135	26.20045			
14	合計	31	1049.875				
15							
16		係数	標準誤差	t	P-値	下限 95%	上限 95%
17	切片	-40.5341	34.54718	-1.1733	0.249907927	-111.089	30.02054
18	身長	0.638117	0.201079	3.173464	0.003467474	0.227459	1.048775

iv) 係数に注目して，回帰分析の結果を深めます。

切片は-41ですが，標本平均の標準誤差が34.5であり，95%信頼区間を求めると，-111から30の間となります。

標準誤差で係数を割ったものがt分布に従います。これを用いて，係数が有意に0と異なるか否かを検定することができます。

帰無仮説H_0は「切片は0である」，対立仮説H_1は「切片は0とは異なる」とします。

両側検定で上下2.5%ずつ棄却域を設けると，そのtの範囲は，$t \leq -2.039515$，$2.039515 \leq t$です。標本から求めたt値は-1.17であり，よって，棄却域に落ちません。ゆえに，帰無仮説は棄却されません。

p値は，標本のようなt値が起こりうる確率を示しています。この場合，0.250で比較的起こりうることであるといえます。p値が0.05を下回れば，その説明変数は有意に0と異なるといえます。つまり，被説明変数に何らかの影響を及ぼしていることになります。

次に，身長の回帰係数についても，同様にみておきましょう。標本平均の標準誤差が0.20であり，95%信頼区間を求めると，0.23から1.05の間となります。

帰無仮説H_0は「身長の回帰係数は0である」，対立仮説H_1は「回帰係数は0とは異なる」とします。この場合，t値は3.17と計算され，棄却域に落ちます。よって，帰無仮説H_0は棄却されます。p値は0.003であり，もし母集団で回帰係数が0であると仮定すると，このような結果はめったに起こらないということになります。

なお，しばしば間違えやすいので指摘しておきますが，t値の大きさと説明変数の影響力の大きさは無関係です。p値の小ささと説明変数の説明力の大きさも無関係です。

t値やp値は，回帰係数が有意に0と異なるかどうかを示すだけであって，被説明変数に対する説明変数の影響力の大きさとは無関係です。影響力の大きさはその係数の大きさ自体に関係します。とはいえ，回帰係数は変数の単位のつけ方次第で変わりますので，一工夫が必要です。標準偏回帰係数です。これについては，第11章で，重回帰分析について説明する中で記述します。

[2] 回帰式全体としての有意性

回帰係数a，bについて，個別に有意性を判定する他に，回帰式全体として，有意性を判断する際に用いるのが分散比です。図表256の「観測された分散比」(E12)をみて下さい。約10.1となっています。

このようなF値になる可能性はどの程度あるでしょうか。有意水準を5%として，自由度1が1，自由度2が30の場合，=FDIST(E12, 1, 30) のようにして，Excelで計算してやると，0.003467となります。つまり，「回帰式がまったく無意味である」という帰無仮説を前提にすると，0.3%しかないということです。ゆえに，この例の場合，回帰式全体として意味をもつといえます。

なお，逆に，F値の5%の棄却境界値を求めるには，=FINV(0.05, 1, 30) とします。

ところで，回帰分析を行うには，以下の前提条件が満たされていなければなりません。まず，独立変数（説明変数）と従属変数（被説明変数）が線形関係でなければなりません。非線形である場

合は，しばしば適当な変換をしてやれば，両変数の関係を線形に近づけることができます。

次に，誤差が互いに独立でなければなりません。この誤差の独立性の条件が崩れると，t検定や区間推定で得られる結論が大きく歪められます。また，誤差の分散が一定であることも必要です。これは独立変数の値が異なっても従属変数の変動性が一定でなければならないことを意味します。これもデータ変換によって，この前提条件が満たされるようになることも少なくありません。

それから回帰係数などのt検定が行えるのは，誤差が少なくとも近似的に正規分布している場合に限られます。ただ，この前提条件はそれほど決定的ではありません。ある程度，正規分布から離れていても，結論は無意味になりません。特に，サンプルサイズが大きいときにはそうです。

【練習問題】（9-7-1）
図表253のデータに関して，走行距離を説明変数，中古車価格を被説明変数として回帰分析を行って下さい。あわせて，有意性の検定も行って下さい。

第 10 章
前提条件が緩やかな検定方法
——ノンパラメトリック手法

10.1 ノンパラメトリック手法とは何か——ビジネス分野における必要性

　第 1 章で述べたように，ビジネス実践では，なるべく簡単な手法，なるべく前提条件が少ない手法が望ましいことは間違いありません。第 8 章までの手法では，手にしたデータがもっている情報をできる限り記述するという形でデータ解析が行われ，そこではデータの個数や品質に関して，前提条件はありませんでした。

　しかし，第 9 章の推測統計手法では，手にしたデータを記述することを超えて，より大きな集団の性質について推測しようとします。そのため，適用できるための前提条件がシビアに設定されています。たとえば，t 分布を用いる場合には，母集団が正規分布しているなどの前提条件が課せられるように，一般的に，適用前提条件に注意が必要になります。

　これまで学んだ推測統計手法の中には，多少の前提条件の逸脱に影響されにくいものもありますが，多くの手法は，切れ味が鋭い半面，前提条件を逸脱していれば，大きく誤った結果を出しがちです。しかし，ビジネス実践を想定するとき，推測統計学でも前提条件が緩やかな手法が望ましいことに間違いはありません。

　ビジネス分野では自然科学と異なり，母集団が正規分布に従わないことも少なくありません。そもそもデータがランダムサンプリングされているとはいえないような場合すらあります。このため，実践的なデータ解析に当たっては，推測統計手法の中でも，前提条件がゆるやかな手法も理解しておくことが必要となってきます。母集団の性質に関心がある場合には，特定の母集団の分布形を前提として展開するパラメトリック手法以外に，母集団の分布形に依存しない「ノンパラメトリックな統計手法」の知識も必要になってきます。先に述べた順位相関係数やカイ 2 乗検定もノンパラメトリック手法に属します。

　嬉しいことに，ノンパラメトリック手法は，平均値や標準偏差などのパラメータによって左右されないので，名義尺度や順序尺度で測定された，いわゆる定性的な変数に対しても適用できます。また，順位に変換して使用するので，データの誤差や外れ値などに鈍感であり，それらの悪影響を受けにくいというメリットもあります。さらに，取り扱いが比較的簡便である点もメリットです。

　その半面，平均値や標準偏差などパラメータを想定していないので，取扱いはやさしい半面，検定力はどうしても弱くなります。そのため，同じ目的で工夫されている数種の検定法を同時に適用してみて，どの方法でも一貫して有意差を検出できるかどうかに注目する，といった姿勢で臨むほ

うがよいでしょう。検定手法が違うと異なる結果になるケースでは，その理由を慎重に分析しておく必要があります[91]。

ところで，なぜ「パラメトリック」（「ノンパラメトリック」）というか，について説明しておきます。パラメトリック手法の場合，たとえば，正規分布の場合，平均値と標準偏差が決まれば，分布は一意に決まります。よって，何らかの現象が正規分布に従っていることを前提にすることができれば，関心は，平均値，標準偏差などの「パラメータ」に集中できます。反対に，これらパラメータさえ推測できれば，母集団の性質を特定できることになります。このように何らかの母集団分布を前提にして，パラメータのみを関心の対象とするような解析手法のことを総称して「パラメトリック手法」といいます。

10.2　個々のノンパラメトリック手法とExcelによる実践[92]

[1]　連による検定

「連」を用いた無規則性の検定方法です。「連」とは，2種類の記号の系列において，「同じ記号の連続していること」をいいます。

同じ記号がr個連続しているとき，連の長さがrであるといいます。なお，同じ記号が連続しない場合も，それぞれの記号の長さを1として扱います。

例）2つの事象○，×が次のように起こったとします。
　　○○×××○××○○○○××○×○○○○×××○×○○○○×××○×○×○○○×

この場合，○の連の数は12個で，連の長さは4のものが1個，3のものが1個，2のものが3個，1のものが7個です。一方，×の連の数は12個で，長さは3のものが3個，2のものが2個，1のものが7個あります。また，○と×をあわせた連の総数は24個です。

ここで，○と×の出方がランダムかどうかを検定したいとします。

○の個数をm，×の個数をn，○と×をあわせた連の総数をTで表します。

帰無仮説 H_0「m個の○とn個の×の並び方に規則性はない」

対立仮説 H_1「m個の○とn個の×の並び方に規則性がある」とします。

H_0の下では，mおよびnが十分に大きいときには（実用的には，それぞれ20個以上。ただし，mとnの値がほぼ等しいときには，その値が10程度でも近似的になりたちます），zが近似的に標準正規分布をすることがわかっています。

$E = 2mn/(m+n) + 1, V = 2mn(2mn-m-n)/((m+n)^2(m+n-1))$ として $z = (T-E)/\sqrt{V}$

すなわち，$|z| \geq z_0$ ならば H_0 を棄却し，$|z| < z_0$ ならば H_0 を採択します。

この場合，$m=20$, $n=20$, $T=24$ なので，

$E = 2*20*20/(20+20) + 1 = 21, V = 2*20*20*(2*20*20-20-20)/((20+20)\hat{}2*(20+20-1)) = 9.7436$

よって，$z = (24-21)/\sqrt{9.7436} = 0.961$　$z_0 = 1.96$ なので　$z \leq z_0$

---

[91]　深谷他(2001年) p.263, 264
[92]　各ノンパラメトリック手法の記述の多くは武藤(1995年) p.396-473 に依る

ゆえに，H_0 は棄却されません。そのため，「並び方に規則性はある」とはいえません。

【練習問題】（10-2-1）
ある建設業者の過去の入札の状況と落札の結果が次のようになっていたとします。ランダムに落札されいるかどうか検定して下さい。（○は落札，×は落札できず）
××○×○○×××○○×○○○×××○×○×○×××○○×○○○××○○×○

[2]　符号検定

符号検定はペアになった2組のサンプルにおいて，一方が他方よりも大きめの値をとる傾向があるか否かを検定するのに用いられます。ちょうど，対応のある t 検定に相当するノンパラメトリック手法です。ペアになったデータの差の正負の出現頻度に注目し，正の出現頻度が2項分布に従うことを用いて検定がなされます。

n 組の対になったデータを $(x_1, y_1), (x_2, y_2), \cdots, (x_n, y_n)$ とします。これら n 組の対のおのおのについて大小の判断が可能であるとします。そして，このとき，$x>y$ のとき「＋」，$x=y$ のとき「0」，$x<y$ のとき「－」で表します。

符号検定は，母集団において「＋」の確率を p^+，「－」の確率を p^- とするとき，この2つの確率が等しいという仮説を検定するための手法です。

帰無仮説 H_0 と対立仮説 H_1 は次の通りです。
- 両側検定　　　帰無仮説 H_0「$p^+ = p^-$」　　対立仮説 H_1「$p^+ \neq p^-$」
- 右片側検定　　帰無仮説 H_0「$p^+ = p^-$」　　対立仮説 H_1「$p^+ > p^-$」
- 左片側検定　　帰無仮説 H_0「$p^+ = p^-$」　　対立仮説 H_1「$p^+ < p^-$」

ここで，「＋」の数を t，「－」の数を u とします。そして，$t+u=m$ をデータ数とよびます（「0」はデータ数から除外します）。

検定は，$m>20$ の場合，有意水準 α として，$z = \dfrac{t - m/2}{\sqrt{m/2}}$ とすると，

両側検定　　$|z| \geq z_0$ ならば H_0 を棄却し，$|z| < z_0$ ならば H_0 を採択します
右片側検定　$z \geq z_1$ ならば H_0 を棄却し，$z < z_1$ ならば H_0 を採択します
左片側検定　$z \leq z_2$ ならば H_0 を棄却し，$z > z_2$ ならば H_0 を採択します

ただし，z_0 は両側確率 α，z_1 は右側確率 α，z_2 は左側確率 α にそれぞれ対応する標準正規分布の棄却境界値です。

図表257. 資格試験対策の結果

	A	B	C
1	講習会前	講習会後	変化
2	32	36	4
3	26	23	-3
4	19	34	15
5	32	23	-9
6	15	42	27
7	24	23	-1
8	31	43	12
9	43	43	0
10	26	21	-5
11	36	34	-2
12	9	13	4
13	16	34	18
14	25	35	10
15	29	41	12
16	24	23	-1
17	19	35	16
18	32	21	-11
19	38	45	7
20	31	32	1
21	27	35	8
22	11	12	1
23	37	34	-3
24	24	32	8
25	33	21	-12
26	25	35	10
27	32	33	1
28	14	32	18
29	43	44	1
30	16	43	27
31	35	32	-3
32	12	43	31
33	25	23	-2
34	27	23	-4
35	35	35	0

なお, 符号検定には, 母集団分布が正規分布でなければならないとか, 丘状でなければならない, などの前提条件は課されません。

例) ある会社では資格試験合格に向けてコンサルタントを招き1日コースの講習会を開きました。図表257は, 同一人の講習会前と講習会後の模擬試験の点数 (50点満点) です。この結果から, 講習会は効果があったと考えてよいでしょうか。

細かい点数は, 問題によって影響を受けてしまいますから, ここでは符号検定でざっくりと検定してみます。

効果があったかどうかですから, 右片側検定を行うことにします。

帰無仮説 H_0「効果がなかった」
対立仮説 H_1「効果があった」

・まず, 変化を計算します
　C2 ; = B2−A2
　C3 から C35 まで C2 をコピーします。
・t, u, m を求めます
　D2 ; = COUNTIF(C2:C35,">0") → $t = 20$
　D3 ; = COUNTIF(C2:C35,"<0") → $u = 12$
　D4 ; = D2+D3 → $m = 32$
・z を求めます
　E2 ; = (D2−D4/2)/(SQRT(D4)/2) → $z = 1.414214$
・右棄却境界値 z_1 を求めます
　F2 ; = ABS(NORMSINV(0.05)) → $z_1 = 1.64485$
・z と z_1 を比較し, 結論を出します

$z < z_1$ なので, H_0 は棄却できません。よって, 「効果がなかった」は否定できません。つまり, 「効果があった」とはいえません。

【練習問題】(10-2-2)

ある会社では毎年, 社員のモチベーションに関するテストをしています。無作為に抽出された30人について, 昨年, 今年, 「この会社で働くことに生きがいを感じる」という意見に対する同意の程度を5段階 (「まったく違う」1−2−3−4−5「まったくその通り」) で尋ねています。この会社の社員のモチベーションの程度は変化したといえるでしょうか。

図表258. 社員モチベーション調査

昨年	今年	昨年	今年	昨年	今年
3	4	4	4	4	4
4	4	3	5	3	3
3	3	3	3	3	4
4	4	4	4	5	5
3	2	3	2	3	4
2	3	2	4	4	3
4	4	4	3	3	3
4	3	3	4	3	4
3	4	4	3	3	4
3	3	4	4	3	3

[3] ウィルコクスンの符号順位検定

符号検定をより精密にしたものがウィルコクスンの検定です。ペアになった2組のサンプル間の差の正負に加えて，その大きさの順位も使って，一方が他方よりも大きめの値をとる傾向があるかどうかを判定する方法です。これもペアになった2サンプルt検定に相当します。

やり方は次の通りです。まず，$D_i = x_i - y_i$ を計算して，$D_i = 0$ をはぶいて D_i の小さい方から大きい方へ順番に並べて，その絶対値の小さいものから「1, 2, …」とランクをつけます。

もし，同じランクが複数あれば補正します。同じ絶対値の D_i がある場合は，それらの D_i のおのおのに割り当てられるはずの順位の平均をつけます。

次に，ランク(同ランク補正済み)に対応する D_i と同じ符号をつけます。

さらに，「＋」の符号をもつ順位の合計値 T^+，「－」の符号をもつ順位の合計値 T^- を計算します。最終的に，$|T^+|$ と $|T^-|$ のうち値の小さい方を T で表し，これを検定統計量とします。

$n > 25$ (あるいは50との見解もある)の場合，有意水準を α とすると，次の z が正規分布に従うことを用いて行われます。

$$z = \frac{T - n(n+1)/4}{\sqrt{n(n+1)(2n+1)/24}}$$

両側検定　　　　$|z| \geq z_0$ ならば H_0 を棄却し，$|z| < z_0$ ならば H_0 を採択します
右片側検定　　　$z \leq z_1$ ならば H_0 を棄却し，$z > z_1$ ならば H_0 を採択します
左片側検定　　　$z \leq z_1$ ならば H_0 を棄却し，$z > z_1$ ならば H_0 を採択します

例) 同じ例を使って計算をしてみましょう。

図表259から，$T = 145$ なので，z の式に，この T と n (タイの2組は除く)を代入します。
$z = (145 - 32*33/4)/\sqrt{((32*33*65)/24)}$ より，$z = -2.22517$

ここで，$z_1 = -1.64485$ (←左片側検定，有意水準5％なので，=NORMSINV(0.05)で求める)
$z \leq z_1$ なので「H_0 (効果がなかった)」は棄却されます。

よって，講習会は「効果があった」と判断されます。

なお，この手法は，母集団レベルでの差の順位の分布が近似的に対称形であることを前提としています。

図表 259. ウィルコクスンの符号順位検定

	A	B	C	D	E	F	G	H	I
1	講習会前	講習会後	Di	|Di|	ランク	同ランク補正			
2	33	21	-12	12	23	24	-24	-145	←T⁻
3	32	21	-11	11	22	22	-22	145	←T
4	32	23	-9	9	19	19	-19		
5	26	21	-5	5	15	15	-15		
6	27	23	-4	4	12	13	-13		
7	26	23	-3	3	9	10	-10		
8	35	32	-3	3	9	10	-10		
9	37	34	-3	3	9	10	-10		
10	25	23	-2	2	7	7.5	-7.5		
11	36	34	-2	2	7	7.5	-7.5		
12	24	23	-1	1	1	3.5	-3.5		
13	24	23	-1	1	1	3.5	-3.5		
14	35	35	0	0	-	-	-		
15	43	43	0	0	-	-	-		
16	11	12	1	1	1	3.5	3.5	383	←T⁺
17	31	32	1	1	1	3.5	3.5		
18	32	33	1	1	1	3.5	3.5		
19	43	44	1	1	1	3.5	3.5		
20	9	13	4	4	12	13	13		
21	32	36	4	4	12	13	13		
22	38	45	7	7	16	16	16		
23	24	32	8	8	17	17.5	17.5		
24	27	35	8	8	17	17.5	17.5		
25	25	35	10	10	20	20.5	20.5		
26	25	35	10	10	20	20.5	20.5		
27	29	41	12	12	23	24	24		
28	31	43	12	12	23	24	24		
29	19	34	15	15	26	26	26		
30	19	35	16	16	27	27	27		
31	14	32	18	18	28	28.5	28.5		
32	16	34	18	18	28	28.5	28.5		
33	15	42	27	27	30	30.5	30.5		
34	16	43	27	27	30	30.5	30.5		
35	12	43	31	31	32	32	32		

【練習問題】（10-2-3）

前問（10-2-2）をウィルコクスンの符号順位検定を用いて検定して下さい。

［4］ マン・ホイットニーの U 検定

マン・ホイットニーの U 検定は，2つの母集団から独立に（＝ペアになっていない，対応がない）サンプリングされているとき，一方が他方より大きめの値をとる傾向があるかどうかを検定する手法です。独立2サンプル t 検定に相当します。t 検定の場合には，2つのサンプルのそれぞれの母集団が正規分布にしたがい，同じ分散をもっていることが必要ですが，この手法では，正規分布の必要はなく，形状と広がり方が同じであることが要求されるのみです。

マン・ホイットニーの U 検定を用いれば，大きさが n_1, n_2 である独立な2組の標本が得られたとき，それぞれの標本が属していると考えられる母集団の分布が等しいか否かを検定することができます。

帰無仮説 H_0「2組の標本が属している母集団の分布は等しい」

対立仮説 H_1「2組の標本が属している母集団の分布は等しくない」

手続きは次の通りです。

- 2組の標本を一緒にして値の小さいものから順位をつけます。その際，同順位は，それらが異なっていた場合につくはずだった順位の平均の順位をつけます（前述の同ランク補正を参照）。そして，大きさ n_1 の標本の順位の合計を R_1，n_2 の標本の順位の合計を R_2 とします。
- 次のような U_1, U_2 を計算します。　　$U_1 = R_1 - n_1(n_1+1)/2$, $U_2 = R_2 - n_2(n_2+1)/2$
- $n_1 \geq 10$, $n_2 \geq 10$ のとき，U が次のような平均値と標準偏差の正規分布で近似できることを使って検定します。　　$\mu_v = n_1 n_2/2$　　$\sigma_v = \sqrt{n_1 n_2 (n_1+n_2+1)/12}$

  よって，$z = (U - \mu_v)/\sigma_v = (U - n_1 n_2/2)/\sqrt{n_1 n_2 (n_1+n_2+1)/12}$

  $|z| \geq z_0$ ならば H_0 を棄却します。$|z| \leq z_0$ ならば H_0 を採択します。

  ただし，z_0 は，両側確率 α に対する標準正規分布の棄却境界値です。

図表 260. 1ヶ月の坪当たり売上金額（万円）

	A	B
1	Aチェーン	Bチェーン
2	56	62
3	51	58
4	48	54
5	42	73
6	64	45
7	65	64
8	49	58
9	47	47
10	51	53
11	48	74
12	53	57
13	61	56
14	56	66
15	57	65
16		48
17		58
18		63

例）図表 260 のデータをもとに，A, B の 2 つのチェーンの 1 坪当たりの売上高に差があるかどうかを検定します。

ランクをつけます。

　　A22；= RANK(A2, $A$2:$B$18, 1)

A22 を，A23 から A35 まで，また，B22 から B38 までコピーします（元の A16 から A18 までの空白は無視されます）。

そして，同ランクを補正した上で，順位を集計します。

　　$R_1 = 177.5$　　$R_2 = 318.5$

　　$U_1 = R_1 - n_1(n_1+1)/2 = 72.5$, $U_2 = R_2 - n_2(n_2+1)/2 = 165.5$

　　$\mu_v = n_1 n_2/2 = 119$, $\sigma_v = \sqrt{n_1 n_2 (n_1+n_2+1)/12} = 25.19259$

ここで，$U_1 = 72.5$, $U_2 = 165.5$ を上記の z の計算式の U に代入すると，$z = (U_1 - \mu_v)/\sigma_v = -1.845781$, $z = (U_2 - \mu_v)/\sigma_v = 1.845781$

つまり，$|z| = 1.845781$ である。

ここで，有意水準 5% のとき　$z_0 = 1.96$

∴ $|z| \leq z_0$

よって，帰無仮説 H_0 は棄却されません。

ゆえに，A チェーンと B チェーンの売上高に，有意水準 5% では差があるとはいえない，ということになります。

【練習問題】(10-2-4)

図表 261 のデータは，上位から無作為抽出した 15 行，および下位から無作為抽出した 16 行における不良債権の比率です。上位行と下位行で不良債権の比率に差があるかどうか検定して下さい。

図表 261. 銀行の「不良債権比率」

	A	B	C	D	E	F	G	H	I	J	K	L	M	N	O	P	Q
1	上位行	6.9	5.1	6.5	1.6	6.6	5.7	4.5	6.2	4.4	3.0	3.5	5.9	6.2	4.7	5.9	
2	下位行	6.6	6.7	10.6	7.3	8.9	7.2	5.5	3.6	6.0	5.1	5.6	5.8	7.4	5.8	5.2	5.4

[5] クラスカル・ウォリスの順位和検定

クラスカル・ウォリスの順位和検定は、2組以上のサンプルの母集団が同じかどうかを検定する手法です。分散分析に相当するノンパラメトリック手法です。この検定は、前提条件が満たされている場合の分散分析の F 検定に比べても、遜色のない検定力をもっています。

ここでは、k 組の標本が同一の母集団から抽出されたものであるか否かを、順位和を用いて、以下のように検定します。

帰無仮説 H_0「k 組の標本はすべて同一の母集団から抽出されている」

対立仮説 H_1「k 組の標本は、すべてが同一の母集団から抽出されたわけではない」

・k 組の標本をひとまとめにして、値の小さいものから順に順位をつけます。ここでも、同じ順位のものがあれば、平均の順位をつけます。

・各組の標本の大きさが5以上であるとき、次式で定められる H が近似的に自由度 $k-1$ の χ^2 分布に従うことを利用して検定を行います。

$$H = \left[\frac{12}{n(n+1)} \sum \frac{R_i^2}{n_i} \right] - 3(n+1)$$

そして、$H \geq \chi_0^2$ ならば H_0 を棄却し、$H < \chi_0^2$ ならば H_0 を採択します。ただし、χ_0^2 は、自由度 $k-1$、右片側確率 α に対応する χ^2 分布の棄却境界値です。

なお、k は標本の組の個数、n_i は i 組のデータ数、n は総標本数、R_i は i 組の順位和です。

例) ある住宅メーカーでは4つの県に支店をもっています。母集団レベルでみたとき、4県で新築戸建住宅の床面積に違いがあるかどうか、ざっくりとみたいと思います。標本として無作為にデータを収集したところ図表262のようになりました。

帰無仮説 H_0「4県の住宅床面積の分布はすべてが同一である」

対立仮説 H_1「4県の住宅床面積の分布は『すべてが同一である』とはいえない」

図表262. 新築住宅の床面積

	A A県	B B県	C C県	D D県
2	125	145	118	125
3	142	154	121	142
4	136	167	162	134
5	135	189	134	143
6	173	153	152	135
7	132	134	122	142
8	131	145	124	123
9	145	147	121	111
10	165		118	152
11	114		121	
12			142	
13			124	

図表 263.　昇順にランク付け同位調整

	A県	B県	C県	D県
21				
22	12.5	28	3.5	12.5
23	23.5	34	6	23.5
24	21	37	35	17
25	19.5	39	17	26
26	38	33	31.5	19.5
27	15	17	8	23.5
28	14	28	10.5	9
29	28	30	6	1
30	36	#N/A	3.5	31.5
31	2	#N/A	6	#N/A
32	#N/A	#N/A	23.5	#N/A
33	#N/A	#N/A	10.5	#N/A

・ランクをつけます

　A22；＝RANK(A2, $A$2:$D$13, 1)とします。
　A22を複写して，すべての順位を出します。
　（先と同じく，RANKの範囲に空白セルがあっても無視されますので差し支えありません。出力には#N/Aと表示されます。気になるようなら削除して下さい。）

・同順位を調整します

　ランク3は2つあり，仮に並べると3, 4となり，平均3.5なので，すべて3.5とします。
　（なぜならば (3+4)/2＝3.5）
　ランク5は3つありますので，5, 6, 7の平均6をこの3つに当てます。
　ランク10は2つありますので，10, 11の平均10.5をこの2つに当てます。
　ランク12も2つありますので，それぞれに12.5に，ランク16には3つあるので，すべてを17にします。
　ランク19に2つあるので19.5とします。
　ランク22が4つあります。そこで，これら4つに22, 23, 24, 25の平均23.5を割り当てます。
　ランク27が3つあります。27, 28, 29の平均をとって，これらを28とします。
　こうして図表263となります。

・Hを計算します

　A34；＝SUM(A22:A31)^2/COUNT(A22:A31) → 4389.0250
　B34；＝SUM(B22:B29)^2/COUNT(B22:B29) → 7564.5000
　C34；＝SUM(C22:C33)^2/COUNT(C22:C33) → 2160.0833
　D34；＝SUM(D22:D30)^2/COUNT(D22:D30) → 2970.2500
　Hを求めます。
　A35；＝12/(39*40)*SUM(A34:D34)－3*40 → 11.414295

・χ_0^2と比較して判定します。

　自由度は（組数－1）なので，この場合は3です。よって，次のようになります。
　A36；＝CHIINV(0.05, 3) → 7.814725

$H \geq \chi_0^2$なので，H_0を棄却します。よって，対立仮説H_1を採択し，4県の住宅床面積の分布は「すべてが同一である」とはいえない，と判定することになります。

なお，適用前提条件として，検定されるすべての母集団はその形状，広がり方が同じでなければなりません。また，各サンプルは最低5個以上なければなりません。

【練習問題】（10–2–5）
　ある会社では人材育成の取り組みの1つとして読書感想文を書かせています。ただ，支店ごとに

取り組みに温度差があるように感じられます。そこで，過去のデータから4つの部署の社員を無作為に抽出し，それら4つの部署の社員が年間の読了した本の冊数を整理しました。部署ごとに読書活動の量は異なるといってよいでしょうか。

図表264. 部署別の個人読了冊数

	A	B	C	D
1	部署A	部署B	部署C	部署D
2	23	28	28	27
3	32	14	36	25
4	41	21	20	39
5	35	16	23	33
6	20	18	17	56
7	26	28	26	28
8	29	24		31
9		17		26
10		25		
11		19		

[6] 独立性に関する χ^2 検定

ビジネスの分野のデータには，量的な測定ができず，せいぜい分類して各カテゴリーに属するサンプルの個数を数えるのが精一杯である場合が少なくありません。このような計数（count）データをもとに，複数の変数の間の関連性の有無について検定する方法が χ^2 独立性検定です。

第9章で述べたファンドマネジャーの例は，独立性の検定を使って実施することも可能です。

カテゴリーに分類される計数データ（個数のデータ）について，理論度数（または期待度数）を E, 実測度数を O とし，$\chi^2 = (O_1 - E_1)^2/E_1 + (O_2 - E_2)^2/E_2 + \cdots + (O_n - E_n)^2/E_n$ を求めると，この統計量 χ^2 は，自由度 $(k-1)(l-1)$ の χ^2 分布に近似することが知られています（ただし，k, l はカテゴリー数を表します）。

適用に当たっては，χ^2 分布が正規分布に基礎を置いているため，E_i の成分の内，少なくとも8割以上は5以上であり，しかも，すべての成分が1以上でなければなりません。

説明はこれくらいにして，実際に χ^2 検定を行ってみましょう。

例）講義で学生にNHKのプロジェクトXを3話分みせた後で，学生に，プロジェクトXのような，高邁な目標に向けリスクに果敢に挑戦するような職業人生を送りたいか，送りたくないか尋ねてみました。結果は，男子115人中45人が「はい」，70人が「いいえ」，女子78人中38人が「はい」，40人が「いいえ」というものでした。はたして，男女間で意識に差があるといい切ってよいのでしょうか。

帰無仮説 H_0 「男女間に差がない」
対立仮説 H_1 「男女間に差がある」

図表 265. プロジェクトX的な職業人生への志向

	A	B	C	D
1	実測値			
2		はい	いいえ	合計
3	男子	45	70	115
4	女子	38	40	78
5	合計	83	110	193
6				
7	期待値			
8		はい	いいえ	合計
9	男子	49.45596	65.54404	115
10	女子	33.54404	44.45596	78
11	合計	83	110	193
12				
13	(実測値−期待値)²/期待値			
14				
15		はい	いいえ	
16	男子	0.40148	0.302935	
17	女子	0.591925	0.446635	
18				
19		∴	χ_0^2統計量	1.742974

期待値の計算は，合計欄の値で比例配分して，

B9；=B5＊D3/D5　　C9；=C5＊D3/D5

B10；=B5＊D4/D5　　C10；=C5＊D4/D5

(実測値−期待値)²/期待値の計算は

B16；=(B3−B9)^2/B9　　C16；=(C3−C9)^2/C9

B17；=(B4−B10)^2/B10　　C17；=(C4−C10)^2/C10

χ^2統計量は D19；=SUM(B16:C17) → 1.742974

ここで，棄却境界値 χ_0^2 を求めます。このような表をクロス集計表といいます。一般に k 行 l 列のクロス集計表では，その自由度は，$(k-1)(l-1)$ となります。この場合，$k=l=2$ なので，自由度は 1 となります。

$\alpha=0.05$ として，Excelを用いると，χ_0^2 は，=CHIINV(0.05,1) より 3.841455 となります。$\chi^2 \leq \chi_0^2$ なので，棄却域には入りません。よって，H_0 は棄却できず，「男女間で差がない」は棄却されません。

【練習問題】（10-2-6）

お客様満足は購入商品によってかなり異なります。一般に「分譲マンション」のお客様は「一戸建て」のお客様に比べて，満足度が低めに出るといわれています。図表 266 のデータは，過去 1 年間の分譲マンションと一戸建て購入者の満足度についてのアンケート結果です。このデータを用いて，その経験則を検定して下さい。なお，満足度は「非常に不満足－不満－どちらともいえない－満足－非常に満足」の 5 段階で尋ねています。

図表 266. 購入商品による満足度の違い（件数）

	「非常に満足」	「満足」	「どちらともいえない」以下
分譲マンション購入者	68	61	12
一戸建て購入者	42	19	2

[7] 順位相関係数に関する検定

スピアマンの順位相関係数 r_s については第 7 章で説明しました。

$$r_s = 1 - 6\sum(a_i - b_i)^2 / \{n(n^2-1)\}$$

これは，通常のピアソンの相関係数と違い，元の変数（順位に変換される前）の間に線形関係を前提としません。

この r_s の検定には，専用の数表が用意されているので，それを用いて行われます。なお，サンプル数が 20 を超える場合には，次の統計量が正規分布に従うことを用いて行われます。

$$z = r_s \sqrt{n-1}$$

第 7 章で求めましたが，図表 176 のデータの場合，スピアマンの順位相関係数は 0.91 です。こ

れが，母集団レベルでも有意であるかどうか検定します。

データ数が 13 ですから，

$z = 0.91 * \sqrt{12}$ より，$z = 3.15$ となり，この z の値は，有意水準 5% で棄却されるレベルの棄却境界値 1.64 を超えています。よって，帰無仮説「相関がない」は棄却されます。よって，母集団レベルでも相関は「ある」と判断できます。

【練習問題】(10-2-7)

前に練習問題 (7-1-6) で，図表 205 の「外れ値のあるデータ」を用いて，価格と専有面積の順位相関係数を求めましたが，母集団でも相関があると考えてよいかどうか，検定して下さい。

第11章
3種類以上のデータを総合して情報を読む
——多変量解析と数量化理論による方法

11.1 Excelの分析ツールですぐできる多変量解析

　人間が意思決定する際，1つの要素だけを考慮すれば決められるということはあまり多くありません。たとえば，消費者が，何かの商品を選択する際，品質だけで選ぶ場合，あるいは価格だけで選ぶ場合は，多くありません。一般的には，少なくとも品質，価格の2要素を同時に考慮して意思決定するでしょう。

　ビジネス上の意思決定でも同じです。多くの要素が関連しているため，1つだけに注目して解析してみても，本質はみえてこないかも知れません。ビジネス上でデータを解析する際には，複数の変数を同時に考慮する必要があります。

　これまでの章で述べてきた解析手法は，1つの変数あるいは2つの変数間の関係を明らかにするためのものであり，多変数が関係するようなケースには十分に対応することができません。幸いなことに，データ解析手法には，3つ以上の変数を同時に考慮できる手法があり，一般に多変量解析とよばれています。本章では，この中のいくつかの手法を取り上げて，Excelで実行してみたいと思います。

　また，ビジネス上では，数量になっているデータ以外にも，「好き・嫌い」，「ある・ない」，「多い・少ない」，「賛成・反対」など，質的なデータも少なくありません。個数を数えるだけの解析ではなく，質的な変数を数量化することによって，深く解析をすすめることができます。数量化理論とよばれるこのような手法についても，本章で学ぶことにします。

　これらを学ぶことによって，実際の経営データ解析の適用可能性の幅と程度を格段に高めることができます。

[1] 説明変数が2個以上の回帰分析——重回帰分析

1）重回帰分析とは

　単回帰分析では説明変数が1つですが，それが2つ以上ある場合の回帰分析を，特に「重回帰分析」といいます。回帰式は，$\hat{y} = a + b_1 x_1 + b_2 x_2 + \cdots + b_n x_n$ となります。データの分布を最もよく表すように，回帰係数 a, b_1, b_2, $\cdots$, b_n を決める点は，単回帰分析と同様です。

　重回帰分析を行う目的は大きく分けて2つあります。予測と要因分析です。複数の変数を説明変数にすることによって，被説明変数に対する回帰モデルの説明力を上げることができ，それによっ

て，予測能力を高めることができます。

要因分析での効果は顕著です。単回帰分析では，被説明変数 y に対する説明変数 x（1個）の影響度しかわかりません。重回帰分析では，説明変数を増やすことができ，複数の説明変数のそれぞれの被説明変数への影響度を把握することができます。

2) 重回帰分析の準備

図表267は，図表25のデータから一部の変数をとり出して，若干加工をしたものです。ここで，「階」とはその住戸の階数です。以下，価格を専有面積，築後年数，階で説明する重回帰モデルを作ることにします。

図表 267. 重回帰分析を学ぶための中古分譲マンション・データ

	A	B	C	D
1	価格(万円)	専有面積m²	築後年数	階
2	1,291	71.12	20	14
3	1,350	74.93	20	12
4	1,980	63.24	7	7
5	1,950	79.45	8	10
6	2,090	75.55	3	13
7	2,389	70.15	13	10
8	1,700	75.65	15	6
9	1,000	41.88	19	3
10	1,250	43.96	19	7
11	2,380	66.3	2	9
12	2,600	80.75	4	8
13	1,200	55.65	14	4
14	1,280	35.35	14	2
15	1,390	64.7	14	11
16	1,480	67.1	9	2
17	1,980	67.1	9	3
18	2,200	70.52	7	9
19	950	52.25	24	3
20	998	52.25	24	2
21	1,250	56.54	24	9
22	1,280	58.85	24	2
23	1,780	99.51	24	5
24	2,080	99.51	24	6
25	2,800	92.46	5	4
26	3,000	79.43	4	4
27	830	49.77	23	2
28	2,100	96.99	23	7
29	420	19.6	14	6
30	650	18.08	14	4
31	2,000	75.11	10	2
32	1,895	75.3	8	9
33	1,880	44.6	3	2
34	1,255	55.37	14	5
35	2,480	69.54	7	3
36	1,080	42.22	16	3
37	1,290	51.69	16	8
38	1,450	59.85	16	4
39	540	22.12	19	5
40	630	22.12	19	1
41	650	22.12	19	8
42	1,800	73.97	7	10
43	1,950	75.05	7	13

ⅰ) 説明変数のチェックの指針

説明変数と被説明変数の間には相関関係がなるべくあるほうが望ましいのですが，説明変数同士の間，つまり，専有面積，築後年数，階の間には，なるべく相関がない方が好ましいので，その点をチェックしておきます。

図表 268. 変数間の相関の方針

ⅱ) 相関係数の計算

メニューから［ツール(T)］→［分析ツール(D)］→［相関］を選択します。入力範囲（A1:D43）をドラッグで指定します（＄が自動的につきます）。1行目は項目名なので「先頭行をラベルとして使用（L）」にチェックを入れます。最後に［OK］をクリックします（詳しくは第7章7.1節を参照して下さい）。

ⅲ) 相関係数による説明変数としての適否

すると，図表269のような相関係数の表が表示されます（次ページ先頭に続きます）。

図表 269. 変数間の相関係数

	A	B	C	D	E
1		価格(万円)	専有面積m²	築後年数	階
2	価格(万円)	1			
3	専有面積m²	0.794445	1		
4	築後年数	-0.63571	-0.20732	1	
5	階	0.228846	0.336463	-0.1925	1

この相関係数の表をみると，説明変数同士の相関係数は，約-0.21，0.34，-0.19となっており，大きな相関はないことがわかります。よって，重回帰分析の説明変数として同時に使ってもかまいません。

3) 分析ツールによる回帰分析の実施

メニューから［ツール(T)］を選択し，続いて［分析ツール(D)］，さらに，メニューから［回帰分析］を選択します（［分析ツール］が表示されない場合は，第6章の6.1節を参照し，分析ツールをアドインして下さい）。

入力画面が表示されます。入力元で「入力Y範囲(Y)」では，A1からA43までドラッグします。「入力X範囲(X)」には，3つの説明変数のデータを一度に指定します。この場合，3つが連続して並んでいますから，B1からD43までドラッグして下さい（なお，Excelでは説明変数は16個まで一度に指定可能です。ただし，隣り合っていない列は指定できません。あらかじめ隣り合うように並び替えておいて下さい）。

1行目は変数名，つまりラベルですから，「ラベル(L)」にチェックを入れます。「有意水準(O)」には信頼度を入れます。デフォルトで「95」になっていることを確認して下さい。出力オプションは適宜決めて下さい。とりあえず，「新規または次のワークシート(P)」，「残差(R)」にもチェックを入れておきます。あとは［OK］をクリックして下さい。

図表 270. 分析ツールの回帰分析における指定

すると，重回帰分析が行われ，図表271のような結果が表示されます。

図表271. 重回帰分析の結果（残差の結果は省略）

	A	B	C	D	E	F	G	H	I
1	概要								
2									
3		回帰統計							
4	重相関 R	0.934972							
5	重決定 R2	0.874173							
6	補正 R2	0.86424							
7	標準誤差	235.5155							
8	観測数	42							
9									
10	分散分析表								
11		自由度	変動	分散	観測された分散比	有意 F			
12	回帰	3	14643568	4881189	88.00082	3.7E-17			
13	残差	38	2107767	55467.54					
14	合計	41	16751334						
15									
16		係数	標準誤差	t	P-値	下限 95%	上限 95%	下限 95.0%	上限 95.0%
17	切片	1017.89	153.6602	6.624292	7.96E-08	706.8211	1328.959	706.8211	1328.959
18	専有面積㎡	21.79997	1.853053	11.76435	3.1E-14	18.04866	25.55128	18.04866	25.55128
19	築後年数	-46.1121	5.401	-8.5377	2.28E-10	-57.0458	-35.1783	-57.0458	-35.1783
20	階	-20.2474	10.99862	-1.8409	0.073454	-42.5129	2.018164	-42.5129	2.018164

4) 結果の解釈

①回帰式と偏回帰係数

結果として，残差の表を除いて3つの表が表示されます。3番目の表からみてみましょう。これには，専有面積，築後年数，階の3つの説明変数について，それぞれの偏回帰係数（重回帰分析の場合，「偏」をつけます）やその標準誤差などが表示されています。

これによると，中古分譲マンションの価格に関する回帰式は，

価格 = 1018 + 21.8 × 専有面積 − 46.1 × 築後年数 − 20.2 × 階

となります。

単回帰分析の場合と回帰係数の解釈が若干異なります。単回帰分析の場合，回帰係数 b は「説明変数 x が1単位変化するとき被説明変数 y がどれだけ変化するか」を表していました。しかし，重回帰分析では，たとえば，偏回帰係数 b_1 は，説明変数 x_1 が1単位変化するとき直接に y がどれだけ変化するかを表すわけではありません。

図表272. 偏回帰係数の意味するところ

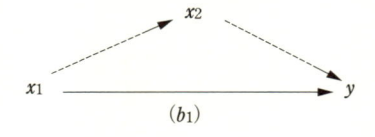

$$x_1 \dashrightarrow x_2 \dashrightarrow y$$
$$x_1 \xrightarrow{(b_1)} y$$

なぜなら，x_1 と x_2 がまったく無相関でない限り，x_1 が変化すると，直接 y に影響を与える他に，x_2 にも影響を与え，x_2 を通して y へ影響するからです。b_1 は両方の影響の合算なのです。

また，偏回帰係数の符号や大きさは，説明変数 x_1 が，他のどのような説明変数 x_2, x_3, …, と組み合わされて使われるかによって変わってきます。よって，x_1 の偏回帰係数 b_1 が x_1 独自の影響を表しているかのように解釈するのは間違いです。

先ほど，重回帰分析に用いる複数の説明変数は，それらの間に相関がないものを用いなければならないと述べました。もし，相関が高いもの同士を用いると，偏回帰係数の安定性が悪くなり，本来，被説明変数とは正の相関なのに，偏回帰係数の符号がマイナスになってしまう現象が起こってしまいます。これは「多重共線性（マルチ・コ・リニアリティ）」といい，ぜひとも避けなければなりません。

② 標準偏回帰係数

専有面積，築後年数，階という3つの説明変数は，ほとんど相関が認められないので，偏回帰係数が価格への影響を表していると考えられます。専有面積が1m²広くなると21.8万円高くなります。築後年数が1年増えると46.1万円安くなります。階数が1階上がると20.2万円安くなります。階数については納得できないような気もしますが，データをみると確かにそのようにもみえます。

回帰分析において，出力結果が常識や経験と整合するかどうかチェックすることは不可欠ですが，常識とあわない結果が得られたときには，多重共線性による歪みなのかなど，精査するとともに，素直に自らの常識や経験知識を一度考え直してみることも忘れてはなりません。

ところで，これら3つの説明変数の偏回帰係数を比べて，数値が46.1と最も大きいので，価格に対する影響度は，築後年数の方が専有面積や階よりも強いといってよいでしょうか。

ヒントとして，次のことを考えてみて下さい。この場合，専有面積の単位は「m²」ですが，もし，「坪」であったらどうでしょうか。1坪は約3.3m²なので，偏回帰係数は3.3倍になります。このように偏回帰係数は，説明変数の単位に依存して変わります。さらに，そもそも説明変数である専有面積，築後年数，階の単位も異なっています。

これらのことからもわかるように，説明変数の影響度の強さを偏回帰係数で比べることができないのは明らかでしょう。

しかし，要因分析の視点からは，影響度の強さを知ることは不可欠です。そこで，単位の影響を除くために，あらかじめ与えられたデータすべてを，各変数ごとに平均0，標準偏差1に標準化しておきます。

このように標準化したデータを用いて，あらためて重回帰分析を行って得られた偏回帰係数を，「標準偏回帰係数（β係数ともいう）」といいます。また，前もって変数を標準化する代わりに，得られた偏回帰係数に次のような加工をすれば，標準偏回帰係数に変換できます。

(x_iの偏回帰係数b_i)×(x_iの不偏標準偏差)÷(yの不偏標準偏差) ⇒ x_iの標準偏回帰係数

不偏標準偏差は，Excelでは，＝STDEV(データ範囲)で求められます。

この結果，次のようになります。

　　価格＝0.727581×専有面積－0.50672×築後年数－0.1135×階

（なお，標準化しているので，切片は0となります）

価格への影響度は，専有面積が最大なのですが，築後年数もその7割弱（＝0.50672/0.727581）程度の影響力をもっていることがわかります。

③ 偏回帰係数の検定

データを標本とみなして，母集団における偏回帰係数がどのようになっているのか，という見方も重要です。帰無仮説は，個々の説明変数x_iの偏回帰係数b_iごとに「偏回帰係数は0である」で

す。

　各偏回帰係数の標準誤差は，偏回帰係数のふらつき具合を表しています。標準誤差はふらつきの1標準偏差分を表します。そこで，偏回帰係数が有意に0と異なるかどうか検定する際には，偏回帰係数を，その標準誤差で除したものが，自由度 $n-k-1$ の t 分布に従うことを用います。ただし，n はデータ数，k は説明変数の個数です。

　有意水準5%として，Excelを用いると，この場合，＝TINV(0.05, 38) より棄却境界値は2.024394です。よって，3つの偏回帰係数の t 値の絶対値のうち2.024394を超えないのは，「階」だけです。（ただ，この場合でも，「階」の偏回帰係数が0と有意に異なる確率は，図表261の p 値をもとに，$1-p=0.926546$ とかなり高いことが確認できます。）専有面積，築後年数は有意に0と異なることが分かります。

　このことから，「階」は説明変数から削除して，専有面積と築後年数の2つを説明変数として回帰分析を行うことになります。

図表273. 説明変数から「階」を除いて実施した回帰分析の結果

	A	B	C	D	E	F	G	H	I
1	概要								
2									
3		回帰統計							
4	重相関 R	0.928952							
5	重決定 R2	0.862952							
6	補正 R2	0.855924							
7	標準誤差	242.6215							
8	観測数	42							
9									
10	分散分析表								
11		自由度	変動	分散	観測された分散比	有意 F			
12	回帰	2	14455593	7227796	122.7856	1.48E-17			
13	残差	39	2295742	58865.17					
14	合計	41	16751334						
15									
16		係数	標準誤差	t	P-値	下限 95%	上限 95%	下限 95.0%	上限 95.0%
17	切片	939.9679	152.172	6.177008	2.94E-07	632.1712	1247.765	632.1712	1247.765
18	専有面積㎡	20.74616	1.815594	11.42665	5.14E-14	17.07378	24.41855	17.07378	24.41855
19	築後年数	-44.7873	5.514348	-8.12196	6.51E-10	-55.9411	-33.6335	-55.9411	-33.6335

　回帰式　価格 = 940.0 + 20.7 × 専有面積 − 44.8 × 築後年数
　　　　　　　　(6.18)　(11.4)　　　　　(−8.12)

（ただし，回帰式のカッコ内の数値は t 値。Excelで，＝TINV(0.05, 39) より棄却境界値は2.022689と求められる。カッコ内の値（t 値）は絶対値でこの値を超えているので，有意水準5%で有意です。）

　先の変換式を用いて偏回帰係数から標準偏回帰係数を求めると，

　回帰式としては，価格 = 0.69241 × 専有面積 − 0.49216 × 築後年数
となります。

④分散分析表による検定

　これまでは，t 値を計算して，個々の偏回帰係数の検定を行ってきました。ここでは，回帰式全体としての検定を行います。これには，回帰分析の結果の2番目の分散分析表，とりわけ，「観測された分散比」を用います。

　検定するための棄却境界値は，Excelを用いると，＝FINV(確率, 自由度1, 自由度2) で求められ

ます。ただし，自由度1には分子(回帰分散)の自由度を，自由度2には分母(残差分散)の自由度を入力します。

有意水準5%とすると，この場合，棄却境界値は＝FINV(0.05, 2, 39)より，3.2381となります。統計量は122.7856ですから，統計量は棄却境界値を超えており，「すべての偏回帰係数が0である」という帰無仮説は棄却されます。

⑤決定係数

1番目の表で，「重決定R2」は0.928952となっています。しかし，重決定R2という統計量には，決定的な欠陥があります。それは，まったく被説明変数に無関係なものでも，説明変数の個数を増やせば増やすほど，決定係数は1に近くなるという性質です。

このような欠陥を改良するために，無意味な変数を使うと値が下がるように，説明変数の個数とデータ数で補正した決定係数が作られました。これが「自由度修正済み決定係数」です。Excelの出力では「補正R2」で表されています。

この求め方は，決定係数をR2とすると，補正R2＝$1-\{(n-1)/(n-k-1)\}(1-R2)$

この場合，補正R2＝0.855924となり，この回帰式は高い説明力をもっているといえます。

⑥残差の分析

回帰分析を実行する際，「出力オプション」の中の残差枠内の「残差(R)」にチェックを入れておくと，予測値(推定値，理論値)と実際値(観測値)との「残差」を表示してくれます。

図表274. 残差の出力（相対誤差は追加）

	A	B	C	D
23	残差出力			
24				
25	観測値	予測値：価格(万円)	残差	相対残差
26	1	1520	-229	-0.15
27	2	1599	-249	-0.16
28	3	1938	42	0.02
29	4	2230	-280	-0.13
30	5	2373	-283	-0.12
31	6	1813	576	0.32
32	7	1838	-138	-0.07
33	8	958	42	0.04
34	9	1001	249	0.25
35	10	2226	154	0.07
36	11	2436	164	0.07
37	12	1467	-267	-0.18
38	13	1046	234	0.22
39	14	1655	-265	-0.16
40	15	1929	-449	-0.23
41	16	1929	51	0.03
42	17	2089	111	0.05
43	18	949	1	0.00
44	19	949	49	0.05
45	20	1038	212	0.20
46	21	1086	194	0.18
47	22	1930	-150	-0.08
48	23	1930	150	0.08
49	24	2634	166	0.06
50	25	2409	591	0.25
51	26	942	-112	-0.12
52	27	1922	178	0.09
53	28	720	-300	-0.42
54	29	688	-38	-0.06
55	30	2050	-50	-0.02
56	31	2144	-249	-0.12
57	32	1731	149	0.09
58	33	1462	-207	-0.14
59	34	2069	411	0.20
60	35	1099	-19	-0.02
61	36	1296	-6	0.00
62	37	1465	-15	-0.01
63	38	548	-8	-0.01
64	39	548	82	0.15
65	40	548	102	0.19
66	41	2161	-361	-0.17
67	42	2183	-233	-0.11

さて，観測値の大きさに差があるときには，残差÷予測値で相対残差を求めて，検討するとよいでしょう。

残差に，何らかの大きな傾向が残っていれば，その部分をまだ説明できる可能性が残っているので，回帰分析を続けることになります。このケースでは，大きな傾向はないようです。

大きな傾向がない場合は，たとえば，「残差が大きいものは何か」ということに注目して，そのサンプルのデータを精査します。詳細に見直すことによって，新たな発見があるかもしれません。「回帰式で傾向を把握し，残差で個性を把握する」という視点で「残差分析」をあわせて適用することも大切です。

このケースの場合，観測値No.6とNo.28は詳細に見直すとよいでしょう。

4) 説明変数の選択方法

この例では，説明変数候補が3つと少なかったため，あまり悩む必要はありませんでした。しかし，説明変数の候補が多い場合には，利用する説明変数をどのように選択すればよいか，頭を悩ますところです。なるべく速く最適な回帰モデルに行き着くには，下記のような方針をもって臨めばよいでしょう[93]。

①まず，分析ツールの相関を用いて，被説明変数を含めて説明変数候補の相関行列（表）を求めます。そして，被説明変数との相関係数の絶対値が0.3未満の説明変数候補は除きます。
②残った説明変数候補同士の相関係数をみます。相関係数の絶対値が0.8以上ものは，そのいずれかを候補から除きます。その際，被説明変数との相関係数の絶対値がより小さいものを除きます。
③このようにして，説明変数候補を5，6個にしぼり込みます。そこで，すべての説明変数を入れて重回帰分析を行います。補正R2をみます。
④説明変数のうちから，t値の絶対値が最も小さいもの（＝p値が最も大きいもの）を1個除きます。そして，再度，重回帰分析を行います。そして，補正R2をみます。
⑤この操作を，説明変数候補が1個になるまで行います。
⑥すべてのケースの補正R2を見直します。それらの中で，最も補正R2が大きいときの説明変数の組合せが最適であると判断します。

5） 欠測値への対応

すべての変数において，1個も欠けることなくすべてのデータが揃っている場合ばかりとは限りません。データが一部欠けていることはしばしばあります。

回帰係数や定数項を算出するのに便利な統計関数LINESTは，欠測値があると「♯VALUE！」と表示されて，答えが求められません。分析ツールも，この統計関数を用いているので，1箇所でも欠測値がある場合には，答えが求まりません。

このような場合には，欠測値のある個体のすべてのデータを除いてから，再度，分析ツールを使うとよいでしょう。ただし，統計関数の中でも，SLOPEとINTERCEPTは，欠測値を無視して計算し，結果を表示してくれます。本書では，計算事例を示しませんが，必要に応じて確かめてみて下さい[94]。

【練習問題】（11-1-1）
図表165のデータを使って，温泉の魅力度を説明する重回帰モデルを作ってわかることをまとめて下さい。

【練習問題】（11-1-2）
図表275のデータは大型スーパーに関する消費者アンケートをもとに作成されたものです。総合的な魅力度を説明する重回帰モデルを作ってわかることをまとめて下さい。

「アクセスのしやすさ」，「駐車場の利用のしやすさ」，…，「通路の歩きやすさ」は，アンケートにおいて○がついたパーセントです。「総合的な魅力度」は，アンケート記入者に「総合的にみてどの程度魅力的か」を100点満点で評価して頂き，それらを平均したものです。その際，評価の目安として，「普通」と思うレベルを50点，「上位5％」と思うレベルを70点，「下位5％」と思うレベルを30点として評価して頂きました。

---
[93] 上田太一郎（1998年）p.78, 菅（2002年）p.16
[94] 内田　治（1996年）p.202-206

図表275. 大型スーパーの魅力度に関するアンケート結果

	A	B	C	D	E	F	G	H	I
1	大型スーパー	総合的な魅力度	アクセスのしやすさ	駐車場の利用のしやすさ	店舗の広さ	品揃えの多さ	休憩場所の多さ	売り場の分かりやすさ	通路の歩きやすさ
2	A	69.2	76	36	81	79	64	55	75
3	B	65.5	47	49	86	66	53	54	78
4	C	61.9	53	54	86	62	51	32	78
5	D	61.9	73	33	90	55	60	48	80
6	E	61.7	86	20	74	75	41	48	60
7	F	61.6	49	48	88	73	58	28	62
8	G	61.3	49	39	85	74	52	45	62
9	H	61.0	37	44	87	67	56	44	75
10	I	59.9	51	48	85	62	48	49	66
11	J	58.9	52	22	77	62	63	40	75
12	K	58.7	43	40	79	57	53	42	71
13	L	58.2	46	53	79	54	46	50	66
14	M	57.4	43	70	76	37	51	51	81
15	N	56.0	76	21	76	51	34	23	63
16	O	55.2	63	31	68	57	39	54	57
17	P	55.1	50	66	69	47	49	51	56
18	Q	54.9	39	61	73	35	66	52	69
19	R	53.9	59	40	70	55	33	31	42
20	S	53.8	46	20	69	57	54	42	53
21	T	52.2	40	20	77	58	50	42	54
22	U	52.1	90	13	56	55	41	54	68
23	V	51.3	71	27	59	50	22	39	62
24	W	51.0	60	21	61	44	61	40	45
25	X	49.6	58	8	77	47	40	47	66
26	Y	48.8	37	15	81	60	41	18	57
27	Z	48.5	70	30	65	41	52	32	52
28	AA	47.7	52	11	77	61	46	23	57
29	AB	47.5	49	4	70	62	16	33	39
30	AC	46.2	59	26	61	38	41	30	56
31	AD	42.8	58	27	56	34	20	30	43

［2］ 被説明変数に質的データを用いる回帰分析で代用できる判別分析

1） 判別分析とは

　判別分析は，個体(対象者)の特性(回答データ)から，その個体(対象者)がどの群に属するかを判別する手法です。ビジネス意思決定において，与信管理(お金を貸す・貸さない)，新製品の投入(投入する・見送る)，人事(採用する・採用しない)など，判別する行為は，ビジネスの日常でよくあります。過去のデータを用いて，最も正しく判別できるモデルを作り，それを用いて判別しようというのが判別分析です。なお，判別するカテゴリーは3つ以上でもかまいません。判別に用いる説明変数もすべて質的なものであれば数量化2類となります。

2） 回帰分析(線形モデル)を利用した判別分析

　カテゴリー数が2つの場合には，判別分析の係数と偏回帰係数とは比例関係にあることが知られています。したがって，2グループのときにはExcelにある回帰分析のツールを用いて，実質的に判別分析が可能です[95]。

　「市場投入か，否か」の場合，被説明変数は，投入を1とすると，見送りは0と表現できます。そして，判定点を0.5として，モデル式から得られた推定値が1に近ければ投入，0に近ければ見送り，と判定します。なお，判別分析の実施方法は，前述の重回帰分析のところとまったく同じです。

---

95) 上田太一郎(2000年) p.180, 181

11.1 Excelの分析ツールですぐできる多変量解析　239

例) 図表276のデータは，ある不動産会社の資料です。このデータから，見込み顧客が，建売戸建住宅を買うか，分譲マンションを買うか，予測するためのモデルを作りたいと思います。

図表276. 建売戸建とマンションの判別データ

	A	B	C	D
1	分類	世帯手取り収入	家族数	世帯主年齢
2	建売戸建	660	6	53
3	マンション	450	3	38
4	マンション	480	4	28
5	建売戸建	690	5	28
6	マンション	540	3	32
7	マンション	400	3	40
8	建売戸建	920	6	46
9	建売戸建	870	4	34
10	マンション	520	3	33
11	マンション	430	3	38
12	建売戸建	980	5	58
13	マンション	690	3	44
14	マンション	380	2	24
15	建売戸建	400	6	34
16	マンション	480	3	34
17	建売戸建	650	6	47
18	建売戸建	570	4	44
19	マンション	480	2	39
20	マンション	620	3	43
21	マンション	680	3	37
22	建売戸建	1000	6	52
23	建売戸建	960	4	57
24	マンション	600	1	34

図表277. 被説明変数を0,1で数量化

	A	B	C	D	E
1	分類	建売戸建=1	世帯手取り収入	家族数	世帯主年齢
2	建売戸建	1	660	6	53
3	マンション	0	450	3	38
4	マンション	0	480	4	28
5	建売戸建	1	690	5	28
6	マンション	0	540	3	32
7	マンション	0	400	3	40
8	建売戸建	1	920	6	46
9	建売戸建	1	870	4	34
10	マンション	0	520	3	33
11	マンション	0	430	3	38
12	建売戸建	1	980	5	58
13	マンション	0	690	3	44
14	マンション	0	380	2	24
15	建売戸建	1	400	6	34
16	マンション	0	480	3	34
17	建売戸建	1	650	6	47
18	建売戸建	1	570	4	44
19	マンション	0	480	2	39
20	マンション	0	620	3	43
21	建売戸建	1	680	3	37
22	建売戸建	1	1000	6	52
23	建売戸建	1	960	4	57
24	マンション	0	600	1	34

①被説明変数を数量化します。B列のように，建売住宅を1，分譲マンションを0で表します。

②被説明変数を含めて説明変数間の相関を調べます。図表278のように，説明変数間に大きな相関は認められません。よって，世帯手取り収入，家族数，世帯主年齢を3つとも説明変数として用いても支障はありません。

図表278. 変数間の相関のチェック

	A	B	C	D	E
1		建売戸建=1	帯手取り収	家族数	世帯主年齢
2	建売戸建=1	1			
3	世帯手取り収入	0.6636301	1		
4	家族数	0.7837094	0.489805	1	
5	世帯主年齢	0.4964121	0.673924	0.478968	1

③回帰分析を実施します。欠測値がないので分析ツールを使います。

図表279. 入力と出力の指定

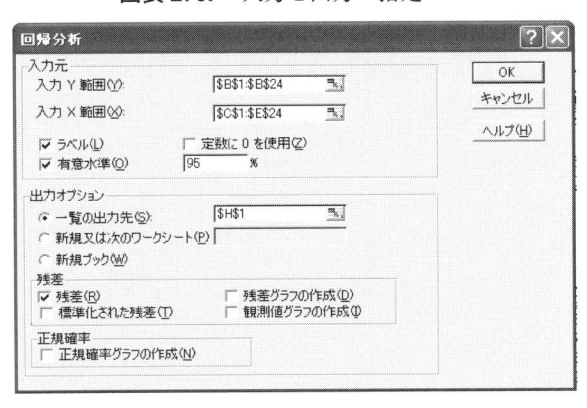

④回帰分析の結果。

図表280. 回帰分析の結果

	H	I	J	K	L	M	N	O	P
1	概要								
2									
3	回帰統計								
4	重相関 R	0.848748							
5	重決定 R2	0.720373							
6	補正 R2	0.676221							
7	標準誤差	0.290627							
8	観測数	23							
9									
10	分散分析表								
11		自由度	変動	分散	測された分散	有意 F			
12	回帰	3	4.134314	1.378105	16.31587	1.73E-05			
13	残差	19	1.604817	0.084464					
14	合計	22	5.73913						
15									
16		係数	標準誤差	t	P-値	下限 95%	上限 95%	下限 95.0%	上限 95.0%
17	切片	-0.84624	0.277632	-3.04806	0.006617	-1.42733	-0.26515	-1.42733	-0.26515
18	世帯手取り	0.001072	0.000441	2.433581	0.024993	0.00015	0.001994	0.00015	0.001994
19	家族数	0.215552	0.049817	4.326906	0.000363	0.111285	0.31982	0.111285	0.31982
20	世帯主年齢	-0.00436	0.009348	-0.46629	0.646312	-0.02393	0.015207	-0.02393	0.015207

世帯主年齢の t 値が小さいので，「0 と有意に異なる」とはいえません。p 値が 0.05 を超えていることからもそういえます。よって，この変数を説明変数から除きます。

［編集(E)］→［削除(D)］を使って，E 列を削除します。そして，再度，回帰分析を行います。

⑤説明変数を見直して再度，回帰分析を実施。

図表281. 再度の回帰分析の結果

	G	H	I	J	K	L	M	N	O
1	概要								
2									
3	回帰統計								
4	重相関 R	0.846861							
5	重決定 R2	0.717173							
6	補正 R2	0.68889							
7	標準誤差	0.284884							
8	観測数	23							
9									
10	分散分析表								
11		自由度	変動	分散	観測された分散比	有意 F			
12	回帰	2	4.115949	2.057975	25.3573	3.27E-06			
13	残差	20	1.623181	0.081159					
14	合計	22	5.73913						
15									
16		係数	標準誤差	t	P-値	下限 95%	上限 95%	下限 95.0%	上限 95.0%
17	切片	-0.92541	0.215328	-4.29765	0.000351	-1.37457	-0.47624	-1.37457	-0.47624
18	世帯手取り	0.000954	0.000354	2.698456	0.013825	0.000217	0.001692	0.000217	0.001692
19	家族数	0.210183	0.04751	4.423974	0.000261	0.111079	0.309287	0.111079	0.309287

偏回帰係数はいずれも t 値が大きく，p 値は 0.05 以下です。よって，偏回帰係数は有意に 0 と異なり，説明変数として有効であるといえます。有意 F 値も 3.27×10^{-6} と非常に小さく，偏回帰係数がすべて 0 であるという帰無仮説は棄却され，回帰式が有効であることが確認されます。

ただ，補正 R2 は 0.689 で，建売戸建か分譲マンションかを説明できる割合は 68.9% ほどです。この結果から，次のような判別モデルを作ることができます。

「$Z = -0.93 + 0.00095 \times$ 年収 $+ 0.21 \times$ 家族数

ここで，$Z \geq 0.5$ なら $\hat{y} =$ 戸建住宅，$Z < 0.5$ なら $\hat{y} =$ 分譲マンションと判別する」

⑥確認

このモデルにこれらのデータを当てはめて推定値を出し，判別点を 0.5 として，モデルの当てはまり具合をチェックします。

図表 282. 当てはまり具合のチェック

	A	B	C	D	E	F	G	H
1	分類	建売戸建=1	世帯手取り収入	家族数	推定値	判別	概要	
2	建売戸建	1	660	6	0.965466	1		
3	マンション	0	450	3	0.134535	0	回帰統計	
4	マンション	0	480	4	0.373344	0	重相関 R	0.846861
5	建売戸建	1	690	5	0.783909	1	重決定 R2	0.717173
6	マンション	0	540	3	0.220413	0	補正 R2	0.68889
7	マンション	0	400	3	0.086825	0	標準誤差	0.284884
8	建売戸建	1	920	6	1.213558	1	観測数	23
9	建売戸建	1	870	4	0.745482	1		
10	マンション	0	520	3	0.201329	0	分散分析表	
11	マンション	0	430	3	0.115451	0		自由度
12	建売戸建	1	980	5	1.060627	1	回帰	2
13	マンション	0	690	3	0.363543	0	残差	20
14	マンション	0	380	2	-0.14244	0	合計	22
15	建売戸建	1	400	6	0.717374	1		
16	マンション	0	480	3	0.163161	0		係数
17	建売戸建	1	650	6	0.955924	1	切片	-0.92541
18	建売戸建	1	570	4	0.459222	0	世帯手取り	0.000954
19	マンション	0	480	2	-0.04702	0	家族数	0.210183
20	マンション	0	620	3	0.296749	0		
21	建売戸建	1	680	3	0.354001	0		
22	建売戸建	1	1000	6	1.289895	1		
23	建売戸建	1	960	4	0.83136	1	残差出力	
24	マンション	0	600	1	-0.1427	0		

E2 ; = \$H\$17 + \$H\$18 * C2 + \$H\$19 * D2

E2 を E3 から E24 までコピーします。

F2 ; = IF(E2 > = 0.5, 1, 0)

F2 を F3 から F24 までコピーします。

F列をみると，23 ケース中 2 ケースで誤った判別をしています。1 つの目安として使うのには差し支えないと判断できるでしょう。

これでモデルの完成です。出来上がったモデルは次のように利用されます。

⑦モデルの利用

世帯手取り収入 500 万円，家族数 4 人ならば，モデルにこの値を代入して，$Z = 0.39$ となります。0.5 より小さいので，この世帯は分譲マンションを買うと判別されます。

もし，同収入であっても，家族数が 5 人の世帯なら $Z = 0.60$ となり，建売戸建を買うと判別されます。

【練習問題】(11-1-3)

図表283は，わが国の121の個々の銀行について，2005年3月期決算の財務データをもとに計算した財務指標のうち，総合ランキングの上位20行と下位20行の「自己資本比率」「不良債権比率」「手数料収益比率」「総資産利益率」（単位；％）をまとめたものです。右端の総合ランキングに上位20行には1，下位20行には0と入力しています。なお，左端は銀行の名称をアルファベットで略したものです。銀行を判別するモデルを作成し，それを用いて，次の指標の3つの銀行は上位行か下位行か判別して下さい。

	自己資本比率	不良債権比率	手数料収益比率	総資産利益率
IY	11.90	4.28	7.65	1.12
SG	13.53	4.85	14.07	1.12
HJ	9.57	7.94	10.22	0.88

図表283. わが国銀行の財務状況（出典：東洋経済新報社「金融ビジネス」(2005年夏号)）

	A 銀行	B 自己資本比率	C 不良債権比率	D 手数料収益比率	E 総資産利益率	F 総合ランキング
2	YB	10.95	4.67	15.4	2.11	1
3	AG	18.7	4.03	9.09	1.36	1
4	MC	14.64	3.71	18.92	1.02	1
5	TS	8.84	6.31	10.05	2	1
6	TM	11.83	2.96	20.36	1.23	1
7	KG	13.98	3.28	12.58	1.05	1
8	SG	13.03	6.19	7.19	1.68	1
9	UF	10.48	6.62	18.44	1.61	1
10	MS	10.6	5.9	20.86	1.78	1
11	SB	10	6.91	4.87	2.17	1
12	HY	9.24	4.41	15.59	1.51	1
13	HG	11.78	3.26	11.63	1.12	1
14	FG	9.27	3.3	16.42	1.37	1
15	TG	11.41	5.07	6.76	1.64	1
16	KY	10.39	7.91	8.09	1.92	1
17	SN	10.42	3.62	16.37	1.19	1
18	YT	11.77	6.35	11.44	1.41	1
19	JY	11.75	4.92	12.39	1.37	1
20	MB	11.05	2.98	21.73	1.21	1
21	RS	8.83	5.52	11.55	1.29	0
22	SK	9.04	8.68	5.56	1.03	0
23	MN	8.31	5.76	-1.19	0.83	0
24	NR	6.47	8.53	11.1	0.54	0
25	FH	9.03	9.37	2.31	0.97	0
26	KF	8.01	14.07	2.83	1.79	0
27	TK	7.48	7.38	7.25	0.7	0
28	NC	8.49	7.25	11.23	0.99	0
29	DT	6.64	15.61	10.46	1.31	0
30	MJ	6.3	15.07	5.64	1.88	0
31	TW	8.48	9.8	2.94	0.99	0
32	YY	9	11.56	5.74	1.09	0
33	HW	6.87	8.6	-1.32	1.28	0
34	SG	8.2	7.35	-8.52	1	0
35	KC	8.6	10.63	1.49	1.09	0
36	BG	6.77	15.8	5.53	1.2	0
37	SW	5.34	14.09	6.07	1.45	0
38	IK	5.43	14.73	0.43	1.47	0
39	WK	5.98	13.03	1.21	1.32	0
40	NK	7.53	15.5	-10.27	0.98	0
41	AK	-26.67	15.75	13.5	2.07	0

11.2　Excelの分析ツールですぐできる数量化理論

[1]　質的データを数量データに変換する

ビジネス上の諸問題においては，数量や金額といった定量的な性質をもつ情報以外に，性別，曜日，天候，販促の有無など，定性的な情報も少なくありません。しかし，それらも適切に数量化してやれば，データ解析に利用することが可能になります。

お客様満足度の調査を行う場合，全国のデータを一緒にして分析すると，地域特性という貴重な情報が失われてしまう可能性があります。一般に，都市部では商品やサービスに対する期待が高いため，地方に比べて顧客満足度の数値は高く出ない傾向があるといわれています。また，商品によっては，男性は厳しく，女性は甘い，若年層が甘く，高年層が厳しいものもあります。もちろん，その逆もあります。

売上には天候も大きく影響します。晴れ・雨などを数量化すれば，売上への影響を解析することができます。数量化を利用できれば，データ解析の適用範囲が格段に広くなります。

それでは，どのように数量化すればよいのでしょうか。

アイデアは，カテゴリーの個数だけセルを使い，0と1で表現します。たとえば，晴れ10：雨01，男性10：女性01のようにです。図表284を見て下さい。カテゴリーが3つならセルを3つ使います。カテゴリーが7つならセルを7つ使います。

図表284.　数量化の方法

	A	B	C	D	E	F	G	H
1								
2	晴	1	0					
3	雨	0	1					
4								
5	感じがいい	1	0	0				
6	普通	0	1	0				
7	感じが悪い	0	0	1				
8								
9	月	1	0	0	0	0	0	0
10	火	0	1	0	0	0	0	0
11	水	0	0	1	0	0	0	0
12	木	0	0	0	1	0	0	0
13	金	0	0	0	0	1	0	0
14	土	0	0	0	0	0	1	0
15	日	0	0	0	0	0	0	1

ただし，セルが1列少なくても，情報は正しくコンピュータに伝わります。「カテゴリーの個数−1」列で十分です。

たとえば，「感じがいい−普通−感じが悪い」の3つのカテゴリーの場合，仮にD列がなくても，B列とC列の値さえわかれば十分です。B列＝0，C列＝0なら，D列＝1に決まっているからです。だからD列は不要なのです。

曜日でも同じです。B列からG列まですべて0ならば，その曜日は日曜日に決まっています。

[2]　説明変数に質的データがある場合の回帰分析――数量化Ⅰ類

数量化理論Ⅰ類モデルは，説明変数が定量的なものでない場合に，それを0と1を使って数量化し，説明変数として用いた重回帰分析モデルのことです。以下，具体的なケースを用いて，説明しましょう。

1) ホテルの評価ーカテゴリーが2つの場合
①データの入力

図表 285. ホテルの感覚と詳細評価
(出典:日経ホーム出版社「日経トレンディ」(2005年5月号)のデータを加工)

	A	B	C	D	E	F	G
1	ホテル	客室の質感	客室の面積	浴室の質感	清潔感	サービス	詳細評価
2	AK	0	1	1	1	1	64.0
3	AN	0	0	0	1	0	44.0
4	AO	1	1	1	1	1	76.0
5	AT	0	0	1	0	1	52.0
6	BR	1	0	1	1	0	58.0
7	BW	0	1	0	1	0	53.0
8	GK	1	1	0	1	1	64.0
9	GT	0	1	0	1	0	44.0
10	HA	0	0	0	0	1	43.0
11	HH	1	0	0	1	1	59.0
12	HMS	0	1	0	1	1	59.0
13	JT	1	1	1	1	1	61.0
14	JY	0	1	1	1	1	57.5
15	KG	0	0	0	1	1	50.5
16	KK	0	0	0	1	1	47.0
17	MS	1	0	1	1	0	52.5
18	NN	1	0	0	1	1	50.5
19	NS	0	0	0	1	1	51.5
20	RG	0	0	0	0	1	41.0
21	RS	1	1	0	1	1	55.0
22	SA	1	0	0	1	1	61.5
23	SG	1	1	0	1	1	60.0
24	SO	0	0	0	1	1	44.0
25	SS	0	0	0	1	1	55.0
26	SSS	1	1	0	1	1	80.0
27	SW	1	1	0	1	1	53.0
28	TH	1	1	1	1	0	70.5
29	VH	1	1	1	0	0	50.5
30	VN	1	1	1	1	1	60.5
31	VS	1	1	1	1	1	78.0

　このデータは,1万円前後で泊まれる東京のホテルについて,主観的な評価5項目と,別途105項目について詳細に精査した上で総合評価した結果の1項目のデータです。
　B列からF列の各項目では,普通以上=1,普通未満=0として,入力の際に数量化しています。
　評価カテゴリーが2つなので,このように0,1で入力すれば済みます。
　(たとえば,客室の質感について2列(2桁)使って,1・0か0・1かを入力するのが最も丁寧なのですが,2桁使わなくても,情報量は変わりません。左桁が1なら右桁は必ず0です。ですから,入力は1列だけでかまいません。)

②分析ツールの回帰分析を援用して,数量化理論Ⅰ類を行います。
　[ツール(T)] → [分析ツール(D)] → [回帰分析]を選択します。図表286の入力画面が表示されますので,重回帰分析の要領で,入力していきます。

図表 286. 入力元と出力オプション

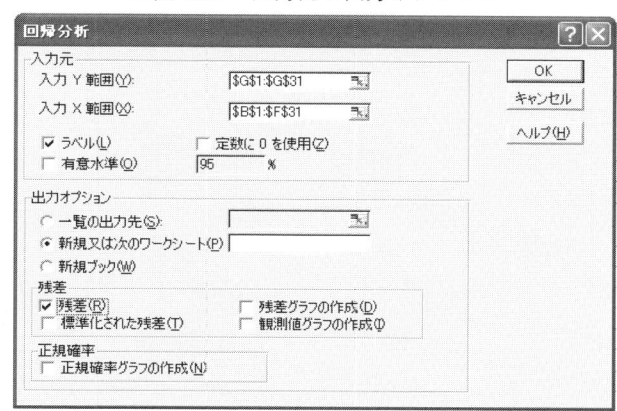

「詳細評価」を被説明変数にして，「客室の質感」から「サービス」を説明変数に指定します。

[OK] を押すと，重回帰分析が実施されます。

図表 287. 出力結果

	A	B	C	D	E	F	G	H	I
1	概要								
2									
3		回帰統計							
4	重相関 R	0.817661							
5	重決定 R2	0.66857							
6	補正 R2	0.599522							
7	標準誤差	6.40667							
8	観測数	30							
9									
10	分散分析表								
11		自由度	変動	分散	観測された分散比	有意 F			
12	回帰	5	1987.151	397.4303	9.682694	3.69E-05			
13	残差	24	985.0902	41.04542					
14	合計	29	2972.242						
15									
16		係数	標準誤差	t	P-値	下限 95%	上限 95%	下限 95.0%	上限 95.0%
17	切片	34.11591	4.264686	7.999631	3.16E-08	25.31403	42.91779	25.31403	42.91779
18	客室の質感	6.829804	2.605561	2.621241	0.014967	1.452192	12.20742	1.452192	12.20742
19	客室の面積	6.029804	2.605561	2.314206	0.029532	0.652192	11.40742	0.652192	11.40742
20	浴室の質感	7.372581	2.806246	2.627204	0.014766	1.580774	13.16439	1.580774	13.16439
21	清潔感	8.487394	3.681244	2.305578	0.030086	0.889681	16.08511	0.889681	16.08511
22	サービス	7.477194	2.799097	2.671288	0.013356	1.700144	13.25424	1.700144	13.25424

「客室の質感」から「サービス」まで，すべての説明変数は t 値が棄却境界値 2.045231 より大きく，(p 値も 0.05 より小さいため，)「0 と有意に異なる」といえます。また，回帰係数全体としての有意性，つまり「すべての回帰係数が 0 である」という帰無仮説も，有意 F 値が 3.69×10^{-5} と小さいため，棄却されます。

補正 R2 は 0.60 とやや物足りませんが，105 項目にも及ぶ詳細な評価に基づく総合評価結果（「詳細評価」）の 60% を，わずか 5 つの評価項目で説明できることはすばらしいことです。

なお，5 つの説明変数の被説明変数への影響度ですが，偏回帰係数を次のように加工し，標準偏回帰係数（β 係数という）に直して判断します。

標準偏回帰係数 $\beta_i =$ (偏回帰係数 b_i) × (x_i の標準偏差) / (y の標準偏差)

なお，標準偏差は ＝STDEV(範囲) で計算できます。

すなわち，x_1 については，＝STDEV(B2:B31) から 0.507416263，同様にして，x_2 から x_5 につい

ても計算します。また，yについては，＝STDEV(G2:G31)から10.12378842となります。

これらを用いて，求めるβ_iは次のように求められます。

客室の質感　$\beta_1 = 6.829804 \times 0.507416263 / 10.12378842 = 0.342317864 ≒ 0.34$
客室の面積　$\beta_2 = 6.029804 \times 0.507416263 / 10.12378842 = 0.302220917 ≒ 0.30$
浴室の質感　$\beta_3 = 7.372581 \times 0.490132518 / 10.12378842 = 0.356935718 ≒ 0.36$
清　潔　感　$\beta_4 = 8.487394 \times 0.345745904 / 10.12378842 = 0.289860039 ≒ 0.29$
サ　ー　ビ　ス　$\beta_5 = 7.477194 \times 0.449776445 / 10.12378842 = 0.332194392 ≒ 0.33$

これより，すべて0.3前後であり，これら5つの影響力には，ほとんど差はないと判断できます。

2）　ホテルの評価─カテゴリーが3つ以上の場合

図表288のデータは，ホテルの「タイプ」と「部屋数」で，お客様の満足度を説明することができるかどうかを解析するためにとったデータであるとします。

図表288. ホテルの満足度評価（仮想）

	A	B	C	D
1	ホテル名	タイプ	部屋数	満足度
2	R1	リゾート	少ない	74.0
3	R2	リゾート	多い	86.0
4	B1	ビジネス	多い	62.5
5	C1	シティ	多い	65.0
6	B2	ビジネス	多い	56.0
7	C2	シティ	多い	63.0
8	C3	シティ	多い	61.5
9	B3	ビジネス	少ない	45.5
10	C4	シティ	多い	65.5
11	R3	リゾート	少ない	61.0
12	C5	シティ	多い	62.0
13	R4	リゾート	少ない	64.0
14	C6	シティ	少ない	60.5
15	B4	ビジネス	多い	66.0
16	C7	シティ	多い	68.5
17	B5	ビジネス	多い	55.0
18	B6	ビジネス	多い	59.0
19	C8	シティ	多い	74.0
20	C9	シティ	少ない	63.0
21	B7	ビジネス	少ない	48.5
22	B8	ビジネス	少ない	56.0
23	B9	ビジネス	多い	57.0
24	B10	ビジネス	多い	61.0
25	B11	ビジネス	多い	60.5
26	C10	シティ	多い	65.5
27	R5	リゾート	少ない	61.5
28	C11	シティ	少ない	56.0
29	R6	リゾート	少ない	60.0
30	R7	リゾート	多い	87.5
31	B12	ビジネス	多い	62.0
32	R8	リゾート	少ない	60.5
33	B13	ビジネス	少ない	54.5
34	C12	シティ	少ない	61.0
35	R9	リゾート	少ない	60.5
36	R10	リゾート	多い	88.0

部屋数は「多い」「少ない」の2区分ですので，1，0で表せますが，タイプは「リゾート」「シティ」「ビジネス」の3区分なので，どう表せばよいでしょうか。

図表284の方法を適用すれば簡単です。

つまり，リゾートは100，シティは010，ビジネスは001です（図表289）。

図表289. ホテルのタイプの入力方法

	A	B	C	D	E
1		リゾート	シティ	ビジネス	
2	リゾートホテル	1	0	0	
3	シティホテル	0	1	0	
4	ビジネスホテル	0	0	1	

このようにデータを入力したものが図表290です。

図表290. 数量化して入力したデータ

	A	B	C	D	E	F
1	ホテル名	リゾート	シティ	ビジネス	多い	満足度
2	R1	1	0	0	0	74.0
3	R2	1	0	0	1	86.0
4	B1	0	0	1	1	62.5
5	C1	0	1	0	1	65.0
6	B2	0	0	1	1	56.0
7	C2	0	1	0	1	63.0
8	C3	0	1	0	1	61.5
9	B3	0	0	1	1	45.5
10	C4	0	1	0	1	65.5
11	R3	1	0	0	0	61.0
12	C5	0	1	0	0	62.0
13	R4	1	0	0	0	64.0
14	C6	0	1	0	0	60.5
15	B4	0	0	1	0	66.0
16	C7	0	1	0	1	68.5
17	B5	0	0	1	0	55.0
18	B6	0	0	1	1	59.0
19	C8	0	1	0	1	74.0
20	C9	0	1	0	1	63.0
21	B7	0	0	1	0	48.5
22	B8	0	0	1	1	56.0
23	B9	0	0	1	1	57.0
24	B10	0	0	1	1	61.0
25	B11	0	0	1	1	60.5
26	C10	0	1	0	1	65.5
27	R5	1	0	0	0	61.5
28	C11	0	1	0	0	56.0
29	R6	1	0	0	0	60.0
30	R7	1	0	0	1	87.5
31	B12	0	0	1	0	62.0
32	R8	1	0	0	0	60.5
33	B13	0	0	1	0	54.5
34	C12	0	1	0	0	61.0
35	R9	1	0	0	0	60.5
36	R10	1	0	0	1	88.0

いずれか1列削除します

ところが，図表290のデータでは，回帰分析は実行できません。回帰分析では，計算の途中で逆行列の計算をするのですが，このようなデータでは，0で割り算するようになって，逆行列が求まらないためです。これを行列の計算では「ランク落ち」といいます。

対処は簡単です。「リゾート」「シティ」「ビジネス」という3つのホテルのカテゴリーから1カテゴリー，つまり1列を削除します。1列削除しても情報量はまったく減りません。たとえば，00とくれば，3つ目は削除されていても，1のはずです。10とくれば3つ目は0，01ときても3つ目は0とわかります。

なお，客数の「多い」「少ない」もそのように考えれば，「少ない」の列をすでに削除しているとみなすことができます。

このように，数量化する際に3区分以上の場合には，カテゴリーを1列削除することを忘れないで下さい。ここでは，D列を削除しましょう。D列の冒頭の「D」にマウスポインタを重ねてクリックし，列全体を反転表示させます。続いて，［編集(E)］→［削除(D)］をクリックして削除します。この結果，図表291が得られ，これでランク落ちにならず，回帰分析が実行できるようになりました。

後は，重回帰分析の要領で解析を実行します。

［ツール(T)］→［分析ツール(D)］→［回帰分析］で，回帰分析の入力画面になります。次に，図表292のように，「入力Y範囲(Y)」として，E1の「満足度」からE36の「88.0」までドラッグして指定します。「入力X範囲(X)」として，B1の「リゾート」からD36の「1」までドラッグして指定します。あとは，「ラベル(L)」にチェックを入れます。任意に適宜指定したのち，［OK］をクリックします。

図表 291. 回帰分析用のデータ

	A	B	C	D	E
1	ホテル名	リゾート	シティ	多い	満足度
2	R1	1	0	0	74.0
3	R2	1	0	1	86.0
4	B1	0	0	1	62.5
5	C1	0	1	1	65.0
6	B2	0	0	0	56.0
7	C2	0	1	1	63.0
8	C3	0	1	1	61.5
9	B3	0	0	0	45.5
10	C4	0	1	1	65.5
11	R3	1	0	0	61.0
12	C5	0	1	1	62.0
13	R4	1	0	0	64.0
14	C6	0	1	0	60.5
15	B4	0	0	1	66.0
16	C7	0	1	1	68.5
17	B5	0	0	1	55.0
18	B6	0	0	1	59.0
19	C8	0	1	1	74.0
20	C9	0	1	0	63.0
21	B7	0	0	0	48.5
22	B8	0	0	0	56.0
23	B9	0	0	1	57.0
24	B10	0	0	1	61.0
25	B11	0	0	1	60.5
26	C10	0	1	1	65.5
27	R5	1	0	0	61.5
28	C11	0	1	0	56.0
29	R6	1	0	0	60.0
30	R7	1	0	0	87.5
31	B12	0	0	1	62.0
32	R8	1	0	0	60.5
33	B13	0	0	1	54.5
34	C12	0	1	0	61.0
35	R9	1	0	0	60.5
36	R10	1	0	1	88.0

図表 292. 入力元と出力オプションの指定

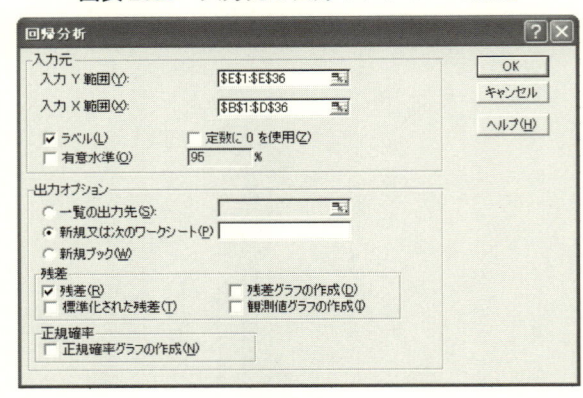

図表 293. 出力結果

	A	B	C	D	E	F	G	H	I
1	概要								
2									
3		回帰統計							
4	重相関 R	0.83145							
5	重決定 R2	0.691309							
6	補正 R2	0.661436							
7	標準誤差	5.425512							
8	観測数	35							
9									
10	分散分析表								
11		自由度	変動	分散	観測された分散比	有意 F			
12	回帰	3	2043.578	681.1928	23.14134	4.69E-08			
13	残差	31	912.5217	29.43618					
14	合計	34	2956.1						
15									
16		係数	標準誤差	t	P-値	下限 95%	上限 95%	下限 95.0%	上限 95.0%
17	切片	47.74937	2.174036	21.96346	1.86E-20	43.31539	52.18334	43.31539	52.18334
18	リゾート	18.86789	2.47469	7.624343	1.35E-08	13.82072	23.91505	13.82072	23.91505
19	シティ	7.858418	2.181996	3.601481	0.00109	3.408204	12.30863	3.408204	12.30863
20	多い	12.27582	2.039845	6.018018	1.17E-06	8.115531	16.43612	8.115531	16.43612

　図表 293 の出力結果をみると,「リゾート」「シティ」「多い」の各説明変数は, t 値が大きく有意です。有意 F 値も小さく, 有意です。補正 R2 は 0.66 となっています。

$$
満足度 = 47.7 + \begin{cases} 18.9\ (リゾート) \\ 7.9\ (シティ) \\ 0.0\ (ビジネス) \end{cases} + \begin{cases} 12.3\ (多い) \\ \\ 0.0\ (少ない) \end{cases}
$$

タイプ　　　　　　部屋数

このモデルを使うと，たとえば，リゾート(18.9)で部屋数が多ければ(12.3)，満足度は最も高くなり，78.9(＝47.7＋18.9＋12.3)となります。また，シティ(7.9)で部屋数が少なければ(0.0)，55.6(＝47.7＋7.9＋0.0)と予測されます。

なお，どの変数が一番被説明変数に影響を与えるかは，偏回帰係数を標準偏回帰係数に加工して検討します。標準偏回帰係数は本節の 1) を参考にして，次のように求められます。

タイプ	部屋数
↓	↓
0.92747（リゾート）	0.654381（多い）
0.40588（シティ）	
0.00000（ビジネス）	0.000000（少ない）

影響度は，各変数の中の「カテゴリー・スコア」の範囲（レンジ；最大値－最小値）として求められます。これが大きい変数のほうが，影響度が強いことになります。また，各変数内でどのカテゴリーが効いているかはカテゴリー・スコアそのものの大小で判断します[96]。

すなわち，満足度への影響度は，「タイプ」が 0.93（＝0.92747－0.00000），「部屋数」が 0.65（＝0.654381－0.00000）なので，「タイプ」のほうがやや大きいといえます。また，「タイプ」の中で最も満足度が高いのが「リゾート」，次が「シティ」となっています。「部屋数」では，「多い」方が「少ない」方より，満足度が高くなっています。

ところで，数量化理論Ⅰ類は変数ごとにカテゴリー平均をゼロにする制約条件つきで，重回帰分析を実施します。残念ながら，Excel の分析ツールにある回帰分析では，カテゴリーの平均値をゼロにする制約条件はつけられません。そこで，数量化理論Ⅰ類と同じ結果が必要な場合には，回帰分析を実施した後で，次のように調整を行います[97]。

---

[96] 上田太一郎(1998 年) p.95–97
[97] 清水(2000 年) p.124–128

図表 294. 数量化理論Ⅰ類の結果に調整する作業

	D	E	F	G
23		データ数	偏回帰係数	調整偏回帰係数
24	リゾート	12	18.86788692	10.15363486
25	シティ	10	7.858417905	-0.855834153
26	ビジネス	13	0	-8.714252058
27	平均		8.714252058	0
28				
29	多い	21	12.27582457	4.910329828
30	少ない	14	0	-7.365494742
31	平均		7.365494742	0
32				
33	定数項		47.74936571	63.82911251

E24, E25, E26, E29, E30 は，カウントして入力します。

F24, F25, F29, F33 は図表 293 より複写します。

F26, F30 は 0 を手入力します。

次に，F27, F31 に加重平均を計算します。

F27；=SUMPRODUCT(E24:E26, F24:F26)/SUM(E24:E26)

F31；=SUMPRODUCT(E29:E30, F29:F30)/SUM(E29:E30)

最後に調整された標準偏回帰係数を計算します。

G24；=F24-$F$27　　G25, G26, G27 には G24 をコピーします。

G29；=F29-$F$31　　G30, G31 には G29 をコピーします。

G33；=F33+F27+F31

調整後の数量化理論Ⅰ類のモデルは次のようになります。

$$満足度 = 63.8 + \begin{cases} 10.2 \text{ (リゾート)} \\ -0.9 \text{ (シティ)} \\ -8.7 \text{ (ビジネス)} \end{cases} + \begin{cases} 4.9 \text{ (多い)} \\ -7.4 \text{ (少ない)} \end{cases}$$

以上，数量化理論Ⅰ類を，回帰分析を使って行う方法について述べてきました。その際，説明変数はすべて質的な変数で 0, 1 で表されたものばかりでした。しかし，変数の中に 01 変数の他に数量変数が入っていてもかまいません。

たとえば，上記のタイプ（3 カテゴリー），部屋数（2 カテゴリー）に加えて，駐車場の台数（○○台）なども説明変数として追加することが可能です。ただし，説明変数間に相関関係があまりないという条件を満たしている必要はあります。

また，第 2 章で説明した実験計画法を使って計画的に収集されたデータの解析も，ここで説明した方法を用いれば，比較的簡単に実施することができます。

【練習問題】（11-2-1）

図表 295 のデータは，賃貸マンションの家賃（管理費など含む）と諸属性です。「地区」は中心市街地を 1，その他を 0 としています。「向き」は南を 1，それ以外を 0 としています。構造は鉄筋コンクリート造（RC）を 1，その他を 0 としています。そして，地区，向き，構造については，1 列ずつ削除しています。

さて，家賃などを説明するモデルを作成して下さい。

図表 295. 賃貸マンションの属性データ

家賃＋管理費等	専有面積	築後年数	地区	向き	構造
56,000	79.2	8	0	1	0
54,000	69.3	1	0	1	0
42,800	52.8	9	0	0	0
41,000	52.8	14	0	0	1
42,000	36.3	16	0	1	1
42,000	39.6	8	0	1	1
44,000	39.6	11	0	0	1
48,000	46.2	10	0	0	1
39,000	49.5	13	0	1	1
41,500	49.5	15	0	1	1
46,000	52.8	13	0	1	1
21,800	39.6	23	0	0	0
32,000	39.6	17	1	1	1
33,000	39.6	17	1	1	1
34,000	46.2	16	1	1	0
36,000	46.2	14	0	0	1
37,000	49.5	17	1	1	1
40,000	52.8	14	0	1	1
31,000	46.2	15	0	1	0
38,000	46.2	16	1	1	1
45,000	42.9	14	1	1	1
38,000	39.6	15	1	1	1
38,000	39.6	22	1	1	1
55,000	56.1	6	0	0	1
43,000	42.9	12	0	1	1
40,000	39.6	16	1	1	1
31,000	52.8	23	1	0	0
38,000	46.2	16	0	1	0
45,000	42.9	23	0	1	0
58,000	56.1	2	1	1	1
67,500	62.7	2	1	1	1
52,000	52.8	10	1	0	1
52,500	46.2	2	1	1	1
48,500	49.5	16	1	1	1
61,000	52.8	2	1	1	1
47,000	42.9	10	0	1	1
76,000	82.5	11	1	1	1
68,000	82.5	10	1	1	1
47,000	46.2	15	1	0	1
単位：円	単位：m²	単位：年	中心部=1 周辺部=0	南向き=1 その他=0	RC=1 その他=0

[3] 説明変数，被説明変数の両方に質的データがある場合の回帰分析——数量化 II 類

　数量化理論 II 類は，説明変数，被説明変数ともに 01 変数になっています。

　回帰分析は数量＝f(数量)，判別分析は 01 変数＝f(数量)，数量化理論 I 類は数量＝f(01 変数)であったのに対して，数量化理論 II 類は 01 変数＝f(01 変数) です。

　特に，左辺の 01 変数が 2 区分である場合には，数量化理論 II 類は回帰分析モデルとして扱うことができます。このことは Excel の回帰分析で解析可能であることを意味します。

例） 入社 3 年目の社員について，採用試験時のデータから入社後の営業成績が予測するモデルを作りたいと思います。手元にあるデータは図表 296 のようになっています。説明変数，被説明変数とも質的な変数であるので，数量化理論 II 類を用いることにします。
　まず，それぞれのデータを 01 変数に変換します。図表 297 のようになります。営業成績＝×，

入社面接＝C，サークル活動の有無＝×の列は，ランク落ちを防ぐために削除しています。

図表296. 入社試験の情報と営業成績

	A	B	C
1	営業成績	入社試験の面接ランク	サークル活動の有無
2	○	A	×
3	×	B	○
4	×	C	×
5	○	A	○
6	○	B	○
7	×	A	×
8	○	B	○
9	×	B	×
10	×	B	○
11	×	A	×
12	○	C	○
13	×	B	×
14	○	A	○
15	○	B	×
16	×	C	×
17	×	C	○
18	○	B	×
19	×	A	○
20	×	C	×
21	○	A	○

図表297. 01に変換したもの（列を削除した後）

	A	B	C	D
1	営業成績	入社面接＝A	入社面接＝B	サークル活動の有無
2	1	1	0	1
3	0	0	1	0
4	0	0	0	0
5	1	1	0	1
6	1	0	1	1
7	0	1	0	0
8	1	0	1	1
9	0	0	1	0
10	0	1	0	1
11	1	1	0	0
12	1	0	0	1
13	0	0	1	0
14	1	1	0	1
15	1	1	0	0
16	0	0	1	0
17	0	0	0	1
18	1	0	1	0
19	0	0	1	1
20	0	0	0	0
21	1	1	0	1

後は，重回帰分析の要領で解析を実行します。

［ツール(T)］→［分析ツール(D)］→［回帰分析］で，回帰分析の入力画面になります。次に，図表298のように，「入力Y範囲(Y)」として，A1の「営業成績」からA21の「1」までドラッグして指定します。「入力X範囲(X)」として，B1の「入社面接＝A」からD21の「サークル活動の有無」の1番下までドラッグして指定します。

あとは，「ラベル」にチェックを入れます。任意に適宜指定したのち，［OK］をクリックします。

図表 298. 入力元と出力オプション

出力結果が図表 289 のように出力されます。

図表 299. 出力結果

	A	B	C	D	E	F	G	H	I
1	概要								
2									
3		回帰統計							
4	重相関 R	0.534962							
5	重決定 R2	0.286184							
6	補正 R2	0.152344							
7	標準誤差	0.4723							
8	観測数	20							
9									
10	分散分析表								
11		自由度	変動	分散	観測された分散比	有意 F			
12	回帰	3	1.430921	0.476974	2.138249	0.135463			
13	残差	16	3.569079	0.223067					
14	合計	19	5						
15									
16		係数	標準誤差	t	P-値	下限 95%	上限 95%	下限 95.0%	上限 95.0%
17	切片	0.078947	0.259822	0.303852	0.765156	-0.47185	0.629744	-0.47185	0.629744
18	入社面接=A	0.457237	0.290489	1.574023	0.135046	-0.15857	1.073047	-0.15857	1.073047
19	入社面接=B	0.167763	0.290489	0.577519	0.571627	-0.44805	0.783573	-0.44805	0.783573
20	サークル活動の有無	0.342105	0.216706	1.57866	0.133978	-0.11729	0.801502	-0.11729	0.801502

この出力結果を見ると，すべての説明変数の t 値が小さく（p 値が大きく），有意な値ではありません。母集団レベルでは偏回帰係数が 0 であることも十分にありえると判断されます。

また，有意 F 値も 0.05 をかなり上回っており，有意性を認めることができません。補正 R2 も 0.152 と小さく，説明力もほとんどありません。

残念ながら，今回のデータからは，入社前の面接とサークル活動の有無から，入社後の営業成績を予測できるモデルを数量化理論 II 類で作成することはできそうにありません。

しかし，これには第 7 章で述べた切断効果の他に 2 つの解釈が可能です。

1 つは，そもそも面接の成績やサークル活動の有無は，営業成績にあまり関係しないのかもしれないということです。

そして，もう 1 つは，今回はサンプル数が 20 名と少なかったため，たまたまこのような結果しか出せなかっただけで，サンプル数を増やしていけば，面接の成績とサークル活動の有無によって入社後の営業成績を説明するモデルを作ることができるかもしれません。

いずれにしても，サンプル数を増やして再チャレンジする必要があるでしょう。

第11章　3種類以上のデータを総合して情報を読む

【練習問題】（11-2-2）

次の図表300は，ある商品の販売促進策を検討するために，過去の販売データから無作為に抽出したものです。ただし，年齢は不正確さがかなりあることがわかっているとします。このデータを数量化理論Ⅱ類を用いて，購入するか否かを判別するモデルを作って下さい。

図表300.　販売データと属性

（ヒント：年齢はあいまいなので，2つに分類するにとどめます。たとえば，45歳以上か未満かでカテゴリー化します。）

	A	B	C
1	購入	性別	年齢
2	×	男性	45
3	×	女性	31
4	○	女性	58
5	×	男性	28
6	×	男性	60
7	×	女性	42
8	○	女性	35
9	×	男性	36
10	○	女性	60
11	○	男性	53
12	○	女性	53
13	○	男性	46
14	×	男性	42
15	○	女性	51
16	○	女性	45
17	○	女性	58
18	○	女性	53
19	×	男性	32
20	○	男性	43
21	○	女性	47
22	×	女性	32
23	×	男性	56
24	○	女性	43
25	○	女性	64
26	×	男性	23
27	○	女性	59
28	○	女性	46
29	×	男性	32
30	×	男性	40
31	○	男性	55

第12章
経営データ解析をマネジメントする

12.1　マネジメントの視点をもつことの大切さと環境[98]

[1]　経営データ解析をマネジメントするということ

　これまで経営データ解析の方法について詳しく学んできました。しかし，データ解析の手法を正しく理解しているだけでは，それを十分に使いこなすことはできません。実際にビジネス意思決定においては，たちまち，次のようなことを判断しなければなりません。

- ＊　データの収集や経営データ解析をどの程度まで詳しくやればよいか？
- ＊　経営データ解析にどのような手法を用いればよいか？
- ＊　数値情報（定量データ，定性データ，データ解析で得られた情報）にどの程度重きを置けばよいか（他の3つの情報との比較で）？

　たとえば，料理の方法を正確に知っているだけでは，お客様に満足してもらえるような料理はできません。予算の制約の中で，お客様の好みを把握し，素材を集め，吟味し，調理方法や品目の組合せを工夫し，出す順番やタイミングをうまく見計らうことが必要です。経営データ解析でも同じことがいえます。データ収集や解析にかけられる時間や費用は一定の制約があります。意思決定者（情報利用者）のニーズを把握し，事実情報，経験，勘を踏まえた上で，データの品質にあった手法を選択し，精度や提供する情報のスタイル（数値や表，グラフなど）などを考慮し，データを収集し，解析を進める必要があります。

　経営実践において経営データ解析を使いこなしていくために必要なこのような行為を，「経営データ解析のマネジメント」とよびます。実は，本書の第1章の1.1節で述べた「数値情報の役割」や「経営データ解析の役割」は，経営データ解析のマネジメントを理解するための出発点といえます。また，第2章の2.2節で述べた「一般的に質がよくない経営データ」や「それでも有用な経営データ解析による情報」も同様です。再度，読み返しておいて下さい。

[2]　ビジネス実践の環境を理解する

　経営データ解析のあるべきマネジメントについて考えるためには，まず，それが用いられるビジ

---

[98]　拙著（2006年）

ネス実践の環境について理解しておく必要があります。これを，自然科学分野のデータ解析の場合と対比して整理すると図表301のようになっています。

図表301． ビジネス実践におけるデータ解析環境－自然科学との対比で－

評価項目	自然科学	ビジネス実践
a. 経営データの質	良い	悪い
b. データ解析の前提条件が満たされる程度	良い	悪い
c. 解析担当者	専門家	ビジネスパーソン
d. データ解析情報の重み	重い	多様（ケースによる）
e. データ解析のコスト	負担感軽い	負担感重い

a. 経営データの質

総じて，経営データの品質は自然科学のそれと比べると劣ります。

日常業務の記録をデータ解析のデータとして利用する場合が多くあります。しかし，データの正確さに関しては必ずしもよいとはいいきれません。たとえば，うっかりミスで，何らかの記入間違いがある伝票は，100枚中2，3枚の割合で存在するのが普通です。これとは別に，故意のデータ操作もあります。たとえば，ノルマをすでに達成した月の月末頃の売上を次月分にまわしたり，逆にノルマに足りない部分を取引先に商品を押し込んで達成したりするなどです。

客観的にみえるPOSデータにおいても，いずれかの商品が品切れ状態下の場合，測定された売上データは，需要のデータとしては正確ではありません。本来売れていたはずの需要が他に回っているため，本当の需要量とは食い違うからです。

このように経営データには，しばしばその獲得に人間がかかわるため，恣意性や測定の不正確さがつきまといます。その点，自然科学に比べるとデータの質では劣っているといわざるを得ません。この点については，経営データ解析の中身を考えるに際して重要なので，第2章で具体的に説明しました。

b. データ解析の前提条件が満たされる程度

たとえば，企業が消費者向けにアンケート調査を行う場合には，回収率はせいぜい高くても30％程度です。このように限られたサンプルの場合，偏った回答が少なくありません。そこから全体の傾向を推し測るには，無作為性や代表性の点で問題があります。

第9章で述べたような推測統計手法を用いて経営データ解析を行う場合には，データ数やデータの独立性，分布の形など，推測統計手法を適用できるだけの前提条件が満たされているかどうか確認しておく必要があります。ビジネス実践では，外界から遮断された実験室でデータを採ることができないため，十分なデータ数，データの独立性の確保，分布の形など，前提条件が満たされないことが頻繁にあります。

c. 実際に解析をする人

ビジネス実践の場合には、一般のビジネスパーソンが解析を実行することが大半です。現状では、それらの人たちは、データ解析の知識をあまりもっていない場合が普通です。なお、自然科学の場合には統計解析のトレーニングを受けた人が多く、通常、実験データの解析もそれらの人によって適切に行われます。

d. データ解析情報の重み

実験データおよびその解析結果は、自然科学の場合には、第一に重視されます。何度測定しても得られたデータが既存の理論にあわない場合、謙虚に理論を疑う姿勢が自然科学にはあります。その意味で、データが第一の「重み」をもっています。

一方、ビジネス実践の場合には、事実情報、経験、勘と併用する関係で、数値情報のウェイトはケースによって様々です。たとえば、統計的品質管理の場合には、測定データや解析情報が非常に重視されますが、人事分野ではそのウェイトが相対的に低くなっています。

e. データ解析のコスト

ビジネス実践の場合には、データ解析情報が第一に尊重されるとは限らないので、それにかけられるコストは、データ収集や解析によるベネフィットと比較考量した上で決められます。特に、データ解析情報のウェイトが、事実情報、経験、勘のウェイトよりも劣り、第4位に評価されるような場合には、データ解析にかけられるコストも低く抑えられるべきということになります。

12.2　経営データ解析の手法のマネジメント

[1] ビジネス実践における経営データ解析手法のマネジメント

1) 経営データ解析手法に求められる要件

このように経営データ解析が行われる環境は、自然科学分野でのデータ解析とはかなり異なります。そのため、データ解析手法の中身も、自然科学の場合と異なっていても不思議はありません。むしろ、異なっているほうが自然です。

それにもかかわらず、実際には、自然科学の分野で発展してきた一般的な統計解析の手法が、ほとんどそのまま、大学やビジネス実践の分野で教えられています。これでよいのか疑問です。

ビジネス実践に本当に使える経営データ解析手法たりうるには、ビジネス実践やその環境に適応している必要があります。その要件は以下のようなものです。これらは、自然科学の場合ではあまり意識されていません[99]。

a. ある程度の精度・正確さ

ビジネス分野のデータ解析では、解析結果に絶対的な正確さは要求されません。その理由は2つあります。

---

[99] 拙稿（1999年）

1つは，データは対象のうちで数値化できる側面だけを測定して得られたに過ぎず，数値化できない側面は，はじめからデータ解析の対象となっていないことによります。手にしたデータについて100%正確な解析ができたとしても，それ以外の情報が考慮されていないため，完璧に情報を把握したことにはならないからです。

　もう1つは，先に述べたようにデータの質が必ずしもよくないため，解析の段階で正確さにこだわりすぎても，それほど大きな意味はないという理由です。事実情報，経験，勘などと統合されて意思決定に用いられるので，不完全であろうと構いません。

　もちろん，手にしたデータについて正確な解析を目指すのは当然です。でも，いたずらに高い精度と正確さを求め，高度な手法にこだわりすぎるのは，無意味ですし，コストの無駄遣いといわざるを得ないということです。

b. 迅速さ

　ビジネス分野では，一刻も早い意思決定が必要です。そのため情報にも，「今の今欲しい」という意思決定者のニーズに応えられるだけの迅速さが求められます。データ解析結果が1ヶ月後にならないと得られないようでは，いくら正確なデータ解析結果でも，多くの場合使いものになりません。ビジネス実践においては，ある程度の精度が確保されていれば十分であり，それと同等かそれ以上にスピード感が要求されます。

c. 頑健さ

　ビジネス分野におけるデータの品質は一般によくないため，元データに，ある程度の誤差が含まれていることを踏まえておかねばなりません。

　そのため，データ解析手法としては，データの誤差や外れ値（同一集団において通常はありえないような飛び離れた値のこと）が存在していても，解析結果が「真の姿」から「それほど外れない」ような手法が望まれます。あるいは，その影響があっても，誤差の影響が，結果を解釈する人間にわかるような手法が望まれます。

　「データの品質」の面からだけでなく，同じことは「データ解析手法の前提条件」の面からもいえます。母集団の分布に特定の形を仮定する推測統計手法のようなデータ解析手法は，たとえば，データ数や変数の独立性などの前提条件が課せられており，それらをクリアしてはじめて適用することが許されます。

　ところが，実際には，必ずしもこれらが確認されないまま，あるいは確認する術がないままデータ解析が行われることが少なくありません。

　したがって，解析手法としては，前提条件がゆるいか，あるいは前提条件が満たされていない場合であっても，解析結果が本来のものとそれほど外れた結果にならないような手法が望まれます。後者のような手法を，統計学の言葉では「頑健な手法」といいます。

　前書きで書かせて頂きましたが，「正確に誤るよりも，漠然と正しくありたい」というケインズの言葉が正鵠を射ています。

d. 解析の容易さ

　データ解析を行うのも，解析結果を解釈し利用するのも，ビジネスパーソンです。一般にビジネ

スパーソンのデータ解析に関する知識は豊富ではありません。

よって，組織内でデータ解析が有効に活用され普及するには，そこで利用される解析手法が，なるべく多くの人にとって，適用容易なものであることが，まず望まれます。

e. 解析結果の理解しやすさ

意思決定者は，自分の意思決定に責任を負う以上，自分が理解していない手法や信じていない手法で出された解析結果を積極的に使おうという気にはなれないでしょう。そのため，ビジネス分野で用いられるデータ解析手法としては，解析結果の解釈にも，苦労するような高度・複雑なものは不適当です。

また，上司の命令で，データ解析を行う場合も少なくありません。データ解析の結果得られた情報が，意思決定者である上司に採択され，意思決定に生かされるか否かは重要なポイントです。解析者自身が理解しているだけでなく，情報の利用者も理解できる手法や解析結果でなければなりません。結果の解釈が容易な手法が望ましいといえます。

f. 実施コストの安さ

実施コストには，人的，時間的，金銭的なコストおよび解析に伴う困難さなどが含まれます。データ解析は，それによって得られるベネフィットが，それを実施するのに必要なこれらのコストを上回る場合に限って利用されます。そのため，実施コストが安いことが，データ解析の利用を促進するためには不可欠です。よって，ビジネス分野のデータ解析としては実施コストが小さい手法が望まれます。

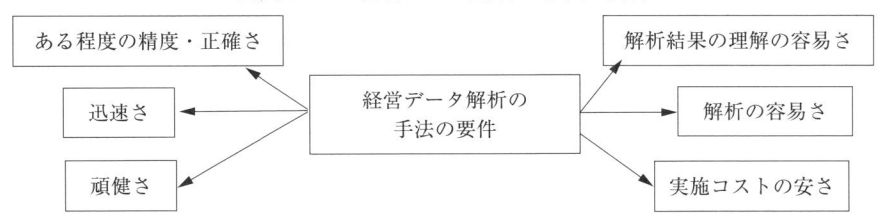

図表302. 経営データ解析の手法の要件

2) 経営データ解析の2つのステージ―具体的手法

経営データ解析に求められる要件を満たす手法について具体的に考えることにします。結論を先に述べる形になりかねないのですが，まず，経営データ解析の手法を「第1ステージ」と「第2ステージ」の2つに分類しておきます。

① 第1ステージの手法

第1ステージの手法は，主として「データのもつ情報の概略を理解するための手法」であり，概ね以下のような手法が該当します。

・「検索やOLAPなどを含むデータベースによるデータ解析」
・「クロス集計をはじめとするアンケート集計」
・「表やグラフの作成」

第12章 経営データ解析をマネジメントする

- 「加減乗除によるデータ加工を用いてできる手法－比率，構成比，相対比，指数，変化率，寄与率」
- 「平均値や標準偏差などの各種基本統計量」
- 「箱ひげ図や幹葉表示などの探索的データ解析」
- 「データを記述するための相関分析や単回帰分析」
- 「簡単な時系列解析法」

これらの手法は，生データを深く踏み込んで解析するというのではなく，「データを整理・記述して，わかりやすく意思決定者に提示する」という性格のものです。これらの結果をみてデータのもつ意味，情報を抽出するのは人間です。

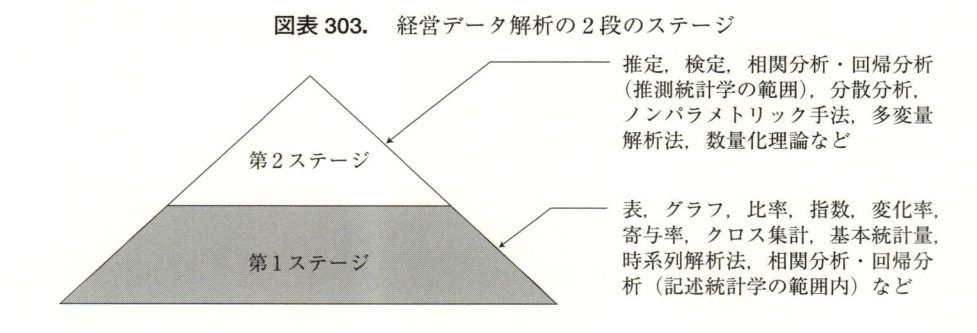

図表303. 経営データ解析の2段のステージ

第2ステージ ── 推定，検定，相関分析・回帰分析（推測統計学の範囲），分散分析，ノンパラメトリック手法，多変量解析法，数量化理論など

第1ステージ ── 表，グラフ，比率，指数，変化率，寄与率，クロス集計，基本統計量，時系列解析法，相関分析・回帰分析（記述統計学の範囲内）など

第1ステージの手法は次のような特徴をもっています。

* 比較的表面的で荒削りな情報しか抽出できませんが，データがもっている情報の大雑把にですが抽出することができます。大雑把といっても，ビジネスの場面では，この程度の精度や情報量で十分であることがほとんどです。
* 解析の手順が比較的容易なので，統計解析の専門家でなくても，手軽に迅速に解析を実施することができます。
* データの加工・処理が単純であるため，途中がブラックボックス化しません。データの質の悪さが深く潜在し結果を大きくゆがめているにもかかわらず，それに気がつかないという危険があまりありません。適用にあたっての前提条件も比較的少なく，解析結果が大きく外れることもあまりありません（グラフなどを描いてチェックすれば大きな解釈ミスはしません）。
* 同じく，データの加工が単純であるため，解析結果が意味するところも比較的理解が容易です。理解しやすいということは，ビジネスパーソンが，事実情報，経験，勘と脳裏で統合するときに，それが適切に行われることを意味します。
* Excelなど表計算ソフトさえあれば実施できてコストも安価です。

このように第1ステージの解析手法は，先に述べたビジネス分野におけるデータ解析に求められる性質である「ある程度の精度・正確さ」「迅速さ」「頑健さ」「分析結果の理解のしやすさ」「分析の容易さ」「実施コストの安さ」を満たしていることがわかります。いい換えると，「人間の身の丈にあった等身大の解析手法」であるといえます。

②第2ステージの手法

それに対して、第2ステージの手法は、「データから情報を深く詳細に抽出するため」の解析手法です。詳しくは、後述しますが、次のような手法が該当します。

・「推定と検定」
・「分散分析」
・推測統計学の範囲の「相関分析」や「回帰分析」
・「多変量解析」
・「数量化理論」など

第2ステージの手法は、データからより深く詳細な情報を抽出することを目的としています。図表304は、その例です。ある製品に対する購買動機に関すつ顧客アンケート調査結果です。左は単純集計、右は回答に回帰分析という手法で解析を行い、標準偏回帰係数（β係数：第11章）を求めたものです。購入を決めた要素として、第1ステージに属する「単純集計」では、「機能・性能」、「サービス」が上位を占めていますが、β係数を求めた右の解析結果では、「営業」、「姿勢・方針」「イメージ」なども購買動機に大きく影響していることがわかります。単純集計ではみえなかったものが、重回帰分析を行い、さらに標準偏回帰係数を求めることによって、みえるようになった例です。このように第2ステージの解析手法でなければみえない情報も数多くあります。

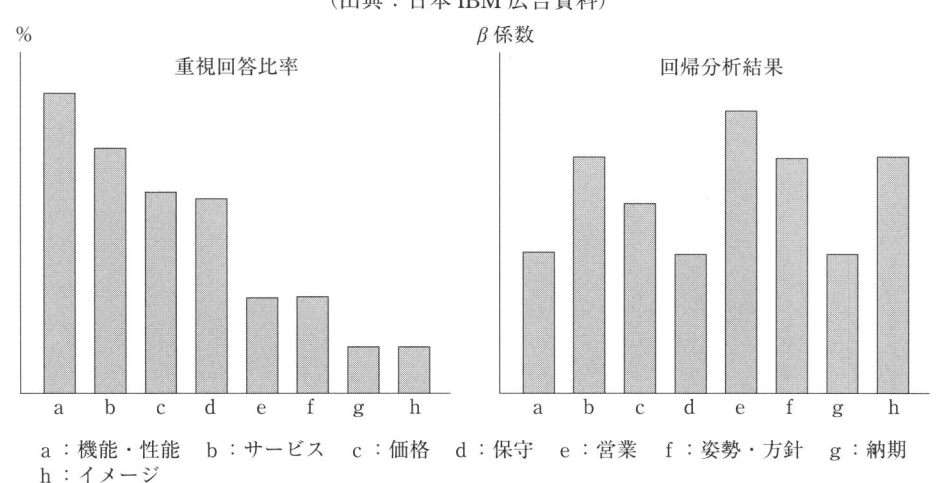

図表304.　第2ステージでなければみえない情報
（出典：日本IBM広告資料）

a：機能・性能　b：サービス　c：価格　d：保守　e：営業　f：姿勢・方針　g：納期　h：イメージ

しかし、第2ステージの手法を実行するには、一般に、より専門的な解析能力と解釈能力が必要となります。加えて、データ数やその解析手法の適用条件などが、比較的厳しく、正しい適用が容易ではないものが多くあります。

ビジネス環境下ではデータの質が高くなく、これらの適用前提が満たせない場合も多くあります。

しかし、このような場合であっても、「解析」と「解釈」の際に、より慎重な態度で臨めば、有効な情報は得られます。よって、「適用前提条件が少し満たされないから高度な手法は用いるべき

ではない」という態度は，学問的には正しいのですが，ビジネス実践の場面であっては行き過であると思料されます。

③初期的データ解析と発展的データ解析

　第1ステージを，まずデータを前にしたとき行う解析という意味で「初期的データ解析」とよぶことにします。先ほども述べたように，ビジネス実践では，このステージの解析で十分な場合が多いと思われます。

　それに対して，第2ステージの手法は「発展的データ解析」とよぶことができます。発展的データ解析は，これまで述べてきたように，データ面や手法面，さらに利用者側の能力などの面での諸条件が満足されれば，ビジネス場面で有効に活用され，図表304の例のように，大きな情報を私たちにもたらしてくれます。

　第2ステージの解析手法まで，ごく普通のビジネスパーソンが日常的に使いこなす必要があるかどうかはわかりません。しかし，第2ステージの手法を使って実施した解析結果を理解しなければならない場面は，今後ますます増えてくるでしょう。そのため，「できるビジネスパーソン」としては，一通りの知識をもっておくにこしたことはありません。

　このような理由から，本書では第2ステージの手法にも，必要なだけのページ数を割いて学べるようにしました。

④統計学，従来からの経営統計学との違い

　通常の統計学や従来からの経営統計学との違いを図にすると次のようになります。特に，経営データ解析においては，左側の四角で囲んだところと右側の大きなカッコのところに注力することになります。この部分が第1ステージの手法であり，初期的データ解析に相当する部分です。

　もちろん，点線の四角の部分が第2ステージあるいは発展的データ解析に相当する部分です。先に述べたように，これらは，経営データ解析において知っておくほうが望ましいと思われます。ただし，細かなところまで理解する必要は必ずしもありません。

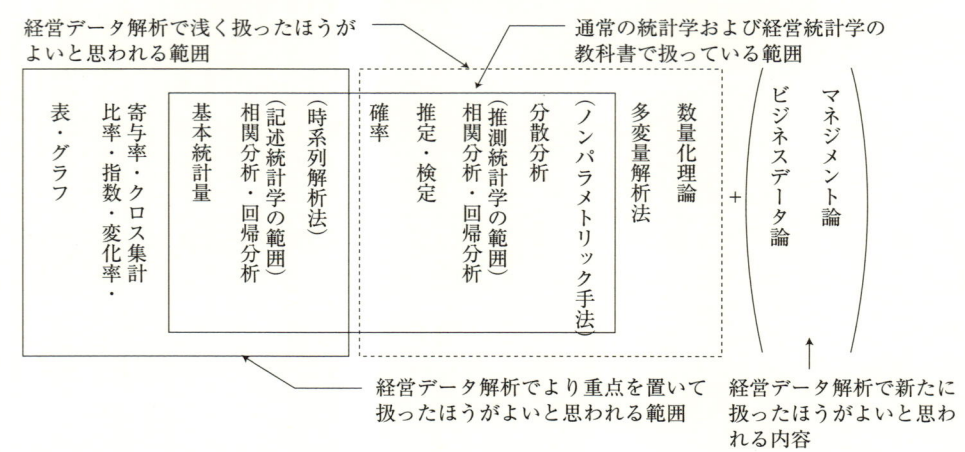

図表305．統計学，経営統計学の枠を超えた経営データ解析

経営データ解析で浅く扱ったほうがよいと思われる範囲	通常の統計学および経営統計学の教科書で扱っている範囲	
表・グラフ／寄与率・比率・クロス集計・指数・変化率・／基本統計量／相関分析・回帰分析（記述統計学の範囲）／（時系列解析法）	確率／推定・検定／分散分析／相関分析・回帰分析（推測統計学の範囲）／多変量解析法／数量化理論／（ノンパラメトリック手法）	＋ マネジメント論／ビジネスデータ論

経営データ解析でより重点を置いて扱ったほうがよいと思われる範囲

経営データ解析で新たに扱ったほうがよいと思われる内容

[2] 経営データ解析の遂行の程度の決定

今述べたように，経営データ解析の実施に際しては，「どのくらいの量のデータを収集するか，どこまで高度な手法を使うか，解析の量はどのくらいにするか」など「解析の程度」を決める必要があります。

コストがかかるため，いたずらに多くのデータを集めて，高度な解析手法を用いて，詳細な結果を求めていくという姿勢をとるべきではありません。そのようにすれば確かに正確な情報が得られるかもしれません。しかし，費用と時間の消費が増えてしまいます。

解析の程度を決めるための下敷きとなる公理的な指針を4つ示しておきます。実際には，これら［指針1］から［指針4］までを組み合わせて，最適な解析の程度をあらかじめ決めておくとよいでしょう。

もちろん，実際には，解析の途中経過に応じて，事前の予定とは異なった解析に進んでいく場合もあります。しかし，問題解決を所定の期日内に行うという制約の下，一種のプロジェクト・マネジメントの視点から，解析の実施に先立って大まかなシナリオを想定しておきたいものです[100]。

最適な解析のための注力量は，以下のような指針を考慮して決定できます。

［指針1］「データ解析のコストと得られるベネフィットを比較し，差し引きした後に残るベネフィットの部分（＝情報価値）が最大になるようなレベルが，解析の最適な注力量である」

解析を深めたり，データ量を増やしたりするなど，注力量を増やすと，得られる情報量も増えます。情報量が増えると，それから得られるベネフィットも増えますが，図表306(ア)のように，「増え方は逓減していく」と仮定します。一方，コストも，注力量を増やすと，それに見合う分だけ比例して増えると仮定します。なお，情報量にかかわらず必要な固定費も存在することを考慮し，図表306(イ)のようになると仮定しておきます。

図表306(ウ)に示すように，ベネフィットからそれを得るのに要するコストを減じたものが，純粋な「情報価値」です。これを最大にするときの注力量(用いる手法の高度さ，データ収集量，解析の深さ・複雑さ・量)が最適注力量です。図表306(ウ)の場合ではピークに対応する点 a，つまり図表307の指針1(基本形)の場合では点 a のところが，最適注力量となります。

---

[100] Cox & Snell(1981年)

図表 306. 注力量と得られるベネフィット・コスト・情報価値（基本形）

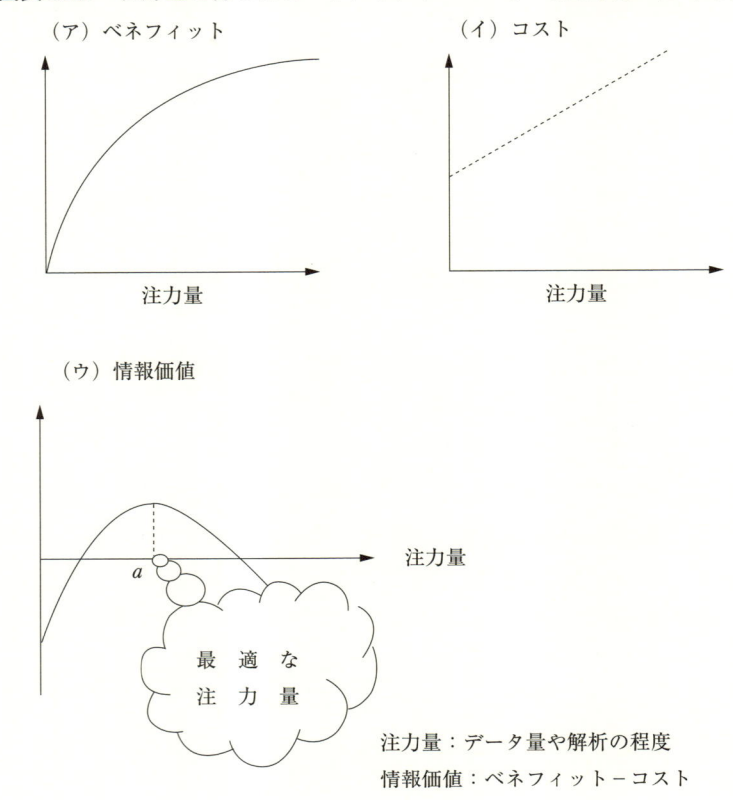

（ア）ベネフィット

（イ）コスト

（ウ）情報価値

最適な注力量

注力量：データ量や解析の程度
情報価値：ベネフィット－コスト

　［指針1］が基本形となります。個々のケースに応じて、他の要素が影響を与えることになります。以下、［指針2］から説明しましょう。

［指針2］「意思決定情報に占めるデータ解析情報のウェイト（事実情報、経験、勘などに比べたときの重要性）が高いほど、解析の最適な注力量は高まる」
　情報価値は、意思決定の状況によって異なります。意思決定者が評価するデータ解析情報の重みが高い場合には、最適な注力量は点 b まで増加します（図表307の指針2のケース）。

［指針3］「データの質が悪いほど、解析の最適な程度を下がる」
　元のデータの質が悪い場合、高度な解析を行っても、コストが掛かるわりに情報価値は高まりません。最適な注力量は点 c まで減少します（図表307の指針3のケース）。

12.2 経営データ解析の手法のマネジメント

図表 307. 情報価値とコストに対するデータ解析のウェイトとデータ品質の影響

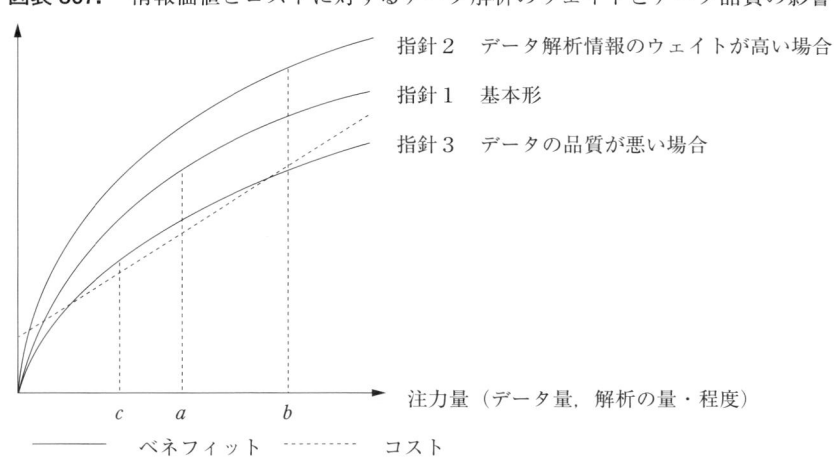

指針2　データ解析情報のウェイトが高い場合
指針1　基本形
指針3　データの品質が悪い場合

注力量（データ量，解析の量・程度）

――― ベネフィット　……… コスト

[指針4]「第1ステージの簡易な手法で十分な結論が得られるならば，注力量を増やす必要はない。しかし，解析結果に関する不確実性の程度まで知りたい場合には，確率的な解析を用いる必要がある。このような場合には，第2ステージに進む場合の情報価値と進まない場合の情報価値をあらかじめ比較選択し，最適な注力量を求める」[101]（図表308）

図表308で第1ステージと第2ステージの境界でジャンプが起こっています。第1ステージと第2ステージのそれぞれにおいて最適な注力量の候補 d_1, d_2 を出し，それらを比較し，より情報価値が大きい方を選びます。この図表のような場合だと，第1ステージの最適注力量 d_1 よりも，第2ステージの最適注力量 d_2 のほうが，情報価値が大きくなっています。よって，第2ステージまで進めるほうがよいといえます。

図表 308. ベネフィットとコストに対するデータ解析のステージの影響（基本形の場合）

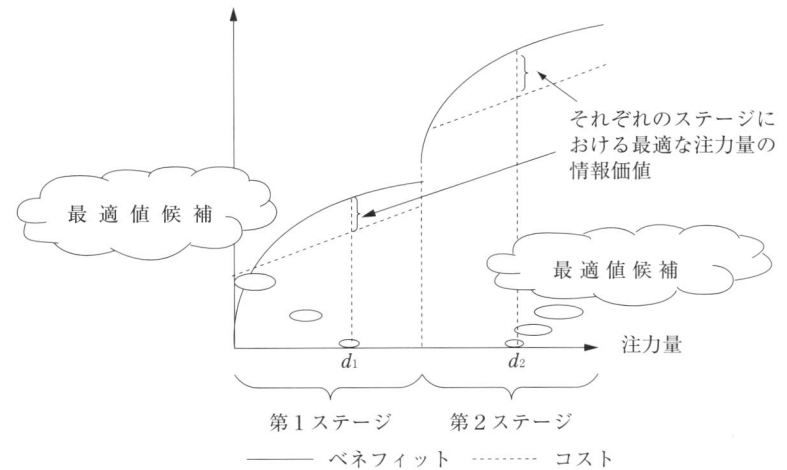

それぞれのステージにおける最適な注力量の情報価値

最適値候補

最適値候補

注力量

d_1　d_2

第1ステージ　第2ステージ

――― ベネフィット　……… コスト

---

[101] Cox & Snell（1981年）

【練習問題】(12-2-1)
　より簡単にデータ解析が実施できるソフトウェアを導入したとします。ソフトウェアの導入費は無視するとして，最適なデータ解析の注力量は，増えるでしょうか減るでしょうか。上記のモデルと指針を使って考えて下さい（ヒント：グラフがどう変わるか考えて下さい）。

[3]　問題解決プロセスにおける位置づけの明確化

　経営データ解析を実施する前に，前もって，やっておくべきことがあります。それは，「意思決定問題を解決するための作業全体の流れを鳥瞰図的に理解し，経営データ解析によって何をどこまで明らかにするかをあらかじめ考えておく」ことです。いきなり手当たり次第にデータを集めて，やれることろから分析するというアプローチでは，行き当たりばったりで効率が悪く，しかも，真に必要な情報が得られなくなります。

　具体的に説明しましょう。

　まず，はじめに解決すべき問題が何なのかを明確にしなければなりません。「最終的な問題は何なのか」，「何を解決すればよいのか」を，大雑把でよいので，解析をはじめる前にあらかじめ考えておきます。

　たとえば，経営改善を図りたいと一口にいっても，大雑把過ぎます。売上を増加させることが目的なのか，利益を増加させることが目的なのかによって，問題の立て方も解決策も大きく異なってきます。売上増加を狙うなら，認知度，需要度など対顧客の側面を検討する必要があります。一方，利益（＝売上から費用を引いたもの）の増加を狙うのならば，売上の増加策以上に「どうやれば費用が削減できるか」に関する考察が必要になります[102]。

　そこで，まず，事実情報，経験や勘を使って，どちらの問題として立てるのがよいか，「当たり」をつけます。当たりをつけた上で，「実態の把握→問題点の発見→原因の特定→対策の策定」という問題解決の基本プロセスに沿って，使えるところはデータ解析を使いながら考察を進めていきます。

　たとえば，事実情報，経験，勘などによって，「利益の改善」が目的であると特定できたとしましょう。データを集めて，売上と費用にかかわる実態の把握を行います。そして，問題点を挙げ，それらの原因を突き止め，対策を講じるという一連の作業を実施していきます。この過程でデータ解析が生かされるのです。

　なお，この本のテーマから少し外れますが，問題を整理するのには，たとえば，「ツリー分析（ロジック・ツリー，プロフィット・ツリー，フィッシュ・ボーン分析など）」，「フレームワーク分析（バリュー・チェーン，3C分析，4P分析，7S分析，SWOT分析など）」などを利用すると，適切かつ「漏れ」がない，効率的な検討ができるでしょう。

　以上のように，まず，他の情報との併用を前提に，問題解決の全体像を明確化しておいて，常にそれを意識し，データ解析の目的を意識しながら，経営データ解析を使っていくという態度が大切です。

　その際，前もって，どの程度のデータを使って，どのような解析を行うのか，という点も当たりをつけておく必要があります。他の情報を併用するため，第1ステージの手法で十分な場合が多い

---

[102]　菅原(2002年)6月号 pp.48

のですが，場合によっては，第2ステージまで進める必要があるかもしれません。その見通しをつけておくことは重要です。時間やコストに大きな見込み違いが発生してしまいかねないからです。その際，前節［2］を利用するとよいでしょう。

経営データ解析をうまく実施するには，「データ解析の知識」だけでは足りません。上に述べたように事実情報，経験，勘などを含む「ビジネスに関する知識」が不可欠です。加えて，ツリー分析やフレームワーク思考などを含む「問題解決の知識」を駆使すれば，適切にデータ解析を行うことができます。このように経営データ解析を使いこなすには，経営データ解析のこのようなマネジメントの知識も必要になってきます。

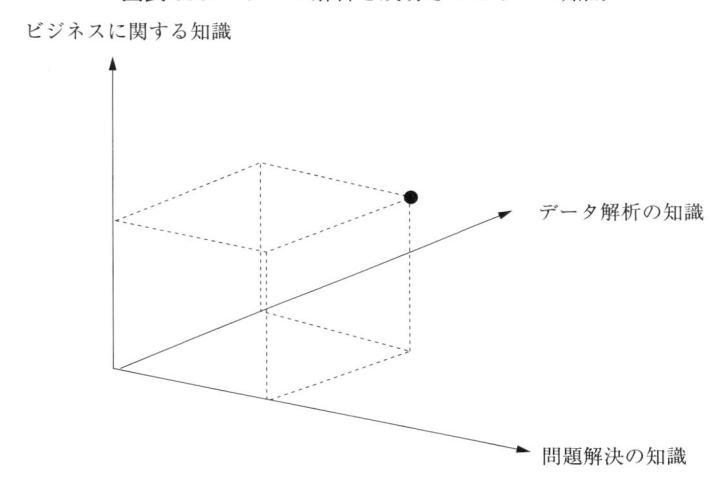

図表309． データ解析を成功させる3つの知識

12.3　経営データ解析のための組織マネジメント

［1］　経営データ解析情報の受容性をマネジメントする

手間と時間をかけて抽出したデータ解析情報が，実際にビジネス上の意思決定に有益に利用されず，捨て去られたり，無視されたりするならば，非常に残念なことです。しかし，現実には，このようなことがしばしばあります。

日常の活動に根ざした「普段の知識」になっていない情報は，意思決定に際して，所詮は「おまけ」として扱われがちです。データ解析情報はまだ普段の情報になっておらず，使うも使わないもある意味では趣味の問題であって，そのような情報は無視しても一向に差し支えないものとして認識されがちです。

以下，データ解析情報の受容性に関係する諸研究から，いくつかの知見を指摘しておきましょう。これらを踏まえて，経営データ解析を利用することが大切です。知見は，データ解析情報にかかわるものと，意思決定者にかかわるものに分けて整理できます。次の図表310に，要素がまとめられています。

図表 310. 経営データ解析情報の受容性に影響する要素

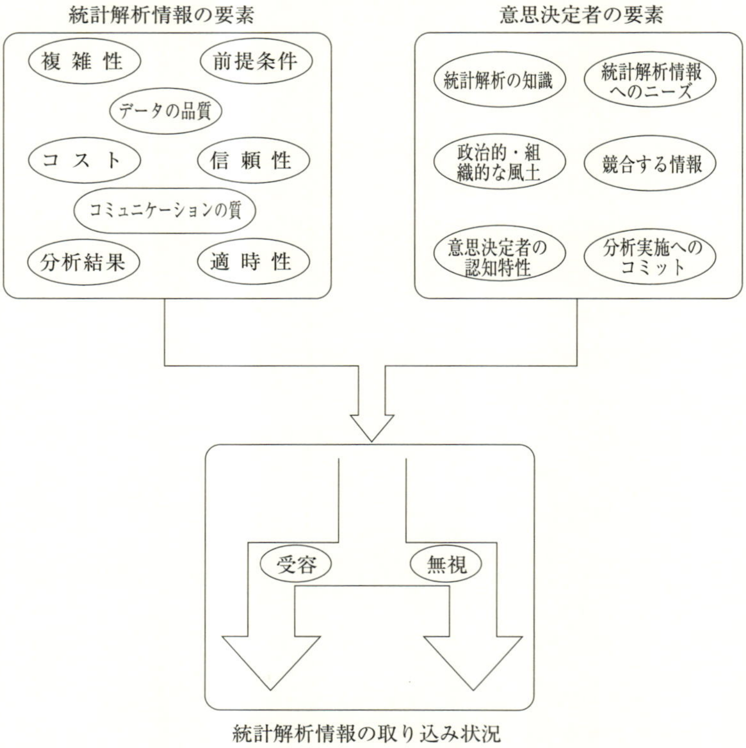

統計解析情報の要素
- 複雑性
- 前提条件
- データの品質
- コスト
- 信頼性
- コミュニケーションの質
- 分析結果
- 適時性

意思決定者の要素
- 統計解析の知識
- 統計解析情報へのニーズ
- 政治的・組織的な風土
- 競合する情報
- 意思決定者の認知特性
- 分析実施へのコミット

↓

受容　無視

↓

統計解析情報の取り込み状況

1）データ解析情報にかかわる要素

①複雑性

複雑な手法は利用されにくいという結果が得られています。逆に解析手法が理解しやすいと，その手法や情報は利用されやすくなります。

②前提条件

データ解析が高等なものであれば得られた結果の精度も高い，とは必ずしもいえません。予測に関しては，むしろ，単純な手法の方が，むしろ精度が高い場合が多い，という結果が得られています。高度な手法は適用前提条件が厳しく，現実にはそれが満たされにくい場合が多いからです。

③データの品質

データ解析が前提とするような条件をデータ面でも満たさない限り，解析結果の信頼性は低くなります。意思決定者は，提供されたデータ解析情報を取り込むか否かを考えるとき，元にしたデータの品質を1つの基準にしていることは間違いありません。

④コスト

データ解析を行うには，人的，時間的，金銭的なコストが必要です。意思決定者は，データ解析を利用する際のコストとベネフィットを秤に掛け，ベネフィットがコストを上回らない限り利用し

ないと考えられます。しかし，実際の判断においては，情報を利用しようとするとき，単純に「面倒くさいかどうか」がデータ解析情報の利用やその情報の取り込みを左右するという側面も少なからずあります。精度よりも，手近で利用しやすいかどうかを判断基準にしている場合も多くみられます。

⑤信頼性

情報利用者である意思決定者が，そのデータ解析情報の信頼性を高く評価するほど，その取り込みの程度は高まると考えられます。信頼性は，用いられたデータ解析手法，データに対する信頼性，解析の実施過程に対する信頼性，解析を担当した人に対する信頼性などで決まります。特に，解析を担当した人が有能であるという評判が高いほど，解析結果の情報が利用されやすい傾向があります。

⑥コミュニケーションの質

データや解析結果が使われないという結果は，原因を手繰れば，解析担当者と結果の利用者である意思決定者の間のコミュニケーションの貧弱さに帰着されるところが小さくありません。情報の内容面，形式面での意思疎通が不可欠です。たとえば，口頭によるプレゼンテーション，広いフレームワークに基づく包括的な提案，非専門用語によるプレゼンテーション，グラフィカルな表現などは，結果への注目や評価を高める傾向があります。また，「最も複雑でない」と知覚されたレポートが最も有効であることが多いという研究結果もあります。

⑦解析結果

人間には，自分の期待をサポートするような情報を選択的に求め，反対の情報は無視したり排除したりする傾向があります。データ解析結果の情報も同じです。データ解析結果が意思決定者の期待と一致するならば，その情報は取り込まれますが，そうでないならば無視され，他の情報が用いられる傾向があります。

⑧適時性

データ解析情報は意思決定者の脳裏で，事実情報，経験，勘など他の情報と統合され決定に用いられます。数値データに反映されないこれら情報も多くあります。よって，いたずらにデータ解析に高い精度を求めるよりも，精度はある程度確保できれば十分であり，なるべく速やかに解析結果を入手することの方が重要と考えられます。

2) 意思決定者にかかわる要素

①データ解析の知識

意思決定者は自分の意思決定に責任を負う以上，自分が理解していない手法で解析された結果は積極的に使おうという気になれないであろう。経営管理に科学的な方法を適用しようとする際の一般的な傾向として「理解される手法だけが用いられる」という。少なくとも意思決定者に経営データ解析の知識がない場合は，一般に提供されたデータ解析情報は有効には利用されないでしょう。

②データ解析情報へのニーズ

　情報ニーズの強さ，必要な情報のタイプは，経営階層や業務分野によって異なることはいうまでもありません。特に，業務分野別では，生産管理やマーケティングのような数量的な経営管理の分野はデータ解析情報を利用する割合が比較的大きいといえます。

③政治的・組織的な環境

　意思決定は組織内で行われるため，その際の情報利用も組織ポリティクスと切り離せません。データ解析情報の取り込みを決定する要素として，政治的な受容性は見過ごせません。たとえば，解析結果が意思決定者に対して脅威となるような場合は，その情報は利用されにくくなります。もちろん，データ解析情報を利用することを組織として奨励しているか否かで，利用への意思が左右されることはいうまでもありません。

④競合する情報

　意思決定者は，先にも述べたように，データ解析情報以外にも，日々の知識，個人的な経験や信念，価値観などを用います。これらが，データ解析情報の強力なライバルとなる場合があります。データ解析情報と対立する情報が少ないとき，データ解析情報の利用は進むと考えられます。

⑤意思決定者の認知スタイル

　意思決定者の脳裏でデータ解析情報を他の情報と統合するとき，意思決定者の認知スタイル（あるいは推論スタイルともいう）は大きな影響を及ぼします。たとえば，認知スタイルを分析型とヒューリスティック型に分けるとき，分析型の意思決定者は計量的な情報や決定支援を好み，ヒューリスティックが他の意思決定者はデータ検索能力の高い情報提供と支援機能を好む傾向があります。

⑥解析実施へのコミットメント

　意思決定者がデータ解析の実施にコミットしている場合には，そこで得られた情報の受容性が高まると考えられます。計画的にコミットすることによって，結果の信頼性や自らの意思決定への関連性を確保することができるからです。

【練習問題】（12-3-1）

　意思決定者がデータ解析結果の情報を得たとします。その情報は，意思決定者の理解していない手法によって得られた情報ですが，意思決定者の期待を支持するようなものであった場合，そのデータ解析情報は意思決定者に受容されるでしょうか。

[2]　経営データ解析のための組織マネジメント[103]

1)　トップダウンの必要性

　経営データ解析による情報を利用していない企業や組織にデータ解析を導入する際にはしばしば困難が発生します。変化に対する抵抗が生まれるからです。たとえば，「データ解析を使う必要性が感じられない」，「データ解析のやり方がわからない」，「データ解析に費やす時間がない」，「デー

タがない」，…などの反論が出てきたりします。

　社会心理学者のレビンは彼の変革理論において，変革を推進するには，どうすればよいか述べています。それによると，まず，現在の行動に対する不満足を助長させることによって現在の行動パターンから脱却して積極的に新行動を学習しようとする意欲を起こさせる必要がある，と述べています[104]。確かにそうではありますが，現実には，現状に対する不満足を組織の構成員が認識するとは限りません。

　組織の動かし方には，ボトムアップとトップダウンの２つがあります。ボトムアップの場合，下から変革を行います。まず，誰か下位の職位の人が，データ解析の利用に関して，あるべき姿と現状とのギャップを認識し，キーパーソンとして変革を起こそうとしなければなりません。

　それに加えて，ボトムアップの場合でも，その試みを理解し支援し奨励するような上司の存在が必要になります。さらに，データ解析を活用しようとする彼の行為は，「意思決定の客観性と的確性を高めることにつながる」ということを，組織全体が認める必要もあります。

　このような導入プロセスが理想的なのですが，実際にスムーズに進むということはあまり期待できません。個々の組織なりの風土・やり方があって，それを一部でも変えようとする者の行動に対して，上司の積極的な支援が得られるのか，この一点だけとっても容易ではないでしょう。また，組織の他の社員が素直にキーパーソンの行為を受容し，自分の従来のやり方を変える負担を負ってまで変革に協力しようとするのか疑問でもあります。このように単なるボトムアップによるデータ解析の導入は簡単ではないようです。

　その点，下位の人のモチベーションの点では劣りますが，ある程度，トップダウン方式でデータ解析の導入を図るほうが，ボトムアップよりも，スムーズに導入が進むと考えられます。もちろん，その場合でも，現場近くにキーパーソンは必要ではあります。

　ボトムアップと違って，トップダウンの方が，キーパーソンの動きはスムーズになります。「組織全体としてデータを重視する」，意思決定においては「データ解析情報を重視するという」方針が，トップや経営幹部によって宣言されていれば，キーパーソンの行動は組織内で正当に認知され，上司の支援も受けやすく，他の社員の認識も，彼のデータ解析は個人的な趣味嗜好ではないと認める程度にまで自ずと高まっているからです。

　ところで，データ解析を組織に導入するということは，単にデータ解析手法が利用されるようになることだけを意味してはいません。組織風土の改革も同時に要請されます。「数値データやその解析情報を適切に取り入れて意思決定する，あるいは，そのような態度が高く評価される」ような風土にする必要があります。

　その際の抵抗は小さくないと思われます。長年の経験や勘を頼りとするベテランにとっては，自らを否定されるような気分にもなるかもしれません。その際にこそ，「データに基づいて判断する」というトップの認識とトップ自らの実践，リーダーシップをもった行動が不可欠になります。また，目指す目標次第では，データウェアハウスやデータマイニングなど情報システム面のテコ入れも必要となってきます。

---

[103]　金井（2004 年）
[104]　Robbins（1997 年）で言及

2） 漸新的な導入と経営者の姿勢

具体的な実施段階においては，データ解析のスキル醸成の問題もあり，一挙にすべての意思決定にデータ解析を利用するというような全面移行は難しいし，必ずしも望ましくありません。

社員のデータ解析面でのスキルを高めながら部分的に徐々に導入するほうが，一気に導入を図るよりも成功の確率は高いと思われます。まず，単純な解析方法を適用することで実りのある部分から導入し，数値データやその解析情報を利用することによって，客観的な状況の理解と行動案の選択が可能になるメリットを実感させる必要があります。

実地トレーニングをかねて使いはじめるというスタートの仕方も有益でしょう。小さくとも，結果（＝成果）を出し，成功を体験することが重要であり，その後，徐々に適用範囲を広げ，組織全体に普及させていくというプロセスを踏むことが望ましいと考えられます。

先に，トップダウンのほうが導入しやすいと述べましたが，危機感を煽るようなリーダーシップではうまくことは運びません。心理学者のシャインは，「このままではダメになりそうだという不安」が「新しいことを学習するに際しての不安」を上回ることが，組織変革の成功条件だといっています[105]。いい換えると，変革を成功させるには，「このままではダメになりそうだという不安」を高めるという方法以外に，「新しいことを学習する際の不安」を下げるという道もあることを忘れてはいけないということです。

たとえば，パソコン操作が不得手な社員にITリテラシーを身につけるように変革を促すとしましょう。「パソコンを満足に使えないと仕事がなくなる！」と叱咤しても，多くの場合，変革の行動は起こりません。パソコン操作を無理なく，わかりやすく学べる環境を作ることが大切だし，パソコンをマスターすることのメリットを社員に十分に理解させることが不可欠です。このように危機感を促すだけでなく，新しい学習や取り組みへの不安を低下させる道を忘れるべきではありません。データ解析の組織導入に際してもシャインの指摘するような配慮が必要でしょう。

[3] 情報とデータの組織的マネジメント

1） 情報環境の進歩

近年，情報システム技術の発達によって，企業の情報活用を支援するシステムの形態は大きく変化しました。POSシステムや日常業務のコンピュータ化によって，企業活動の詳細なデータを，半ば自動的に収集・蓄積できるようになりました。

本社や部門のホストコンピュータのデータベースには，こうした情報が生データ（明細データ）として日々蓄積されつつあります。また，インターネットなどを通じて様々な外部データもより手軽に入手できるようになってきました。

一方，Excelをはじめとする表計算ソフトのデータ解析力の向上も目覚しく，データ量以外の点では，大型コンピュータに匹敵する解析力をもちつつあります。

その他，明細データをエンドユーザーが直接検索，分析，加工するためのデータウェアハウス用の分析ツールも色々そろってきました。多次元分析などパソコンで利用できる高機能なデータ解析ソフトなども登場し，社員の机上で明細データを駆使したより詳細なビジネス分析ができるようになってきました。

---

[105] Schein（1992年）

データの入手や解析に多大な労力がかかっていた十年前に比べ，このようにデータ解析の環境は格段の進歩をみせています。

データやデータ解析のニーズも高まり，現在では，ISO9001においても，顧客満足度を含む経営品質に関する測定や解析が必須とされるほどにまでなっています。今後も，データおよびデータ解析のビジネス活用がさらに広がるでしょう。

2) データ解析の導入へ向けての課題

しかし，課題も少なくありません。まず，道具が便利になることとそれを的確に使いこなせることは別です。的確に使いこなすには，データ解析の基本をしっかりと押さえた上で，各種分析道具を用法に忠実に使用しなければなりません。

たとえば，どのような解析をすれば必要な情報がみえてくるのか，当該手法の適用前提条件はどのようなものか，使用するデータの質をどう吟味すればよいのか，様々な知識が必要になります。

これらについて，本書は何がしかの貢献ができるはずです。また，企業の「情報資源への意識」を高めることも課題です。良質なデータや，そのデータ解析の効果を発揮させる上で，不可欠なことです。

一般的には，目前の作業が優先され，データの入力やメンテナンスが疎かになりがちです。しかし，不正確なデータは活用されません。活用されないと，新規のデータ入力もされなくなる。その結果，活用されない，…。このような悪循環に陥ることになります。

現在，多くの企業でCRM（顧客関係維持管理）システムが使われていますが，このような問題がしばしば起きており，所期の効果が得られているとは必ずしもいえないようです。

当たり前のことですが，データの質以上の解析結果は得られません。データの質を向上させる取組みも同時に全社を挙げて望まれるゆえんです。データ登録やメンテナンスへの意識づけやインセンティブに何らかの工夫が必要です。

【練習問題（12-3-2）

経営データ解析を組織導入する際の計画を立てて下さい。そして，ポイントについてまとめて下さい。

あとがき

　いろいろとよそ見をしながらも，研究対象の1つとして，『経営統計学』について，細々と研究してきました。それを通して，「従来の経営統計学は，統計学の手法を，経営や企業活動の場面を例にして学ぶもので，現実のビジネス実践とはギャップがある」ということが確認できました。これについては，本書に先立ち千倉書房より平成18年3月に出版された拙著『経営統計学のマネジメント的研究－経営データ解析への展開』をご参照頂くと幸いです。

　本書は，そこでの知見に基づいて，従来のような「使途を冠しただけの経営統計学」，すなわち，中身は通常の統計学であり，例や問題で経営のものを取り上げているような経営統計学ではなくて，オリジナルな体系をもった経営統計学，いい換えると，実務に即した役に立つ『経営データ解析』の体系を示そうとしたものです。ビジネス実践を想定し，データの側面，手法の側面，そして人（マネジメント）の側面など，従来の統計学や経営統計学では考慮されていなかった点に配慮しています。

　それらを貫くのが「正確に誤るよりも漠然と正しくありたい」という思想です。

　振り返ると1985年に，松山商科大学において「経営データ解析」なる講義をはじめて以来，何をどう教えればよいか，試行錯誤の連続でした。統計学の基本を教えた上で，Basicでプログラムを作ってみたり，PC－SASを用いて統計解析をしたり，また，得られた結果を元に不確定性下の意思決定問題を解いたりしました。さらに，統計的決定理論やベイジアン決定理論を用いて情報価値を論じたり，と様々なことも試してきました。そうこうしながら10年ほど前に，統計学とビジネス実践のギャップがみえるようになり，私なりの経営データ解析の進むべき方向が徐々に定まってきたわけです。

　現在，いくつかの大学で「経営データ解析」という講義が開講されています。Webを通して拝見しただけですが，それぞれの担当者の個性とご苦心が垣間見え，敬意を禁じえません。おそらく今後も，「経営データ解析」は，それぞれの方々の中でも，その内容が変わっていくことでしょう。

　経営データ解析のベースになっている経営統計学のこれまでの流れを横から眺めてみると，この20年間に限っても，たとえば，欧米の経営統計学のテキストは，実際のデータや事例が増え，PCの利用を前提とした記述が増え，逆に推測統計学のウェイトが低くなり，従来の統計学から新しいデータ解析へと非常にダイナミックに変化しています。

　このような大きな動きの背景としては，企業の情報化の急速な進展があります。業務のIT化やPOSの導入などによって，ビジネス上の日常データが生データとして蓄積され，利用が容易になったこと，また，手軽に解析ができるパソコンなどハードやExcelなどソフトが充実してきたことなども要因として挙げられます。

　このようにデータも道具も発達してきたわけですが，残念ながら，それらを使いこなす側のスキルや技術がそれに伴っては普及していないままのように思われます。まさに，「正確に誤る」リスクが高まってきているのは間違いありません。情報環境をめぐる追い風は今後もさらに吹くと思わ

れます．しかし，それらを本当に生かして使えるようにするためには，正しい経営データ解析の知識が，多くのビジネスパーソンに普及していくことが望まれるところです．本書のささやかな試みが，これに貢献できれば甚だ幸いに存じます．

　最後になりましたが，本書の出版に際しては，多くの方々のお世話になりました．幾多の先達の方々の著作に学ぶことがなければ，本書をまとめることはできなかったでしょう．この場をお借りして感謝いたします．また，本書の企画をお認め頂き，その後の度重なる執筆の遅れをお許し頂きました共立出版の寿日出男氏，編集を担当して頂いた古宮義照氏には感謝の言葉もありません．

参考文献一覧（五十音順）

【書籍】
1) アンダーセン・コンサルティング 他 『CRM−顧客はそこにいる』（東洋経済新報社，1998 年）
2) 相沢文雄 『Excel97/98 で始めるビジネス統計入門』（ディー・アート，1999 年）
3) 荒川圭基 『データベース・マーケティング実践ガイド』（PHP 研究所，2002 年）
4) 市川伸一 『考えることの科学』（中央公論新社，1997 年）
5) 上田尚一 『統計グラフの見方使い方』（東洋経済新報社，1979 年）
6) 上田尚一 『統計データの見方・使い方』（朝倉書店，1981 年）
7) 上田太一郎 『Excel でできるデータマイニング入門』（同友館，2000 年）
8) 上田太一郎 『パソコンを用いたデータマイニング活用完全マスターマニュアル』（日本ビジネスリポート，1998 年）
9) 上田拓治 『マーケティングリサーチの論理と技法』（日本評論社，1999 年）
10) 上田 泰 『個人と集団の意思決定』（文眞堂，1997 年）
11) 上田 泰・海老沢栄一 他 『統合化情報システム』（日科技連出版社，1994 年，第 5 章）
12) 内田 治 『すぐわかる EXCEL による統計解析』（東京図書，1996 年）
13) 浦上賀久子 『Excel による多変量解析の基礎』（エコノミスト社，1999 年）
14) 奥山真一郎 『図解 データベース・マーケティング』（日本実業出版社，2000 年）
15) 長田 理 『実例で考える統計解析の落とし穴』（克誠堂出版，1999 年）
16) 小椋将弘 『Excel で簡単統計』（講談社，2001 年）
17) 大村 平 『実験計画と分散分析のはなし』（日科技連出版社，1984 年）
18) 金井寿宏 『組織変革のビジョン』（光文社，2004 年）
19) 菅 民郎 『すべてがわかるアンケートデータの分析』（現代数学社，1998 年）
20) 菅 民郎 『Excel で学ぶ実験計画法』（オーム社，2002 年）
21) 刈屋武昭 監修 『計量経済分析の基礎と応用』（東洋経済新報社，1985 年）
22) 神田範明・中山 功・川副延生 『文科系のためのデータ分析入門』（同文舘，1998 年）
23) 蔵守伸一 『超かんたん Excel の計算式がわかる本』（オーム社，2001 年）
24) 呉 慶和 『再入門 利益の上がる「市場調査」のやり方』（明日香出版社，1999 年）
25) 郡山 彬・和泉澤正隆 『統計・確率のしくみ』（日本実業出版社，1997 年）
26) 郡山 彬・和泉澤正隆 『確率と統計 超入門』（日本実業出版社，2001 年）
27) 古寺雅美 『統計学以前の統計入門』（東京法令出版，1980 年）
28) 後藤秀夫 『市場調査マニュアル』（みき書房，1996 年）
29) 後藤秀夫 『市場調査ケーススタディ』（みき書房，1996 年）
30) 佐伯 胖・松原 望 編 『実践としての統計学』（東京大学出版会，2000 年）
31) 佐川良寿 『統計解析の実践手法』（日本実業出版社，2002 年）
32) SAS インスティチュートジャパン 『データマイニングがマーケティングを変える！』（PHP

研究所，2001 年）

33) 白部和孝　『図解　売場のデータ超活用法』（商業界，2001 年）
34) 繁枡算男・柳井晴夫・森　敏昭　『Q&A で知る統計データ解析』（サイエンス社，1999 年）
35) 清水　理　『Excel でわかる統計入門』（ナツメ社，2000 年）
36) 新村秀一　『パソコン活用 3 日でわかる・使える統計学』（講談社，2002 年）
37) 杉浦　司　『経営に生かすデータ解析の基礎知識　データサイエンス入門』（日本実業出版社，2001 年）
38) 鈴木義一郎　『ずばりわかる統計分析 Q&A』（森北出版，2001 年）
39) 鈴木　勉　『EXCEL でアンケートデータを入力・集計する』（ディー・アート，2001 年）
40) 武田哲男　『よくわかる CS のすすめ方』（日本能率協会マネジメントセンター，1998 年）
41) 坪井達夫　『Excel で学ぶ統計　統計で学ぶ Excel』（エーアイ出版，2001 年）
42) 津村善郎・渕脇　学・築林昭明　『社会統計入門』（東京大学出版会，1988 年）
43) 寺島和夫・野間圭介・日野和則・文能照之　『Excel による経営データの分析と活用』（同文館出版，1999 年）
44) 東京大学教養学部統計学教室　編　『人文・社会科学の統計学』（東京大学出版会，1994 年）
45) 東渕則之　『経営統計学のマネジメント的研究』（千倉書房，2006 年）
46) 鳥邊晋司・東原英子　『会計情報と経営分析』（中央経済社，1996 年）
47) 並木　博・渡辺惠子　『ひとりで学べる統計学入門』（慶應通信，1992 年）
48) 長畑秀和　『統計学へのステップ』（共立出版，2000 年）
49) 長尾一洋・村上勝彦・本道純一　『営業支援・顧客維持システム』（中央経済社，2002 年）
50) ニーター．J ＆ワッサーマン．W　『経営と経済学のための基礎統計学(上)　データの分析と提示』（ダイヤモンド社，1967 年）
51) 林　文・山岡和枝　『調査の実際』（朝倉書店，2002 年）
52) 林　知己夫　『行動計量学序説』（朝倉書店，1993 年）
53) 平尾秀夫　『経営統計学』（税務経理協会，2001 年）
54) 深谷澄男，喜田安哲　『SPSS とデータ分析 1　基礎編』（北樹出版，2001 年）
55) 二見良治　『実践目で見る統計手法』（日科技連出版社，2000 年）
56) 二見良治・西　敏明　『必須　統計解析の基礎』（日科技連出版社，2001 年）
57) 宮内　亨　『船井流会社の数字読み方生かし方』（実業之日本社，1996 年）
58) 武藤眞介　『統計解析ハンドブック』（朝倉書店，1995 年）
59) 村田吉徳　『ビジネスマンのための Excel2000 を使った販売計画立案のポイント』（技術評論社，2000 年）
60) 森田優三・久次智雄　『新統計学概論　改訂版』（日本評論社，1993 年）
61) 山鳥忠司・古本　孝　『戦略経営に活かすデータマイニング』（かんき出版，2001 年）
62) 山中正彦・田中英之　『すぐわかる Excel によるマーケティング統計』（東京図書，2000 年）
63) 森口繁一　『おはなし統計入門』（日本規格協会，1991 年）
64) 吉田　忠　編　『現代統計学を学ぶ人のために』（世界思想社，1995 年）
65) 吉田寿夫　『本当にわかりやすいすごく大切なことが書いてあるごく初歩の統計の本』（北大路書房，1998 年）

66) ラオ C.R.・藤越他(訳)『統計学とは何か』(丸善, 1993 年)
67) 涌井良幸・涌井貞美 『図解でわかる多変量解析』(日本実業出版社, 2001 年)
68) Cox, D. R. & Snell, E.J., *Applied Statistics: Principle and Examination*, Chapman & Hall, 1981.
69) Ehrenberg, A., *Primer in Data Reduction*, John Wiley & Sons, 1982.
70) Levin, R.I., *Statistics Methods in Management Decisions*, MacMillan India Limited, 1981.
71) Robbins, S.P., *Essentials of Organizational Behavor, 5th ed,* Prentice-Hall Inc, 1977.
72) Ruefli, T.W., *Ordinal Time Series Analysis:Methodology and Applications in Management Strategy and Policy*, Greenwood Publishing Group, 1990.
73) Schein, E.H., *Organizational Culture and Leadership, 2nd ed,* Jossey-Bass, 1992.
74) Whitehead, P. & Whitehead, G., *Statisitics for Business*, Pitman, 1984.

【論文・雑誌記事など】

75) 上田尚一ほか 「統計教育カリキュラムの再構成 情報化社会に対応するために」(三浦由己『統計教育の今日的要請と現状を踏まえた将来方向提示のための調査・研究』所収, 1998 年 3 月, pp.159–174.)
76) 上田 泰 「ビジネス数学いろは塾 統計学なんて恐くない(第 30 回~37 回)」(企業診断, 1991.11~1992.7)
77) 内田和成 「シンプルに視覚化して多面的な考察を加えよ」(The21, 2001.2)
78) 落合和夫 「売上データの多次元分析」(企業診断, 2001.2)
79) 落合和夫 「アンケート入力・集計に役立つ手法」(企業診断, 2001.8, pp.80–84.)
80) 落合和夫 「ビジュアルなマーケティング」(企業診断, 2001.10, pp.88–92.)
81) 落合和夫 「グラフを活用した分析(2)」(企業診断, 2001.12)
82) 加賀谷貢樹 「4 人のプロが語る「数字こそ最大の武器なり」」(The21, 2001.2)
83) 勝見 明 「「半歩先を読む」鈴木敏文流統計学」(PRESIDENT, 2002.2.18)
84) 北原康富・景山日登美 「戦略的な意思決定を考える」(DATABASE SYSTEM, 1995 年 12 月号, pp.97–100.)
85) 国友直人 「ビジネスへの洞察を深める実学としての統計学」(ダイヤモンド・ハーバード・ビジネス, 2002 年 6 月, pp.104–114.)
86) 菅原 章 「スピーディ且つ十分な制度で意思決定する ビジネス分析の実践技法」(ダイヤモンド・ハーバード・ビジネス・レビュー, 2002 年 6 月, pp.46–59.)
87) 東渕則之 「経営意思決定における統計分析の役割」(松山大学論集, 第 7 巻第 5 号, 1995 年 12 月, pp.37–59.)
88) 東渕則之 「ビジネスにおける初期的データ解析の重要性」(松山大学論集, 第 10 巻第 6 号, 1999 年 2 月, pp.69–83.)
89) 東渕則之 「経営統計学の方向性に関する序論」(松山大学論集, 第 5 巻第 3 号, 1994 年 5 月, pp.449–469.)
90) 東渕則之 「意思決定者における統計分析情報の取り込み条件に関する一考察」(松山大学論集, 第 7 巻第 4 号, pp.79–96.)
91) 日経 IT21 「エクセルで売れ筋をつかむ 販売データ分析」(2002 年 9 月号, pp.42)

92) 日経情報ストラテジー 「究極の情報活用 「仮説検証」が社員を変える」（1994年7月号, pp.36-50.）
93) 日経情報ストラテジー 「情報処理の死角 「定性情報」で顧客の顔が読めた！」（1994年11月号, pp.72-82.）
94) ジェームズ・ヘックマン 「データ読解力養成講座 Don't Miss the Missing Data」（ダイヤモンド・ハーバード・ビジネス・レビュー, 2002年6月, pp.94-104.）
95) エリック・アルムキスト, ゴードン・ワイナー 「実験計画法で投資対効果を高める マーケティングに統計学を活かす」（ダイヤモンド・ハーバード・ビジネス・レビュー, 2002年6月, pp.60-71.）
96) パルマー・モレル・サミュエルズ 「心理学を応用し本音を引き出す調査設計のプロセス 従業員の真の姿を見極める調査技法」（ダイヤモンド・ハーバード・ビジネス・レビュー, 2002年6月, pp.135-143.）

付属 CD-ROM の使用方法

『読んで使える！Excel による経営データ解析 Data』いうフォルダの中に，第 1 章〜第 12 章の各フォルダがあります。各フォルダには，本文の解説のために用いるデータおよび練習問題用データが，ワークシートとして，所収されています（第 12 章にはワークシートはありません）。データ名は「(図表番号) データ名 (練習問題の場合はその番号)」になっています。

使用方法は Excel における通常のデータの扱いと同じです。使用したいデータのある章のフォルダ（のアイコン）をクリックして下さい。フォルダの中のワークシート（のアイコン）が表示されますので，使用したいワークシート（のアイコン）をクリックして下さい。

例：第 3 章の図表 25 のデータを読み込む場合

📁 『読んで使える！Excel による経営データ解析Data』

⇩

📁 第1章 経営データ解析の役割とExcelの基本	📁 第2章 ビジネス・データをみつめる
📁 第3章 データを並べ替え・抽出・集計して情報を読む	📁 第4章 データをExcelで簡単に加工して情報を読む
📁 第5章 表とグラフを作成して情報を読む	📁 第6章 一変数の度数分布から情報を読み取る
📁 第7章 2種類の変数の関係を読む	📁 第8章 時系列データから情報を読む－需要予測等への応用
📁 第9章 標本から母集団の性質を推測する	📁 第10章 前提条件が緩やかな検定手法－ノンパラメトリック手法
📁 第11章 3種類以上のデータを総合して情報を読む－多変量解析と数量…	📁 第12章 経営データ解析をマネジメントする

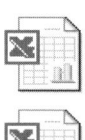

⇩

📊 (図表25)中古マンション価格データ Microsoft Excel ワークシート 22 KB	📊 (図表29)社員教育アンケート Microsoft Excel ワークシート 16 KB
📊 (図表63)コンビニアンケート(3-2-3) Microsoft Excel ワークシート 15 KB	📊 (図表64)建設会社売上データ Microsoft Excel ワークシート 16 KB
📊 (図表72)ある会社の売上データ(3-3-1) Microsoft Excel ワークシート	

【CD-ROM に収められている公刊データの出典元】

- 図表 7　都道府県決算状況調査（総務省）
- 図表 18　『食品商業』（2005 年 5 月号，商業界）
- 図表 72　長尾一洋・村上勝彦・本道純一『営業支援・顧客維持システム』（中央経済社）
- 図表 75　国勢調査（総務省）
- 図表 78　日経流通新聞（2005 年 3 月 13 日）
- 図表 83　雇用動向調査（厚生労働省）
- 図表 84　雇用動向調査（厚生労働省）
- 図表 85　国際貿易投資研究所資料
- 図表 87　雇用動向調査（厚生労働省）
- 図表 94　武田哲男『よくわかる CS のすすめ方』（日本能率協会マネジメントセンター）
- 図表 96　家計調査（平成 16 年度，総務省統計局）
- 図表 99　家計調査（平成 14 年度，総務省統計局）
- 図表 102　出入国管理統計年報（法務省）
- 図表 103　（株）明豊ファシリティワークス IR 資料
- 図表 110　日本気候表（気象庁）
- 図表 113　読売新聞社世論調査部『日本の世論』（弘文堂）
- 図表 114　日経流通新聞（2005 年 3 月 13 日）
- 図表 120　日本気候表（気象庁）
- 図表 131　日本経済新聞（2005 年 2 月 28 日）
- 図表 144　（株）ジョー・コーポレーション IR 資料
- 図表 165　『全国主要温泉地の魅力度調査』（日本経済新聞社）
- 図表 179　佐藤博樹・玄田有史編『成長と人材』（勁草書房）
- 図表 195　日本気候表（気象庁）
- 図表 204　『日本スーパー名鑑 05』（商業界）
- 図表 211　日本チェーンストア販売統計（日本チェーンストア協会）
- 図表 231　商業販売統計月報（経済産業省）
- 図表 242　『金融ジャーナル』（2004 年 9 月号，金融ジャーナル社）
- 図表 250　USA TODAY（2000 年 4 月 14 日）
- 図表 283　『金融ビジネス』（2005 年夏号，東洋経済新報社）
- 図表 285　『日経トレンディ』（2005 年 5 月号，日経ホーム出版社）

CD-ROM（再生・表示内容）に関する注意事項
- 本 CD-ROM は Windows XP，Microsoft Office XP, Excel 2002 環境のもとで作成されております。その為，Microsoft Windows 環境以外での再生に於きましては正しく表示・再生されない場合がございますことをあらかじめご了承下さい。
- 上記環境下に於きましても正しく表示されない場合（OS のバージョン互換性，表示方法の相違など），または表示の見え方が見本と異なる場合につきましては，必要に応じて Windows 本体付属の取り扱い説明書に基づき，正しい手順にて表示方法を変更・再設定して下さい。

※設定内容により，表示の仕方が各機種で異なる場合がございます。

事項索引

あ

アベイラビリティー　4
アンケート集計　48
アンケート調査票　28

い

意思決定　1
意思決定者の認知スタイル　270
一貫性の欠如　5
一対比較法　29
移動平均法　165
因子　39
インターネット　30

う

ウィルコクスンの符号順位検定　221
ウィンドウ枠の固定・一部のみ表示　11

え

円グラフ　102

お

大きさ順の原則　96
オートSUM　12
オートフィル機能　9
オートフィルタ機能　46
帯グラフ　102
折れ線グラフ　100

か

χ^2分布　206
回帰曲線　151
回帰係数　153
回帰係数の有意性　214
回帰式　151
回帰式全体としての有意性　215
回帰直線　151
回帰変動　155
回帰方程式　153
会計データ　22
改ざんデータの見分け方　33
解析結果　269
解析結果の理解しやすさ　259
解析実施へのコミットメント　270
解析の容易さ　258
外部データの取り込み機能　31
確率　184
確率の世界　186
確率分布　185
確率変数　185
確率密度関数　187
加重平均　124
片側検定　202
勘　3
間隔尺度　16
頑健さ　258
関数形式　187
間接測定　19
関連情報を隣接させる原則　96

き

キー　44
幾何平均　123
棄却域　202
棄却境界値　202
擬似相関　142
記述統計手法　183
季節変動　174

季節変動指数　177
帰無仮説　201
競合する情報　270
強制選択法　29
行と列の挿入と削除　11
業務記録データ　21
寄与率　89
近似曲線の追加　112, 161

く

偶然誤差　189
組合せ　187
クラスカル・ウォリスの順位和検定　224
グラフウィザード　99
グラフ化する意味　97
グラフ上へのコメントの書き込み　111
グラフにR-2乗値を表示する　170
グラフに数式を表示する　170
グラフのプロットに名前を埋め込む方法　111
クラメールの連関係数　146
クロス集計　48, 54
クロス表による分析と推論の落とし穴　65
群間変動　208
群内変動　208

け

経営意思決定　1
経営データ　18
経営データ解析手法に求められる要件　257
経営データ解析情報の受容性　267
経営データ解析の遂行の程度の決定　263
経営データ解析の導入マネジメント　270
経営データ解析のマネジメント　255
経営データ解析の役割　8
経営データの品質　256
経験　3
傾向変動　174
系統誤差　189

月央　100
月初　100
欠測値　130
欠測値への対応　237
決定環境の影響　5
決定係数　154
月末　100
減衰率　169
検定　200

こ

公刊データ　18
交互作用　39
降順　45
構成比　79, 102
項目扱い　172
顧客データ　20
個人情報保護法　20
コスト　268
コミュニケーションの質　269

さ

最小2乗法　151
最小自乗法　151
採択域　202
最適な解析のための注力量　263
最頻値　122
最優先されるキー　44
残差　154
残差分析　235
残差変動　155
算術平均　122
散布図　104, 135
サンプリング誤差　25
サンプリング調査　25
サンプル　183
サンプル数　26

し

時系列扱い　172
時系列解析　163
時系列データ　163
時系列分解法　175
時系列分析　163
自己回帰による近似曲線の当てはめ　170
自己回帰分析　170
事実情報　3
指数　84
指数平滑法　167
実験計画法　39
実際に解析をする人　256
実施コストの安さ　259
四分位数　128
四分位偏差　128
重回帰分析　229
自由回答の解析　49
自由回答の抽出　54
集計項目　55
集計フォーム　51
従属変数　151
自由度　197
自由度修正済み決定係数　235
順位相関係数　144
順位相関係数に関する検定　227
順位法　30
循環変動　174
順序尺度　16
昇順　45
情報　1
情報資源への意識　273
情報処理能力　4
情報とデータの組織的マネジメント　272
情報の具体性　5
初期的データ解析　262
迅速さ　258
信頼区間　196
信頼性　268
信頼度　196
心理的バイアス　4

す

水準　39
推測統計手法　184
推定　195
数式バー　9
数字の配列の原則　96
数値情報　2
数値タイプの心理的バイアス　7
数量化理論　229
数量化理論Ⅰ類　244
数量化理論Ⅱ類　251
スクロールバー　9
ストック　18
スピアマンの順位相関係数　144
スライス　71

せ

正規誤差　189
正規分布　189
政治的・組織的な環境　270
精度・正確さ　257
切断効果　142
説明変数　151
説明変数の選択方法　236
線形近似　156
全数調査　25
選択肢　29
選択的知覚　5
選択バイアス　19
前提条件　183, 210, 212, 217, 268
前提条件が満たされる程度　256
全変動　155

そ

相関係数　137

相関係数表　141
相関係数行列　141
相関係数の検定　211
相関分析　135
相対比　80
層別散布図　106
層別箱ひげ図　129
ソート　44
属性相関係数　146
測定　15
測定誤差　32
測定尺度　15
組織マネジメント　272

た

第1種の過誤　202
第1ステージの手法　260
第2種の過誤　202
第2ステージの手法　261
対級比率　80
ダイス　71
対立仮説　201
タクシー問題　7
多次元分析　69
多重共線性　233
多重クロス集計　63
多変量解析　229
単回帰分析　155
短期記憶　93
探索的データ解析　128
単純集計　48, 50
単数回答　50
単数回答のクロス集計　55
単数回答の集計　50
弾力性　89

ち

地域差指数　86
チェックリスト法　30

中央値　122
注記事項　34
中心極限定理　195
調整された標準偏回帰係数　250
調和平均　123
直接測定　19
直交表　39

つ

ツールバー　9

て

定型自由回答方式　50
定性データ　2
定量データ　2
データ　15
データアイテム　61
データ解析情報の重み　256
データ解析情報へのニーズ　270
データ解析のコスト　256
データ解析の知識　269
データ入力　49
データの移動と複写　10
データの加工　76
データの誤差　24
データの相対化　81
データの標準化　131
データの品質　15, 268
データの分解　77
データベース関数　50
データラベル　107
データラベルの書式設定　172
テーブル　53
テーブル領域　56
適時性　269
テキストマイニング　49
適用前提条件　217
テューキーの抵抗直線　161

と

統計的推論　185
統計の世界　186
統計表　34
統計量　185
統制の錯覚　5
独立性に関する χ^2 検定　226
独立変数　151
度数分布表　113
トリム平均　123
ドリルダウン　72

な

長い文字データの表示　11
名前ボックス　9
生データ　8
名寄せ　20
並べ替え　44

に

二項分布　186
入力規則　10
認知的不協和　5

の

ノンパラメトリック手法　217

は

パーセントポイント　88
箱ひげ図　128
外れ値　37
外れ値のある回帰分析　160
発展的データ解析　262
離れた行や列の範囲指定　11
母相関係数 ρ の区間推定　212
パラメトリック手法　218
パレートの法則　90
判別分析　238

ひ

ピアソンの相関係数　145
非該当　65
非サンプリング誤差　25
ビジネス意思決定　1
ヒストグラム　98, 113
被説明変数　151
非線形回帰　161
ピボットグラフ　63
ピボットテーブル　59
ピボットテーブルによるクロス集計　59
ピボットテーブルを使った OLAP　69
表示形式　11
標準誤差　197
標準正規分布　189
標準正規分布表　191
標準偏回帰係数　233
標準偏差　126
表側　55
評定法　29
表頭　55
標本　25, 183
標本調査　25
標本の大きさ　198
標本標準偏差　127
標本分布　194, 201
比率　77
比率尺度　16
比例尺度　16
ヒンジ　128

ふ

ファイル保存　13
フィールド　44
フィルタ機能　46
フィルハンドル　9
フォーム入力　49
不確実性　1

不確実性の程度　183
不規則変動　174
複雑性　268
複数回答　48
複数回答のクロス集計　57
複数回答の集計　52
符号検定　219
不偏標準偏差　127, 196
不明　65
フロー　18
分散　126
分散分析　209
分析ツール　118, 168
分類項目　55

へ

平均値　121
平均値の区間推定　195
ベイズの定理　7
偏回帰係数　232
偏回帰係数の検定　233
変化率　84
偏相関係数　143
変動係数　126

ほ

ポイント　85
棒グラフ　98
母集団　25, 184
母集団の比率に関する検定　204
母集団の分散に関する推定と検定　205
母集団の平均値に関する仮説を検定　203
母集団リスト　26
母数　185
母比率の区間推定　198

ま

マルチ・コ・リニアリティ　233
丸め方　93

丸め表記の原則　96
マン・ホイットニーの U 検定　222

む

無回答　65
無作為抽出　19, 26

め

名義尺度　16
メジアン　122
メニューバー　10

も

モード　121
文字サイズの固定化　111
問題解決プロセスにおける位置づけの明確化　266

ゆ

有意水準　202
有効数字　93

よ

予実管理　83

ら

乱数　26
ランダム・サンプリング　26

り

リスト　44
両側検定　202

る

類推による見分け方　33
累積分布関数　187

れ

レーダーチャート　110

レコード　44
連による検定　218

わ

ワーキングメモリー　93
ワーディング　19

A

ABC 分析　90
ABS　199
AVERAGE　121

B

BINOMDIST　187

C

CHIINV　225, 227
CORREL　138
COUNT　225, 226
COUNTIF　52
CRITBINOM　189
CSV 形式　31
CS チャート　109

D

DCOUNTA　52
DCOUNT　52

E

EDA　160
Excel 形式　30

F

FORECAST　173
FREQUENCY　114

G

GEOMEAN　124

H

HARMEAN　124
HTML 形式　31

I

INTERCEPT　156

L

L4 直交表　39
L8 直交表　40
LINEST　237

M

MAX　82
MEDIAN　121
MIN　82
MODE　121

N

NORMDIST　189
NORMSINV　203

O

OLAP　69

P

PDF 形式　31

Q

QUARTILE　128

R

RANDBETWEEN　26
RANK　145, 223, 225
ROUND　95
ROUNDDOWN　95
ROUNDUP　95

S

SD法　30
SLOPE　156
SQRT　199
STDEV　127
STDEVP　126
SUM　12
SUMPRODUCT　250

T

TINV　198
TRIMMEAN　123
t検定　204
t分布表　197

Z

z検定　203

β

β係数　233

2

2桁ルール　94
2水準系　40

3

3水準系　40

5

5数要約　128

用例索引

あ
新しいモーターを使った発電機の試験　207
ある高校の定期テスト　122

い
一世帯当たりの消費支出の内訳　97
一世帯当たりの貯蓄額　80
一定時間に到着する確率　193
インドのベンガル州　34

う
売上高と利益の実数は出したくない　88
売上高を支店と商品の切り口で整理　71
売り場面積で売上高を説明するための回帰分析　159

え
エリア別のレジ台数　38

お
お客様相談室の室長　92
お客様の購買意欲を刺激　107
お茶の商品コンセプトとブランド力　104
お弁当の新製品　41
おむすび販売データ　3
音楽の影響の有無　106
温泉地の評価と魅力度　139

か
カーショップの年間売上高　90
カード会員向けに新たなサービス　200
「価格」と「走行距離」の間に相関関係があるといえるか　213
カゴメと伊藤園　110
ガソリンスタンドの軒数　33
川の深さ　125
関東地区では有意に安いといえるか否か（中古車）　204

き
企業の広告宣伝活動の傾向を評価　78
銀行を判別するモデル　242
金融機関の頭取・社長の身長　198
金融資産保有額　122

く
クレームに関する多次元分析を利用した解析　74

け
経営品質に関する測定や解析　273
鶏卵価格　84
月次事業損益計画対実績管理表　83
研修の効果　200
建設業者の過去の入札の状況と落札の結果　219
健全性と収益性のランキング（銀行）　136

こ
購入商品による満足度の違い　227
購入するか否かを判別するモデル　254
工務店が行ったお客様の「不満足度調査」　95
コーヒー豆のブランドと味の評価　145
顧客訪問する回数と受注高の関係　75
コマーシャルの理解度　148
米の産地が味で区別できるという意見　205
コンビニエンスストアの利用傾向　67

コンビニエンスストア弁当が売れ残る確率　187

さ

最適注力量　264
採用試験時のデータから入社後の営業成績を予測するモデル　251
作業工程に関する改善活動の効果　201
酒類の一世帯当り週別支出金額　131

し

事業の貢献度　89
仕事の不安アンケート　104
視聴率調査　183
紙片目測データ　119
社員100人当たりの特許取得件数　82
社員教育に関するアンケート調査　48
社員モチベーション調査　220
シャンプーの市場規模　23
従業員の満足度　202
就職先の決定率　80
住宅展示場に訪れた新規来客数　192
首都圏のスーパーマーケットのレジ台数　204
上位行と下位行で不良債権の比率に差があるか　223
焼酎とビール　142
人事制度の改革　198
新商品の商談成功確率　189
身長と体重の測定値　132

せ

清酒と焼酎の間の相関　138
性比　80
製品開発が成功する確率　188
世帯当たりのガスの使用量　120
世帯当たりの通信費の区間推定　195
世代別の貯蓄と負債　99

そ

走行距離を説明変数，中古車価格を被説明変数とする回帰分析　216
総合的な満足度との相関係数　110
総合的な魅力度を説明する重回帰モデル　237
組織風土の改革　271
ソフトウェアの導入　266

た

第2ステージの解析手法でなければみえない情報　261
大規模な図書館の過不足を判定　78
耐久消費財一般の対中貿易　87
第二地銀の自己資本と従業員数の散布図　106
タオルの売上高　108
タクシー問題　7
武田と藤沢薬品のグラフ　111
建売戸建とマンションの判別　239
建物の緑化　39
男女別の離職理由別離職者数　87
男性社員と女性社員のクレーム発生率　66

ち

チェーンストアの総販売額と食料品販売額の予測　165
中古分譲マンション価格のデータベース分析　44
中古分譲マンションの価格に関する回帰式　232
直径0.50センチのネジ　125

て

データ登録やメンテナンスへの意識づけ　273
デザインの好き嫌い　66
転職前の業種と現在の業種に関係があるか

146
電灯消費量データ（人口千人当たり）の四分位偏差　128

と

トイレットペーパーの市場規模　23, 76
同一人の講習会前と講習会後の模擬試験の点数　220
東京の気温と湿度　102
東京の降水量と日照時間　106
投資家向けのIR　88
頭取の身長と体重の関係　211
読書感想文　225
読書冊数で売上高を説明する回帰式　162
トップダウン方式　271
都道府県別借金残高　14
都道府県別の電灯消費量　115
ドラッグストアでの使い捨てカイロ　121

な

何パーセント増えたか　88

に

入社試験成績と業務成績の相関関係　142
認知度の推定に必要な標本数　200

は

パスポートの年代別・性別発行数　99
パソコンの家庭への普及率　23
晩婚化が進むとチョコレートの消費が増える？　143
犯罪の傾向を比べる　77

ひ

ビールの売上状況データ　92
非購入客数の真の平均値　196
百貨店販売総額の予測　181
品質データを各曜日に分けて層別箱ひげ図　129

ふ

ファンドマネジャーX氏　204
部品改良の効果　200
部品の調達　205
プロジェクトX的な職業人生への志向　226

へ

平均時速はいくらか　124
平均賃金の大きさ　125
平均通勤時間の指数　86
平均労働時間の差　86
ベンツの中古車価格　16

ほ

母集団でも相関があると考えてよいか　228
ホテルの感覚と詳細評価　244

ま

マーケットバスケット分析　43
間取りタイプ別の平均価格　65
麻薬使用率を知る方法　22

む

無糖茶飲料のブランド別の評価　83

め

明細データを駆使したより詳細なビジネス分析　272

も

モデルプラン（分譲マンション）　42

や

家賃などを説明するモデル　250

ら

来店客数と炭酸飲料の売上の関係　106

り

罹患率　33
離職理由別離職者数　86

A

ABC 分析　90

N

NFL（National Football League）の選手のレーティング　209

2

2つのチェーンの1坪当たりの売上高に差があるか　223

4

4県で新築戸建住宅の床面積に違いがあるか　224
4つの製造方法による強度に違いがあるか　210

〈著者紹介〉

東渕則之（とうぶち　のりゆき）

略歴：1957 年　香川県生まれ
　　　1984 年　一橋大学大学院商学研究科修士課程修了
　　　1984 年　松山商科大学（現松山大学）経営学部助手
　　　1996 年　松山大学経営学部教授（現在に至る）

専攻：経営統計学，経営データ解析，情報資源管理論，経営学

主要著書：
『建設会社でも二ケタ成長はできる！』東洋経済新報社　2005 年 4 月．
『経営統計学のマネジメント的研究——経営データ解析への展開』千倉書房　2006 年 3 月．

読んで使える！
Excel による経営データ解析
Business Data Analysis by Microsoft Excel:
A readable and actually usable approach

2006 年 9 月 1 日　初版 1 刷発行
2022 年 9 月 10 日　初版 7 刷発行

検印廃止
NDC 675.2
ISBN 978-4-320-01827-3

著　者　東　渕　則　之　　©2006
発行者　南　條　光　章
発行所　共立出版株式会社
　　〒112-0006
　　東京都文京区小日向4丁目6番19号
　　電話　（03）3947-2511（代表）
　　振替口座　00110-2-57035 番
　　URL www.kyoritsu-pub.co.jp

印　刷　藤原印刷
製　本

一般社団法人
自然科学書協会
会員

Printed in Japan

JCOPY ＜出版者著作権管理機構委託出版物＞
本書の無断複製は著作権法上での例外を除き禁じられています．複製される場合は，そのつど事前に，出版者著作権管理機構（ＴＥＬ：03-5244-5088，ＦＡＸ：03-5244-5089，e-mail：info@jcopy.or.jp）の許諾を得てください．

◆ 色彩効果の図解と本文の簡潔な解説により数学の諸概念を一目瞭然化！

ドイツ Deutscher Taschenbuch Verlag 社の『dtv-Atlas事典シリーズ』は，見開き2ページで1つのテーマが完結するように構成されている。右ページに本文の簡潔で分り易い解説を記載し，かつ左ページにそのテーマの中心的な話題を図像化して表現し，本文と図解の相乗効果で理解をより深められるように工夫されている。これは，他の類書には見られない『dtv-Atlas 事典シリーズ』に共通する最大の特徴と言える。本書は，このシリーズの『dtv-Atlas Mathematik』と『dtv-Atlas Schulmathematik』の日本語翻訳版。

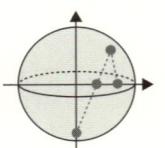

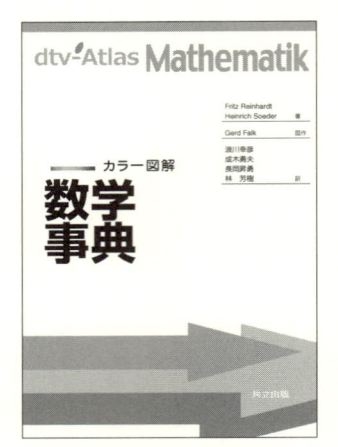

カラー図解 数学事典

Fritz Reinhardt・Heinrich Soeder [著]
Gerd Falk [図作]
浪川幸彦・成木勇夫・長岡昇勇・林 芳樹 [訳]

数学の最も重要な分野の諸概念を網羅的に収録し，その概観を分り易く提供。数学を理解するためには，繰り返し熟考し，計算し，図を書く必要があるが，本書のカラー図解ページはその助けとなる。

【主要目次】 まえがき／記号の索引／序章／数理論理学／集合論／関係と構造／数系の構成／代数学／数論／幾何学／解析幾何学／位相空間論／代数的位相幾何学／グラフ理論／実解析学の基礎／微分法／積分法／関数解析学／微分方程式論／微分幾何学／複素関数論／組合せ論／確率論と統計学／線形計画法／参考文献／索引／著者紹介／訳者あとがき／訳者紹介

■菊判・ソフト上製本・508頁・定価6,050円（税込）■

カラー図解 学校数学事典

Fritz Reinhardt [著]
Carsten Reinhardt・Ingo Reinhardt [図作]
長岡昇勇・長岡由美子 [訳]

『カラー図解 数学事典』の姉妹編として，日本の中学・高校・大学初年級に相当するドイツ・ギムナジウム第5学年から13学年で学ぶ学校数学の基礎概念を1冊に編纂。定義は青で印刷し，定理や重要な結果は緑色で網掛けし，幾何学では彩色がより効果を上げている。

【主要目次】 まえがき／記号一覧／図表頁凡例／短縮形一覧／学校数学の単元分野／集合論の表現／数集合／方程式と不等式／対応と関数／極限値概念／微分計算と積分計算／平面幾何学／空間幾何学／解析幾何学とベクトル計算／推測統計学／論理学／公式集／参考文献／索引／著者紹介／訳者あとがき／訳者紹介

■菊判・ソフト上製本・296頁・定価4,400円（税込）■

www.kyoritsu-pub.co.jp　　共立出版　　（価格は変更される場合がございます）

https://www.facebook.com/kyoritsu.pub